W. H. Richt

Freie Bortrage

W. H. Richt

Freie Bortrage

ISBN/EAN: 9783741143502

Manufactured in Europe, USA, Canada, Australia, Japa

Cover: Foto ©Thomas Meinert / pixelio.de

Manufactured and distributed by brebook publishing software
(www.brebook.com)

W. H. Richt

Freie Bortrage

Freie Vorträge

von

W. H. Riehl.

Erste Sammlung.

Stuttgart.

Verlag der J. G. Cotta'schen Buchhandlung.

1873.

Buchdruckerei der J. G. Cotta'ſchen Buchhandlung in Stuttgart.

Aus zwei Hörsälen.

Als Vorwort.

Schelling pflegte zu sagen: „die besten Gedanken kommen Einem auf dem Katheder," — vorausgesetzt, daß man die guten bereits mit hinauf bringt, möchte ich hinzufügen.

In dem doppelten Bemühen, gute und gutgeordnete Gedanken auf das Katheder mitzubringen, um dort die besten zu finden, sind diese „Freien Vorträge" entworfen und durchgebildet worden.

Freie Vorträge heißen sie in zwiefachem Sinne; einmal, weil ich sie ursprünglich frei sprach und erst hinterdrein aufschrieb; dann aber auch, weil ich so frei war, in der Wahl wie im Gestalten der Stoffe meine eignen Wege zu gehn.

Reden und Schreiben ist zweierlei. Den Redner belauschen wir beim Arbeiten, der Schriftsteller bietet uns die fertige Arbeit. Wer darum spricht wie ein

Buch, der wird kalt lassen, und wer schreibt wie ein
Redner, der ermüdet. Stenographirte Reden sind ein
Nothbehelf für den Leser, — der nicht zuhören konnte;
und abgelesene Reden ein Nothbehelf für den Redner,
— der nicht reden kann.

Der freie Vortrag wird naturgemäß knapper und
gedrungener, sowie man ihn aus der Sprache der
Tribüne in die Sprache des Buches übersetzt. Denn
der Leser kann nachdenkend bei einem Satze verweilen,
er kann noch einmal zurückgreifen, wenn er den Faden
verloren hat; der Hörer dagegen wird rastlos fort ge=
trieben, bleibt er stehen oder blickt er rückwärts, so
kommt er aus dem Zusammenhang. Der Redner soll
Plan und Eintheilung seines Stoffes recht deutlich
durchblicken lassen, — das könnte beim Schriftsteller pe=
dantisch sein; er soll sich der kunstlos einfachsten Sprache
befleißen, welche im Buche auf die Dauer nachlässig
erscheinen würde; es kann eine Tugend des Redners
heißen, wenn er in einleitenden und umschreibenden
Wendungen sich Zeit gönnt, seine Gedanken zu ordnen
und den Zuhörern Athem läßt, diesen Gedanken ruhig
zu folgen: die besten Schriftsteller hingegen lassen ihre
Leser gar nicht zu Athem kommen, und von einem
gedankenreichen Buche rühmt man, daß es den Leser
zeitweilig zwinge, innezuhalten, um die erweckten Ge=

banken gleichsam mit geschlossenen Augen wiederholt
zu denken. Umständliche Klarheit sei die Losung des
Redners, Klarheit ohne Umstände, des Schriftstellers.

Deßwegen aber ist die freie Rede nicht schmuck=
los; sie schmückt sich nur in andrer Weise wie das
geschriebene Wort. Der Redner tritt uns persönlich
entgegen, getragen von der Inspiration des Augen=
blickes, die sich im wechselnden Klangcharakter der
Stimme, im wechselnden Tonfall offenbaren wird: schon
dies ist ein Schmuck, den die kalte Schrift gar nicht
wiedergeben kann; sie vermag ihn nur durch höhere
Drucker des Styles einigermaßen zu ersetzen. Dennoch
wird der Redner bei der gebotenen stylistischen Breite
und Kunstlosigkeit leicht monoton, wenn er nicht auf
andere Weise zu helfen und seinen im Einzelnen kunst=
losen Vortrag wenigstens im Ganzen künstlerisch zu
gestalten sucht. Dies kann er durch die wechselnde
Form der Einkleidung. Alle meine Vorträge sind Lehr=
vorträge; aber ich hüte mich wohl, fortwährend blos
den Lehrton anzuschlagen. Schon auf dem akademischen
Katheder übt man damit dauernd keine Wirkung, wie
viel weniger vor einem gemischten Publikum, vor Herren
und Damen, die nicht blos belehrt, sondern auch an=
muthig angeregt sein wollen. Jeder erfahrene Redner
weiß, wie es plötzlich lautlos stille wird im Saal,

wenn er am rechten Orte aus der lehrhaften Form
in die erzählende übergeht, oder aus dieser in die
schildernde, in die kritische, epigrammatische, in die hu-
moristisch-ironische, in die pathetische, oder auch wenn
er seinen Vortrag, dem Stoffe gemäß, ganz in eine
dieser Formen kleidet, ein anderesmal aber eine völlig
neue Form erwählt. Der Eindruck ist um so größer,
und läßt sich mit demselben Mittel beim Schreiben
nicht annähernd erreichen, weil zugleich naturgemäß
auch der Klangcharakter der Stimme, das Tempo, die
Dynamik des Tones wechseln muß. Ich habe es in
diesem Sinne sogar gewagt, bei zwei der nachfolgenden
Vorträge, dialogisch, ja halbwegs novellistisch zu improvisiren, und der Erfolg im Hörsaal rechtfertigte
mein Wagniß.

Wird nun aber der frei gesprochene Vortrag gleichsam in eine andere Sprache übersetzt, wenn man ihn
nachgehends umgestaltend niederschreibt, dann fragt es
sich, ob ich überhaupt ein Recht habe, diese hier gedruckten Aufsätze noch „freie Vorträge" zu nennen. Ich
glaube doch! Denn wenn auch kein einziger Satz genau
so gedruckt stünde, wie ich ihn gesprochen, so würden
doch diese Essays völlig anders geworden sein, wären
sie nicht von Haus aus freie Vorträge gewesen. Der
Grundplan blieb unverrückt, die Gedanken blieben, die

Form der Einkleidung blieb, und was das Wichtigste, der frische, freudige Schwung des Geistes, welchen man nur gewinnt, wenn man seinem Publikum Aug' in Auge sieht, die persönliche Fühlung mit dem Publikum, verließ mich auch am Schreibpulte nicht. Und so sind und bleiben diese Vorträge, obgleich sie wörtlich niemals so gesprochen wurden, dennoch meine „freien Vorträge", und sollten einige meiner ehemaligen Zuhörer jetzt meine Leser werden, so zweifle ich nicht, daß sie die Wahrheit dieses Wortes empfinden.

Obgleich ich den Grundsatz habe, denselben Vortrag nicht zu wiederholen, so sind doch alle diese Vorträge zweimal gesprochen worden, aber in grundverschiedener Form, in verschiedenem Zusammenhang und in zweierlei ganz verschiedenartigen Hörsälen.

Die Schule der freien Rede war für mich der akademische Lehrstuhl, und ich habe seit bald zwei Jahrzehnten wohl Zeit genug gehabt, dort etwas zu lernen von dieser edeln Kunst. Im Hörsaale der Universität herrscht und soll herrschen die wissenschaftliche Systematik. Ein Collegium ist ein Ganzes und wer es beurtheilen will, der muß dem Vortrage vom Anfange bis zum Schlusse des Semesters folgen. Aber in diesem Gesammtgebilde gibt es ab und zu Episoden, die auch für sich bestehen können, Kapitel und Paragraphen, die zu freierer selbständiger Ausführung locken. Ich habe als Probe in dieser Sammlung einige solcher Episoden aus meinem staatswissenschaftlichen Collegium mitgetheilt, und wenn der nichtakademische Leser oder die Leserin etwa den Vortrag über die „öffentliche Meinung", über das „Plebiscit" oder über die „Landtags-Dilettanten" liest, so dürfen sie denken, sie hätten eine Stunde in meinem Collegium gesessen und zugehört, wie ich die betreffenden Paragraphen durcharbeitete, nur „mit etwas andern Worten!"

Allein auch alle übrige Vorträge dieses Buches entstammen in ihren Grundbestandtheilen dem akademischen Hörsaal. Nicht als ob ich dort über „Rheinlandschaften" und „Alpenwanderungen" oder über die „Leiden der kleinen Minister" docirte. Ich trage Culturgeschichte nach den großen Perioden chronologisch vor und Politik und Sozialtheorie systematisch, und dabei finden jene Themen in der hier gegebenen Form keinen Platz. Aber der wesentliche Stoff- und Gedankengehalt meiner Themen ist dennoch in jenen umfassenden wissenschaftlichen Lehrvorträgen mit enthalten, nur in ganz anderem Zusammenhang. So sind mir meine Collegienhefte allezeit die reiche Rüstkammer, in welche ich greife, wenn es gilt, einen freieren, künstlerisch durchgebildeten Vortrag vor einem gemischten Publikum zu halten. Beide Aufgaben gewinnen bei diesem Verfahren: vor den Studenten

ſtähle ich mich für die populäre Rednerbühne und
vor den Herren und Damen, die mich dort umringen,
glätte und verfeinere ich meine Redegabe für das ge=
lehrte Katheder.

Der Hörſaal der Univerſität beſitzt die wunder=
ſame Eigenſchaft, den eifrigen Docenten jung zu er=
halten: denn wie ſollte es uns nicht verjüngen, wenn
wir täglich unſere beſten Gedanken durchbilden und in
erweckende Worte fügen für die Blüthe der Jugend!
Und doch birgt das täglich wiederkehrende Gleichmaß
der Collegien eine verhüllte Klippe für die Kunſt der
Beredſamkeit. Der Lehrer bleibt geiſtesfriſch, aber die
äußere Form ſeiner Rede verſteift gar leicht in ſtehenden
Wendungen und Manieren, — faſt ſo leicht, wie beim
Pfarrer auf der Kanzel. Man ſoll in erſter Linie
lehren, nicht darſtellen: alſo tritt die geſtaltende Kunſt
weit hinter den Inhalt zurück; dazu iſt der Alltag
ein grauſamer Gleichmacher, und die Studenten ſind ge=
nügſam in ihren Anſprüchen an einen original, geiſt=
voll und harmoniſch durchgebildeten Vortrag, weil ſie's
nur allzuoft ſein müſſen.

Hier kommt uns nun das moderne Aſſociations=
Weſen zu Hülfe mit einem andern Hörſaal. Ueberall
entſtehen Bildungsvereine, von den gelehrten und litera=
riſchen Klubbs bis zu den Handwerkervereinen herab. Den

größeren Zusammenkünften soll in der Regel ein anregen=
der Vortrag Gehalt und Weihe geben. Wir Deutsche
lernen nachgerade reden und hören, während wir geraume
Zeit blos schreiben und lesen konnten. Auch der Professor
kann reden lernen in solchen Vereinen, er kann sich
dort herausreißen aus den Schlingen des Katheder=
Schlendrians.

Unter den Vorträgen dieses Buches stammen zwei
aus diesem Boden; der eine wurde im Kunstgewerbe=
verein zu München, der andere im kaufmännischen Vereine
zu Mannheim gesprochen.

Man gründete aber auch in vielen Städten eigene
„Vereine für wissenschaftliche Vorträge.“ Ihre alleinige
Aufgabe zielt also auf den Lehrstuhl, um welchen sich
die ganze gebildete Gesellschaft — Herren und Damen
in bunter Reihe — versammeln soll. Auch die Reihe
der Redner und ihrer Themen ist meist bunt genug;
denn man will Methoden und Resultate verschiedener
Wissenschaften kennen lernen, wie sich dies ja für den
Gebildeten ziemt, der auf Einem geistigen Gebiete zu
Hause, auf den andern aber wenigstens als Gast orien=
tirt sein soll.

In manchen Städten sucht der Verein die Vor=
tragenden lediglich am Orte selber, und ist er arm an
Geldmitteln, so kann er gar nicht anders. Darum

war dies Verfahren das anfängliche; denn die Sache
hat arm und klein begonnen. Aber man kann auch
in Folge eines Ueberflusses so verfahren, eines Ueber=
flusses an Candidaten für die Rednerbühne. So vorab
in Universitätsstädten, wo es mitunter leichter wäre,
hundert Redner aufzutreiben, als hundert Zuhörer.
Man beschränkt sich also auf die heimischen Kräfte.
Dies thut aber auf die Dauer selten gut.

Glänzender gestaltete sich darum das Unternehmen
in reichen Industrie= und Handelsstädten, wo man zwar
wenige Redner am Orte besitzt, dagegen desto mehr
Mittel, die bedeutendsten Kräfte wechselnd von allen
Enden Deutschlands zu berufen. Hier wartet nun des
Professors eine strenge Probe. Vor und nach ihm
sprechen berühmte Berufsgenossen von demselben Ka=
theder, er hört sie nicht, er hat für sich keinen Maß=
stab der Vergleichung, aber das Publikum hat ihn;
also muß er das Höchste aufbieten, um würdig mit
den ungehörten Nebenbuhlern zu wetteifern. Die Luft
eines solchen Hörsaals ist schwül, der Boden glatt;
mancher gefeierte Gelehrte ist da schon ein wenig aus=
geglitten. Der Verein, welcher ihn berief, bietet nicht
blos stattlichen Ehrensold; er ehrt auch den Gast oft
mit einem Uebermaße persönlicher Auszeichnung und
liebenswürdiger Gastfreundschaft; dafür kann er dann

aber auch mit Recht eine treffliche Leistung verlangen. Und überdies ist es ja nicht blos der Vortrag, welchen das Publikum hören will; es will in dem Vortrage den Mann hören, den Mann, welchen es vielleicht längst aus seinen Schriften kennt. Darum gilt es, Haltung und Form zu zeigen, vom Styl und Aufbau des Vortrags bis zur Dialektreinheit, bis zu Ton, Stimmbildung und Geberden herab. Die heilsame Zucht der Oeffentlichkeit tritt hier auch an den deutschen Professor heran, der sonst nur allzu leicht geneigt ist, in der gemüthlichen Häuslichkeit seines akademischen Hörsaals sich recht bequem gehen und hängen zu lassen. Das Publikum sitzt bei dem Gaste in der Schule und ahnt nicht, daß der Gast da droben auf dem Katheder oft noch viel mehr bei ihm in der Schule sitzt. Heutzutage reisen also nicht mehr blos die Sängerinnen, sondern auch die Professoren auf Gastrollen. Ich habe diese Gastreisen immer als wahre Studienreisen angesehen, auf welchen man in ernster und doch so festlich heiterer Arbeit erstaunlich viel für Buch und Katheder lernt.

Ja ich kann sagen, ohne die Gastvorträge, zu welchen mich die wissenschaftlichen Vereine von Frankfurt a. M., Hamburg, Crefeld, Düsseldorf, Elberfeld, Barmen, Essen, Bielefeld und Darmstadt während der letzten drei Jahre

beriefen, wäre dieses Buch gar nie geschrieben worden.
Es thut dem Gelehrten so gut, wenn er bei solchem
Anlaß wahrnimmt, welch reges geistiges Streben unter
den Kaufleuten und Fabrikanten des deutschen Nordens
herrscht! Hierfür wollte ich Zeugniß geben, und dieses
Zeugniß ist zugleich ein öffentliches Wort des Dankes.

Schon öfters hörte ich die Frage: „ob denn die
Wissenschaft gefördert werde durch aphoristische Vorträge
vor einem gemischten Publikum?" Materiell und un=
mittelbar schwerlich, aber mittelbar und formell gewiß,
und wäre es auch nur deßwegen, weil der Gelehrte
dabei seine Gedanken besser gestalten und aussprechen
lernt. Ferner: „Ob die Zuhörer bei solchen gemischten
Vorlesungen in irgend eine Wissenschaft gründlich ein=
geführt würden?" Ganz gewiß nicht! Solche Vorträge
sind gesprochene Essays, nichts weiter. Eine form=
vollendete Einzelstudie mag die Wissenschaft spezialistisch
bereichern, neue Gedanken wecken, neue Gesichtspunkte
erschließen, und uns ästhetisch erheben wie ein Kunst=
werk; aber gründlich in die Wissenschaft einführen,
wird sie niemals. Der Gelehrte ahnt, wie heiter die
Kunst des Lehrens, der Ungelehrte, wie ernst die Kunst
des Lernens sei. Und das ist äußerst nützlich für Beide.

Wer noch bezweifelt, ob der literarisch=wissen=
schaftliche Essay überhaupt ein Recht habe, der bleibt

bei den gedachten Vorträgen zu Hause, und wen es
nicht reizt, einen Gelehrten oder Schriftsteller auch einmal in seiner Arbeit persönlich zu belauschen, der thut
deßgleichen und liest zum Ersatz etwa die Bücher des
Mannes oder er liest sie auch nicht. Da es aber sehr
viele Gebildete, ja sogar Gelehrte gibt, welche noch
nicht ausschließend buchgelehrt genug sind, um sich blos
mit gedruckten Autoren zu begnügen, Gebildete und
Gelehrte, die zugleich jene literarische Form des Essay,
welche schon Lessing und Schiller so glänzend in unser
Schriftthum eingeführt, lieben und schätzen, so finden
künstlerisch durchgebildete Lehrvorträge auch allerorts .
eine zahlreiche und gewählte Hörerschaft.

Wer diesen Gedankengang weiter verfolgen will,
dem sei der erste meiner Vorträge zum Lesen empfohlen:
„der Kampf des Schriftstellers und des Gelehrten", — oder lieber gleich das ganze Buch, denn
es nimmt, wie der ganze Autor, feste Stellung inmitten dieses Kampfes.

München, am 8. Februar 1873.

W. H. R.

Inhalt.

Erster Cyllus.

Culturgeschichte.

	Seite
Der Kampf des Schriftstellers und des Gelehrten	3
Die deutschen Kunststädte	30
Rheinlandschaft	57
Alpenwanderung eines Historikers	83
Sebastian Münster und seine Kosmographie	135
Der Musiker in der Bildergalerie	161
Die Zopfperiode des deutschen Liedersatzes	197
Gluck als Liedercomponist	237

Zweiter Cyllus.

Politik.

Deutsche und französische Freiheit	263
Das Plebiscit und die politische Heuchelei	288
Oeffentliche Meinung und Gefühlspolitik	314
Die Partei	343
Verfassungskunde im Volkskatechismus	385
Der Dilettant auf dem Landtage	413
Die Leiden der kleinen Minister	443

Erster Cyklus.

Culturgeschichte.

Der Kampf des Schriftstellers und des Gelehrten.

(Gesprochen im „Verein für wissenschaftliche Vorträge" zu Darmstadt, am 30. Oktober 1869.)

I.

Das Kampfgetöse der politischen, kirchlichen, socialen Parteien tönt so laut in unser Ohr, daß es selbst Taube hören können; ich rede hier von einem minder ohrenfälligen Kampfe moderner Gegensätze, von welchem Viele nichts merken, weil er in der Stille geschlagen wird, nur feineren Organen erkennbar. Dennoch bewegt er zahllose Geister und wirft einen kräftigen Gährungsstoff in all unsere höhere Bildung.

Dies ist der Kampf des Schriftstellers und des Gelehrten.

Vielleicht sind die beiden hier gegen einander gestellten Hauptwörter nicht ganz treffend; ich weiß aber keine besseren und helfe darum durch eine Erklärung nach.

Es treten uns zwei Männer der Wissenschaft gegenüber. Der Eine forscht im Archiv oder im Laboratorium nach

neuen Quellen und Thatsachen, und sinnet, wie er die be=
wegenden Gesetze des Erforschten ergründe. Er vertieft sich
dabei ins Einzelnste, er wird nothgedrungen Specialist, und
indem er seine Ergebnisse in Schrift und Rede vorträgt,
wendet er sich an den engen Kreis der Meister und Jünger
des Fachs. Schreibt er ganze Bücher, so dient die Feder
doch nur dem Zwecke, das Stoffliche seiner Forschung und
die Gedankenkette seiner Erkenntniß scharf und rein im
Worte wiederzugeben. Das Buch steht oder fällt in der
Geschichte der Wissenschaft, und der Verfasser ist ein schrei=
bender Gelehrter.

Ein Mann ganz anderer Art ist dagegen der wissen=
schaftliche Schriftsteller. Auch er forscht nach neuen
Stoffen und neuen Gesetzen. Allein das Einzelne hat für
ihn nur Werth, sofern es über sich selbst hinaus zu einem
höheren Ganzen leitet, zum Aufbau eines in Form und
Maßen harmonisch gefügten Werkes. Es drängt ihn dabei,
viel mehr selber zu denken, als aufzuspüren, was Andere
gedacht haben, und indem er verschiedene Wissenskreise ver=
bindet, glaubt er auch dem Einzelstoffe gerechter zu werden,
als bei der specialistisch abgelösten Betrachtung. Er schreibt
nicht blos um des Stoffes willen; die in sich verschmolzene
Doppelkunst des Gedankenbaues und des Styles soll seinem
Buche zugleich den Reiz der Schönheit gewinnen, und mit
der Hand des Künstlers will er die Wahrheit entschleiern.
Gelingt das Buch, so gehört es nicht blos der Wissenschaft,
sondern auch der Literatur.

So zeichne ich den Gelehrten und den Schriftsteller —
zwei feindliche Brüder! Und doch sollen sie gute Brüder

sein; denn das Recht des Einen stehet so fest, wie des Andern, Beide ergänzen sich, und Beiden drohet gleich sehr die Gefahr verderblicher Einseitigkeit. Eben darum liegen sie aber auch in Fehde miteinander.

Zur Zeit der „Stürmer und Dränger" des vorigen Jahrhunderts rühmte sich ein bedeutender Schriftsteller, daß er niemals in eine Bibliothek gehe, und in unsern Tagen legt man einem sehr gründlichen Gelehrten das Wort in den Mund: er betrachte jedes Buch mit Argwohn, sowie er merke, daß es gut geschrieben sei — ein Argwohn, den er vielleicht bei seinen eigenen Büchern nicht zu fürchten braucht. Das ist eine alte Geschichte, die immer neu wird: der wissenschaftliche Schriftsteller zuckt die Achsel über den schreibenden Gelehrten, und umgekehrt, und jeder von Beiden hält seine Art für höher, echter und reiner. Solcher Rangstreit hätte nun an sich nicht viel zu bedeuten, man könnte ihn mit gutem Humor anhören, wie das Zankduett des Doctors und Apothekers in der alten Oper; allein der ungelöste Gegensatz greift unendlich tiefer: er ist nicht von heut oder gestern, sondern zieht sich ebbend und fluthend durch Jahrhunderte; bald waren die Gelehrten, bald die Schriftsteller obenauf, und stürzten sich wieder wechselnd durch ihre eigene Einseitigkeit, so daß dieser Kampf zum culturgeschichtlichen Wahrzeichen ganzer Perioden wird. Andrerseits aber stehet hier nicht blos Mann gegen Mann, Partei gegen Partei; der Conflict greift auch verwirrend in die Seele des Einzelnen, gerade in den tiefer angelegten Naturen ringt der Gelehrte mit dem Schriftsteller, und nicht Wenige sind an diesem Widerstreit im eigenen Innern zu Grunde gegangen.

II.

Herrschen gegenwärtig die Gelehrten, oder herrschen die Schriftsteller?

Ohne viel Besinnen werden die meisten Stimmen den Gelehrten die Uebermacht zugestehen. Wir sind längst gewöhnt, die moderne Ueberlegenheit der strengen reinen Wissenschaft gegen frühere Perioden als ausgemachte Sache zu betrachten, während wir in der wissenschaftlichen Literatur zu größeren Altmeistern, mögen sie nun Lessing oder Platon, Schiller oder Tacitus heißen, bescheiden hinaufblicken. Im Beobachten und Forschen gilt uns die heutige Schule schlechthin als die beste, während wir in der Kunst der Darstellung noch ganz getrost bei manchem längst Verstorbenen in die Schule gehen dürfen. Ueber die herrschende Wissenschaft selbst aber schwingt wiederum das Scepter: der gelehrte Specialismus. Wer da predigt, daß man sich einseitig aufs Kleinste beschränken müsse, um zur wahrhaft gründlichen Erkenntniß durchzubringen, dem fallen stracks Tausende bei; wer dagegen behauptet, daß man vorerst vielseitig müsse werden, um überhaupt recht fruchtbringend einseitig sein zu können, der wird kaum verstanden. Ein originaler Kopf gilt für bedenklich; Vielseitigkeit des Wissens ist verdächtig, Vielseitigkeit des Könnens noch weit verdächtiger. Der wissenschaftliche Schriftsteller steht vereinsamt; die Gelehrten dagegen halten fest zusammen, sie bilden eine unsichtbare Loge. Bedeutende und mittelmäßige Köpfe finden sich da brüderlich verbunden, und stützen und fördern einander. Denn gewiß ist dies: wir zählen Denker ersten Rangs zu unsern strengen

Fachgelehrten; andrerseits ist es aber auch einem ganz mittelmäßigen Manne möglich, ein berühmter Gelehrter zu werden,
wofern er sich nur treu einer bewährten Schule anschließt
und mit der guten Methode seiner begabteren Meister eisernen
Fleiß verbindet. Ob es aber auch die gut geschulte fleißige
Mittelmäßigkeit zum berühmten Schriftsteller bringen kann?
Heutzulage wohl kaum; in früheren Zeiten war es möglich,
und wird auch wieder möglich werden, nämlich wann wieder
einmal die Schriftsteller herrschen.

Allein obgleich gegenwärtig die Gelehrten mächtiger sind,
so lockt und reizt der Zauber schriftstellerischer Kunst doch
nicht Wenige unserer größten Gelehrten. Ja, man hat sogar neuerdings gesagt: „Unsere größten Gelehrten sind
unsere besten Schriftsteller.“ Epigramme treiben den Gedanken auf die Spitze, und übertreiben; dennoch liegt eine
gewisse Wahrheit in diesem Epigramm. Diese Wahrheit enthüllt sich klarer in einem allgemeinen Satz: „Jede wirklich
große Epoche der Wissenschaft bringt einen Friedensschluß im
Kampfe des Gelehrten und des Schriftstellers, eine Versöhnung, und unsere Zeit würde gar nicht jene wissenschaftliche
Größe besitzen, deren sie sich doch so gerne rühmt, wenn
der Zug zu dieser Versöhnung nicht lief durch ihre Seele
ginge.“

III.

Dies ist meine These. Um sie zu beweisen, er-
öffne ich zunächst Fernblicke, die Rundschau eines weiten culturgeschichtlichen Horizonts. Unvermerkt aber werden wir

8

aus der Ferne wieder zu uns selbst, zu unserm Ausgangs-
punkte, zurückgekehrt sein.

Es gab eine goldene Zeit, wo der Gegensatz des Schriftstellers und des Gelehrten noch ganz in sich versöhnt schlummerte — das classische Alterthum. Schreibende Gelehrte,
die nicht schreiben können, waren damals noch unbekannt.
Die Großmeister der Philosophie und Geschichte waren zugleich die bedeutendsten Prosa-Schriftsteller, und man nahm
das ganz naiv hin, als ob sich's von selbst verstünde. In
dieser unlösbaren Verschmelzung des literarischen und des
gelehrten Elements ruht der Quell der ewigen Jugend,
welche den besten antiken Prosa-Werken zu eigen fiel. Warum lesen wir fort und fort unsern Xenophon, Platon, Thu-
cydides, Cicero, Tacitus? Warum gehören diese Männer
nicht blos den Fachleuten, sondern der gebildeten Welt?
Wahrlich nicht wegen des gelehrten Stoffes, welchen sie uns
heute noch bieten könnten, sondern wegen der Kunst der Gedanken, wegen der Kunst der Form, der Sprache, kurz,
wegen des literarischen Kunstwerkes, welches diese Meister
immer neu, original und schön vor unsern Augen aufbauen.

Und diese Harmonie von Wissenschaft und Literatur
gehört wesentlich in das große Capitel der classischen Harmonie überhaupt. Als ganze Menschen überwanden die
Alten auch den Kampf des Schriftstellers und des Gelehrten,
und wo in spätern großen Epochen die Gelehrten wieder
ganze Menschen wurden und etwas Ganzes leisteten, da
sonnten und erwärmten sie sich zuvor in den verjüngenden
Strahlen dieser classischen Harmonie.

IV.

Ganz anders stand es im Mittelalter. Es entfernte
sich eben so naiv von der Verschmelzung des gelehrten For-
schens mit der literarischen Kunst, wie das Alterthum dieselbe naiv und von selber gewonnen hatte. Schon aus
diesem einzigen Grund konnte das Mittelalter keine Glanz-
epoche der Wissenschaft sein, auch wenn andere Gründe nicht
dazu gekommen wären.

Das Mittelalter hat Chroniken, Biographien, Memoiren,
Lehr- und Streitschriften; es hat Poesie und Prosa neben
einander; es besitzt poetische Nationalliteraturen, aber keine
Nationalliteratur der Prosa. Seine schreibenden Gelehrten
brachten es nicht zum Schriftsteller. Kein Mensch liest heutzutage den Einhard, Wibukind, Liudprand oder die Scho-
lastiker um des literarischen Kunstgenusses willen.

Vielleicht wundert sich Mancher, wenn ich sage: „In
den mittelaltrigen Büchern herrscht schroffste Theilung der
Arbeit und einseitigster Specialismus.“ Und doch ist es so.
Der Dichter und der Prosaiker gingen damals meilenweit
geschiedene Wege. Niemand merkt es dem Nithart an, daß
er gleichzeitig mit dem Dichter des Heliand schrieb, oder dem
Arnold von Lübeck, daß er ein Zeitgenosse des Nibelungen-
Sängers gewesen, während in jeder classischen Periode Dichter
und Prosaiker in ergänzender Wechselwirkung stehen. Beide
waren in der besten Zeit des Mittelalters sogar ständisch
geschieden: der Mann des Volkes und der Ritter dichten
wetteifernd, indeß der Kleriker gelehrte Bücher schreibt, jener
in deutscher, dieser in lateinischer Sprache. Ja, der größte

deutſche Kunſtdichter des Mittelalters, Wolfram von Eſchen-
bach, war ſo weit von jener Wechſelwirkung der Wiſſenſchaft
und Poeſie entfernt, daß man ihm nachſagt, er habe überhaupt nicht einmal ſchreiben können. Mögen ſeine Gedichte
dadurch gewonnen haben: die Wiſſenſchaft gewinnt nicht durch
ſolche Vereinſamung der Geiſter.

Ich nenne ferner das Mittelalter eine Blüthezeit des Specialismus. Man wird mir entgegnen, daß gerade das Mittelalter die ausgeſprochenſten Polyhiſtoren beſitze, und daß
Albertus Magnus, der größte Vielſchreiber Europa's, deſſen
Bücher nach Hunderten zählen, über alle Wiſſenſchaften mit
einander geſchrieben habe. Als ob Einer nicht auch Specialiſt
in der Vielſchreiberei ſein könnte! Und wer aus allen
Wiſſenſchaften mit äußerlichem Fleiß Bücher zuſammenſtellt,
der iſt ein ſolcher Specialiſt. Iſt ein ſolches Verfahren möglich und nützlich wie zu Albertus Zeit, dann ſteht die ganze
Periode eben wiſſenſchaftlich tief. Himmelweit davon verſchieden iſt der wahre Univerſalismus, welcher gegentheils
die Wiſſenſchaftsgröße eines Zeitraums kennzeichnet. Er
gründet nicht im Vielwiſſen als ſolchem, ſondern in der
weittragenden Gedankenmacht ſchöpferiſcher Geiſter, welche
Reſultate und Methoden verſchiedener Wiſſenskreiſe verbinden,
eine Wiſſenſchaft der andern befruchtend dienſtbar machen,
und in der originalen und harmoniſchen Form der Dar-
ſtellung dem wiſſenſchaftlichen Werke das unvergängliche,
allgemein gültige Gepräge des Kunſtgebildes geben. Das
vermochten die Scholaſtiker nicht, eben wegen ihres Specialismus der Vielwiſſerei, aber echte Univerſaliſten wie Kant,
wie Leſſing und Humboldt vermochten es.

V.

Aus dem Mittelalter entwickelt sich die Renaissance — die Wiedergeburt der Wissenschaften. Sie bringt ein ganz neues Phänomen in Sachen unseres Kampfes. Die drei großen Propheten der Renaissance — Dante, Petrarca und Boccaccio — waren nicht blos bahnbrechende Dichter, sie waren zugleich auch bahnbrechende Gelehrte. Bei Dante steckt der Gelehrte im Dichter; bei Petrarca und Boccaccio stehen Poesie und Gelehrsamkeit mehr neben einander, doch immer eng verbunden; bei allen dreien aber bedingt der künstlerische Umschwung zugleich den wissenschaftlichen.

Durch die Kunst wurden wir wieder zum Alterthum geführt, zur Harmonie der antiken Wissenschaft. Die gelehrten Humanisten des fünfzehnten und sechzehnten Jahrhunderts copiren die Griechen und Römer im Reden und Schreiben, ja sie versuchen selbst das antike Leben nachzuleben. Aber den Frieden des Schriftstellers mit dem Gelehrten haben sie daneben doch noch in einer besonderen Weise zu schließen versucht: sie machten Verse, lateinische Verse; und italienische Humanisten haben sich sogar zu Versen in der Muttersprache herbeigelassen; sie konnten sich eben auf Dante und Petrarca berufen. Die Wissenschaft der Renaissance sah ihren Messias in Platon — in dem größten Poeten unter den Philosophen des Alterthums. Der echte Humanist forschte wissenschaftlich; nicht minder gewichtig erschien es ihm aber eine elegante lateinische Prosa zu schreiben und einen glatten lateinischen Vers. Er war nicht Dichter um der Dichtkunst willen, sondern der Gelehrte dichtete, um

desto gründlicher ein Meister der schriftstellerischen Kunst in
der Prosa zu werden. Ich nenne das nur einen Friedensschluß, wohl gar blos einen Präliminarfrieden des Schriftstellers mit dem Gelehrten, denn es war eine etwas äußerliche Versöhnung. Aber die lateinischen Verse eines Celtes
und seiner Freunde erscheinen mir doch in neuem und be-
deutsamem Lichte unter dem Gesichtspunkte dieses Friedens-
schlusses. Die „Obscuranten" hingegen rangen nicht nach
solchem Frieden, sie waren rein gelehrte Specialisten; hätten
sie besser schreiben gelernt, dann hätten sie auch gescheidter
gedacht, und wir besäßen keine Epistolae obscurorum vi-
rorum, welche auf die schlechten Schriftsteller schlagen, um
die schlechten Gelehrten zu vernichten.

Das sechzehnte Jahrhundert entfesselte aber eine solche
Fülle schöpferischer Geister, daß damals ganz verschiedene
Leute auf zwei neuen und grundverschiedenen Wegen neben
einander den Ausgleich zwischen dem Gelehrten und dem
Schriftsteller suchen konnten. Ich denke an die Reformatoren
und ihre Geistesverwandten neben den Humanisten.

Die Reformatoren waren zwischendurch doch wohl auch
tüchtige Gelehrte, und jedenfalls brachen sie dem Denken
und Forschen eine neue Bahn, was beiläufig vielleicht auch
mit zur Wissenschaft gehört. Dies vermochten sie aber nur,
weil sie so wortgewaltige Schriftsteller in ihren Reihen zähl-
ten, den Luther vor allen. Sie schrieben deutsch, und gerade durch ihre Kunst, eigene Gedanken auf gut Deutsch zu
sagen, wirkten sie für ihre Idee, ja oft noch weit über die
Tragweite ihrer Ideen hinaus. Heute noch erfrischt es uns,
wenn wir Luther auch nur um seines subjectiven Styles

willen lesen; heute noch können wir uns an Sebastian Franks
Geschichtsbildern, Volksschilderungen und philosophischen Be-
trachtungen erbauen, ja selbst seine Interpretationen deutscher Sprichwörter fesseln uns, wie kleine Kunstwerke. Nicht
der gelehrte Stoff, welchen er bietet, hat noch sonderlichen
Werth für uns: seine originellen Gedanken sind es, die uns
unwiderstehlich packen, und die hinreißende Kraft seiner
Sprache. Der Schriftsteller hat in Luthers und Franks
Werken den Gelehrten weit überlebt, wobei ich das Schrift-
stellerische freilich nicht blos in der Form suche, sondern
auch im Geist und Charakter, in der ganzen Persönlichkeit.

Die gelehrten Reformatoren schrieben ihre deutschen
Bücher volksthümlich, und darin wurzelt ein gut Theil
ihrer Schriftstellergröße. Populär schrieben sie selten, und
noch viel seltener popularisirten sie. Jeder gute Prosa-
Schriftsteller muß vom Odem der Poesie angehaucht sein.
Die antiken Prosaiker empfingen diesen Hauch der Poesie,
indem sie als Künstler Gedanken und Sprache plastisch ge-
stalteten; die Humanisten, indem sie lateinische Verse machten
und die alte Kunst der Prosa täuschend copirten; die Reformatoren und ihre Vorläufer, die deutschen Mystiker, indem sie sich an der dichterischen Kraft der Volkssprache erhoben und begeisterten. Und mit dieser neuen, jungfräu-
lichen Sprache kamen ihnen auch neue tiefere Ideen; denn
der Geist zeugt nicht blos das Wort, sondern das Wort
zeugt auch wiederum den Geist. Darum haben die volksthümlichen Mystiker und Reformatoren, obgleich ihr Schriftthum keine gelehrte Kunststudie war, wie bei den Humanisten,
dennoch eine unendlich tiefere Schriftstellerkunst neu begründet,

14

in dem unlösbaren künstlerischen Zusammenhange des zeu=
genden Geistes mit dem zeugenden Worte.

VI.

Ist man aber von der einen Seite rasch auf den Gipfel
des Berges gekommen, dann geht es auf der andern um so
geschwinder wieder herab. Es folgt das 17. Jahrhundert —
eine herrliche Zeit der geisttödtenden Trennung des Gelehr=
ten vom Schriftsteller, des Schriftstellers vom Künstler. Die
Wissenschaft verfiel mit der Kunst der Prosa und der Poesie;
die reine Gelehrsamkeit triumphirte. Wer sich so sehr vor
gut geschriebenen wissenschaftlichen Büchern fürchtet, vor dem
Bunde der Wissenschaft mit der Kunst, der versenke sich in
die deutsche Gelehrtenliteratur des siebzehnten Jahrhunderts:
er wird dort sein Ideal leibhaft verkörpert finden.

Während aber damals in Deutschland die Schriftsteller
gar nicht aufkommen konnten vor den Gelehrten, und selbst
die zunftgerechten Dichter in gelehrter Pedanterie erstickten,
taucht bald nachher in England und Frankreich eine Gruppe
von übermüthig kecken, einseitigen Schriftstellern empor, die
den Gelehrten offenen Krieg bieten, ja dieselben mit Spott
unter die Füße treten. Denn ein Uebermaß erzeugt das
andere, und nicht blos die Zeiten, auch die Nationen lösen
sich ab in dem Kampfe des Schriftstellers und des Gelehrten.
Die Bühne dieses Kampfes ist nicht die nationale, sondern
die internationale, die allgemeine Culturgeschichte.

Man findet jene Schriftsteller in der Gruppe der so=
genannten Freidenker und Encyklopädisten. In Sachen unsers

Thema's nenne ich nur wenige, aber scharf bezeichnende
Namen: Shaftesbury, Bolingbroke, Voltaire, Diderot. Sie
standen im Bunde mit der Poesie und Philosophie gegen die
speciellen Fachwissenschaften, und man kann überhaupt sagen,
daß in den Perioden, wo Philosophie und Poesie das Scepter
führten, immer auch die Schriftstellerkunst mächtig geworden
ist. Mag das zu Zeiten der Freidenker eine recht seichte
Philosophie gewesen sein: der Gedanke war dennoch zukunfts-
reich, daß ein philosophisch geschulter Kopf das Recht habe,
die zerstückten Fachwissenschaften unter sich und das Wissen
mit dem Leben zu verbinden, nicht weil der Philosoph alles
weiß, sondern blos, weil er weiß, wie man zum Wissen
kommt. Die Encyklopädisten waren oft genug frech, leichtsinnig, oberflächlich, sie richteten viel Unheil an, sie schmei-
chelten der frivolen, vornehmen Welt, während sie ihr den
Boden unter den Füßen hinweggezogen; sie blieben dem
Herzen des Volkes fremd, und zündeten die zerstörende
Brandfackel an, statt des segenspendenden Lichtes. Aber sie
konnten denken und schreiben, und zeigten den erstaunten
Leuten die fast vergessene Macht dieser zwei kleinen Fähigkeiten. Die Humanisten hatten als gelehrte Schriftsteller
jene sachgelehrten Obscuranten bekämpft und verspottet, welche
im pedantischen Specialismus vertrockneten. Die Freidenker
und Encyklopädisten waren bereits keine Gelehrten mehr, sie
waren geistreiche Schriftsteller, die allerlei gelernt hatten,
und noch weit mehr aus dem Aermel schüttelten. Allein wenn
Shaftesbury mit seinen „Charakteristiken von Menschen,
Sitten und Zeiten," wenn Bolingbroke mit seinen „Briefen
über das Studium der Geschichte" auch nichts weniger als

das ernste historische Studium förderten, so behaupteten sie
doch das Recht des Geistes und Witzes und des gesunden
Menschenverstandes selbst in historischen Dingen — und die
gediegeneren Forscher späterer Zeit haben sich das zu Nutzen
gemacht.

Voltaire in seinem „temple du goût“ sieht sich auf
dem Wege zu diesem Heiligthum von Gelehrten aufgehalten,
die in dicken Bänden Wörter commentiren, welche sie selber
nicht verstehen. Da erblickt er Leute, wie Dacier und Sal-
masius, starrend von gelehrten Albernheiten, das Gesicht
vergilbt, die Augen roth und trocken, den Rücken krumm-
gebogen unter griechischen Folianten, die Finger voll Dinte
und den Rock voll Bücherstaub. Er ruft ihnen von weitem
zu, ob sie nicht auch in den Tempel des Geschmacks gehen
und sich säubern wollen? Sie aber antworten: Das ist,
gottlob, nicht unsere Sache.

> „Le goût n'est rien, nous avons l'habitude
> De rédiger au long, de point en point,
> Ce qu'on pensa — mais nous ne pensons rien.“

Niemals zuvor hatte der Schriftsteller den Gelehrten so
offen und durchdacht als seinen Feind erklärt, und ihm mit
gleichem Trotz und Hohn, mit gleicher Selbstüberhebung den
Handschuh hingeworfen. Und das rächte sich sofort: der
Schriftsteller wurde literatenhaft. Denn wie die Wissenschaft
erstarrt, wenn der Gelehrte den künstlerisch gestaltenden
Schriftsteller verachtet, so wächst die Literatur ins Kraut,
wenn der Mann der geistreichen Feder den gründlichen Forscher und Sammler höhnt. Nur unter einer Voraussetzung
erblühet eine wahrhaft große Literaturperiode in unserer

modernen Welt: der Künstler muß dem Gelehrten und der
Gelehrte dem Künstler die Hand reichen.

VII.

Dies geschah in Deutschland in jenen goldenen Tagen,
welche wir die classische Zeit unserer neueren Nationalliteratur nennen.

Zum erstenmal in der ganzen abendländischen Culturgeschichte sind es hier die Dichter, und zwar ganze Dichter,
von Gottes Gnaden, welche den Streit des Schriftstellers
und des Gelehrten zu schlichten suchen. Man hat die erhabene Gruppe dieser Männer — Klopstock, Lessing, Wieland, Herder, Goethe, Schiller — schon gar mannichfach
beleuchtet; ich fasse sie hier im Licht ihres Universalismus.

Der dichterisch Größeste von diesen sechs — Goethe —
überragt alle Dichter nicht blos Deutschlands, sondern der
Welt in einem Punkt: er erreichte ein höchstes Ziel in
allen Hauptformen seiner Kunst, als Epiker, Lyriker und
Dramatiker, und es wäre thöricht zu fragen: ob Goethe's
Dichtergenius reiner und originaler hervortritt im Faust und
in der Iphigenie oder in Hermann und Dorothea, oder in
so manchem kleinen Lied; es wäre ungerecht, wolle man
Goethe nur nach einer einzelnen Gruppe seiner Hauptwerke
messen: in allen zusammen, in der Universalität, womit er
die ganze Poesie schöpferisch beherrscht, ruhet die Größe des
Meisters. Sophokles und Shakespeare errangen ihren Welt-
ruhm als Dramatiker, Homer, Dante, Wolfram als Epiker,
Horaz und Petrarca als Lyriker, und so geht es fort durch

die Epochen und Nationen bis zur beginnenden Neuzeit, bis
zu Cervantes und Milton, Corneille und Molière; ihre
Stärke sammelte sich in einer Gattung der Poesie, und
was sie etwa anderes dichteten, das war nur Nebenwerk.
Der Dramatiker Shakespeare war eine gewaltigere Dichter-
natur als Goethe, aber Goethe war der universellste Poet,
der universellste Künstler unter den Poeten. Und ein ähnlicher Zug des allumfassenden Dichtergeistes findet sich auch
bei Schiller; Goethe und Schiller überwanden den poetischen
Specialismus, Klopstock, Lessing, Wieland und Herder hatten
ihnen vorgearbeitet auf diesem Wege, und es ward von nun
an der Ehrgeiz unserer besten deutschen Poeten nicht blos
einer Dichtart, sondern aller Arten Meister zu werden.

Das gleiche, allumfassende Schaffen zeichnet aber nicht
blos die großen Dichter unserer classischen Epoche aus, sondern auch die gleichzeitigen großen Musiker: die besten Meister
der Italiener und Franzosen waren nur in irgendeiner
Gattung epochemachend: Haydn, Mozart und Beethoven,
jeder in den verschiedensten Gattungen, und alle drei zu-
sammengenommen im Gesammtreiche der Tonkunst. Ihre
vielseitige Vollendung hebt sie selbst über Händel, Bach und
Gluck, wenn sie auch von jedem dieser drei Heroen auf
einem besondern Gebiet übertroffen werden, wie Goethe von
Shakespeare. So wurde damals der Universalismus zur
höchsten Signatur der sieghaften deutschen Kunst, und nur
Leonardo, Raffael und Michelangelo, nicht als bloße Maler,
sondern als Beherrscher der bildenden Künste, bieten eine
ebenbürtige Parallele in früherer Zeit und bei einer andern
Nation.

Doch sage ich dies Alles nur in Parenthese. Denn
unsere classischen Dichter, in der Poesie so vielgestaltig
schaffend, waren allesammt wiederum nicht blose Poeten,
sondern auch zugleich wissenschaftliche Schriftsteller, und erst
durch diesen Doppelcharakter behaupten sie ihren eigenthümlichen Platz in der Weltliteratur, und nehmen Stellung in
dem Kampfe, von welchem ich rede.

Man kann sich ein Bild vom damaligen Zustande
der deutschen Wissenschaft machen, wenn man lediglich
die gesammelten Schriften jener Dichter liest. Klopstock,
Lessing, Herder, Wieland, Schiller, Goethe repräsentiren
zusammen eine ganze philosophische Facultät und noch ein
Stück der theologischen dazu. Sie betrieben aber die Wissenschaft keineswegs als bloses Nebenwerk oder Liebhaberarbeit;
im Gegentheil, die wissenschaftliche That war bei ihnen Allen
ein wesentliches Fundament ihrer dichterischen Thaten; als
Philosoph und Historiker erarbeitete sich Schiller Kraft und
Vollgehalt seiner Gedankenpoesie, und bei Lessing und Herder
hält der Gelehrte dem Poeten derart die Wage, daß man
niemals recht gewußt hat, ob man ihnen das Großkreuz mit
dem Pegasus oder das Großkreuz mit der Eule, verleihen
solle; sie waren eben Künstler in der Wissenschaft, groß
Schriftsteller schlechthin, für welche es gar keinen rechten
Orden gibt.

Solche Gestalten sind echt modern und dazu deutsch
von Haus aus. Wir lesen auch heutzutage noch Lessings
kleine und kleinste Schriften mit immer neuer Lust und Er-
quickung, nicht wegen ihres materiellen Inhalts, der zum
größeren Theile längst veraltet ist — denn was kümmert

uns etwa die Theorie der Fabel, was kümmert uns Pastor
Lange's schlechte Horaz=Uebersetzung! — Aber die wundervolle Kunst der Dialektik packt uns unwiderstehlich, mit
welcher Lessing hier sich seine Theorie der Fabel aufbaut,
dort den armen poetischen Pastor zu Staub zerreibt. Und
aus dieser echt wissenschaftlichen Kunst des durchsichtigsten
Gedankenbaues erwächst dann nothwendig und von selber
die Kunst des Styles, naturnothwendig wie die Blume aus
dem Kelchblatt.

Wenn man mich fragt, welches das gelesenste deutsche
Geschichtsbuch sei? so antworte ich: Schillers dreißigjähriger
Krieg. Jeder Gebildete weiß, daß Schiller ungenügende
Quellenstudien gemacht hatte, und vielfach in den Vorur-
theilen seiner Zeit befangen war. Dennoch hat sich sein
Buch als literarisches Kunstwerk lebendig erhalten, während
fast die ganze gelehrte Geschichtschreibung des achtzehnten
Jahrhunderts in den Bibliotheken verstaubt. Die historische
Divination Schillers des Poeten, die leuchtende Gedanken-
kraft Schillers des Philosophen, und die Darstellungskunst
des ganzen Schiller — diese drei Dinge sind es, welche vereint dem Buche Dauer und Wirkung gegeben haben, trotz
seiner sachlichen Mängel.

Schiller, der Poet, hat als Professor in der bekannten
Eröffnungsrede seiner Jenaer Geschichtsvorträge den Kampf
des Schriftstellers und des Gelehrten zum Hauptthema genommen; er veräußerlicht allerdings den Gegensatz, indem
er auf die eine Seite den „Brodgelehrten" stellt, auf die
andere den „philosophischen Kopf," und malt den ersteren
etwas gar zu schwarz. Der Stolz des schaffenden Genie's

gibt dem Dichter und Denker das Wort ein wider den Brod=
gelehrten: „Je weniger seine Kenntnisse durch sich selbst ihn
belohnen, desto größere Vergeltung heischt er von außen;
für das Verdienst der Handarbeiter und das Verdienst der
Geister hat er nur einen Maßstab, die Mühe.“

Versöhnter faßte Goethe den Gegensatz, der darum nicht
minder tief auch durch seine Seele gegangen ist, wenn er in
der „Metamorphose der Pflanzen“ bemerkt: ein Künstler habe
es schwer, wenn er den Gelehrten predige: „nirgends wollte
man zugeben, daß Wissenschaft und Poesie vereinbar seien.
Man vergaß, daß Wissenschaft sich aus Poesie entwickelt
habe; man bedachte nicht, daß nach einem Umschwung von
Zeilen Beide sich wieder freundlich, zu beiderseitigem Vor=
theil, auf höherer Stelle gar wohl wieder begegnen könnten.“

Von einem berühmten Naturforscher hörte ich den Satz:
„Die Wissenschaft weiß nichts von Goethe's Farbenlehre.“
Das mag richtig sein, soweit es die Lehre von den Farben
betrifft. In anderem Sinn aber weiß die Naturwissenschaft
gar wohl von jenem Buch und überhaupt von Goethe. Ohne
Goethe, den Naturforscher, wäre Alexander v. Humboldt,
der Schriftsteller, gar nicht denkbar, und wir würden uns
so wenig an Humboldts Kunst des Styles erfreuen können,
wie an Liebigs Naivetät des Styles, die in ihrer Art auch
ein Goethe'sches Gepräge zeigt. Goethe lehrte die deutschen
Naturforscher schreiben, er öffnete ihrer Wissenschaft die
Pforten der Nationalliteratur. Dafür kann man eine ver=
lehrte Farbentheorie in den Kauf nehmen. Uebrigens zeigte
er trotz derselben, daß die Naturbeobachtung des echten
Dichterauges ebenso fein und scharf sei, wie die Beobachtung

des Naturforschers. Man lese Humboldts Vorrede zu den „Ansichten der Natur," oder seinen unter Schillers Einfluß entstandenen Aufsatz „der Rhodische Genius," um sich zu überzeugen, wie klar bewußt in jener classischen Zeit auch der Forscher rang, der literarischen Kunst gerecht zu werden. In diesem Ringen gewann er den innern Universalismus, welcher mancherlei Wissenschaft und Kunst verbindet, wie durch seine Reisen den äußern Universalismus der Beobachtung. Der Volkswirth fordert, daß der Theilung der Arbeit auch die Confödeation der Arbeit entspreche. Für jene wirkt der Fachgelehrte, für diese der wissenschaftliche Schriftsteller.

Die Humanisten betrieben Gelehrsamkeit und schulgerechte Poesie nebeneinander; unsere neueren deutschen Classiker aber fügten die Arbeit des Denkers und des Dichters wechselwirkend ineinander, und befreiten dadurch gleicherweise Poesie und Wissenschaft von den starren Banden des Schulzopfes. Bei keiner andern Nation hat eine große Dichtergruppe so epochemachend wissenschaftliche Literatur begründet. Das ist unser Stolz, eine eigene und neue Errungenschaft des deutschen Geistes, die wir uns nicht nehmen lassen wollen.

Ich könnte die nächsten Entwicklungen dieser historischen Thatsache weiter verfolgen. Sie sprechen sich aus in der gelehrten Tüchtigkeit auch so vieler unserer spätern Poeten (es sei nur an Uhland, Rückert und Platen erinnert), andrerseits in den Excessen der Romantiker, Junghegelianer und Jungdeutschen, von denen so Manche glaubten: die blosen Einfälle und die Federgewandtheit des Literaten und Poeten genügten, um den ernsten Forscherfleiß frech zu meistern und in die Rumpelkammer zu werfen. Der alte Streit entbrannte aufs neue, das Schauspiel, welches vordem die französischen Encyklopädisten, die deutschen Stürmer und Dränger gegeben, wiederholte sich in veränderter, nicht gerade vertiefter Form. Ich gehe darüber hinweg zur Gegenwart.

VIII.

Wie steht es jetzt mit dem Kampfe des Schriftstellers und des Gelehrten?

Die Lage ist völlig verändert. Die Poesie begleitet nur noch die ideelle Bewegung der Zeit, die Wissenschaft leitet sie. Wenn wir heutzutage keine poetische Weltliteratur zu schaffen vermögen, dann trösten wir uns in dem Gedanken, daß die Gegenwart — Deutschland voran — an einer Weltwissenschaft arbeite wie keine frühere Zeit. Es ist also nicht mehr wie in der classischen Periode, wo die tonangebende Literaturmacht der Poesie selbst den widerstrebenden Fachgelehrten zur künstlerischen Gestaltung seines Buches drängte. Allein, wenn die Allianz der Poeten dem Schriftsteller jetzt mindern Rückhalt bietet, so gewann er andere künstlerische Verbündete dazu. Ein Geschlecht, welches so viele Gemälde-Ausstellungen besieht, so viele Concerte besucht, so viele Dichter aller Zeiten und Völker liest, wie das unsrige, gewöhnt sich derart an die Kunstform, daß es mindestens eine Spur derselben selbst im gelehrten Buche begehrt. Die individuelle dichterische Schöpferkraft mag gesunken sein, aber die allgemeine künstlerische Empfänglichkeit ist gewachsen.

Das spornt und hebt den wissenschaftlichen Schriftsteller, der selber ein Stück von einem Künstler ist. Mag er über Pfahlbauten schreiben oder über die neueste Staatengeschichte — wenn er die Andacht beobachtet, mit welcher die Menge eine Beethoven'sche Symphonie hört, dann darf er denken: diese Andacht kommt auch meinem Buche zu gut.

Der moderne Schriftsteller hat, neben der Poesie, auch noch eine andere mächtige Allianz nahezu verloren: die Allianz der Philosophie. Aus dem einfachen Grunde, weil die Philosophie gegenwärtig überhaupt keine Macht ist. Ich unterschätze gewiß nicht, was auf diesem Gebiete geleistet wird — als eine Verheißung für kommende bessere Tage. Aber es läßt sich nicht läugnen, daß die philosophischen Hörsäle, vor 25 Jahren noch die gefülltesten, jetzt häufig die leersten sind; die systematische Philosophie gibt nicht mehr die Parole der wissenschaftlichen Parteiung, sie zeichnet nicht mehr den übrigen Wissenschaften Plan und Methode: es fehlt das herrschende System, der herrschende Meister.

Im Centrum der großen Dichtergruppe unserer classischen Zeit stand ein großer Philosoph, Kant, und nur in einem philosophischen Zeitalter konnten die besten Dichter zugleich die besten Schriftsteller werden und mit dem poetischen Universalismus den literarisch wissenschaftlichen unlösbar verbinden.

Wie ist das jetzt alles ganz anders geworden! Statt der einen Centralwissenschaft, der Philosophie, haben wir einen Dualismus, wir haben zwei herrschende Wissenschaften, die sich häufig fliehen, selten suchen — Naturforschung und Geschichte. Und von den Dichtern ist die maßgebende Pflege

der höhern Prosaliteratur vielmehr auf die Gelehrten übergegangen.

Die Naturforscher und Historiker theilen sich aber auch
wiederum in je zwei Gruppen. Ein großer Theil der exacten Naturforschung gehört unbestritten den schreibenden Gelehrten. Kein vernünftiger Mensch wird bei der Lösung
mathematischer, physikalischer, chemischer Probleme den Aufbau eines literarischen Kunstwerkes verlangen. Hier waltet
der Specialist, und mit dem Fortschreiten der Wissenschaft
kam er zunächst zu immer einseitigerm Rechte. Und indem
er sich obendrein mit den Praktikern verbündet und den
nützlichen Erfindungen jeglicher Art seine guten Dienste bietet,
kehrt er der geistigsten Kunst, der Poesie, nun vollends den
Rücken. Es gibt aber ein anderes Gebiet der Naturforschung,
das anthropologische, wo die Untersuchung des menschlichen
Leibes alsbald auch zu Fragen über die Natur der Seele
führt, und das Studium der Entwicklungsgeschichte des In-
dividuums zur Frage vom Entstehen der Racen und der
Menschheit. Ob der Mensch vom Affen stamme? Die Naturforscher mögen darüber streiten, aber mit diesem Streit öffnen sie der Philosophie die Hinterthüre, und dem Philosophen
folgt der Schriftsteller auf dem Fuße.

Aehnlich ergeht es bei den Historikern. Die reinen
Quellenforscher brauchen nicht schreiben zu können, aber der
Geschichtschreiber muß es um so mehr. Die strengere kritische
Methode führte zu einer großen Theilung der Arbeit. Es
schien eine Zeit lang, als sollte hier derselbe Specialismus
siegen, wie bei den gelehrten Aerzten, welche demnächst für
jedes Glied des menschlichen Körpers eine besondere Fach-

profeſſur errichtet haben werden. Eine Weltgeſchichte zu
ſchreiben, gilt faſt für reine Dilettanten-Vermeſſenheit; wer
im neunten Jahrhundert zu Hauſe iſt, der darf ſich beileibe
nicht ans neunzehnte wagen; wer Urkunden edirt und Re-
geſten abfaßt, der iſt ein ganz anderer Mann als wer Urkunden benützt. Wir haben auf dieſem Weg einen äußerſt
reichen Nachwuchs zunftgerecht geſchulter junger Specialhiſto-
riker erhalten bei einem empfindlichen Mangel guter junger
Docenten der Geſchichte. Denn man kann doch nicht jahraus jahrein bloße Monographien auf dem Katheder vortragen, und zum wirkſamen akademiſchen Vortrag gehört immer
auch ein weiterer Horizont des Gegenſtandes, eigene Gedanken, eigene künſtleriſch gerundete Form, kurzum ein Hauch
vom Genius des Schriftſtellers.

Der Specialismus der Hiſtoriker curirt ſich übrigens —
homöopathiſch — durch ſich ſelber. Von der Staatengeſchichte
haben ſich im Laufe der Zeit, und zwar neuerdings in immer
geſteigertem Maße, ſelbſtändige Zweige abgelöſt: Kirchengeſchichte, Rechtsgeſchichte, Kunſtgeſchichte, Handelsgeſchichte
und ſo fort. Das heißt: wir behandeln jegliche Geſittungs-
form des Volkslebens hiſtoriſch. Nun läßt ſich aber eine
Staatsaction viel leichter vereinzelt erforſchen und darſtellen,
als irgend eine noch ſo beſchränkte Entwicklung der Volkscultur. Wer eine Kirchengeſchichte ſchreibt, der muß auch
in die Staats- und Rechtsgeſchichte, in die Kunſt- und
Literaturgeſchichte hinübergreifen, der Kunſthiſtoriker kann
ſeinerſeits des Studiums der religiöſen Zuſtände, der Volksalterthümer, des Gewerbeweſens nicht entbehren. Kurzum,
jeder dieſer Specialiſten wird ganz unvermerkt Culturhiſto-

riler, und als solcher um so mehr Universalist, je gründ=
licher er's mit seinem Einzelfache nimmt.

Die Culturgeschichte, welche die Gesittungszustände des
Volks im einzelnen ergründet, um sie dann in ihrer Wechsel=
wirkung zu begreifen, damit der Geist der Völker in seinen
eigenen Werken von sich selber Zeugniß gebe — die Cultur=
geschichte wird durch diese ihre Methode recht eigentlich „die
moderne Philosophie der Geschichte." Und hierdurch ersetzt
sie auch dem Schriftsteller jene Allianz, welche ihm die Fach=
philosophie zur Zeit nicht mehr bieten kann. Fast unsere
ganze abhandelnde Literatur trägt culturgeschichtliches Ge=
präge. Wer jetzt eine Tagesfrage in der Zeitung gediegen
erörtern will, der faßt sie in ihrem culturgeschichtlichen Zu=
sammenhang, und wer ein großes Problem des Völkerlebens
im Buche wissenschaftlich zu lösen trachtet, der greift zur
Methode der Culturgeschichte. Sie brachte den modernen
Schriftstellern Gründlichkeit, weittragende Gedanken, philo=
sophischen Geist und zugleich neue Kunstformen der Dar=
stellung. Die „Geschichte" ist eine Großmacht im modernen
Wissenschaftskreise wie nie zuvor. Sie ward es, indem sie
den Forderungen des Gelehrten gerecht wurde durch erwei=
terte Quellen und verschärfte Quellenkritik, dem Schriftsteller
aber durch die Philosophie der Culturgeschichte und den
jugendfrischen Reiz des culturgeschichtlich begründenden und
veranschaulichenden Vortrags. Keine Wissenschaft ist darum
heutzutag entschiedener berufen am Kampfe des Schriftstellers
und des Gelehrten theilzunehmen, und aber auch in diesem
Kampfe zu vermitteln, als die Geschichte.

Solchergestalt hat dieser Kampf neue Formen gewonnen;

er hat sich vermannichfaltigt und vertieft. Wir fechten ihn
mit vollem Bewußtsein. Als Schriftsteller erstreben wir eine
moderne Kunst der Prosa, welche nicht Schönschreiberei sein,
nicht gefällige Popularisirung fremder Forscher-Arbeit bieten
soll, sondern eigenes Forschen und Denken, mit der innern
Nothwendigkeit eines Kunstwerkes harmonisch aufgebaut.
Diese Mission ruht jetzt zumeist auf den Schultern des Mannes der Wissenschaft, der zugleich ein Künstler sein soll, wie
sie vordem auf den Schultern unserer großen Dichter ruhte,
die zugleich große Denker waren.

Haben da und dort die schreibenden Gelehrten jetzt die
größere Gunst von Wind und Sonne, dann soll der wissenschaftliche Schriftsteller seinen Beruf um so eifersüchtiger hoch-
halten, als einen gleichfalls echten und vollberechtigten. Er
ist nicht etwa ein Mann, der gut schreibt, weil er nicht
gelehrt genug ist, um sich zu der wahren Höhe der schlechten
Schreibart aufzuschwingen, oder ein Dilettant der sich hinter
den Faltenwurf der Kunst versteckt, weil er seine gelehrten
Blößen decken muß. Er will Schriftsteller sein, weil er
hierin einen höchsten Beruf sieht, der ebenso gut die strenge
Wissenschaft fördert, wie die allgemeine Bildung.

Ja mittelbar sogar die Kunst: denn der wissenschaftliche Künstler soll auch ein Hüter des reinen künstlerischen
Geistes sein. Zu Lessings und Schillers Zeiten konnte man
angesichts so vieler stumpfen Fachschriftsteller von einem guten
gelehrten Buch sagen: es ist gedankenscharf, als ob's ein
Dichter verfaßt hätte. Läßt sich der Satz jetzt vielleicht gegen
die modernen Künstler umkehren? Gottlob nicht überall, aber
doch manchmal. In einem Theile der modernen Kunst gilt

das Schöne bereits als trivial, ohne Kraft und Schneide, und das Harte, Unharmonische ist eben recht, wenn es nur neu, überraschend, charakteristisch wirkt. Der Schriftsteller hat dem gegenüber die heilige Pflicht, wenigstens in seinen Werken den Adel des Maßes, die Schönheit der reinen Linie, der klaren Plastik doppelt streng zu wahren.

Wir kommen da zu einer seltsam verkehrten Welt. Unsere Väter sagten sprichwörtlich, wenn sie etwas besonders anmuthiges sahen oder hörten: „das ist schön wie gemalt," das klingt „süß wie Musik." Statt dieser veralteten Redensarten werden wir nächstens umgekehrt treffender sagen: „garstig wie gemalt," und „ohrenzerreißend wie Musik." Verliert sich die moderne Kunst in die Aesthetik des Häßlichen, dann soll der Schriftsteller als Künstler um so treuer an der Aesthetik des Schönen halten.

Zum Lohn sagt man dann vielleicht in Zukunft, wenn man etwas recht anmuthiges hört oder sieht: „Das ist schön wie geschrieben."

Die deutschen Kunststädte.

(Gesprochen im Münchener „Kunstgewerbe-Verein" am 1. Februar 1870.)

I.

Am Anfang unseres Jahrhunderts gab es in Deutsch=
land keine Kunststädte mehr, und man blickte damals mit
Wehmuth auf Augsburg und Nürnberg, welche vor Zeiten
einmal Kunststädte gewesen waren. Jetzt hingegen gibt es
wieder deutsche Kunststädte große und kleine, ganze und halbe,
das heißt Städte, in welchen die bildenden Künste nicht
blos selbständige Schulen gegründet haben, sondern wo die
Kunstbetriebsamkeit auch social und wirthschaftlich so mächtig
geworden ist, daß sie dem ganzen Orte die Signatur ver=
liehen, einen auszeichnenden Charakter aufgeprägt hat.

Das ist ein glänzendes Zeugniß für das verjüngte Er=
blühen unserer bildenden Kunst: sie gewann nicht nur selber
wieder Physiognomie, sie hat auch ganzen Städten Physio=
gnomie gegeben, und unserm vielgestaltigen Städtewesen einen
eigenen socialen Farbenton beigefügt. Dies mögen Jene zu
ihrem Trost erwägen, welche sonst nur den alles verschlin=
genden Industrialismus die moderne Städtecultur beherrschen
sehen.

Machen wir einen Gang durch die deutschen Kunststädte!
Schon der Reiz der Contraste, auf welche wir stoßen werden,
lohnt den Weg. Nur Italien besaß zur Zeit seiner höchsten
Kunstblüthe so viele grundverschiedene, in allerlei Art wett-
eifernde Kunstmittelpunkte wie Deutschland heutzutage. Fast
jede dieser Städte wurde Kunststadt auf anderer Grundlage,
und spinnt sich nun weiter in ihren besondern Charakter ein.
Indem wir aber diese bunten Unterschiede beobachten und zu
begreifen suchen, entdecken wir doch zuletzt auch wieder gemeinsame Züge, leitende allgemeine Thatsachen und Ideen,
und kommen unvermerkt zur Erkenntniß der neuen Be-
dingungen, unter welchen die deutschen Kunststädte unserer Zeit erwachsen sind. Und diese Erkenntniß ist dann das eigentliche Ziel unserer Wanderung.

II.

Berlin und Wien behaupten gegenwärtig den Rang
deutscher Kunststädte. Reine Kunststädte sind sie freilich so
wenig, als man sie schlechthin Residenzstädte oder Hauptstädte oder Industriestädte nennen kann, obgleich ihnen diese
Titel alle mit einander zukommen; sie sind eben Großstädte,
und eine rechte Großstadt mißt sich nicht blos nach den
Hunderttausenden der Einwohner, sondern weit mehr noch
nach der Fülle der verschiedenen Städte-Charaktere, welche
in ihr verschlungen erscheinen. Der universelle Beruf macht
erst die Großstadt voll und ganz, sie ist eine Encyklopädie
des Städtewesens in Folio. Aus dieser Vielgestaltung ragt
dann allerdings bei Wien und Berlin der Einzeltypus der

Kunststadt bedeutend hervor. Es gibt Kunstquartiere in diesen
Großstädten, aber diese Quartiere durchschreitend müssen wir
erst den überwältigenden Gesammteindruck der Stadt los
werden, um an die Kunstpflege insbesondere zu denken.

So erzählt die Wiener Ringstraße dem Wanderer allerdings, daß Wien in neuester Zeit nebenbei auch eine Kunststadt geworden ist. Sie ist nach einem künstlerischen Hauptplan-
entworfen; monumentale Gebäude, Paläste, reichgeschmückte
Privathäuser wechseln mit Anlagen der Gartenkunst, mit
freien Plätzen, auf welchen der Plastik eine Stätte bereitet
ist. Sie stellt uns auch den Widerstreit zweier Kunstrich-
tungen klar vor Auge, in welchem sich die Wiener Architektur und Bildnerei seit 1848 kämpfend fortbewegte: den
Widerstreit von Gothik und Renaissance. Trotz alledem gehören unsere ersten Gedanken nicht der Kunst. Wien ist die
Stadt der Paläste; das ist der erste Eindruck. Aus dem achtzehnten Jahrhundert dominiren die Paläste des Adels —
der Feudalherren — im neunzehnten kamen die Paläste der
Zinsherren hinzu. Die Straßenperspective eröffnet uns eine
weittragende sociale Perspective vorwärts und rückwärts. Wir
sehen uns zunächst von Reichthum, Prunk und Luxus umgeben, wir fühlen die Wucht der modernen Geldherrschaft,
die uns überhaupt nirgends fühlbarer wird als in Wien,
und gewahren erst hinterdrein, daß es die Kunst ist, welche
uns bei den prachtvollen Neubauten diese Herrschaft versinnbildet. Die reiche Kunst der Kaiserstadt erinnert dann nebenbei auch an die Börse, und die Börse an die armen Finanzen
des Kaiserstaats. Wie viele Tausende haben schon angesichts
der neuen Wiener Prachtbauten diese aufregende Parallele

gezogen, und darüber schließlich die Kunst ganz und gar
vergessen! Und wenn auch nicht — jedenfalls sind die mo=
numentalen Kunstquartiere Wiens nicht entscheidend für den
Gesammtcharakter der Stadt, sie sind eine Episode, gleich
der ganzen Kunstbetriebsamkeit in all' dem bunt wimmelnden
Leben, und die Kunst selber dient viel mehr als sie herrscht.
Darum überrascht uns in Wien auch weit öfter die Macht
des Kunsthandwerks als jener idealen Kunst, welche einsam
gebietet, weil sie sich selbst genügt. Ich finde in dieser letzteren
Thatsache keine Schattenseite, ja der moderne Sinn wird in
ihr wohl gar einen Vorzug finden; ich verzeichne sie nur
als eine Eigenthümlichkeit.

Wenden wir zum erläuternden Gegensatz rasch einen
Seitenblick auf das neue München, wie es sich von außen
dem Auge darstellt. Hier herrscht die Kunst. München
ohne seine Kunstwerke wäre gar nicht München, es wäre
eine farblose Landstadt, die kein Fremder um ihrer selbst
willen aufsuchte; Wien und Berlin ohne ihre Kunstwerke
wären immer noch Wien und Berlin. Das monumentale
München zeigt ein Suchen und Probiren in allerlei Kunst
und Art; man mag dies tadeln; allein der Grund des un=
stäten Tastens und Suchens lag doch darin, daß man eine
reine und vielseitige Kunst finden, daß man neue Muster der
Kunst gleichsam im Aufbau einer ganzen Stadt aufstellen wollte.
Man liebt heutzutage große Gedanken und große Phrasen: eine
ganze Stadt als Kunststudie wäre Beides zugleich. Wer von
Wien oder Berlin kommt, dem erscheinen die Münchener Bauten
und Denkmale leicht etwas leer, zu viel stylisirt und zu
wenig geschmückt, kalt, zerstreut und eben darum von äußer=

lich kleinerer Wirkung. Aber bei tieferm Nachdenken ergreift uns doch eine stille innere Größe; die meisten dieser monumentalen Bauwerke dienen entweder der Kunstpflege und der Wissenschaft, oder sie sind auch rein um der Schönheit selbst willen aufgeführt. Eine Kunststadt, welche wegen der Kunst neu erbaut wurde — das ist die auszeichnende äußere Physiognomie Münchens, worin ihm keine andere Stadt Deutschlands, ja der Welt, gleichsteht. Errichtete man doch mitunter sogar Porträtstatuen aus überwiegendem Kunstbedürfniß; wenigstens scheint es bei einigen unserer sechzehn Erzstatuen so, als habe man große Männer gesucht, weil man für den Platz doch noch ein Standbild brauchte; dabei sind dann freilich einigemal die Männer und die Statuen etwas klein ausgefallen.

Doch zurück über Wien nach Berlin. Der Stephansdom verkündet uns, daß Wien schon im Mittelalter eine Kunststadt gewesen, und seine Bauhütte gehörte sogar zu den vier großen deutschen Haupthütten der gothischen Zeit. Allein St. Stephan steht jetzt wie ein Fremdling einsam in der großen Stadt; Wien hatte seinen künstlerischen Rang durch Jahrhunderte verloren, bis es sich erst in unsern Tagen zu einem Mittelpunkt eigenthümlichen Kunstbetriebs wieder aufschwang, nicht durch Fürstengunst, auch nicht durch die bahnbrechende Gewalt eines einzelnen Großmeisters der Kunst, sondern eben als moderne Großstadt, welche auch ein gutes Stück der bildenden Kunst Oesterreichs naturgemäß in sich sammelte — der äußerste Vorposten deutscher Kunst gegen Südosten, und zugleich durch seine hochentwickelte Luxusindustrie Werkstätte und Markt des mannichfachsten Kunst-

gewerbes. Der neue architektonische Charakter Wiens steht
in einem merkwürdigen Zusammenhange mit den Bewegungen
der Zeit. Das Revolutionsjahr 1848 brachte das Princip
der freien Concurrenz beim Entwurf öffentlicher Bauten.
Auf dem Vereins- und Petitionsweg wurde dieses neue Princip
durchgesetzt, und als die erste Frucht erwuchsen zwei maßgebende Werke, die Altlerchenfelder Kirche und das Arsenal,
maßgebend nicht nur für neue Stylformen, sondern auch für
neue Technik und die steigende Macht des Kunsthandwerks.
Einen zweiten großen Anstoß gab im Jahr 1857 die echt
moderne Idee der Stadterweiterung auf dem Boden des
Festungsgürtels, welcher die innere Stadt umschloß. Hier
konnten jene Paläste entstehen, worin keineswegs blos hohe
Herrschaften wohnen; und wie man auf dem Wege der freien
Concurrenz vielfach zur Gothik gekommen war, so führte die
Stadterweiterung zu einer fortwährend steigenden Herrschaft
der Renaissance.

Berlin gieng ganz andere Wege. Auch hier ragen einsame Denkmale älterer Kunstgröße fremdartig aus der jüngeren Umgebung — Denkmale nicht einer Epoche, sondern
eines einzelnen Meisters, nicht dem Mittelalter entstammend,
sondern einer sonst schon gar entarteten Periode der Rococo-
zeit. Es ist Schlüter, der geniale Prophet, der große Pre-
diger in der Wüste, welcher in seinen Berliner Hauptwerken
die künftige Kunststadt vorverkündet. Architektur und Sculptur
bilden von da an die bahnbrechenden Künste Berlins, sowohl
zur Zeit Friedrichs des Großen als in der von Schinkel
eröffneten neuen Kunst-Aera. Die Malerei kam erst zuletzt
und trat in zweite Linie, während in München anfangs

die Sculptur (16. Jahrhundert), dann die Malerei (Cornelianische Epoche) tonangebend sich erhoben hat, und die Baukunst beidemal gleichsam nur im Gefolge jener Schwester-
künste aufstieg. Hätte Schinkel ausführen können, was er
entwarf und ersann, so würde er dem ganzen damaligen
Berlin ein neues monumentales Gepräge gegeben haben.
Solch stolze That, daß ein einzelner Künstler eine ganze
Stadt umstylisirt, ist aber nur dem Elias Holl gelungen, als
er im Anfang des 17. Jahrhunderts seiner Vaterstadt Augsburg durch Neubauten und Umbauten ein völlig neues Gesicht gab, wie es sich, freilich gealtert und verschrumpft, bis
auf diesen Tag erhalten hat.

Welche Einflüsse haben nun aber das gegenwärtige
Berlin so kunstbetriebsam gemacht, daß es den Rang einer
der ersten deutschen Kunst-Städte gewinnen konnte? Diese
Frage läßt sich von fernher einfach beantworten. Betrachtet
man dann aber die einfache, das heißt verallgemeinernde
Antwort näher, so springt wieder eine neue besondere Antwort aus derselben hervor, und wieder eine und noch eine,
und zuletzt hat man ein ganzes Heer von Antworten, entsprechend dem unendlich mannichfaltigen Kunstbetrieb einer
solchen Großstadt, der eben durch die verschiedensten Motive
angeregt wurde. Allein zu viele Antworten sind doch wiederum
keine Antwort; darum will ich mich für unsern Zweck auf
die generalisirende, auf die Hauptantwort beschränken.

Berlin im 19. Jahrhundert war früher eine Metropole
der Wissenschaft, der Literatur und der staatlichen Culturpflege als der Kunst. Das Kunstinteresse keimte hier vielfach
erst auf dem Boden der literarischen Bildung; Kunstgeschichte

und Aesthetik sind vorwiegend norddeutschen Ursprungs, und ihre Pflege ging im Norden dem neuen Aufschwung der bildenden Kunst voran. Und wie in Weimar zu Goethe's Zeit und in Dresden in den Tagen der Romantiker die Poeten als Herolde und Fürsprecher der bildenden Kunst auftraten, so geschah es später auch in Berlin. Durch diesen Entwicklungsgang haben die modernen norddeutschen Kunststädte einen Charakter gewonnen, der sie von den süddeutschen, insbesondere von München und Wien, aufs bestimmteste unterscheidet.

Dieser Gegensatz verkörpert sich in der Person zweier Könige, die beide als Pfleger der bildenden Kunst weitgreifenden Einfluß gewannen: in Friedrich Wilhelm IV. von Preußen und Ludwig I. von Bayern. Der preußische König war ein kunstgelehrter Mann, dessen Kunstliebe als die Frucht seiner reichen historischen und philosophischen Bildung erschien; die Wissenschaft war bei ihm vorangegangen, die Kunst folgte. König Ludwig war dagegen umgekehrt zuerst Kunstfreund gewesen, ein Kunstgelehrter wurde er gar niemals. Als sein Sohn, der nachmalige König Max, als Kronprinz seine erste Reise nach Italien antrat, bat er den Vater, daß ihm derselbe einen Kunsthistoriker zum Reisebegleiter geben möge. Die Bitte wurde abgeschlagen. Denn König Ludwig ließ zunächst die Kunstwerke auf sich wirken, indem er naiv genoß, nicht indem er forschte oder theoretisirte, und noch in seinen alten Tagen sagte er oft, daß diese Art des Kunststudiums das wahre Fundament seiner Gesammtbildung gewesen sei. Und wie · bei diesen beiden Königen, so erging es auch bei Berlin und München. In Berlin führte die moderne

Bildung zur Kunst, in München die Kunst zur modernen Bil=
dung. München liegt auf dem Wege nach Italien. Der oft
mißbrauchte Vergleich mit dem Florenz der Renaissance trifft
in jenem einen Punkte wenigstens zu: die Kunst eröffnete seit
Dante und Giotto die Florentiner Renaissance des 14., wie
seit König Ludwig und Cornelius die Münchener Renaissance
des 19. Jahrhunderts. In der Kunstschule aber wuchsen beide
rasch über die bloße Kunststadt hinaus.

III.

Ich skizzire den Charakter einer weiteren von Berlin und
Wien grundverschiedenen deutschen Kunststadt — Düssel=
dorf. Der Statistiker, welcher auf die Ziffern blickt und
das fabelhaft rasche Anwachsen der Volkszahl Düsseldorfs
seit hundert Jahren registrirt, wird zunächst den Handel der
Stadt betonen, und als Rheinhafen des großen Elberfelder
Industriegebietes behauptet Düsseldorf in der That einen
ausgezeichneten Platz unter den rheinischen Städten. Allein
von Düsseldorfs Handel wissen nur die Kenner, von Düssel=
dorfs Kunst weiß die Welt. Sie allein gab der Stadt ihre
große Signatur.

In weitem Halbkreise lagert sich aber heutzutage ein
neues Düsseldorf um das alte, eine Industriestadt. Wer
zu Schiffe kommt, der erblickt die Kunst= und Handelsstadt
und gleich vorn im Hafen begrüßt ihn das Gebäude der
Maleralakademie. Wen aber der Bahnzug herführt, der
sieht sich zunächst von lärmenden Werkstätten mit hoch=
ragenden Schornsteinen umgeben, er durchschneidet den in=

dustriellen Gürtel, welcher die ältere Stadt immer breiter
zu umschließen beginnt. Vielleicht ist es eben zur letzten
Stunde, daß man Düsseldorf noch eine Kunststadt schlechthin
nennen kann. Schon prophezeien Kundige: die Düsseldorfer In=
dustrie werde selbst die Elberfeld=Barmener in wenigen Jahren
erreichen, ja überflügeln. Doch wird die räumliche Schei=
dung der Kunststadt und der Fabrikstadt hier noch lange
fortbestehen.

Düsseldorf ist bekanntlich sehr arm an Werken der mo=
numentalen Baukunst und Bildnerei. Nicht das Zusammen=
wirken aller bildenden Künste (welches die Signatur Münchens),
sondern das einseitige Vorherrschen der Malerei charakterisirt
Düsseldorf. Darum steht dann hier auch das Kunstgewerbe im
Hintergrunde, die sich selbst genügende ideale Kunst der Farbe
ist maßgebend, und auf Markt und Straßen gewahrt man
ihre Herrschaft nicht. Dagegen betonen die Düsseldorfer mit
Recht, daß ihre Stadt doch nicht blos Malerstadt sei, son=
dern auch ein denkwürdiger Mittelpunkt poetischen, litera=
rischen und musikalischen Schaffens von den Tagen Heinse's,
Jakobi's und Forsters bis auf Immermann und Schnase,
Schumann und Mendelssohn. Das ist zwar nicht viel im
Vergleich zu den Erinnerungen anderer Städte; allein eben
weil man wenig im Gedächtniß zu behalten hat und doch so
Treffliches, behält man es um so treuer. Die Maler waren
den Poeten und Musikern befreundet, sie wohnten so enge
beisammen, sie berührten sich und regten sich gegenseitig an,
was man z. B. von München selten rühmen kann. Und
es hat sich dieses Verhältniß in Düsseldorf auch örtlich ganz
seltsam verkörpert. Der „Malkasten“, das Künstlerhaus,

erhebt sich in Jakobi's Garten; die Akademie steht ganz nahe beim Theater, dessen primitive Einrichtungen noch ganz in Immermanns Zeit versetzen, und die Gemäldegalerie ist in der Tonhalle, Wand an Wand mit den Sälen, welche durch Mendelssohn und Schumann und die großen rheinischen Musikfeste geweiht sind.

Düsseldorfs moderne Kunstpflege erwuchs nicht aus dem praktischen, örtlichen Bedürfniß, wie in Wien, noch aus einem Zusammenwirken der mannichfachsten künstlerisch-wissenschaftlichen Anregungen wie in Berlin, noch kann man einen Fürsten ihren Gründer nennen, wie beim neuen und alten München: Düsseldorf wurde eine Kunststadt lediglich auf Grund seiner Kunstschule, seiner Akademie, die, im Anfang des Jahrhunderts verfallen, durch Schadow mit neuem Geiste sich erfüllte. Man kann sagen: die Kunstpflege erwuchs aus sich selber, wie sich auch die neue Düsseldorfer Schule ihre Meister anfangs aus ihren eigenen Schülern erzog. Düsseldorf ist der Autodidakt unter den deutschen Kunststädten, und ich lobe nur die berufenen Autodidakten: sie haben wenigstens den Trieb der eigenen Schöpfungskraft für sich. Dresden, München, Berlin, Wien besitzen ihre großen Gemäldegalerien und andere historische Kunstsammlungen aller Art; diese Museen wirken leise, aber sicher, auf Geist und Technik der örtlichen Kunstschule und sind für den Fremden zugleich das deutlichste Wahrzeichen der Kunststadt. Die neuere Düsseldorfer Malerschule hingegen mußte ohne Galerie sich selber schulen, jene Gemäldesammlung in der Tonhalle besteht wesentlich nur aus Werken der neuen Schule, sie ist ein Product derselben, keine ältere Basis des Producirens und die

Düsseldorfer Künstler rühmten es früher als einen Vortheil, daß ihre alte Galerie nach München gewandert sei. Denn unter dem überwältigenden Eindrucke der großen alten Werke wäre ihre moderne Kunst nicht so selbständig ganz eigene Wege gegangen. Vom Jahre 1866 bis 1870 glaubte man freilich in Düsseldorf, die Schule sei nun in ihrer Originalität so fest und fertig, daß sie die Rückkehr der alten Bilder aus München vertragen könnte.

Der größte Ruhm Düsseldorfs als Kunststadt gründet in der epochemachenden Selbständigkeit seiner Schule. „Düsseldorf" bezeichnet gleich „München" eine vollgültige Tendenz, eine Hauptrichtung der neuen deutschen Kunst; die beiden Städtenamen wurden zu einem Losungswort, welches durch die Kunstgeschichte tönt. Darum gehen denn die „Düsseldorfer" auch weit über den Burgfrieden Düsseldorfs hinaus; die Stadt hat ihre Pflanzstädte, sie beherrscht geographisch eine große Kunstprovinz, eine größere als Berlin und Wien. Nur München kann in diesem Punkte mit Düsseldorf wetteifern. Und es gibt dann, beiläufig bemerkt, eine Kunststadt, in welcher Düsseldorfer und Münchener Gebiet eine Zeitlang zusammenstießen und ineinander griffen, bis sie auf diese Kreuzung ihre Selbständigkeit gründete, das ist Dresden.

IV.

Nun stelle ich aber dem neuen Düsseldorf wiederum ein völlig contrastirendes Bild gegenüber: das allerneueste Stuttgart. Vor wenigen Jahren durfte man noch fragen: wie denn Stuttgart unter die Kunststädte gerathe? Jetzt darf

man's nicht mehr; Stuttgart ist eine werbende Kunststadt
und mindestens als solche anerkannt. Wer durch die Hallen
des glänzenden neuen Bahnhofes die Stadt betritt, den überrascht sofort die eigenthümliche Zierlichkeit der großen Neubauten am Schloßplatze, und beim weitern Durchwandern
der Stadt wird er bald entdecken, daß eine Art Stuttgarter
Baustyl zu entstehen beginnt, eine moderne Renaissance, der
edeln Frühperiode dieser Kunstweise nachgebildet, voll leichter
Anmuth der Formen und durch eine ebenso feine als reiche
Ornamentik belebt. Die Nachbarstädte München und Stuttgart liegen da eine Welt weit auseinander. Das eigenste,
was Stuttgart besitzt, gehört nicht der schaffenden idealen
Kunst, sondern der schmückenden, dienenden, vorab dem
Kunstgewerbe. Man kann sagen: Stuttgart als werbende
Kunststadt beginnt da, wo München zu allerletzt angekommen
ist. Wer die Münchener Kunst beobachten will, der gehe
zuerst in die Ateliers der Maler; wer die Stuttgarter, der
begebe sich vor allem in die Werkstätten der Holzschneider,
Lithographen, Zeichner, Buchbinder, der Holz- und Metall-
arbeiter und Bauhandwerker. Seltsames Spiel der Gegensätze! Die spröden, abgeschlossenen, querköpfigen Schwaben,
am altväterlich Ueberlieferten sonst so treu festhaltend, liefern
jetzt in den Arbeiten des Luxus und der Mode das Feinste
und Zierlichste, und Stuttgart ist in diesem Stück ein Klein-
Paris des deutschen Südwestens. Die schwäbische industrielle
Regsamkeit hat sich da mit einem Geschmack verbunden, der
in Stuttgart, als einer Hauptstadt der deutschen Literatur
und des Buchhandels von den verschiedensten Seiten angeregt wurde. Hierbei ist der unmittelbare Einfluß der

Bücher=Illustration auf das Stuttgarter Kunstgewerbe durch=
aus nicht zu unterschätzen. Die Stadt liefert nicht nur die
schönsten illustrirten Bücher, ihre originalste Kunst erfindet
und bildet auch im Geiste der Illustration, und die so ganz
modern eleganten Stadttheile des neuen Stuttgart sehen sich
an, wie eine illustrirte Prachtausgabe mit gepreßtem, in
Bronzeschmuck und Vergoldung verziertem Einband und er=
füllt mit allerlei niedlichen Initialen und Viguetten und an=
muthigen Stichen, Photographien und Holzschnitten.

Südwest=Deutschland hat übrigens noch eine andere
Stadt, welche durch den Bund der Kunst und des Gewerbes
als eine werdende oder, richtiger, als eine wieder erstehende
Kunststadt erscheint: Nürnberg. Nur mit dem Unterschied,
daß hier fast alles in umgekehrter Weise „wird" und ge=
worden ist wie bei Stuttgart, nämlich auf dem historischen
Boden der heimischen mittelaltrigen Kunstherrlichkeit.

Es gehört bei uns zu den seltenen Ausnahmen, daß
auf den Trümmern einer großen alten Kunststadt ein be=
deutendes modernes Kunstleben erblüht, und noch seltener
ist es dann wohl, wenn nach langer Pause des Verfalles
die neue Kunstthätigkeit wieder an die Traditionen längst
vergangener Zeiten anknüpft, wie etwa bei der Bauhütte
von Köln oder bei der Kunstschule und dem Kunstgewerbe
Nürnbergs. Sonst hat die moderne Kunst fast durchaus
neue Mittelpunkte gesucht. Augsburg, Zürich, Straßburg,
Prag, Mainz, Lübeck, Danzig, so kunstbedeutend im Mittel=
alter, sind dies jetzt nicht mehr; München, Berlin, Düsseldorf,
Dresden, Stuttgart hingegen verdanken ihren künstlerischen
Ruf allesammt erst der neuern oder gar der neuesten Zeit.

V.

Diese merkwürdige Thatsache lenkt unser Nachdenken auf die grundverschiedenen Vorbedingungen, welche in den wechselnden Perioden zum Entstehen einer Kunststadt gegeben sein mußten.

Die älteste deutsche Kunstgeschichte kennt gar keine Kunststädte, sondern nur Kunststätten. Denn die Pflege der Kunst ruhte damals noch überwiegend in der Hand einzelner Persönlichkeiten, und fand im Kloster, in der Kaiserpfalz oder am Bischofssitz eine Zuflucht, nicht weil der ganze Genius des Ortes, weil die örtliche Volkscultur nothwendig dazu drängte, sondern nach Maßgabe der Kraft und Neigung jener Männer. Wenn darum Karl der Große in Aachen und Ingelheim, wenn die sächsischen Kaiser im Sachsenlande bauen und bilden ließen, wenn der Mönch Tutilo in St. Gallen und der Bischof Bernward in Hildesheim ansehnliche Kunstwerkstätten gründeten, so schufen sie doch nicht entfernt Kunststädte. Oft genug sitzt die klösterliche Kunst sogar mitten in der Einöde, nicht als ein Zeichen allseitiger Blüthe, sondern vielmehr der ersten Keime höherer Gesittung. Und wenn man sagt, daß die bildende Kunst damals noch gleich der Musik und Literatur in den Händen des Klerus geruht habe, so heißt dies nichts anderes als: eine gelehrte Corporation trieb verfeinertes Handwerk, und in diesem Handwerk schlummerte ein Stücklein Kunst.

Architektur, Malerei und Bildnerei des Mittelalters sind überhaupt aus dem Handwerk hervorgegangen, zuerst aus dem Gewerbebetrieb der Geistlichen, dann der Bürger. Hierin liegt großentheils das Geheimniß sowohl des jugendfrischen, volksthümlichen, wie des gebundenen Geistes der mittelaltrigen Kunst. Darum konnten auch erst wahre Kunststädte entstehen, als das Handwerk social emancipirt wurde, als sich ein eigener Gewerbestand freier Bürger entwickelt hatte. Die Epoche des Beginnes der Kunststädte in Deutschland fällt dann weiter folgerecht nicht mit den kunstgeschichtlichen Perioden — etwa der Entstehung des Romanismus oder der Gothik — sondern mit den culturgeschichtlichen zusammen: mit dem Emporsteigen des freien Bürgerthums. Und zwar erwachsen Kunststädte zuerst in jenen Gauen, wo auch Bürgerleben und Gewerbe und Handel zuerst in frischester Kraft erblühten, d. h. vorab im Gebiete des Rheins und der Donau. Auch die spätern vier Hauptbauhütten der deutschen Gothik, Straßburg, Köln, Wien und Zürich, reihen sich an diese Flüsse. Der Süden geht voran, der Norden folgt. Erst nach der Gründung des Hansabundes erheben sich die bedeutendsten unserer norddeutschen Küstenstädte auch zu wirklichen Kunststädten.

Wie sich aber Satzung und überlieferte Technik der Zünfte von Stadt zu Stadt verbreiten, so wandert auch die Kunst mit dem Gewerbe ins kleinste Städtchen. Es bildet sich eine Unzahl von selbständigen Provinzialstädten der Kunst, eine künstlerische Kleinstädterei. Und so gewann das Mittelalter eine geographische Decentralisation des Kunstbetriebes, wie sie unsere Zeit entfernt nicht mehr kennt. Sie erklärt sich aus der damaligen Bindung der Kunst ans Handwerk.

In dieser Bindung finde ich dann auch einen Schlüssel der Thatsache, daß die Denkmale der einzelnen Gaue zu-

gleich ein so treuer Spiegel des landschaftlichen Volkscharakters sind, und die Kunstgeschichte des Mittelalters nicht
blos nach Zeiten und Meistern, sondern auch nach Gauen
und Berg- und Flußgebieten, also geographisch und ethno-
graphisch, gegliedert werden muß.

Das ist nun alles ganz anders geworden. Aus dem
alten Großgewerbe erwuchs die Großindustrie. Unsere modernen Industriestädte sind aber sammt den Handelsstädten
in der Regel gerade am wenigsten berührt von künstlerischem
Leben, ja sie gelten als Gegenpole der Kunststädte. Denn
wie das alte Gewerbe in individuellster Vollendung seinen
Bund mit der Kunst schloß, so die gattungsmäßig vollen-
detste Industrie ihren Bund mit der Wissenschaft, und zwar
zunächst mit den exacten Disciplinen, welche der Kunst gar
ferne liegen, mit Naturwissenschaft, Mechanik, Technologie,
und dann weiter mit Statistik und Nationalökonomie und
endlich gar mit der Finanzkunde des modernen Geldhandels,
vor welchem der Künstler ein Kreuz schlägt.

Die Stellung des Künstlers zum Handwerk wurde nicht
minder völlig umgekehrt. Im Mittelalter beherrschte das
Handwerk die Kunst und umschloß sie in seinen Corporationen;
in der Renaissance wurde der Künstler sein eigener Herr,
aber Kunst und Handwerk griffen noch nachbarlich ineinander;
in der Folgezeit vereinsamten Beide zu gegenseitigem Nach-
theile, bis in der Gegenwart die Künstler wiederum das
Handwerk zu veredeln und ästhetisch zu beherrschen suchen,
und durch das Mittel der gewerblichen Kunstschule und der
Association den alten absichtslosen Bund in freier bewußter
Weise wieder knüpfen.

VI.

Was ist denn aber heutzutage maßgebend für
das Entstehen einer Kunststadt?

Zunächst folgt die moderne Kunststadt dem Staate.
Wer über die mittelaltrigen Kunststädte denkt und forscht,
der muß die Handels = und Gewerbegeschichte zu Hülfe nehmen; wer über die modernen, die Staatengeschichte. Fast
allgemein concentrirt sich jetzt die tonangebende Kunstpflege
und der Kunstmarkt in den Landeshauptstädten. Ausnahmen,
wie Düsseldorf oder Nürnberg, werfen diese Regel nicht um;
sie bezeugen eben den Individualismus, welcher uns Deutschen so tief ins Fleisch gewachsen ist und der politischen
Centralisation auf tausend Punkten widerstrebt. Der Staat
gründet Kunstschulen und Akademien zunächst in der Hauptstadt; der Staat ist gegenwärtig der weitaus größte Besitzer
von Bildergalerien und historischen Sammlungen, und er
vereinigt die reichsten Schätze dieser Art wiederum in der
Hauptstadt. Aber auch in die Provinzialstädte mit ihren
Filial = Galerien und Kunstschulen streckt der Staat seine
unterstützende Hand, und nimmt sich zum Entgelt ein Auf-
sichtsrecht der Kunstpflege. Als Düsseldorf unlängst sein
Kunst = Jubiläum begieng, stand die Bureaukratie höchst be-
merkbar im Vordergrunde des Festprogramms. Den Künstlern
gefiel das nicht; aber es war ein deutliches Zeichen der Zeit.
Wäre das alte Nürnberg keine bayerische Provinzialstadt geworden, so würde die neue Kunststadt Nürnberg wohl ebensowenig nach der Kunstmetropole München gravitiren, wie
das künstlerische Stuttgart. Zwischen Nürnberg und München

liegt eine Stammesgränze — das entschied im Mittelalter; zwischen Stuttgart und München eine Landesgränze — das entscheidet heute für den örtlichen Kunstcharakter.

Ich bemerkte schon vorhin, daß wir dermalen ganz andere geographische Mittelpunkte des Kunstbetriebes besitzen als im Mittelalter; ich kann jetzt zu den Gründen, welche ich aus der alten Zeit anführte, auch einen Grund aus der Gegenwart fügen: Unsere Kunststädte sind neu, weil unsere Staaten neu sind, sammt unsern Hauptstädten und Fürstensitzen. Dem werdenden Staate folgt auch die werdende Kunststadt. Als sich der Staat Ungarn von Oesterreich zu lösen begann, wanderte auch die Esterhazy'sche Galerie von Wien nach Pest. Beides stand in innerem Zusammenhang. Und wenn es den Magyaren gelänge, die Pester Akademie zu einer selbständigen Schule zu erheben, welche nicht blos ungarische Stoffe malt, sondern auch einen magyarischen Styl ausbildete, so würde Pest als Kunststadt auf der politischen Autonomie des Landes gegründet erscheinen.

Die größte Kunststadt des classischen Alterthums war das demokratische Athen, und die größten Kunststädte des deutschen Mittelalters waren unsere freien Reichsstädte. In der Renaissance und der folgenden Periode des absoluten Fürstenregiments aber zog die Kunst lieber in die Fürstensitze. Auch hierin copirte die Renaissance vielmehr das imperatorische Rom als das republicanische Griechenland. Wir treten heutigen Tages noch theilweise in die Fußstapfen der Renaissance. Unsere Landeshauptstädte sind zugleich Fürstensitze, und durch fürstlichen Einfluß krystallisirte sich bald mehr bald minder ihr Charakter als Kunststadt. So tragen

die modernen Kunststädte eine überwiegend monarchische
Signatur, und die Schweiz und Nordamerika sind bei der
geographischen Vertheilung der großen Kunst-Centren bis
jetzt ziemlich leer ausgegangen.

Allein der moderne Staat ist gewaltiger als der moderne
Fürst, sogar kunstgewaltiger, und was der Fürst für die
Kunststadt begann, das vollendet der Staat. Hierin liegt
ein völlig neues Motiv, ganz dem 19. Jahrhundert eigen.
Unsere politischen Hauptstädte sind die größten Sammelplätze
der reinen Geistesarbeit. Regierung, Diplomatie, Verwal=
tung, Rechtspflege, Kriegswesen, das Alles concentrirt seine
Spitzen in der Hauptstadt; die Parlamente folgten dem Re=
gierungssitze, die Universitäten wanderten dorthin oder trach=
ten wenigstens hinzukommen; die Journalistik schlug hier
ihre breitesten Wurzeln, Tausende von Männern der idealen
Berufe finden sich da zusammen: die modernen Hauptstädte
sind zugleich die tonangebenden Mittelpunkte der gebilde=
ten Gesellschaft. Diese Thatsache gründet im Wesen des
modernen Staates, und unter der Wucht ihres Einflusses
muß sich auch die Kunst in die Hauptstadt ziehen, selbst
wenn dort keine Fürstengunst ihr lächelte.

Es gibt eine Stadt, welche in ganz einziger, unvergleich=
licher Weise schon im vierzehnten Jahrhundert die Grundzüge
der modernen Kunststadt prophetisch in sich zusammenfaßte;
das ist Florenz. Als Geburtsstätte der neuen Literatur
und Wissenschaft, als freies politisch mächtig voranschreiten=
des Gemeinwesen, als Sammelplatz idealer Interessen jeglicher Art, die damalige Bildungshauptstadt Italiens, bot
Florenz dem Gesammtverband der bildenden Künste einen

völlig neuen Boden, den vom Handwerk emancipirten Künstlern einen neuen höhcren Platz in der Gesellschaft; als Vor-
bote einer in sich verbundenen politischen, socialen und künstlerischen Zukunft ward es eine Kunststadt im reineren Sinne
als selbst Rom mit seiner Trümmer-Größe und seinen hohen
Meistern. Und wenn man seitdem bald diese bald jene Kunststadt ein „Florenz“ nannte, so war dies zwar allemal eine
stark übertriebene Schmeichelei, denn jenes Florenz ist noch
nicht wieder dagewesen, aber doch eine gut gewählte Schmeichelei; denn das Florenz Dante's und Michelangelo's zeigt wenigstens allen späteren Kunststädten, was sie hätten sein und
werden sollen.

VII.

Nachdem wir so weit umhergestreift, führe ich Sie zu
guter Letzt noch einmal nach München zurück.

Es gibt Leute, welche München für eine gemachte, eine
erkünstelte Kunststadt halten, durch Fürstenlaune geschaffen,
ein nachgeäfftes Florenz, willkürlich auf die rauhe bayerische
Hochfläche improvisirt. Der oberflächliche Reisende kommt da
etwa von Augsburg herüber durch das öde Dachauer Moos;
er erblickt ringsum nur eine trostlose, formlose Landschaft,
plump gebaute Dörfer mit noch plumperen Kirchthürmen,
bevölkert von derben Bauern, die auch nicht gerade besonders spirituell aussehen, und von Bäuerinnen, die durch
eine seltsam verschrobene Tracht allesammt verwachsen erscheinen; als erstes Wahrzeichen der Stadt winkt ihm von fern
die massive Doppelgestalt der Frauenthürme, welche das Voll
bezeichnend genug die „Münchener Halbekrügeln“ nennt, und

wenn er nun gar seine ersten Schritte zu den wirklichen
Halbetrügeln, ins Bierhaus, lenkt, dann kommen ihm die
Münchener Bürger auch nicht eben wie Athener des Peri-
kleischen oder wie Florentiner des Mediceischen Zeitalters
vor. Die neuen monumentalen Stadttheile dünken ihm ganz
unorganisch an die grundverschiedene Altstadt geklebt, und
nun hat es unser Mann gleich heraus: München ist eine
gemachte Kunststadt, auf völlig widerstrebendem physischem
und geistigem Boden von König Ludwig I. erkünstelt.

Alle jene Beobachtungen waren im einzelnen richtig;
und doch kann kein Urtheil schiefer und oberflächlicher sein.
Der gründlichere Kenner wird vielmehr folgendes sagen.

München liegt im Vorlande der Alpen, und die Münchener Landschaftsmalerei verdankt der Gunst dieser Lage ihre
besten Charakterzüge. München liegt an der Straße nach
Italien, und die Münchener Sculptur des sechzehnten Jahrhunderts wie die Cornelianische Malerschule des neunzehnten
beweisen, wie entscheidend der Zug dieses Weges geworden
ist. Das oberbayerische Gebirgsvolk übt naiv und von allers-
her mehr Kunst in Malerei und Schnitzerei, Volksgesang und
Volkstheater als irgendein anderer deutscher Stamm. Wer
diese volksthümliche Kunst in ihrer hundertfachen Verästelung
eingehend verfolgt, dem däucht zuletzt das Entstehen einer
Kunststadt auf solchem Boden fast eine ethnographische Nothwendigkeit.

Es ist ganz falsch, die überragende Kunstpflege in München erst von König Ludwig I. zu datiren. Sie geht vielmehr auf Herzog Albrecht V. im 16. Jahrhundert zurück.
Die Sammlungen und Bauten dieses Fürsten und seiner

nächsten Nachfolger gaben der Kunststadt ihre ältere Phy=
siognomie. Die Erzbildnerei und das Kunsthandwerk wur=
den hier in jenen Zeiten geradezu epochemachend, und als
Hefner-Alteneck unlängst den Ruhm der ornamentalen Plastik
der deutschen Renaissance gegen die einseitigen Ansprüche der
Franzosen rettete, nahm er seine besten Beweise aus der ver=
gessenen Schatzkammer jenes alten Münchener Kunstgewerbes.
Auf Grund dieser Thatsachen zählt München zu den ältesten
deutschen Kunststädten moderner Art. Augsburg und Nürn=
berg — damals noch weit kunstmächtiger als München —
gaben zu derselben Zeit des 16. Jahrhunderts noch das
vollendete Bild mittelalterlicher Kunststädte, wo München
bereits den Typus der modernen Kunststadt zeigte.

Nicht auf neuen Boden gründete darum König Lud=
wig I. sein neues München: er knüpfte mit seiner epoche=
machenden Kunstpflege an niemals ganz erstorbene örtliche
Traditionen. Die allgemeine Lage war anders geworden,
als im 16. Jahrhundert, sie war günstiger für den künst=
lerischen Beruf der Stadt. München wurde die Hauptstadt
eines Mittelstaates, welcher die idealen Interessen der Kunst
und Wissenschaft pflegen muß, weil er nicht auf eigene Faust
große Politik treiben kann und doch durch einen selbständi=
gen Beruf sich legitimiren will. Die Stadt war eine Kunst=
stadt bevor sie den Anlauf zur Großstadt nahm, die Kunst=
epoche König Ludwig I. ging auch dem modernen Aufblühen
der Industrie und des Gewerbes voran. Zur nachfolgenden
Pflege des Kunsthandwerkes bot dann aber München wiederum
ein Material, wie es sich in der Welt nicht zum zweitenmal
findet. Ich meine das Nationalmuseum König Maximi=

lians II. Nur in der Hauptstadt Bayerns konnte eine solche
Sammlung binnen weniger Jahre geschaffen werden, weil
nur hier die Erbschaft des alten kunstsinnigen Hofes, der
größten mittelalterlichen Kunstgewerbe-Städte Oberdeutsch-
lands und dann so vieler reicher Klöster und Kirchen zu-
sammengeflossen war, und vor Zerstreuung und Zerstörung
sicher im Verborgenen ruhte.

Das alles erklärt den natürlichen und nothwendigen
Beruf Münchens zur Kunststadt.

Und dennoch begreife ich, daß auch der feinere Beobachter manchmal irre werden kann an diesem Beruf. Er
vermißt einiges, was sich in zwei Sätzen andeuten läßt.

Der Münchener Kunsthandel war bis gegen die neueste
Zeit unbedeutend; er stand weit unter dem Niveau der
idealen künstlerischen Geltung des Ortes. Nun hat der Ver-
trieb von Kunstwerken nach außen gegenwärtig allerdings
eine bessere Organisation und einen tüchtigen Aufschwung
genommen. Der Absatz in der Stadt aber blieb doch gering-
fügig. Dies drückt vorab auf das Kunstgewerbe, und neben
den vielen öffentlichen Monumentalbauten stört der Mangel
kunstgeschmückter Privatbauten das Gesammtbild der Kunststadt, und erweckt bei dem Fremden den Verdacht, als seien
auch jene öffentlichen Kunstwerke vielmehr officielle, auf aller-
höchsten Befehl entstanden, und nicht aus dem inneren Bedürfnisse des Ortes erwachsen. Wir wünschen, daß diesem
Mißverhältniß auf dem einzig ausgiebigen Wege, durch die
Einwanderung recht vieler Millionäre, abgeholfen werde.

Etwas heiklerer Natur ist ein anderer Mangel. Man
vermißt die innigere Berührung, die Durchbringung des

reichen wissenschaftlichen und literarischen Webens und Schaffens und der allgemeinen Bildungsinteressen mit der Pflege
der bildenden Kunst.

Um Niemandem wehe zu thun, will ich mich alles eigenen Urtheils enthalten und meinen Satz blos durch eine
Reihe von Fragen erläutern, die sich Jeder nach Belieben
beantworten kann. Diese Fragen tragen übrigens weit über
München hinaus, man kann sie auch bei andern deutschen
Kunststädten stellen, und beantwortet sie vielleicht, trotz der
gerühmten Vielfarbigkeit dieser Städte, im stillen Sinne genau so wie in München.

Wir besitzen hier eine Akademie der Wissenschaften; sie
haust unter einem Dache mit der Akademie der Künste. Hat
sich diese äußere Hausgemeinschaft auch zu einer inneren vertieft? Ich frage nur — eine Frage ist ja erlaubt.

Wir besitzen eine große Universität mit vielen Profssoren.
Merkt man es dem reichen Vorlesungskatalog, merkt man's
der akademischen Lehre und dem akademischen Leben besonders an, daß München eine deutsche Kunsthauptstadt ist?
Oder umgekehrt: merkt man's den Studien der jungen
Künstler besonders an, daß sie in einer Universitätsstadt
leben? Wer will sogleich Ja oder Nein sagen — aber man
wird doch fragen dürfen!

Wir besitzen eine glänzend dotirte, frisch aufstrebende
polytechnische Schule. Ich frage nicht selber, sondern ich
erinnere mich nur, daß Andere bereits öffentlich die Frage
aufwarfen: ob bei Plan und Einrichtung dieser vielfach der
Kunst verwandten Schule auf den Charakter Münchens als
Kunststadt besondere Rücksicht genommen worden sei?

Und wenn wir doch einmal im Fragen sind, so könnte auch Einer fragen: ob bei den höheren Gymnasialstudien Münchens die äsihetische Erziehung, die künstlerische Seite des humanistischen Unterrichts besonders hervortrete? In einer großen Kunststadt dürfte man ja wohl sogar derlei stille Gedanken hegen.

In München erscheinen viele Bücher und Zeitungen. Spiegelt sich in dieser literarischen Production die eminente Bedeutung Münchens als einer deutschen Kunsthauptstadt? Ist München wohl gar auch eine Hauptstadt der deutschen Kunstkritik? des künstlerischen Bücherverlags und Handels?

Schlägt in der Bildung der Gebildeten das künstlerische Element besonders vor? Ueben die Künstler einen durchgreifenden Einfluß auf das höhere gesellige Leben?

Diese Frage führt mich nicht zu einer Antwort, sondern zu einer klimatologischen Notiz. Die scharfe Münchener Luft gilt für besonders nervenstärkend; nervenschwache Personen besuchen München mitunter als klimatischen Kurort. Die Münchener Luft ist aber auch gesund und stärkend für Genies, Talente, berühmte Männer, und solche, welche es sein wollen. Sie treibt die Dünste des Stolzes, des Hochmuths und der Einbildung äußerst rasch aus den Köpfen; das hängt dann wieder mit den Geheimnissen des socialen Lebens zusammen. Nur hat man schon öfters gefragt: ob diese Luft nicht zu scharf sei und die Temperaturwechsel zu plötzlich?

Dies sind Fragen, über welche Jeder seine eigenen Gedanken haben darf.

Ich konnte aber diese Fragen in Ihrer Mitte stellen, ohne die Furcht, mißverstanden zu werden: denn indem Sie

uns Männern des Wortes und der Feder die Ehre einer
Einladung zu Vorträgen in diesem Raum schenkten, bekunden Sie ja selbst, wie sehr es Ihnen am Herzen liegt, daß
wir uns gegenseitig in persönlichem Austausch nahe treten,
und daß Sie, Künstler und Gewerbtreibende, Vertreter des
Kunstgewerbes, ein Verständniß haben für das m o d e r n e
Ideal der Kunststadt.

Der alte Wettkampf der Meister einer Stadt oder der
Schulen einer Kunst hat sich wieder zu einem Wettkampf der
Städte erweitert, und das erinnert an Italiens schönste Zeit. Nur
Italien hatte, nur Deutschland hat diese scharf individualisirten
Charaktere ebenbürtig unter einander wetteifernder Kunststädte.

Aber das moderne Ideal der deutschen Kunststadt steht
höher als selbst das italienische des 15. und 16. Jahrhunderts.
Wir haben es noch nicht erreicht; es winkt uns erst als eine
künftige Größe. Ich fasse dieses Ideal in die Worte: Zusammenwirken a l l e r bildenden Künste, Veredelung des Gewerbes durch die Kunst, Befruchtung der Künste durch Literatur und Wissenschaft auf dem Boden eines national geeinigten und freien staatlichen Lebens und im Schooß einer
kunstgebildeten bürgerlichen Gesellschaft. Vor vierhundert
Jahren zeigte uns Florenz diesen Weg, und jede echte deutsche
Kunststadt verfolgt ihn heute in besonderer Weise. Nun
denken Sie sich aber das Zusammenwirken aller dieser einzelnen Kräfte noch unendlich gesteigert durch das erst in
unserer Zeit mögliche Zusammenwirken aller deutschen Kunststädte in einem großen künstlerischen Städtebund, einer
Hansa der deutschen Kunst — und die Zukunft zeigt uns
ein ideales Städtebild, welches größer wäre als Florenz.

Rheinlandschaft.

(Gesprochen im „Verein für wissenschaftliche Vorträge" zu Crefeld am
24. October 1871.)

I.

Die Alten verkörperten sich die Flüsse als Götter und
sprachen unter diesem Bilde die Ehrfurcht aus, welche sie
vor den großen völkerbewegenden und völkerfesselnden Strö=
men hegten.

Unsere Phantasie vergöttert die Flüsse nicht mehr, aber
sie vermenschlicht dieselben, und wo der Römer den Fluß=
gott Rhein über seine Urne gelagert sah, da erblicken wir
wenigstens den Vater Rhein. Dieses Beiwort, wenn auch
uralt volksthümlichen Ursprunges, hat nicht sowohl ein naiver
Geograph als ein naiver Culturhistoriker ersonnen. Der
Rhein erschien ihm als ein Vater des Volkslebens, welches
sich so eigenartig an seinen Ufern entwickelte, daß wir
geradezu von „rheinischem Leben" sprechen, als ein Vater
des bewegtesten Verkehrs, der das fränkische Rheinvolk, den
rheinischen Centralstamm, beweglicher gemacht hat denn
irgend andere deutsche Stämme. Und ohne Geschichtsforscher
zu sein, bemerkte doch schon der schlichte Beobachter, welch

mannichfache Verkettung historischer Ereignisse fort und fort
dem Strome folgte oder von ihm — als einer keineswegs blos
militärischen — Operationsbasis ausging. So ward der Rhein
persönlich in der Volksgeschichte, persönlich als eine Cultur-
macht, als eine geistige Erscheinung.

Allein auch seine sichtbare leibliche Erscheinung, Fluß
und Uferland, die geographische Thatsache, steigerte sich uns
zur Persönlichkeit.

Man kann dieselbe exact untersuchen, wie der Naturforscher den Leib des Menschen. Das thut der Geograph.
Indem er den Lauf des Flusses wissenschaftlich mißt und
aufbaut und das ganze Gewebe des Flußnetzes im Zusammenhange mit der Bodenbildung darlegt, kommt auch er zuletzt
zu einem organischen Gebilde, welches lebendig und in sich
nothwendig wie eine Persönlichkeit vor uns erwächst. Darum
kann man sagen, das Erfassen des Persönlichen in den geographischen Gebilden ist ebensowohl der höchste Triumph der
Wissenschaft, wie der kindliche Anfang volksthümlicher Natur-
betrachtung.

Wenn aber der Geograph die leibliche Erscheinung eines
Flusses construirt, so gelangt er dabei zu einem Moment,
wo der Culturhistoriker wiederum eintreten und für ihn das
Wort ergreifen darf: ich meine die landschaftliche Schönheit von Strom und Gestade, welche wohl zu allererst zur
naiven Personification geführt hat. Denn der künstlerische
Blick erwacht früher als der wissenschaftliche. Die Erkenntniß und Begründung des künstlerischen Blickes ist dann
wieder eines der spätesten Probleme der Wissenschaft.

Die landschaftliche Schönheit ruht in ihrem Fundament

auf den Naturformen, ist aber doch kein Object des Naturforschers; denn sie entsteht erst subjectiv in der wechselnden
Auffassung der Menschen und gestaltet darum keine exacte
Analyse. Insofern aber der Wechsel des landschaftlichen
Schönheitsideales bei Völkern und Generationen sich gesetz-
mäßig gliedert und bewegt, erhebt er sich wenigstens über
die blose Laune des individuellen Geschmacks. Die jeweilige
Auffassung der Naturschönheit gestaltet sich zu einer Aussprache der geheimsten Geistesstimmung und Gemüthsrichtung
der Geschlechter, sie wird solchergestalt wissenschaftlich fasibar, ja
sie gibt wiederum ein Material zur Psychologie des Volkes. Es
fehlt jener Aussprache auch nicht an deutlichen Urkunden; man
muß sie nur zu finden wissen in der beschreibenden Literatur,
in der Poesie, in der Landschaftsmalerei, wie in der unmittel-
baren Beobachtung des gegenwärtigen Volkslebens selber.

Nun hat aber kein anderer deutscher Fluß eine so ausgesprochene Persönlichkeit wie der Rhein; Geschichte, Volksleben und Natur sind in prächtiger Harmonie durch den
Stromlauf mitbestimmt und verbunden. Schon dieser Umstand ladet uns ein, zunächst am Rheine den Wechsel des
landschaftlichen Schönheitsideales zu studieren. Dazu kommt,
daß hier der reichste Urkundenschatz für unsere Zwecke dar-
geboten ist. Denn die Rheingegenden sind die besuchtesten
und bekanntesten, sie liegen an der großen Heerstraße und
finden als Hauptstück der „europäischen Route" nur noch in
der Schweiz und Italien ihres Gleichen, sie sind beschrieben,
besungen, gemalt, wie keine zweite deutsche Stromlandschaft,
sie haben die älteste Reiseliteratur. Dies Alles gilt freilich
zunächst von dem mittleren Rheinlauf.

Was ist überhaupt eine „Rheinreise?" Kein Mensch denkt dabei an eine Fahrt von der Quelle bis zur Mündung; wer von Mainz bis Köln gefahren ist, der hat schon eine ganze Rheinreise gemacht. Wer ist ein „Rheinländer"? Doch nicht der Schweizer aus Chur oder der Elsässer und Badener, oder der Holländer, welcher in Rotterdam doch eigentlich auch noch am Rheine wohnt. Wir verstehen darunter wiederum den Anwohner des deutschen Mittel- und Nieder=rheins. So denkt der Künstler auch bei „Rheinlandschaften" nicht an die Schweizergegenden des Quellenlandes, noch an die Niederungen des holländischen Küstengebietes. Die eigent=liche Rheinlandschaft geht ihm wiederum nur von Mannheim oder Mainz bis Köln oder Düsseldorf, das heißt sie erstreckt sich ihm so weit, als der Stromlauf den Charakter des ganzen Bildes beherrscht und bestimmt, und zugleich soweit auf diesem Gebiete die rheinische Natur in die Nebenflüsse hinaufzieht.

Diese Abgrenzung einer Rheinreise oder Rheinlandschaft im engeren Sinne mag schwankend sein, ein volksthümlicher, kein wissenschaftlicher Sprachgebrauch. Dennoch ist sie werth=voll und hilft uns das Problem der wechselnden Geltung rheinischer Naturschönheit lösen.

Zu unserer Väter und Großväter Zeiten hatte die Rheingegend fast unbestritten den Ruhm des landschaftlichen Paradieses von Deutschland. Der klassisch Gesinnte nannte den Rheingau ein deutsches Italien und der Romantiker begrüßte die Felsenenge bei Rüdesheim als die wahre Ein=gangspforte zur Fahrt durchs alle romantische Land. Man dachte nicht daran, daß andere deutsche Gaue mit diesem Rheinland um den Preis der Schönheit streiten könnten.

Und doch ist dies also gekommen. Viele finden heut=
zutage die deutsche Donau schöner als den Rhein, Andere
geben unsern Alpenländern den Vorzug. Tausende kehren
enttäuscht von der Rheinfahrt heim und sagen's laut, wäh=
rend sie vor fünfzig Jahren im gleichen Falle wenigstens ge=
geschwiegen hätten; denn wer damals vom Rheine nicht
schlechthin entzückt war, der galt für einen Barbaren.

Wie kommt es, daß die rheinische Landschaft nicht mehr
mit so unbedingtem Vorrange gepriesen wird, daß sie nicht
mehr für den reinsten Typus deutscher Naturschönheit gilt?
Waltet hier blos eine Laune des übersättigten Geschmacks?

Wäre nur dies der Fall, so würde die Sache kaum der
Rede werth sein. Allein es hat sich vielmehr ein zwiefacher
Wechsel vollzogen: der Rhein ist anders geworden
und zugleich hat sich das landschaftliche Auge der
Generation umgestimmt. Beides will ich erörtern. Die
scheinbar blos auf der ästhetischen Oberfläche haftende Unter=
suchung wird dann vielleicht tiefere Schlüsse andeuten und
einen Blick eröffnen in die Seele der Zeit.

II.

Zunächst hat sich die Rheinlandschaft selber verändert,
und nicht zu Gunsten ihrer malerischen Schönheit. Seit
der neuen industriellen Aera ist der Rhein merklich kleiner
geworden, ob nach seiner Wassermasse, das weiß ich nicht,
aber kleiner nach der Fläche seines Wasserspiegels. Von
Mannheim bis Emmerich arbeitete man unablässig, das
Strombett einzuschnüren durch Dämme und Durchstiche; man

gewann eine tiefere Fahrbahn für die Schiffe auf Kosten der
Breite des Flusses. Malerisch wirkt aber doch nicht eine
Tiefe, die Niemand sehen kann, sondern eine Breite, die
man sieht. So hört der Rhein mehr und mehr auf Strom
zu sein und wird Kanal. Das ist eine ästhetische Degradation.
Wollte man doch auch schon den reizenden, inselgeschmückten
See, welchen unser Fluß zwischen Mainz und Bingen bildet,
kanalisiren! Allein da im Rheingau die Naturschönheit Geld-
werth hat, und nahezu, wie die Volkswirthe sagen, ein „verkehrs-
fähiges Gut" ist, so regte sich kräftiger Widerspruch: ein
Verkehrsinteresse hält dem andern die Wage.

Unsere Väter schilderten den Rhein zwischen Bingen
und Koblenz, wo er sich wirbelnd durch die Felsen drängt,
als eine Art von wildem Alpenstrom. Wie ist diese Wild-
heit zahm geworden! Gerade auf dieser Strecke sind dem
Strom die stärksten Fesseln von Längs- und Querdämmen
angelegt. Die steifen geraden Linien dieser kahlen Stein-
wälle haben die natürliche Schönheitslinie des früher anmuthig geschwungenen und reichbegrünten Uferrandes zer-
stört, sie verengen den Fluß nicht blos nach dem wirklichen
Raummaße, sondern verkleinern ihn weit mehr noch für
das malerische Augenmaß, wie jeder breite, unvermittelte
Farbenstreif im Vordergrunde eines Bildes die Mittel- und
Hintergründe zusammendrückt. Während so der Fleiß der
Menschen gar zu viel Steine in den Fluß geworfen hat,
sind jene Klippen und Steintrümmer, welche eine räthselhafte Naturgewalt wie in wilder Laune hineinschleuderte,
großentheils verschwunden. Ist doch selbst das Binger Loch
mit seinen Riffen und schäumenden Stromschnellen fast un-

sichtbar geworden! Die „preußischen Correcturen" haben es
verschlungen mit andern romantischen Löchern. Und der
Steuermann des Segelschiffes zieht nicht mehr, wie noch in
meiner Kinderzeit, den Hut ab und spricht ein Stoßgebet,
bevor er hindurch fährt, und den Mäusen wäre es durch
die vorgeschobenen Steindämme jetzt bedeutend leichter gemacht,
zu Bischof Hatto's Thurm hinüberzuschwimmen, aber der
restaurirte Mäusethurm sieht auch schon längst nicht mehr
mythisch aus. Wenn etwa Jemand die großartigen alten
Rheinstrudel suchte und nicht finden könnte, so soll man
ihm rathen, an die Donau zu reisen, wo zwischen Grein
und Persenbeug vor der Hand noch ein alter Rheinstrudel
zu sehen ist.

Nur bei Hochwasser und Eisgang bietet der Rhein noch
das volle Bild des weiland gepriesenen wilden Stromes. Wann
alle Ufer überschwemmt sind und die Schiffe im Hafen rasten,
dann findet der alte Vater Rhein sich selber wieder. Der
Knecht zerbricht die Kette; er wird wieder Herr.

Nun denke man sich gar noch die Kette im Wortsinn,
man denke sich die projektirte Kettenschiffahrt im Rheine
durchgeführt. Die Kette auf dem Stromesgrund wird nicht
blos die Schiffe gängeln und fesseln, sie fesselt auch den
Rhein. Aber man wird die Kette nicht sehen. Und dennoch
wird sie die landschaftliche Erhabenheit des Strombildes in
unserm Geiste drücken. Wir blicken in die Wirbel und
Strudel, sie sind nicht mehr unergründlich; wir sahen sonst
tief unten ganz deutlich den Nibelungenhort mit seinen goldenen Ketten und jetzt sehen wir noch viel deutlicher die
eiserne Kette, in welche die Schiffe eingehängt sind! Bei

aller Naturschönheit entscheidet nicht blos, was wir wirklich sehen, sondern oft noch viel mehr, was wir uns einbilden, was wir durch Phantasie und Reflexion uns vorstellen. So findet der Mann des Flachlandes, wenn er an den Fuß der Alpen kommt, fast regelmäßig die Berge weit nie- driger, als er sich's gedacht hat. Unwillkürlich vergleicht er ihre scheinbare Höhenlinie mit der scheinbaren Höhe klei- nerer Berge, die er früher sah, und da ist der Unterschied gar nicht so riesig aus naheliegenden perspectivischen Gründen. Erst wenn die Reflexion hinzutritt, erst wenn er etwa bei den beschneiten Gipfeln an die mathematische Formel der Schneelinie sich erinnert, wachsen ihm die Berge auch im künstlerischen Auge. Gerade so ist es beim Rhein. So lange seine Wassermasse ungebändigt von Menschenhand, erschien sie dem Auge größer als sie war und die sagenbildende Phantasie vergrößerte und vertiefte sie noch viel mehr. Der gebändigte Rhein dagegen, der Rhein an der Kette, sieht kleiner aus, als er wirklich ist. Nur als freier Herr ist der Riese ganz riesenhaft. Der Maßstab der dämmernden oder klaren Reflexion drückt also zunächst den Rhein herab. Das sage ich mit Vorbehalt. Denn wir werden am Ende sehen, daß es auch noch einen andern Standpunkt der Re- flexion gibt, welcher die Gestalt des Rheines wieder zum Großartigen erhebt, weil der Riese uns zwang, ihn zu bändigen.

Doch bleiben wir vorerst noch bei dem verkleinerten Rhein, verkleinert nach dem wirklichen Wasserspiegel, wie im Spiegelbilde unseres geistigen Auges.

Kaum minder verderblich als die Stromcorrecturen

wurden die Eisenbahnen seiner landschaftlichen Schönheit. Sie schnüren mit der geradlinigen Parallele ihrer Dämme rechts und links die Ufer eben dort am grausamsten ein, wo das enge Thal mit Felsen und Burgen dergleichen am wenigsten erträgt. Es sieht aus, wie wenn Kinder über eine Zeichnung gerathen und die zarten, frei geschwungenen Conture nach dem Lineal mit derben Bleistiftstrichen über- fahren. Die gerade Linie ist nun einmal der ästhetische Fluch der modernen Cultur, und ich glaube, die gegenwär- tige Vorliebe für das tollste Schnörkelwerk der Rococoformen ist eine Art Verzweiflungsflucht vor der geraden Linie, die uns überall verfolgt. Uebrigens haben die Ingenieure mit ihren Bahndämmen nicht blos die großen Conture der Rheinland- schaft verzeichnet, sondern zugleich eine Fülle der charactervollsten Einzelschönheit unbarmherzig zugedeckt. Am Rheine öffnen sich Städte und Dörfer, mehr als bei unsern andern großen Flüssen, mit ihrer schönsten Seite gegen den Fluß, und diese form= und farbenreichen Hafenprospecte selbst der kleinsten Dörfer mit ihren alterthümlichen Häusern, Thürmen, Thoren und Mauerresten waren oft das Anmuthigste an der ganzen Landschaft. Die sonst so fortschrittlichen Rheinorte sind conservativ in der Bewahrung dieser ihrer historischen Reize, aber was hilft uns das, wenn sich jetzt der Bahn- damm wie eine spanische Wand zwischen diese Herrlichkeiten und den Wasserspiegel schiebt? Nur die Tunnels dürften Gnade vor dem Künstler=Auge finden: erstlich weil man sie nicht sieht, und dann weil ihre geheimnißvollen Eingangs- thore manche kahle Bergwand mit einem wirklich schönen und neuen architektonischen Schmuck beleben.

Aber was da gut gemacht wird, das hat der Aufbau
der großen Eisenbahnbrücken wieder dreifach verdorben. Die
Mainzer Brücke zeigt ausgesprochene Originalität, die Koblenzer ist sogar schön, die Kölner weder schön noch originell, —
gleichviel — sie sind alle miteinander viel zu groß, viel zu
vordringlich für die rheinische Landschaft, sie stören die Proportion, sie lasten verkleinernd auf Stadt und Fluß und
durchschneiden die prächtigsten Hintergründe. Das harmonische Maß der Formen und Verhältnisse bedingt aber gerade die eigenste Schönheit der Rheingegend, und läßt den
Strom selbst da, wo er eingeengt fluthet, majestätisch, und
die Berge, wo sie niedrig sind, mächtig erscheinen. Von
dieser Macht und Majestät des schönen Maßes ist aber dem
Rheine gar viel hinweggebaut worden.

Und dennoch weden jene doppelten Schienenwege mit
ihren Brücken, denen der freie Strom seinen Nacken beugt,
statt des verlorenen ein neues großartiges Bild ganz anderer
Art. Ist der Strom auch eingeschnürt und unter's Joch
gezwungen, so spricht selbst daraus wieder ein Sieg des
Rheines. Diese Bahnen sind seine Gefolgschaft; des Stromes unermeßliche Verkehrskraft zwang sie selb zweie an seine
Ufer, sie müssen gerade und krumm seinem Laufe nachlaufen
und ihm dienen. Für das Auge beherrschen die Schienenwege den Rhein, für den Geist führt der Rhein die Schienenwege von den Alpen bis zum Meer und kein anderer
deutscher Fluß hat ein solches Doppelpaar so lang und
lückenlos nach sich gezogen. Das Donau-, Weser-, Elb-Ge-
stade wird von der Eisenbahn bald gekreuzt, bald verlassen,
dem Rheine allein konnte sie weder rechts noch links aus

dem Wege gehn. Allein das ist ein Gedankenbild, kein
landschaftliches, ein Phantasie-Thema des poetischen Culturhistorikers, welches der Poet ergreifen und gestalten könnte,
nicht der Maler. Hiermit bin ich dann zu einem Satze gelangt, der wie die leitende contrapunktische Figur meinen
Vortrag fortan durchweben wird: gegen jenen Reiz naiver
Naturschönheit, welchen der Rhein in des Malers Auge verlor, hat er den Zauber großartiger Culturbilder eingetauscht
für das Auge des Poeten, und zwar des Poeten im ächt
modernen Geiste.

III.

Die Städte und Dörfer am Ufersaum des Rheines
wurden in den letzten Jahrzehnten merklich größer; früher
an der Stromseite eng begränzt und scheinbar ausgewachsen,
recken sie sich jetzt nach oben und unten oft weit über ihre
alten Thore hinaus. Namentlich überraschen uns bei vielen
Dörfern zwischen Bingen und Bonn ganze Zeilen kleiner
neuer Häuschen, die mit einemmale längs des Wassers auf-
getaucht sind, während der Umfang dieser Dörfer vordem
seit Jahrhunderten unverändert geblieben war. Schien es
doch in unserer Jugendzeit, als ob diese Städtchen und
Dörfer, die mit ihren epheuumrankten Mauertrümmern und
buckeligen alten Häusern selbst wie eine Art vergrößerter
oder auch verbauerter Burgen anzusehen waren, gar nicht
mehr sich erweitern und verjüngen, sondern gleich der wirklichen Burg zu ihren Häupten nur noch stehen bleiben und
leise in sich fort verwittern könnten. Das ist ganz anders
gekommen: neue Triebe schossen in Saft, die Ortschaften

wuchsen und verjüngten sich. Welch ein erfreulicher Anblick — in Gedanken! diese Gedanken zeigen uns in den kleinen neuen Häuschen die Frucht der befreiten Arbeit, der erleichterten Siedelung, des entfesselten Verkehrs, das Gedeihen der kleinen Leute; und die großen Leute sind am Rhein eben auch nicht verdorben, und so führt uns der Gedankenflug immer höher und weiter, er führt uns über ganz Deutschland; denn wo empfänden wir den fröhlichen Aufschwung der Nation im Contraste von Alt und Neu unmittelbarer als am deutschen Rheine? Aber darum verderben jene einförmigen neuen Häuser doch die Landschaft; kein Maler kann etwas Gescheidtes mit ihnen anfangen, er wird sie weglassen, mit Bäumen verschleiern oder völlig umbauen.

Kein anderer deutscher Strom ist so reich mit Ruinen geschmückt wie der Rhein, in dieser romantischen Trümmerwelt ruht ein gut Theil seines poetischen und malerischen Zaubers. Es klingt fast herzlos, wenn man sagt, daß der Rhein durch das Kriegselend des siebzehnten und achtzehnten Jahrhunderts, vorab aber durch die französischen Mordbrennerzüge, erst recht schön in seiner architektonischen Staffage geworden sei. Und doch ist dem also. Verfall und Zerstörung ist an sich nicht schön. Aber wenn aus der Verwüstung ein Unverwüstliches siegreich sich erhebt, dann wirkt die Ruine dichterisch wie eine Tragödie. Das halb zerstörte Heidelberger Schloß ist sicherlich erhabener in seiner Trümmerschönheit, als es früher in seiner unversehrten Pracht gewesen. In ihrem Verfall triumphirt da die Kunst recht greifbar über die rohe Barbarei. So war und ist es auch bei mancher kleinen Rheinstadt: wir sehen die Verheerungen einer jüngeren

Zeit, aber von den reichen Kunstwerken des Mittelalters blieb noch gerade so viel übrig, daß sie durch den Contrast über ihr wahres Maß hinauswachsen. So wächst das alte Rom in seinen Ruinen über sich selber hinaus, und eine Wanderung am Rhein birgt verwandten Zauber der Poesie wie ein Gang durch die halbversunkene ewige Stadt.

Dazu kommt ein dichterischer Reiz anderer Art bei den rheinischen Burgen. Sie waren zum größten Theil keine Kunstwerke. Aber indem diese Mauermassen gebrochen der Natur erliegen, indem sie selber wieder Natur werden, in Form und Farbe oft nur noch leise von dem Fels verschieden, darauf sie wurzeln, indem Epheu die Wunden und Narben des Baues mild verhüllt, und Bäume und Sträuche aus den geborstenen Mauern wachsen, verwandelt sich die rohe Architektur in ein höchst malerisches Naturbild; als Neubau störte die Burg vielleicht die landschaftlichen Formen, als Burgruine wird sie erst harmonisch, sie wird selber zur schönen Landschaft.

So ist es, oder so war es? Kaum wage ich im Präsens zu sprechen, das Perfectum gewinnt von Jahr zu Jahr ein ausschließenderes Recht. Der Rhein verliert seine Trümmerschönheit. Die alten Burgen verschwinden eine um die andere, nicht weil man sie abbräche, sondern weil man sie wieder aufbaut als neugothische Schlösser. Man muß in die kleinen Seitenthäler steigen, wenn man heute noch jene Entdeckerlust genießen will, die uns beim Durchspähen einer in Dornen und Gestrüpp vergrabenen Burgruine begeisternd fortreißt. In den unberührten Trümmern schweift der Wanderer frei forschend, wie in der Heimlichkeit des Waldes:

bldichts; klettert er dagegen über die Mauer einer restaurir=
ten Rheinburg, so wird er festgehalten und gepfändet. Die
ächte Burgruine ist mein Besitz, so lange ich darin herum=
schweife, ihr Genuß ist Gemeingut gleich dem Walde, den
noch keine Forstpolizei mit Strohwischen abgesperrt hat. Ich
erobere mir die Burg, indem ich sie erklettre, ich lagere mich
in den Mauertrümmern, ich zünde mir ein Feuer an, ich
durchkrieche jeden Winkel, ich baue mir im Geist das Ganze
wieder auf, und Geschichte und Sage ersteht leibhaftig vor
meinen Augen. Schließt man mir aber die restaurirte Burg
gegen ein Trinkgeld auf, so sehe ich einen Landsitz vornehm=
mer oder reicher Leute, die sich's hier unter der Maske einer
fernen, unverstandenen Zeit oft gar unbequem bequem machen.
Die malerische Schönheit ist von der äußeren Ansicht ge=
wichen und die dichterische von der inneren. Hätte sich der
neue Burgherr doch das modern zierlichste Schloß etliche
Büchsenschuß weit seitab gebaut und die alten Thürme und
Giebel ruhig verwittern lassen, „wie sie der Weltgeist hin=
gedichtet!"

Man sucht den Frieden der Natur und der versunkenen
Geschichte auf einer Rheinfahrt und findet den sieghaften
Kampf der gegenwärtigen Cultur mit Natur und Geschichte.
Darum hat der Rhein nicht aufgehört schön zu sein, aber
man muß die überlieferte Legende vom schönen Rhein ganz
vergessen, um den Rhein in einer neuen Weise schön zu
finden.

Schon der Rheinwein könnte uns dies lehren. Wie
leuchtet, duftet, mundet solch ein edler Wein der jüngsten
besten Jahrgänge! Er ist gewiß weit besser, als ihn unsere

Vorfahren vor hundert Jahren jemals zu trinken bekamen.
Allein eben darum mußten die rationellen Weinberge male=
risch so unendlich viel langweiliger werden. Je üppiger und
freier die Rebe in Blatt und Ranke schließt, um so sauerer
der Wein.

IV.

Ich komme zur charaktervollsten Staffage des Stromes,
zu den Schiffen. Die sind nun auch wieder zu groß gewor=
den, während das Wasser sich verkleinerte. Nur die alten
Rheinflöße schrumpften zusammen. Obgleich das roheste, ur=
sprünglichste Fahrzeug, galten sie vor vierzig Jahren noch
für ein staunenswerth großartiges Unternehmen und man
erzählte sich von Flößen, die unterhalb Koblenz bis auf
2000 Fuß Länge und 90 Fuß Breite anwuchsen, mit
4—500 Arbeitern bemannt waren und bis zur holländischen
Gränze 30,000 Thaler Zoll zahlten. Sie boten mit ihrem
bunten Menschentreiben ein reiches Genrebild, verkleinerten
aber den Fluß malerisch nicht, obgleich sie ihn weithin be=
deckten; denn sie bauten sich nicht in die Höhe und ließen
also die Ueberschau der Fläche frei.

Die Riesen=Flöße wurden durch die Dampfschifffahrt
verkürzt und verdrängt und statt ihrer werden jetzt die großen
Personen=Dampfer als das imposanteste Fahrzeug des Stromes
bewundert. Diese Dampfer, nach amerikanischer Bauart,
wie sie seit einigen Jahren während der Reisemonate den
Rhein befahren, sind bekanntlich ausgezeichnet durch ihren
hohen Aufbau mit Kajüten über Deck, bei geringem Tief=
gang und bedeutender Länge (gegen 250 Fuß). Auf den

Riesenströmen Amerikas mag ein solcher Hochbau vortrefflich
aussehen; als Staffage der Rheinlandschaft wirkt er er-
drückend; denn er ist viel zu massig, zu farbengrell, zu steif
architektonisch für die fein und klein gegliederte Scenerie.
War das große Floß mit seinen Bretterhütten ein schwim-
mendes Dorf, so sind diese Bote schwimmende Hotels.
Bauernvolk und Bauernhäuser staffiren eine Gegend in der
Regel weit malerischer als vornehme Leute und funkelneue
Paläste; denn jene verschmelzen sich, selber eine Art Naturproduct, harmonisch mit der Natur, diese contrastiren hart
und schreiend.

Durch das Ueberhandnehmen der Dampfschiffe hat die
Schönheit des Rheines bedeutend verloren: der Dampfer ver-
scheucht die Fische und die Maler. Kaum gibt es eine
sprödere Aufgabe des Pinsels, als ein großer Flußdampfer
im Vordergrunde einer engbegränzten Landschaft, und mit
Ausnahme des eigentlichen Rheingaues haben die schönsten
Rheingegenden allesammt einen engen Horizont; sie bedürfen
reicher und mannichfaltiger, aber kleiner Staffage. Wo die
Dampfschifffahrt eindringt, da wird langsam doch sicher der
ganze Schiffsbau reformirt vom schweren Frachtschiff bis zum
kleinen Dreibord und Seelenverkäufer hinab. So haben auf
dem Rhein die nach Art der Dampfer scharf gebauten Kiel-
schiffe auffallend zugenommen, und durch die Schleppbote ist
auch bei den Frachtschiffen, die selber keine Maschine führen,
das Mast- und Segelwerk stark gemindert worden. Das
ächte alte Rheinschiff herrscht nicht mehr allein, wenn es
gleich der Zahl nach immer noch die Oberhand behauptet.
Es ist meines Erachtens das malerischste Fahrzeug, welches

überhaupt auf deutschen Strömen verkehrt. Sein Urbild ist
die holländische Kuff. Nicht scharf, sondern stumpf gebaut,
ohne Kiel, mit breitem schön geschwungenem Steuer, den
großen ovalen Schutzbrettern gleich Flossen zu beiden Seiten,
hohen Masten und mannichfachem Segelwerk, gestattet es
hundert Variationen in Form und Farbe von der reich ver-
zierten fürstlichen Yacht und dem stolzen Frachtschiff bis zum
gemüthlichen kleinen Marktschiff hinab.

Diese altmodischen Rheinschiffe paßten so gut zu den
Proportionen der Landschaft. Es bewegen sich jetzt viel mehr
Menschen und Güter auf dem Strom als vor fünfzig Jahren,
aber die Zahl und Vielgestalt der Kähne fiel damals weit
bunter und reicher in's Auge. Welchen Mastenwald zeigte
der Mainzer und Kölner Hafen als es nur erst wenige
Dampfschiffe gab! Jetzt sehen diese Häfen bei riesig gesteigertem Verkehr weit leerer aus; denn auf das malerische Auge
wirkt nicht der Tonnengehalt, sondern die wimmelnde Menge
der Fahrzeuge. Gleichförmige Massen haben selten künstlerischen Werth, wohl aber individuell durchgebildete Massen.
Die quantitative Größe macht sich dem rechnenden Verstande
klar; der Phantasie enthüllt sich die Größe leichter in der
Fülle eng geschaarter qualitativer Unterschiede.

Und die Größe der wimmelnden individuellen Vielgestalt
stimmt dann auch wiederum harmonischer zu dem bescheidenen
quantitativen Maße von Strombreite und Bergeshöhe am
Rheine. Ein Schlepper von fünf Segelschiffen gefolgt könnte
sich großartig in die Proportion der Landschaft fügen, wenn
der Fluß doppelt so breit wäre, die Berge doppelt hoch.
Und so gab die ehemalige Thier- und Menschenquälerei der

schiffziehenden Leute und Pferde dem engen Flußthal dennoch eine harmonischere Staffage, wenn Einem gleich das unharmonische Geschrei der Pferdetreiber das Ohr zerriß. Es gibt eine Grausamkeit des Kunstsinnes und einen Egoismus der Schönheitsbegeisterung. Das sagte ich mir selber, als ich unlängst am Neckar noch ein Schiff sah, welches von zwei Kühen zu Berg gezogen wurde, ein Jammerbild für den Volkswirth, ein Prachtstück für den Genremaler! Ueberhaupt muß man sich in die Thäler des Neckars und Mains, der Lahn, Mosel und Ruhr flüchten, um das frühere schöne Ebenmaß des Rheinthals von Landschaft und Staffage, wenigstens im kleineren Abbilde, noch nachzukosten. Aber auch dort hat die Eisenbahn bereits viel verdorben.

V.

Der Rhein wurde nicht blos kleiner an sich und durch den Druck der Industrie und des Massenverkehrs, er wurde überdies noch scheinbar kleiner, weil der Reisende einen größeren Maßstab mitbringt. Es erging dem Rheine wie den kleinen Staaten, die zusammenschrumpften, weil die Welt offener, das heißt die Sehweite unseres politischen Blickes größer wurde.

Auf hundert Reisende, die vor Zeiten die rheinische Landschaft als eine „großartige“ bewunderten, trafen kaum fünf, welche die weit großartigere Natur der Alpen, des Meeres, der Tropen genossen hatten. Jetzt kommen unter hundert Rheinreisenden gewiß zwanzig von den Alpen oder vom Meere herüber und sind ganz ärgerlich, im Stromspiegel

des Rheingaues keinen Genfer See, am Drachenfels keinen
Montblanc, und auf den Rebenhügeln keinen Urwald zu
finden.

Manche oft beschriebene Naturscenerien sind besonders
geeignet, diesen Wechsel im subjectiven Maßstabe des „Großartigen" zu verfolgen. Ein wahres Musterbeispiel der Art
ist gegenwärtig der Rheinfall von Schaffhausen. Wie viele
Naturschilderer haben zu Klopstocks, Goethes und Matthisons
Zeit das Schauspiel dieser Stromschnelle als ein überwälti-
gendes, über jeden Vergleich erhabenes gefeiert in glühenden
Versen und oft noch glühenderer Prosa! Es waren freilich
mehrentheils Nord- und Mitteldeutsche, die hier zum erflen-
male an die Pforte der Alpenwelt traten. Der Rheinfall
wurde zum Sprüchwort des majestätisch Erhabenen, — und
jetzt droht derselbe zum Sprüchwort der Enttäuschung zu
werden; denn die meisten Reisenden haben da weit Gewal-
tigeres erwartet und wundern sich, daß man über so wenig
Lärm so viel Lärm machen konnte. Und doch blieb der
Rheinfall wie er gewesen. Aber die Leute haben den Nia-
gara gesehen und die Kataraken des Nil und wenn sie beides auch nicht gesehen, so haben sie doch genug davon gelesen und Richard Wagners Walküre gehört, und alle dem
reicht der arme Rheinfall mit all seinem Wasser doch das
Wasser nicht, zumal wenn er im Spätherbst ohnedies kein
rechtes Wasser hat. Wie die leidige Sucht, die Dinge nicht
aus sich selbst zu würdigen, sondern nach andern ganz verschiedenartigen Dingen, das gerechte Maß historischer Größe
verschiebt, so auch der Naturgröße. Wir preisen Jemanden
die wundervolle Lage von Mainz, und flugs meint er, Kon-

ftantinopel läge doch noch viel schöner; wir erquiden uns
an der anmuthigen Rundschau vom Niederwald, aber sogleich
sagt uns Einer, die Aussicht vom Rigi sei doch noch unvergleichlich großartiger. „Haben Sie La Guaira gesehen?"
fragte ein weitgereister Freund jedesmal, so oft Jemand
irgend eine schöne Landschaft pries. Und wenn man's ver-
meinte, dann entgegnete er: „wer La Guaira nicht gesehen
hat, der hat noch gar keine schöne Landschaft gesehen." Ich
erbaue mich an Mozart's Requiem; „aber Bach's hohe Messe
ist doch unendlich erhabener," wirft mir ein Kenner dazwischen, gleichwie man Einem einen Prügel zwischen die
Beine wirft.

Während nun aber gegenwärtig zahllose Menschen beim
einfach Schönen das Großartige vermissen, sind nur Wenige
so fein geartet, daß sie bei'm formlos Großartigen den
Mangel des Schönen empfinden. Dies ist ein Zug unserer
Zeit, der sich angesichts der landschaftlichen Natur und der
Musik ganz besonders gellend macht. Aber auch anderswo
beherrscht uns das Vorurtheil, daß nur derjenige genial
sei, welcher die kühnste Aufgabe ergreift, um sie auf's
originellste auszuführen. Ob er dann in seiner Originalität
Manierist wird und in seiner Kühnheit stecken bleibt, das
thut wenig zur Sache; genial bleibt er doch. So beurtheilt
man die Künstler, so beurtheilt man auch die Natur, und
der Fluch der Originalitätssucht und des Größenschwindels
ruht eben so oft auf dem simpelsten Vergnügensreisenden
wie auf ästhetischen Kritikern und Kennern. Tiefdunkle
Schluchten mit schneidenden Lichtblitzen, wirre Felsenwüsten,
Gletscherwildnisse, unabsehbare Moore, Haiden und Wasser-

flächen: da erscheint die Natur titanisch, ursprüglich; ein
Jeder kann den Effekt im Vorbeifahren erhaschen und selbst
der gröbste Beschauer ahnet das Bild und Gleichniß einer
genialen Kraft. Die rheinische Landschaft in der selig versöhnten Harmonie ihrer milden Farben, in dem raschen
Wechsel anmuthiger Kunst - und Naturgebilde, in dem Frieden
ihrer Thal - Gebreite und der maßvoll schönen Plastik ihrer
Berge und Felsen ist dagegen nur dem feineren Sinne verständlich, der sich langsam, in sinniger Beschauung hinein
zu versenken weiß.

Wir gleiten stille durch die alte Zeit, wenn wir uns
im Kahne einsam den Rhein hinab treiben lassen, nicht
wegen der Burgen zur Rechten und Linken, sondern wegen
des Geistes dieser harmonisch befriedenden Naturschönheit;
denn sie entspricht dem verschollenen Kunstideale Goethe's
und Mozart's. Es ist als verkörperten sich ihre Verse und
Melodien in diesen Thälern und Höhen, und nur wer sich
noch das Verständniß des geistvoll und individuell Schönen
in der klassischen Kunst gerettet hat, der vermag auch heute
noch diese klassisch-schönen Landschaftsgebilde voll zu genießen.

VI.

So müßte man also einen besonders fein ausgebildeten
Schönheitssinn zum Rheine mitbringen. Allein auch das genügt nicht: der Rhein fordert überdies eine besonders feine
Kunst des Reisens, er will, gerade heraus gesagt, in recht
altmodischer Weise bereist sein.

Dem steht nun schroff gegenüber, daß man den Rhein

gegenwärtig schneller und in jeglichem Genuß modernsten Reisecomforts befahren kann, als irgend einen andern deutschen Fluß, und eben diese geschwinde und bequeme Beförderung lockt Tausende zu einer Rheinfahrt, von welcher sie dann doch oft etwas enttäuscht heimkehren. Sie dampfen an einem Tage durch sämmtliche „klassische" Rheinlandschaften und glauben, sie hätten nun den Rhein gesehen! So haben die musterhaften Dampfboote, welche alle Welt zum Genusse der rheinischen Schönheiten herbeiführen, andererseits den tieferen Credit dieser Schönheit bedeutend untergraben. Denn diese ist durchaus individueller Art, stets wechselnd, in's Kleine durchgebildet; sie verhüllt sich dem rasch Vorübereilenden und erschließt sich nur dem Wanderer im längeren innigen Verkehr.

Je rascher die Bilder wechseln, um so langsamer muß man reisen; je langsamer die Scenerie sich verändert, um so rascher mag gereist werden. Da nun aber heutzutage alle Welt geschwind reisen will, so erhalten wiederum die groß und breit angelegten Gegenden den Preis. Die Dampfschifffahrt über einen großen Alpensee gibt den Gesammteindruck von Gebirg und Wasser viel sicherer als die Rheinfahrt. Wer eine Alpenspitze bei gutem Wetter ersteigt, der hat im Wesentlichen dieselbe Vogelperspective, welche ihm auch die benachbarten Spitzen bieten; wer dagegen auf einem Rheinberge steht, der ahnt oft nicht, welch ganz anderes Bild die nächste kleine Höhe bietet. Und nun vollends Städte und Dörfer, Burgen und Schlösser in ihrer höchsten historischen und architektonisch malerischen Vielgestalt! Da gilt es, langsam zu gehen und geschwind zu sehen,

eine Kunst, die so selten geworden ist, wie geschwind hören
in der Musik. Denn es gibt viele Leute, die gar nicht
mehr fähig sind, ein Haydn'sches Quartett zu hören, weil
sie zu langsam hören, weil sie erst recht zu hören anfangen,
wenn der Satz eben fertig ist. Die tausend geistreich seinen
Züge des rasch wechselnden knappen Periodenbaues ent-
schlüpfen ihrem Ohr, welches nur noch an die breiten lang-
athmigen Perioden der nachbeethoven'schen Schreibart gewöhnt
ist. Gerade so entschlüpft die rheinische Naturschönheit gar
oft dem modernen Auge, weil sie zu reichen Wechsel auf
engem Raum zusammengedrängt bietet.

Hiermit verknüpft sich auf's innigste ein anderer Punkt.
Das Rheinland ist das schönste Musterstück deutscher Mittel-
gebirgsnatur. Nun glauben Viele, unsere Mittelgebirge
seien mühelos zu genießen und suchen dort auch nichts weniger als Mühsal des Genusses. Im Alpenland dagegen
erwartet man die Würze von etwas Mühsal, Gefahr und
Abenteuer, und wenn der Reisende auch wirklich keine Gefahr dort besteht, so bildet er sich doch mit Vergnügen hinterher ein, er habe sie bestanden. Die Mühsal der Alpenreise
wird zum Sport, die Mühsal einer rechten Rheinreise ist
Arbeit. Wer den Rhein gesehen haben will, der muß ihn
mit ernstem Studium sehen, denn das Schöne gehört da
nicht blos der Natur, die sich von selber bietet, sondern
zugleich der Kunst und Geschichte, die man suchen muß.
Es gilt da nicht, einen Riesenberg zu ersteigen, sondern
viele mäßige Höhen, viele Thäler kreuz und quer zu durch-
streifen, denn auch die Nebenflüsse gehören zum Rhein, viele
Schlösser, Städte, Dörfer zu durchforschen, bald zu Lande,

bald zu Wasser zu reisen. Dieser stete Wechsel arbeitsvollen
Suchens und Findens ermüdet, aber das sind alles bürger-
liche Strapazen, die man mit jedem ehrlichen Handwerks-
burschen theilt, keine ritterlichen. Man kann dabei kaum
den Hals brechen, viel weniger vom Schnee verschüttet werden, in Eisspalten erfrieren, verhungern, man braucht
nicht einmal vor einem Stier davonzulaufen. Tausende
zarter, vornehmer Herren und Damen ertragen begeistert
die Mühe und Gefahr einer Alpenbesteigung, von wo sie
zwar gewaltige Natureindrücke, aber sehr wenig geistigen
Gewinn mit heimbringen, während sie die Zumuthung, das
Rheinland auch nur mit mäßiger Mühe zu durchwandern,
als ganz unstandesmäßig entrüstet zurückweisen würden.
Ein weiterer Beleg des Satzes, daß das gewagte Problem
den modernen Menschen viel leichter fesselt, als die frucht-
barste Fülle sicher begränzter Aufgaben, welche in anspruch-
los unverdrossener Arbeit gelöst sein wollen. Der Rhein
kommt wiederum zu kurz dabei, und die große Reiseschaar
fluthet mit Dampfeseile zwischen seinen Ufern dahin, wobei
sie wenig genug von rheinischer Natur erhascht und noch
weniger festhält.

VII.

Wir suchen aber nicht blos die Natur in der Landschaft,
wir suchen auch den Menschen; das Volksleben beseelt erst
die Naturschönheit.

Hier hat nun der Rhein einen Vorsprung vor allen
deutschen Flüssen und doch gereicht ihm selbst dieser meist
zum Nachtheil. Es gibt ein „rheinisches" Volksleben,

rheinische Sitte, rheinisches Temperament. Man spricht nicht
von einem entsprechenden Volksleben der Donau, Elbe,
Weser, man bildet überhaupt von diesen Flußnamen kein
entsprechendes Eigenschaftswort, wie etwa elbisch, weserisch,
donauisch; man bildet dieses Wort nicht weil die Sache nicht
besteht, weil dort Volksleben und Geschichte nicht so ab-
schließend und zusammenhängend dem Strome folgen wie
am Rhein. Ich sprach im Eingange bereits von jenen
Rheingegenden im engeren Sinne, wo der Fluß das einigende
Band eines besonderen Landschaftscharakters darstellt. In
ähnlicher Auffassung redet man vom „Rheinländer." Ein
gemeinsamer Volksstamm einigt das mittlere und niedere Rheinland, der fränkische; er überwiegt am Rhein seit Klodwig's
Zeiten und bildet die Grundlage des sonst so mannichfach
schattirten rheinischen Volkslebens. Nun siedeln freilich die
Franken auch weit vom Rheine ab, rechts und links im
Lande. Indem aber die Geschichte und der Verkehr dem
Strome folgte, indem namentlich das rheinische Städtewesen
verbindend wirkte, hat sich eine besondere rheinische Art
innerhalb des fränkischen Volksthumes ausgeprägt. Sie
folgt dem Strome, sie steigt theilweise in das Mündungs-
gebiet der Nebenflüsse, aber sie überschreitet nicht die Rheinberge. Darum nennen wir die Leute, welche dem Rheine
zwar nahe, aber hinter den Bergen wohnen, die Odenwälder,
Hunsrücker, Westerwälder ꝛc., nicht mehr Rheinländer.
Ihre Nüance ist durch das Gebirg bestimmt, nicht durch
den Fluß. Diese Leute „über der Höhe" standen in alter
Zeit an Bildung, Rechten und Freiheiten großentheils unter
den Uferbewohnern, sie blieben durch Jahrhunderte in der

Riehl, Freie Vorträge. I. 6

Reserve. Man vergleiche die Seitengebiete der anderen großen Flüsse Deutschlands und man wird nichts Aehnliches mit solcher Consequenz ausgesprochen finden. Kein deutscher Strom hat das Volk seiner Gestade beherrscht, befreit und verbündet gleich dem Rheine. Ich sage seiner „Gestade"; denn zum ächten Rheinländer gehört zweierlei: erstlich, daß er fränkischen Grundstammes sei, und zweitens, daß die uralten Culturmittelpunkte des Volkes unmittelbar am Flusse liegen. Darum rechnen wir den Baseler oder Schaffhauser, obgleich der Rhein seine Stadtmauern bespült, nicht hierher, weil er Allemanne ist, so wenig wie den Bewohner der elsässischen, badischen, pfälzischen Rheinebene, weil sich, trotz fränkischer Stammesmischung, die alte Cultur hier viel mehr durch die breite Ebene als durch den Stromfaden bestimmte. Der Rheinländer beginnt bei Mannheim und geht bis zur holländischen Gränze.

Obgleich auf dieser langen Strecke gar manche Staatsgränze den Stromlauf kreuzte, gar manche Abstufung in Mundart und Sitte kräftig hervortritt, so ist hier das Ufervolk dennoch durch hundert feine Züge des Temperaments, der Berufsübung, der Lebens- und Redeweise wiederum verbunden. Und diese höhere Einheit im Unterschiede, dieses schwer zu bestimmende gesammtrheinische Wesen bietet gar verlockende Räthsel für den schärfer blickenden Forscher.

Das rheinische Volksthum ist kein Bauernthum, es ist städtisch und wirkt aus der Stadt auf's Land zurück, so daß man sagen kann, was hierzuland „rheinisch" an dem Bauer erscheint, das ruht in dessen städtischer Art, durch welche er über den Bauer hinausgewachsen ist. So gliedert man

auch rheinisches Volksleben viel mehr nach den Städten als
nach ländlichen Gauen und spricht in diesem Sinn von der
Kölner, Koblenzer, Mainzer, Düsseldorfer Schattirung. Wo
man aber von einem Landbezirk als solchem spricht, da ist
dieser selber wiederum städtisch, wie ich's beim Rheingau
als „Bauernland mit Bürgerrechten" in meinem Wander-
buche nachgewiesen habe.

Nun ist dieses helle, farbenreiche rheinische Wesen zwar
in Aller Munde, es ist im Gedichte so oft besungen, im
Genrebilde hundertfach gemalt und mit dem örtlichen Hintergrunde von Burgen und Rebenhügeln, Dörfern und Städten,
Villen und Wirthshäusern zu einem charaktervollen Ganzen
verbunden worden, — und doch läßt sich's gar schwer genau
beobachten, erkennen und in Begriffe fassen. Im raschen
Reiseflug erhascht man's nun vollends nicht, wie überhaupt
städtisches Volksthum weit schwerer erwandert werden kann,
als rein bäuerliches. In der Stadt und städtischem Lande
muß man warm geworden sein, um von Beider Eigenthümlichkeit reden zu können. Also fühlt sich auch hier der
flüchtige Tourist bitter enttäuscht. Er hat sich auf ein Stück
„fröhlichen rheinischen Lebens" als ganz nothwendige Vorder-
grunds-Staffage gefreut, dasselbe jedoch weder auf dem
Dampfboot noch im Gasthofe gefunden. Wie viel leichter
nimmt man aus den großen Concurrenz-Gegenden des
Rheines ein Stück Volksleben mit — aus den Alpen, vom
Meer, von der Donau, aus Italien! Das übersättigte
Auge des flüchtigen Touristen erkennt den Alpenhirten, den
Lazzarone, den österreichischen oder gar den magyarischen
und croatischen Bauer sofort als eine ganz originelle Volks-

staffage, während ihm der rheinische Winzer und Schiffer
so obenhin als gar nichts besonderes erscheint. Und doch
ist er etwas besonderes und fügt sich harmonisch in die
Natur seines schönen Stromlandes. Nun wurzelt aber die
rheinische Art viel mehr noch in den Gebildeten als in jenen
gröberen Männern aus dem Volke. Man kann eine sehr
zugeknöpfte Sennerin studiren, während man ein Glas
Milch in ihrer Hütte trinkt; mit einem Rheinländer, der doch
das Herz auf der Zunge trägt, muß man wenigstens zwölf
Flaschen Wein ausstechen, um's nur halb so weit zu bringen
in der Erkenntniß seines Volksthums. Es geht hier mit
den Menschen wie mit der Natur: Beide sind seit uralten
Tagen so reich individualisirt, daß sie nur langsam und
mit feinen Organen erfaßt werden können.

VIII.

Der Rhein hat den Ruf des malerischsten deutschen Stromes, und wir haben seine Ufer auch schon oft genug gemalt
gesehen. Spielt aber die Rheingegend eine entsprechend
große Rolle in der Geschichte der höheren Landschaftsmalerei?
hat ihr eigenster Typus - das Schönheitsideal bedeutender
Schulen, ja auch nur einzelner Meister hohen Ranges bestimmt? Ich will diese Frage beantworten, indem ich Umschau halte bei den Künstlern vergangener und gegenwär-
tiger Zeit.

Die alten Holländer, Ruysdael voran, nahmen das
Küstenland mit Strand und Dünen, Marsch und Geest,
oder jene heimeligen Waldhügel und Waldbäche, die sich

überall in Nieder- und Mitteldeutschland finden können, zur
Grundlage ihrer Studien. Everdingen suchte sich seine Felsen
und Berge lieber in Norwegen als am Rhein. Claude Lor-
rain und Poussin bildeten die großen plastischen Naturformen Italiens zum Typus der historisch stylisirten Landschaft. Deutsche Studien soll Claude auf der südbayerischen
Hochfläche gemalt haben; und wäre dies auch bloße Sage:
Luft, Wasser und Fernen an der Isar sind jedenfalls leichter
in seinen Gemälden wiederzufinden, als Züge der rheinischen
Natur. Erst die späteren kleineren Meister der deutschen
und niederländischen Schule von Saftleven bis Schütz haben
die Rheinlandschaft in den Vordergrund gerückt. Als die
schöpferische Kraft der Maler erlahmte, wandten sie sich zum
Rhein, wo die Natur bereits so reich und gerundet für sie
gemalt hatte, daß sie nur zu porträtiren brauchten.

So könnte man sagen. Man kann aber auch einen
ganz andern Grund geltend machen, einen historisch politischen.
Der Landschaftsmaler lernt zunächst am heimischen Boden
die Natur belauschen, und die großen Schulen dieser Künstler
sind geographisch gebundener als man denken sollte. Während
nun aber die landschaftliche Kunst im siebzehnten Jahrhundert
aufblühte, war Deutschland zu arm und elend, um große
Malerschulen hervorzubringen, und als die Rheinlandschaft nach
dem breißigjährigen Kriege und den Raubzügen Ludwig's XIV.
in der tragischen Schönheit ihrer Trümmer einen gedanken-
tieferen Stoff bot als je nachher, vermochte der gebrochene
Geist der Nation keine Künstler zu wecken, welche jene
reichen Bilder des armen Landes auch tief erfaßt und auf
der Leinwand ausgebichtet hätten.

Erst das neunzehnte Jahrhundert brachte eine rheinische Malerschule, welche vorab in der Landschaft Ruhm gewann, ja hier geradezu Bahn brach für die neue deutsche Kunst: — die Düsseldorfer Schule. Sie schöpfte ihre Studien großentheils aus der rheinischen Natur, sie fand in derselben ihre reizendsten Ideale, ja man kann sagen, wer den Rhein nicht kennt, der wird auch Styl und Technik der Düsseldorfer nach ihrer örtlichen Nothwendigkeit niemals ganz erfassen. Und was da von dem Naturgemälde gilt, das gilt fast mehr noch von dem Volksgemälde, von dem Sittenbilde des Genremalers. Ich nenne auf den ersten Griff nur Knaus, Vautier, Böttcher, Hasenclever — wenige Namen für viele! Jeder fühlt sich bei ihrem Klang in eine bestimmte rheinische Volksgruppe versetzt, vom Schwarzwald bis zur Meeresküste.

Und dennoch ist die eigentliche Rheinlandschaft wiederum zu kurz gekommen in Düsseldorf. Als dort vor vierzig Jahren die neue Schule der Landschaftsmalerei erblühte, war das Rheinland in zwiefachem Sinne die malerisch abgetretenste Gegend. Die handwerklichen Vedutenmaler des älteren Styls, welche man eben durch eine höhere Kunst überwinden wollte, hatten zumeist in „Rheinansichten" gearbeitet. Indem die junge Schule den gleichen Gegenstand geflissentlich mied, zeigte sie vorweg, daß sie mit jenen Zöpfen nichts gemein habe. Aber noch gefährlicher als die altmodischen Vedutenmaler ward die Betriebsamkeit der Kunstindustrie den Rheingegenden. Sah man diese Gegenden doch in hundert Reisealbums und Reisebüchern, auf Tassen und Tellern, Tabaksdosen und Lichtschirmen, und zwar unglücklicherweise schon lange, bevor genialere Künstler einen

stylvollen Typus dieser Landschafts-Physiognomie ausgebildet
hatten. Der Rhein leidet unter seiner künstlerischen Popu-
larität, wie Schillers Gedichte. Es ist fast so schwer beim
Anblick des Ehrenbreitsteins, der Lurlei, des Siebengebirges
das Stahlstich-Album und die gemalten Präsentir-Teller zu
vergessen, wie bei den „Kranichen des Ibykus" die Deklamir-
übungen unserer Schultage. Kein Wunder, daß die Düsseldorfer Künstler ihre Skizzen oft lieber an den Nebenflüssen,
in den Bergen und Niederungen seitab des Stromes malten
und in eben dem Maße das Porträt der Rheinlandschaft
flohen, als sie die rheinische Natur suchten.

Die Münchener Maler hatten es besser. Die Haupt-
fundgrube für ihre Skizzenbücher war und ist das bayerische
Hochgebirg mit den vorliegenden Flächen und Seen. Man
sagt aber mit Recht, daß dieses Land erst vor beiläufig vier
Jahrzehnten für die Welt entdeckt worden sei durch die
Münchener Maler. Hier war also völlig neuer Boden. Das
große Publikum lernte die Gebirgsansichten aus guten Bildern kennen, bevor es sie leibhaft sah, und viel später noch
empfing das Kunsthandwerk die Typen dieser Natur aus der
Hand der Künstler. Die schönen Ansichten wurden nicht
trivial, bevor sie idealisirt waren, und die Landschafter
durften die augenfälligsten Naturscenen porträtiren, ohne daß
man sofort an die Concurrenz fabrikmäßiger Vedutenmaler
erinnert wurde. Die Maler hatten es besser und die Landschaft hatte es besser als am Rhein.

Hieraus entspringt aber ein seltsam gekreuzter Gegenzug zwischen der älteren Münchener und der älteren Düsseldorfer Schule. Nicht blos in der Historie, auch in der

Landschaft stylisirten und idealisirten die alten Münchener;
Rottmann war Cornelius in diesem Sinne geistesverwandt.
Und doch ging Rottmann bei seinen Bildern des deutschen
Hochgebirgs, wie bei seinen großen italienischen und griechischen Idyllen überwiegend vom Porträt aus, freilich vom
Porträt im historischen Idealstyl. Die Düsseldorfer individualisirten viel feiner und anmuthiger, entsprechend dem
Geiste der rheinischen Natur, man nannte sie, entgegen den
Münchnern, Naturalisten und Realisten. Dennoch herrscht
in ihren Landschaften viel mehr freie Composition als bei
ihren Genossen an der Isar, ja sie fliehen das Porträt der
großen Rheinprospecte. Inmitten einer Gegend, die von
historischen Erinnerungen erfüllt ist, wurden Lessings Landschaften geistreich novellistisch. Wo man Episoden des Natur-
lebens genrehaft behandeln wollte, da griff man nach rheinischen Skizzen; wo aber das Ziel auf eine stylvoll große
Composition gerichtet war, da ging auch der Düsseldorfer
Künstler lieber an die nordische Meeresküste oder nach Italien,
als daß er weltbekannte Rheinansichten im großen Vortrage
frei umgebildet hätte.

So war es vor dreißig und vierzig Jahren. Gegenwärtig bewegen sich aber unsere jüngsten deutschen Landschafter vollends auf einem abschüssigen Wege, der noch
viel weiter vom Rheine abführt. Die älteren Maler,
welche zuerst der Form, dann der Farbe nachgingen, liebten
einen kräftigen aber engen Vordergrund bei belebtem Mittel-
bilde und mäßigen Hintergründen, sie waren seit Ruysdael's
Zeiten vielmehr Maler der Nähen als der Fernen. Der
modernste Künstler will vorab Farbe, Ton, Stimmung;

die fest durchgebildete Form hemmt seinen Pinsel; dagegen
liebt er viel Luft, weit entrückten Hintergrund, breit ge-
lagerten Vorgrund, möglichst wenig Architektur, noch weniger
Staffage und wo möglich gar keine Zeichnung. Vor schöner
Zeichnung vollends fürchtet er sich, wie der modernste Musiker
vor schöner Melodie. Als höchstes Ideal erscheint ihm ein
Bild, welches eigentlich gar nichts darstellt, aber dennoch
eine Landschaft ist. In dem unbestimmten, mehr auf die
Nerven als auf den Geist wirkenden Effekt der verschmol-
zenen oder contrastirenden „Töne" sucht das moderne Auge
die geheimste Poesie der Palette, wie das moderne Ohr vorab
„Farbe" in der Musik begehrt, die unklaren aber nerven-
erschütternden Stimmungseffekte der Modulation im Gegensatz zu der plastisch klaren Melodik und Kontrapunktik älterer
Meister. Farbe in der Musik, Ton im Bilde: Die Rollen
sind vertauscht und die Aesthetik ist von der Bühne verschwunden.

Für Bilder dieses Ideales kann man nun mit der
Rheinlandschaft gar nichts mehr anfangen. Die Natur
hat hier gethan, was sie so selten thut, sie hat an vielen
Orten ein gerundetes schönes Bild geschaffen; man braucht
dies nur festzuhalten und in einen Rahmen zu fassen. Aber
gerade darum geht der Maler lieber auf eine ungarische
Pußte, in einen polnischen Morast, auf ein oberbayerisches
Torfmoor oder zum Dünenstrand des Meeres. Dort wird
ihm nichts Fertiges geboten als zwei lange Horizontallinien
von Himmel und Erde, zwischen denen er formlos Ton und
Stimmung malen kann nach Herzenslust.

Das sind extreme Gegensätze. Aber nehmen wir einen

Meister der gediegensten Art, der nicht blos malen, sondern auch zeichnen kann und die Schönheit gleichmäßig in der Form, wie in der Farbe sucht. Auch ihm wird es zu eng am Rheine. Er findet da fertige Bilder, wo er den Stoff zu einem Bilde begehrt, welches er in freiem Zuge selber schaffen will. Die Natur hat alle Linien so bestimmt gezogen, die Cultur so scharf ihr Gepräge aufgedrückt, die architektonische Staffage trät so herrisch in den Vorgrund: der Rhein ist zu malerisch, als daß er selbst den geistesverwandten Klassiker zum Malen reizte. Und wenn sich dieser dennoch die Freiheit nähme, aus dem fertigen Bilde ein neues Bild zu schaffen, indem er in voller Freiheit Berg und Strom umgestaltete, etwa wie Rottmann seine italienischen und griechischen Landschaftsporträte frei umgedichtet hat? Er würde nicht aufkommen mit solchen Idealbildern, denn dafür sitzt das weltbekannte Urbild zu fest in jedes Beschauers Auge. Jeder Handlungsreisende würde dem Künstler aufmutzen, daß er „falsch" gezeichnet habe, daß das Porträt „nicht ganz ähnlich" sei.

Was man so gerne dichterisch schaut in dem Rheinland unserer alten Heldensage, das fehlt dem Rheingestade des heutigen Tages: es fehlt ihm das Ahnungs- und Geheimnißvolle der unreifen Schönheit, das Fragmentarische, Launenhafte, Maßlose. Der Rhein ist zu fertig schön und zu modern, um dem modernen Auge noch berauschend schön zu sein.

Ich kehre zum Anfang zurück, zum „Vater Rhein," der, über seine Urne gelehnt, sinnenden Blickes den Wasserstrom und den Zeitstrom dahin fluthen sieht. In seiner ausgeprägten Persönlichkeit und in seiner culturbeherrschenden Macht gründet jener königliche Rang, welchen der Rhein vor allen deutschen Flüssen behauptet. Nur der gebildete Geist wird diese ideelle Hoheit fassen, die sich nicht nach den Körper-Maßen der Länge und des Flächenraums, der Höhe und Tiefe bestimmt.

So entfaltet auch die rheinische Landschaft ihre volle Schönheit zunächst dem geistigen Auge; sie ist malerisch schön, aber sie ist poetisch noch viel schöner. Und in der That hat auch die Poesie den Rhein herrlicher gefeiert als die Malerei.

Aus drei verschiedenen Wurzeln erwächst diese dichterische Schönheit des Rheines: die Geschichte lebt in der Landschaft; die vorgeschrittenste Cultur der Gegenwart verwächst mit einer reizenden Natur; die Natur selber aber gruppirt und ordnet sich zum fertigen Gemälde.

Im Geiste soll man immer aristokratisch reisen, überall erster Klasse, ganz besonders aber am Rheine. Das heißt, man soll den Strom sammt der stolzen Gefolgschaft seiner Nebenflüsse langsam und gründlich befahren und bewandern, mit gediegener Vorbildung, offenen Auges, mit Sinn und Verstand. Dann wird man das Culturbild rheinischer Natur und rheinischen Lebens als ein ganz einziges erkennen, man wird auch der schönen Rheinlandschaft gerecht werden; sie ist Culturschönheit in der Naturschönheit. Aus diesem Gesichtspunkte eröffnet sich auch dem Maler noch ein überreicher ungehobener Schatz von „Rheingegenden." Aber er muß den Spuren des Dichters und Denkers folgen, wenn er sie richtig finden und aufnehmen will.

Alpenwanderung eines Historikers.

(Dieser Niederschrift liegen drei selbständige Vorträge zu Grunde, von welchen ich die beiden ersten im „Altendum" zu Hamburg hielt am 28. und 30. Dec. 1809, den dritten im „Verein für wissenschaftliche Vorträge" zu Düsseldorf am 18. März 1872.)

I.

Vom Fels zum Meere geht das neue deutsche Reich, von den Alpen zum Nord- und Ostseestrande. Die Küstengränze ist lang, die Alpengränze kurz, sie umspannt nur ein Fragment der Voralpenkette, und wo des Reiches höchste Berge in's Land hineinschauen, da ist das Reich selber nur ein Fragment des deutschen Landes.

So klein nun aber auch diese Strecke der Reichsalpen — vom Bodensee bis Berchtesgaden — so reich ist sie doch an mannichfacher Landschaftsschönheit, an Bildern ächter Hochgebirgsnatur und zugleich so selbständig im Charakter des Bodens wie der Bewohner. Die Maler haben auch nicht gesäumt, Natur- und Volksleben dieser Berge auf die Leinwand zu bringen, die Dichter haben davon gesungen und gesagt, die Schriftsteller haben Land und Leute beschrieben — fast bis zum Ueberdruß.

Aber wenn auch noch so Viele die Naturgröße stylvoll

schilderten und priesen, welche sie hier gefunden, und die Volksgemüthlichkeit genrehaft, so hat doch noch kaum Einer gesagt, was der herrlichen Landschaft fehlt. Und davon will ich reden. Vielleicht zeigt uns dann gerade der Blick auf diesen Mangel noch etwas Neues, was diese Alpen besitzen.

Unsern schönen Alpen fehlt der Schmuck historischer Denkmale. Nur ein paar Burgruinen sind auf dieser ganzen Gebirgsstrecke aufzuspüren, unbedeutende Mauerreste, welche in der großartigen Landschaft ganz verschwinden. Welche Burgenfülle birgt dagegen das benachbarte Tyrol! Auch Städte fehlen fast gänzlich diesen deutschen Alpenthälern und die paar Orte, welche sich etwa so nennen mögen, (Füßen, Berchtesgaden) sind nicht städtisch. Wie ganz anders in der Schweiz, wo uralte Städte ihre Mauern und Thürme, die Zeugen einer langen und denkwürdigen Geschichte im Vorder- grund derselben Seeflächen spiegeln, deren Hintergrund die einsamen Schneegipfel widerstrahlt! Zwar sind die Seen unsers Alpenvorlandes zumeist durch Klöster altberühmten Namens architektonisch staffirt. Aber auch hier fehlt dem Auge das lebendige Geschichtsbild. Wir sehen fast gar nichts mehr von allen, kunstreichen oder mächtigen Bauwerken, welche uns die geistige Thatkraft jener Perioden des Mittel- alters versinnbildeten, wo in der That Kunst und Wissen- schaft hier geblüht. Es ist, als ob jedes Andenken der glanzvollen alten Zeit bis auf den letzten Rest in die Tiefe der Seen versenkt worden sei: langweilige, nüchterne, mit weißem Kalk übertünchte Zopfbauten der kirchlich, politisch und künstlerisch verkommensten Epoche erheben sich an den stillen Ufern und verderben die schöne Landschaft, statt sie

zu schmücken. Darum sucht der Künstler in diesen Bergen
die einsame, unberührte, wilde Natur, und das Volk in
seinen Dörfern, Weilern und Gehöften erscheint dem Forscher
und dem Poeten selbst wie eine Art Naturproduct, welches
uns so ganz in seiner naiven Gegenwart anspricht, daß wir
die Geschichte des Landes darüber vergessen und kaum nach=
sinnen über den Mangel ihrer Denkmale.

Es gibt in diesem Sinne keinen größern Gegensatz, als
unser durch und durch historisch verklärtes Rheinland und
diese von der Geschichte fast vergessenen oder verlassenen
Alpen.

Und doch enthüllen sich dem schärferen Auge auch hier
höchst merkwürdige Geschichtsdenkmale. Nur sind es nicht
Kunstwerke, sondern sie haften am Naturgebilde des Landes,
sie sind in den Fels der Alpen gegraben, sie leben im Wald
und auf der Weide, und was das Entscheidende: jene naive
Gegenwart des Volkslebens selber ist zum Theil uralte Ge=
schichte, welche lebendig blieb bis auf diesen Tag. Was
der politische und Kunsthistoriker vergebens sucht, das findet
hier der Culturhistoriker.

Während er aber anderswo durch die Thäler wandert
und ins Getümmel der Städte und Dörfer, um die Reste
alter Gesittung aufzuspüren, muß er hier auf die hohen
Berge klettern und sich Bahn brechen durch die schweigende
Wildniß: er sucht Geschichte da, wo scheinbar nie etwas
geschehen ist.

Wer eine höhere Alpenspitze besteigt, der durchschreitet
bekanntlich in kurzer Frist verschiedene Zonen des Klimas und
des Pflanzenwuchses, von den blühenden sommerlichen Wiesen

der Thalsohle bis hinauf zum ewigen Winter der Schneegipfel.
Auch der Culturforscher wandert kaum minder rasch vom
Thal zum Gipfel durch verschiedene Zonen der Culturgeschichte, deren chronologische Folge sich umgekehrt verhält,
wie die Ziffern der ansteigenden Bergeshöhe. Nur braucht
er sich nicht gleich dem Naturforscher bis zum ewigen Schnee zu
erheben, denn dort hat die Geschichte noch nicht angefangen.
Es ist aber ganz besonders lehrreich und erfreulich, die
Ueberreste aller Cultur auf Alpenpfaden zu suchen, weil die
Alterthümer hier nicht in todten Trümmern liegen, sondern
lebendig geblieben sind, gleich tausendjährigen Bäumen, und
zwar lebendig nicht in Folge von Armuth, Druck oder Ver-
dummung des Volkes, sondern kraft des zwingenden Gebotes
der Natur, kraft des angeborenen Berufs des Bodens.
Darum ist es mehr als blose Redensart, wenn ich sagte, die Geschichte der Gesittung ist hier in den Fels gegraben, in Felsen,
welche noch keines Steinmetzen Meißel jemals berührt hat.

Ich lade Sie nun ein zu einer culturgeschichtlichen
Bergbesteigung. Wir steigen aber chronologisch, wir gehen
also nicht vom Thal zur Höhe, sondern von der Höhe zum
Thal. Denn die älteste lebendige Culturstufe hat sich heute
auf die höchsten Räume nächst der Schneelinie zurückgezogen,
während die älteste todte Culturstufe allerdings in ihren
räthselhaften Trümmern tief unten zu suchen ist, noch unter
der Thalsohle, auf dem Grund der Seen des Vorlandes.
Allein uns soll diesmal nur die Geschichte in der Gegenwart berühren, und so athmen wir auch durchaus frische Berg-
luft statt der Moderluft der Antiquitätenkammern und Archive
oder der Staubluft der Bibliotheken und Stubierstuben.

II.

In den Büchern steht geschrieben, daß die Völker gewisse Klassen der wirthschaftlichen Schule durchgemacht hätten
mit hundert= und tausendjährigem Lehrgang, indem sie zuerst
Jäger gewesen seien, dann Hirten, dann Ackerbauer. Und
da es auf der Erde zur Zeit noch viele sitzengebliebene
Schüler gibt, so können wir bei einer Umschau in der Un-
kultur der fünf Welttheile allerdings wahrnehmen, daß Jäger=
und Fischervölker eine ursprünglichere Gesittung einnehmen
als nomadisirende Hirtenvölker, während diese wieder vom
seßhaften Bauernvolke überragt werden.

Wollen wir aber nicht in ferne Urwälder und Steppen
gehen oder uns um Jahrtausende zurückträumen, so haben wir
das allerdings modernisirte, ins vaterländische Colorit über-
tragene Abbild dieser Stufenfolge heute noch daheim in
unsern Alpen. Da herrscht hoch oben der Jäger, etwas
tiefer unten der Hirt, mit letzten Nachklängen des No-
madenlebens; dann wiederum tiefer herab im halben Urwald
sitzt der Holzknecht als höchst primitiver Lohnarbeiter, und
endlich im Hochthale der vereinzelte Bauer mit seiner uralten
Feldgraswirthschaft, eben auch ein halber Hirt; und daneben
gedeihet sporadisch allerlei Haus= und Kunstgewerbe in alter-
thümlicherer Form als das geregelte Handwerk des Städte-
bürgers.

Wir beginnen unsere historische Wanderung hart unter
der Schneegränze, also zwischen fünf bis siebentausend Fuß
Meereshöhe, im Herrschaftsbereiche des Jägers. Freilich ist das
gegenwärtig kein wilder Jäger, kein Ueberbleibsel eines Jäger-

volkes, sondern ein civilisirter, geschulter Waidmann, der sogar
seinen festen Platz im bureaukratischen Ranglalender genommen hat. Allein derselbe Mann kriegt doch ein anderes
Gesicht, wenn er da droben die Gemse beschleicht, als wenn
er unten im Walde eine Holzfällung anordnet, denn er
übt in beiden Fällen eine grundverschiedene Culturmission.
Das wird sich sofort zeigen.

Die höchstgelegenen Pfade auf den einsamen Kämmen
und Gipfeln der Alpen macht der Jäger. Wir finden da hoch
über den Kuhpfaden des Senners Stufen in den Felsen oder
den noch tückischeren Grashang gehauen, wir gewahren, daß
die Axt einen Weg durch das dichte Geflechte der am Boden
kriechenden Knieföhren (Latschen) gebrochen hat: das haben
die Jäger gethan.

Aber diese halbverlorenen Jägerpfade sind oft gar
trügerisch, in zwiefacher Weise. Es gibt solche, die fangen
ganz prächtig an, werden aber immer steiler und gefährlicher und locken den Wanderer zuletzt an einen Felsabsturz,
das heißt auf den Anstand, wo der Jäger die Gemsen belauscht. Andere führen zwar zu einem besseren Ziele, aber
die Jäger lassen sie in der Mitte absichtlich verfallen, vom
Geröll überschütten, vom Schneewasser zerreißen, so daß
nur noch der felseste Bergsteiger durchbringen kann. Denn
der Jäger ist egoistisch, wie die Jägervölker. Er möchte
den Weg nur für sich allein gemacht haben und will keine
Fremden da droben sehen: der Gemse ist ein Mann in
den Bergen schon zu viel, geschweige ein halbes Dutzend.

Ich spreche von der Herrschaft des Jägers auf dem
hohen Berg; ich will ein kleines Wahrzeichen derselben an-

führen. Auf den Sennhütten der bayerischen Alpen sieht
man keine Hunde, sondern höchstens Katzen, und auch auf
den vereinsamten Bauernhöfen, wie in den Dörfern der
Hochthäler fehlt fast durchaus jener Wächter, und doch ist
das übrige Oberbayern vielleicht die hundereichste Gegend
Deutschlands und das benachbarte München höchst wahrscheinlich die hundereichste Stadt. Fragt man aber, warum
diese Hirten keine Hunde halten, so lautet die Antwort: die
Jäger dulden es nicht. Sie sind die Herren, freilich mehr
kraft der Sitte, als kraft des Gesetzes, mehr kraft der Gewalt, als kraft des Rechts. In der Einsamkeit der hohen
Berge gibt es noch keine Flurpolizei, in den höchsten Wäl-
dern auch kaum eine Waldpolizei, und einen Baum zu
fällen, ist hoch oben ein minderer Frevel, als in der Ebene
eine Gerte zu schneiden: aber eine Jagdpolizei gibt es bis
zur Schneegrenze hinauf. In der schweigenden Wildniß ist
der Jäger die einzige polizeiliche Person. Er steht aber in
dieser Eigenschaft dem Bauern um so mächtiger gegenüber,
als er zugleich tiefer unten im Bereich der Sennhütten einen
bevormundenden fördernden oder auch belästigenden Einfluß
auf die Viehwirthschaft des Bauern üben kann, wie ich
später darthun werde.

Daher die altüberlieferte Feindschaft des Bauern gegen
den Jäger, eine Feindschaft, welche keineswegs blos durch
die Wilddieberei des Bauern bedingt ist. Sie hat eben auch
den Charakter der Eifersucht gegen wirthschaftliche Bevor-
mundung und polizeiliche Ueberwachung und des natürlichen
Hasses einer Culturform gegen eine ältere fremdartige und
doch zugleich jetzt civilisirtere, moderne.

Die Feindschaft aber macht sich Luft in einem Klein-
krieg, der durch die Natur der Gegend doppelt unheimlich
wird. Ein räthselhaftes Sprüchwort unserer Alpenhirten
sagt: „Ueber dem Wetterkreuz gibt es keine Sünde.“ Man
kann dieses Wort in doppeltem Sinne deuten. Das große
Holzkreuz auf den Gipfeln der Vorberge, welches Blitz- und
Hagelschaden von den Thälern abwenden soll, bezeichnet
häufig die Grenzlinie, wo die Region der Sennhütten in
die rein dem Jäger zugetheilte, menschenleere Wildniß der
höhern Berge übergeht. Dort gibt es keine Sünde, weil
in der Oede schier alle Versuchung zur Sünde aufhört.
Allein treffender ist das Wort doch wohl in einem andern
Sinne gefaßt: Ueber dem Wetterkreuz gibt's keine Sünde,
weil man weiter oben sündigen kann, so viel man will,
ohne daß es zu eines Menschen Kunde bringt. Wenn darum
in dieser Einsamkeit der wildernde Bauer plötzlich dem Jäger
begegnet, so bleibt derjenige Herr, welcher den ersten Schuß
gewinnt. Der gefallene Jäger aber wird „durchgethan,“ (wie
man mit barbarischem Wort die barbarische Sache bezeichnet),
das heißt in einen unzugänglichen Abgrund gestürzt, wo
höchstens die darüber kreisenden Raubvögel andeuten, daß
dort eine Leiche modert; denn die höchsten Berge und die
tiefsten Alpenseen behalten ihre Todten. Und so gibt's über
dem Wetterkreuz keine Sünde. Kommt nun aber ein Verun-
glückter nicht wieder heim und wird von seinen Freunden in
den Bergen vergebens gesucht, dann argwohnen die Bauern
zuletzt, daß die Jäger oder umgekehrten Falles die Jäger, daß
die Bauern den Mann durchgethan haben, und nun beginnt
der Bauer einen Akt der Blutrache, der sich in heimtückischem

Auflauern und Niederschießen in's Thal hinab, ja bis in
das friedliche Haus des Dorfes zieht. Erst vor wenigen
Jahren fielen bei Tegernsee nach und nach mehrere Menschen=
leben dieser Blutrache zum Opfer, weil die Bauern arg=
wohnten, daß ein in den Bergen spurlos verschwundener
Bauernsohn von den Jägern durchgethan worden sei.

Hier und da in Deutschland klingt bei den Bauern
noch der uralte Gedanke nach, daß das Waidwerk jedem
freien Manne zustehe, im Hochgebirge aber klingt er viel
lauter, als anderswo, weil hier der Bauer noch mitten in
Wald und Wildniß lebt. Darum sind seine Lieblingswaffen
auch die Büchse und das Beil, die Waffen des Waldes,
und er weiß beide vortrefflich zu führen. Der Bauer des
Flachlandes vor unserem Gebirg dagegen hat sich das dolch=
artige, im Griffe feststehende Messer, welches in einer Scheide
getragen wird, zur kaum minder gefährlichen Waffe erkoren;
es dient ihm bei der Feldarbeit, aber er trennt sich auch
beim festlichen Gelage nicht von demselben; denn das Messer
bezeichnet ihm wie die Büchse den freien, selbständigen Mann.

Das Waidwerk auf den Alpenhöhen trägt übrigens
auch in sich selber den ursprünglichsten Charakter des Jäger=
berufes, wie er sonst nur beim Jägervolke des Urwaldes
sich findet. Die Gemse ist das einzige nutzbare Jagdthier,
welches keinen Wildschaden anrichtet, und also geräth die
Jägerei über dem Wetterkreuz auch noch in gar keinen
Conflict mit der höheren Ausbeutung des Bodens. Anderer=
seits schützt der Jäger die Cultur des Thales durch seinen
Kampf gegen die Raubthiere. Freilich ist es mit der Gems=
jagd ergangen, wie mit jeder andern höheren Jagd, sie ist

in die Hände der vornehmen Herren gekommen und da sie
nur in der 'einfachsten ursprünglichsten Form mit Erfolg
geübt werden kann, reich an Gefahr und Abenteuern, so
lockt sie ganz besonders als noble Passion. Die Gemse
— das freieste Thier — ist darum bei den Schweizern, in
der Republik, fast ausgestorben, sie gedeiht nur noch in der
Monarchie, wo die hohen Herren den romantischen Reiz der
Wildniß und des urthümlichen Jägerlebens besser zu würdigen wissen, als die nüchternen republikanischen Bürger.

III.

Auf einer Berghöhe von 5—6000 Fuß, an der obersten
Gränze des zusammenhängenden Graswuchses in den nördlichen Kalkalpen, kann der Jäger bereits in einer Sennhütte
rasten: hier beginnt das Culturgebiet des einsamen Hirtenlebens und steigt dann, je nach der Höhe der Thalsohle,
bis zu 3000 Fuß hinab.

Vor Jahrhunderten waren unsere nördlichen Voralpen
theilweise höher hinauf bewaldet, als heutzutage. Dies bezeugen einzelne mächtige Wurzelstöcke längst abgestorbener
Bäume, seltener noch der halb lebendige Riesenstamm einer
ganz vereinzelten alten Tanne auf grasigen, über 5000 Fuß
hohen Gipfeln, die jetzt keinen Strauch mehr tragen. Und
mit dem Walde ging auch die Almenwirthschaft vordem höher
bergan, denn sie gedeiht nur, wo Weide und Wald sich
verbinden. Die Almen sterben langsam ab, vom Gipfel ab-
wärts, wie alle Eichen, welche gipfeldürr geworden sind.
Man kann aber sagen, die Hirten haben sich selber da

droben — seit beiläufig zwei Jahrtausenden — den Boden
unter den Füßen hinweggezogen. Das Vieh fraß den zarten
Nachwuchs des Waldes, die alten Stämme verwitterten und
sanken, und als der Wald nicht mehr haftete, verkümmerte
auch das Gras, die Erde wurde von den Schneeschmelzen
und Gewittergüssen herabgeschwemmt, um tiefer gelegene
Hänge zu befruchten, wohin dann auch der Senner seine
Hütte verlegte, und nur noch für wenige Wochen treibt er
nunmehr die Heerde nomadisirend auf jene abgemagerten
Gipfel. Die höchstgelegenen Sennhütten haben darum das
Vorurtheil des höchsten Alters für sich, sind aber jetzt oft
die ärmsten.

Niemand weiß, wie alt die Sennwirthschaft in unsern
nördlichen Voralpen sei; die Geschichte bezeugt, daß sie älter
sein müsse, als das Christenthum des Volkes, denn im
sechsten Jahrhundert bekam der Heidenbekehrer Rupert schon
Almen geschenkt; man nimmt aber auch an, daß die Almen
hier älter seien, als die Ansiedelung des deutschen Volkes
überhaupt.

Vor kurzem schrieb ein gelehrter Mann aus unsern
Voralpen, H. X. Peetz, ein sehr lesenswerthes Büchlein
über „die Alpenwirthschaft des Chiemgaus“. Der Flachland-
bewohner wird unter Umständen leichter die Zugspitze be-
steigen, als dieses Büchlein verstehen; denn die zahlreichen
dort gebrauchten uralten technischen Ausdrücke der Alpenwirthschaft sind so originell, fremdartig und räthselhaft, daß
der nicht eingeborene Leser hier wie in den hohen Bergen
eines Führers bedürfte, eines eigenen Wörterbuches. Mit
der höchst primitiven Sache hat sich auch das primitive Wort

behauptet in der weltverlassenen Einsamkeit, und fast könnte
man sagen: je höher die Bergeshöhe, an welcher das Wort
haftet, um so höher dessen sprachliches Alterthum.

Es ist aber nicht sowohl das Alter dieses Wirthschafts=
betriebs, wovon ich hier reden will, als das Alterthüm=
liche desselben, nicht das Alte von tausend Jahren, sondern
das Alte in der Gegenwart.

Der Alpenbauer erscheint als ein seltsames Doppel=
Wesen: Die eine Hälfte seines Gutes liegt vor seiner Haus=
thüre, die andere, oft meilenweit entfernt, auf den Bergen;
im Thale ist er Bauer, auf den Bergen Hirt; unten be=
treibt er seine Wirthschaft selber, oben läßt er sie betreiben;
das Haus im Thale bezeichnet die feste Seßhaftigkeit, die
Sennhütte auf der Alm einen letzten Rest von Nomaden=
leben, welches sich inmitten der Cultur des neunzehnten
Jahrhunderts behauptet.

Die Heerde wandert in regelmäßigem Jahres=Kreislauf
vom Winterstalle zur Thalweide, zur Tiefalp, zur Hochalp
und in umgekehrter Folge wieder zurück. Aber auch auf
den Hochalpen selber herrscht ein stetes Wandern im engeren
Kreise. Wo man das Vieh vormittags gesehen, da entdeckt
man nachmittags oft weit und breit kein Stück mehr, wo
es gestern war, ist es heute verschwunden. Manchmal wan=
dert auch im Herbste, wann die Weide magerer wird, die
ganze Heerde einer Alm aus, um auf der Nachbar=Alm mit
der dortigen Heerde 14 Tage lang gemeinsam zu weiden;
dann kehren beide Heerden auf die bis dahin verlassene Alm
zurück, und bleiben nun dort wieder zwei Wochen beisammen.

Der Bauer des Flachlandes kam schon äußerst frühe

zur genauen Begrenzung der Aecker und Fluren, und diese Grenzen blieben durch Jahrhunderte unangetastet, sie waren meist so fest gezogen, daß sie dem Forscher oft heute noch Schlüsse gestatten auf die Verhältnisse von Besitz und Siedelung in vorhistorischer Zeit. Weit später wurden die Almen nach strengen Linien ausgemessen, schon weil sie in Wald und Wildniß liegen, die ja überhaupt erst lange nach dem urbaren Felde vermarkt worden sind. Zudem handelte es sich bei den Hochalmen mehrentheils nicht sowohl um den vollen Besitz von Grund und Boden als blos um schwer zu überwachende Nutzungsrechte. Darum begnügte man sich lange Zeit mit der blosen Tradition und kam wohl erst am Ausgange des Mittelalters zu genauer vermessenen und verbrieften örtlichen Schranken. Der Streit über das Mein und Dein führte hier vordem zu Empörungen; er erzeugt noch heute Prozesse die Hülle und Fülle. Die schwankende Begrenzung von Besitz und Recht ist eben auch ein letzter Nachklang des Nomadenwesens.

Wer den Alterthümern des Grundes und Bodens bei der Alpenwirthschaft genauer nachforschen will, der findet die reichste Ausbeute in dem Urkundenschatz aus jenen zahlreichen Klöstern, welche in und vor dem Gebirge liegen. Am Kloster haftete hier, wie im Hochlande der Schweiz, zumeist die Grundherrschaft, die älteste höhere Culturpflege, aber auch die älteste Nachricht von den Traditionen der Volkscultur. Auch hierin liegt ein Zeugniß, daß wir's mit den höchsten Alterthümern zu thun haben. Das Kloster ist der Markstein, welcher den frühesten Uebergang der altgermanischen Wirthschaft zur mittelalterlichen bezeichnet.

Doch zurück zum Nomadenthum unserer Hirten!

Häufig meint der Fremde, die Sennhütten, welche un= mittelbar über dem Dorfe oder den Gehöften des Thales liegen, müßten auch zu diesen gehören. Das ist aber keines= wegs die Regel. Sie gehören vielleicht einem Bauern, der in einem ganz andern Thale, wohl gar meilenweit entfernt im flachen Vorlande wohnt. Viele bayerische Almen liegen in Tyrol und umgekehrt, und es gibt Heerden, welche einen ganzen Tagemarsch zu gehen haben, über hohe Wasser= scheiden und über die politische Grenze, bis sie aus ihrem Stalle zu ihrer Alm gelangen.

Die Alpenwirthschaft ist gewiß extensiver als irgend eine andere Culturform im modernen Deutschland. Aeußerst große und an sich fruchtbare Flächen Landes ernähren eine vergleichsweise nur sehr kleine Masse Vieh. Nicht die Un= fruchtbarkeit, sondern die Unzugänglichkeit gibt dieser ur= alten Betriebsmethode Recht und Dauer. Sie ist nach der Theorie unvernünftig, praktisch aber doch das Vernünftigste, was man auf den hohen Bergen anfangen kann. Ich suchte einmal einer sehr aufgeweckten Sennerin Liebig's Theorie von der Bodenerschöpfung klar zu machen und zu zeigen, daß ihre Alm, aus deren Boden sie jahraus jahrein so viel Fleisch und Milch hinwegnehme, ohne jemals einen Ersatz dafür herauszubringen, unvermerkt aber sicher immer magerer werden müsse. Die Dirne sah das ganz und gar nicht ein und behauptete, ihre Alm sei früher nicht fetter gewesen wie jetzt und werde auch in Ewigkeit nicht magerer werden. Sie hatte in ihrer Art ganz Recht, obgleich ich in der meinigen auch Recht hatte; aber so lange die Hochalmen noch so un=

zugänglich sind, daß man doch nichts Gescheidteres thun
kann, als Kühe hinauf schicken um das Gras zu fressen und
Sennerinnen, um die Kühe zu melken, bedürfen diese Sennerinnen auch noch keiner Agricultur=Chemie. Jede Wirth-
schaftsregel ist nur in ihrer Zeit richtig, und wenn auch die
Sennerinnen in der Gegenwart leben, so ist doch die Sennerei
gleichsam von der Zeit vergessen worden.

IV.

Vor dem Landbau der Ebene hat sich der Wald zurückgezogen und je rationeller da drunten Ackerbau und Viehzucht wird, um so weniger bedürfen beide des Waldes. Für
gar manchen modernen Oekonomen ist darum der Wald überhaupt bereits ein überwundener Standpunkt. Beim Alpenhirten aber steht es umgekehrt: zu einer guten Alm gehört
vor Allem die Nachbarschaft einer Quelle und eines recht
wilden Waldes, ganz wie in der Urzeit. Sonst sind wald-
lose Steppen das eigenste und dauerndste Gebiet des Nomaden. Die Stütze seiner Wirthschaft, welche der Alpenhirte im Walde sucht, beweist uns, daß er bei all seinem
Nomadenthum doch längst schon seßhaft geworden ist. Er
kann des Waldes nicht entbehren. Wo sollte er da droben
auf dem Berge das Holz für sein rastlos brennendes Herd-
feuer suchen, wenn er's nicht gleich neben der Hütte fällen
dürfte? Er bedarf des Waldes zur Schatten=Weide und
Mittagsruhe für sein Vieh und er bedarf eines Holznutzungs-
rechtes am nächsten Walde; denn auf dem Holzmarkte kann
er sein Brennholz nicht kaufen. Seine Wirthschaft ist vom

Walde abhängig und vom Forstamte dazu. Da aber kein
Förster genau überwachen kann, wie viel Holz der Senne
da droben niederschlägt und verbrennt, so läßt man diesen
uncontrollirt so viel nehmen, als er eben braucht. Das
Holz bleibt ihm ungemessen; nur die Zahl des Viehes,
welches oben weidet, muß sich auf ein bestimmtes Maß beschränken, und der Förster gibt wohl Acht, daß nicht mehr
Kühe auf der Alm gehen, als von Rechts wegen hingehören;
denn mit jedem Stück Vieh wächst der Holzverbrauch bei
der Butter- und Käsebereitung. Für dieses alterthümliche
Verfahren, das Holzungsrecht nach Kühen zu messen, besteht dann auch ein alterthümlicher Name. Man sagt etwa:
der Bauer auf dem Rauhed hat 20 „Gräser,“ das heißt
ein Recht auf 20 Stück Vieh. Eine Kuh oder ein Stier
gilt dabei für ein Gras, ein Rind für ein halbes, Saug-
kälber gehen frei, ähnlich wie auf der Eisenbahn, wo Kinder
unter zehn Jahren die Hälfte und Säuglinge gar nichts
zahlen. Es entsteht aber da und dort manchmal Streit über
das Alter der Kinder und Rinder, der Säuglinge und Saug-
kälber, und selbst ausgewachsene blinde Passagiere sind auf
der Alm leichter einzuschmuggeln als im Eisenbahnwagen.

Die Feindschaft des Bauern mit dem Jäger, welche
droben in der tieferen Culturzone über 5000 Fuß Meereshöhe begann, setzt sich als Streit des Bauern mit dem Forst-
manne in der höheren Culturzone unter 5000 Fuß fort.
Allein der Forstmann ist hier in der Regel der Stärkere.
Dies zeigt sich neben Anderem auch darin, daß die Forst-
verwaltung kleine, vereinzelte Almen aufkauft und eingehen
läßt, selten um Wald anzusäen auf der Weide, — denn

wer säet und pflanzt da droben, wo es oft kaum der Mühe lohnt, die schönsten Stämme auch nur zu fällen! — sondern um die Wildniß von selbst wieder überwuchern zu laffen, und dann recht ungestört Herr zu bleiben im ganzen Berg. Auf der großen bayerischen Generalstabs-Karte aus den zwanziger Jahren stehen nicht wenige Sennhütten verzeichnet, die inzwischen längst spurlos verschwunden sind. Die Jäger haben sie „durchgethan." Hat man doch — freilich aus anderen Gründen — selbst im flachen Vorland vor diesem Gebirge neuerdings sogar einen ganzen Weiler aufgekauft, die Häufer abgebrochen und die Felder, über welche seit unvordenklicher Zeit der Pflug ging, wieder in Wald verwandelt. Die kleinen Waldparzellen des reicheren Culturbodens verschwinden, aber der große Wald im gering cultivirten Lande soll wachsen und zusammenhängender abgeschloffen werden.

Im Hochwalde unserer Alpen rodet der Holzknecht. Sonntags Abends zieht er hinauf in sein einsames Blockhaus, am nächsten Samstag Abend kehrt er wieder für einen Tag zu den Menschen des Thales zurück. Arbeitet er draußen, so verschließt er kaum je seine Hütte, obgleich dieselbe die dürftigen Lebensmittelvorräthe und einiges Werkzeug bewahrt. Wenn nun auch dieser Arbeiter, Monate lang im Walde dahin lebend, oft unglaublich verwildert aussieht, so vertritt er doch eigentlich schon eine höhere Culturperiode als die schmucke Sennerin mit ihrer Hirtenwirthschaft. Er klärt das Land, er arbeitet bereits für den Holzhandel. Auch der reichste Bauer achtet's für keine Schande, mit eigener Hand Holz zu fällen, und die gefährlichsten Abenteuer, von denen man gerne erzählt, verbinden sich oft mit der Abfuhr des Holzes im Schlitten.

In mehrfachem Sinne bildet der Wald hier die Schutz= hege, ja die Heimathstädte höherer Cultur, trotzdem er da und dort noch wirklicher Urwald ist. Nur durch den Wald wurden unsere Alpen neuerdings so wegsam; denn nur um des Holzes willen baut man Brücken und Dämme in den Schluchten, sprengt Felsen, führt Schlittenwege an den Berghängen hinauf.

Der Wald hebt den Hirtenbauern sogar mitunter über Viehzucht und Bodenbau empor zum Gewerbe. Die meisten Bauern verstehen sich ein Stück aufs Zimmermanns=Handwerk und wissen das Holz für ihre nächsten häuslichen Bedürfnisse ganz gut im Groben zu bearbeiten. Aber sie bleiben mit ihrem Gewerbfleiß doch immer am liebsten in der Einsamkeit. Darum hat sich das Handwerk hier wohl frühe schon zur Kunst gesteigert, nicht aber zur Fabrik. Das Hirtenvolk haßt die Bindung und das massenhaft organisirte Zusammen= wirken des Fabriklebens, und so lange noch Kühe zu hüten sind, werden Burschen und Mädchen den Fabriksaal fliehen. Aber wie ihnen Dichten, Singen und Zitherspielen behagt, so lieben sie auch kunstvolle Schnitzarbeit. Hier stehen wir wieder vor einem lebendigen Culturalterthum: im Mittelalter veredelte sich das Handwerk zum Kunstgewerbe; zur Fa= brikation erwuchs es erst viel später. Und aus dem Ge= werbe entsproßte dann auch vor alters die freie Kunst. So geschieht es noch heute bei den kunstfertigen Schnitzern in Berchtesgaden und Oberammergau, bei den Geigenmachern in Mittenwald.

Zwei Bäume des Hochgebirgs versinnbilden uns und
tragen das grobe Hausgewerbe und das feine Kunstgewerbe
des Alpenhirten: die Edeltanne und der Ahorn. Die Tanne
ist hier so sehr der herrschende Waldbaum, daß man sie den
Baum schlechthin nennen kann, ihr Holz das Holz schlechthin. Die tausendfältige Benützung all ihrer Theile, von den
Nadelzweigen bis zu Stamm und Wurzeln, ist kaum aus-
zusagen. Der Ahorn dagegen, so stolz und hochwüchsig,
wie man ihn in Deutschland nirgends wieder findet, ist der
aristokratische Baum, und sein Holz dient der feinsten, kunst-
vollsten Arbeit. Der größte deutsche Geigenmacher, Jakob
Stainer, war ein Alpensohn, und in den weltberühmten
Geigen unserer Mittenwalder Instrumentenmacher verbindet
sich der Ahorn mit jener Tanne des Gebirgs, die an der
Sonnenseite steiler Höhen langsam ihre engsten und gleich-
förmigsten Jahrringe bildet: der Boden einer guten Geige soll
vom Ahorn genommen werden, die Decke von jenem edelsten
Tannenholze.

V.

Der Mann des Gebirges kann, wie wir sehen, Hirte,
Bauer, Waldarbeiter, Handwerker und Künstler in einer
Person sein, aber der Schwerpunkt ruht doch in der Viehzucht, im Hirtenberufe. Hier finden sich dann auch die alterthümlich originellsten Arbeitssitten.

Wir wollen ihnen nachspüren, indem wir Dienst und
Arbeit auf den Almen betrachten.

Ich ziehe die Einkehr bei einer Sennerin der Einkehr
bei einem Sennen vor, — aus vielen Gründen — hier zu-

nächst darum, weil die Hirtinnen auf den Almen wirth-
schaftsgeschichtlich weit lehrreicher sind als die Hirten, welche
der Tyroler hier und da mit einem abscheulichen Wort
„Küher“ nennt.

Die Sennerin ist ein Dienstbote, aber sie ist zugleich
eine Vertrauensperson ihres Herrn. Er vertraut ihr seine
werthvollste fahrende Habe auf drei bis vier Monate an,
ohne daß er ihren Fleiß und ihre Sorgfalt genau überwachen, ohne daß er möglichen Unterschleif vorweg abschnei-
den oder auch nur hinterdrein nachweisen könnte. Kapital
und Rente ist in die Hand der Dienerin gegeben. Am liebsten
setzt darum der Bauer eine Verwandte auf die Alm oder
wenigstens eine ältere, in Haus und Stall bereits erprobte
Magd. Eine Dienerin, welche so fern vom Hause einsam
waltet, sollte jedenfalls vorher ein Glied des Hauses geworden sein. Uns Städtern, welche wir für das Ideal des
reinen, freien Miethvertrages der Dienstboten schwärmen
und unsere Kinder Mägden anvertrauen, die alle Quartal
frei ab und zulaufen, erscheint es dann doch gewiß sehr
patriarchalisch, hirtenhaft, wenn der Gebirgsbauer seine Kühe
nur einer Sennerin anvertrauen will, die bereits in seiner
Familie warm geworden ist, neben der Miethe auch noch
durch Autorität und Pietät dem Hause verbunden.

Die Sennerinnen sind darum sehr häufig alte Weiber,
und häßlich dazu, rechte Mannweiber, die sich selbst genügend zu schützen wissen, auch ohne das Beil, welches
neben dem Crucifix über ihrem Bette hängt. Die etwas
zweifelhafte Ableitung des Wortes „Senn“ von Senior wird
bestechend, wenn man solchen Sennerinnen in ihr nicht be-

stechendes Gesicht sieht: da stehen allerdings bedeutende Se-
niorats=Ansprüche geschrieben.

Uebrigens gebührt den alten und alterthümlichen Sennerinnen ein besonderer Platz in dem modernen Kapitel von
der „Frauenarbeit." Sie haben die Hälfte und zwar die schwierigere und wichtigere Hälfte des Hirtenberufes den Männern
abgenommen und schalten auf ihrer Alm selbstständig wie
ein Mann. Doch wird wohl Niemand hierin einen Fortschritt der Cultur oder gar eine Emancipation erkennen.
Im Gegentheile. Je kleiner die Alm, je einfacher die
Wirthschaft, um so gewisser finden sich auch — im bayerischen Hochlaube — die Sennerinnen. So wie aber der
größere Betrieb einer Käserei hinzutritt, ersetzt der Mann,
der „Schweizer", die Mädchen und Mannweiber. Auf den
anfänglichsten Culturstufen fließt eben überhaupt männlicher
und weiblicher Lebensberuf noch ungetrennt zusammen, mit
der steigenden Gesittung theilen sich die Lebensberufe nach
Geschlecht und Alter immer schärfer, auf der Hochalp, wie
in der ganzen Welt.

Was produciren nun aber jene alterthümlichsten Sen-
nereien des bayerischen und tyroler Gebirgs? Vor Allem
Vieh, dann Butter und Schmalz. Das junge Vieh, darunter
auch Pferde und Schafe, holt sich feste, gesunde Knochen
auf der Alm, es macht dort seine Hochschule durch, um für
den Stall der Ebene reif zu werden. Die Milch der zahlreichen Heerden ist nur in seltenen Fällen „herabzubringen"
und in Thale zu verkaufen, darum wird sie meist zu Butter
gestoßen, die Butter selbst aber wieder durch Ausbraten in
die dauerhaftere und versendbare Form des „Schmalzes"

gebracht, welches der norddeutschen Küche, glaube ich, un=
bekannt ist. Dafür spielt dieses Butter=Schmalz (von Rinds=
und Schweineschmalz wohl zu unterscheiden) in der ober=
deutschen Kochkunst eine um so größere Rolle, ja dem alt=
bayerischen Bauern sind die Schmalzspeisen geradezu ein Haupt=
ersatz des Fleisches. Schmalz gibt Kraft, so meinen die Leute;
es ist dem Menschen, was dem Pferde der Hafer:

„A habernes Roß und a g'schmalzener Mann,
Die zwoa reißt koa Tuifel nit z'samm'n.“

Das gelobte Land würde unser Hirtenbauer darum
weniger dort suchen, wo Milch und Honig fließt, als wo die
Milch bereits Butter geworden wäre, ein buchstäblich recht
„settes“ Land, mit den reichsten „Buttersteigen“. Der seligst
vergnügte Hirtenbube, den ich je gesehen, stand von der
Abendsonne verklärt auf einer Felsspitze und strich sich
einen ungeheuern Klumpen Butter mit dem Daumen statt
des Messers zwei Finger dick auf ein winziges Stück Brod.
Da solchergestalt die meiste Butter am Erzeugungsorte
verzehrt wird, so haben selbst die reichsten Bauern oft
nur sehr wenig Baargewinn vom Milchertrag ihrer Heerde.
Ihre wichtigste Geldquelle liegt vielmehr im Verkaufe des
Jungviehs und des Holzes ihrer Wälder. Früher mag es
anders gewesen sein. Peetz erzählt in dem angeführten
Büchlein von einem alten Butterhandel, der aus unsern
Bergen nach der Lombardei gegangen sei, wo man die Butter
als Leuchtmittel benutzt habe. Diese Lichtspende, welche ein
Land von uranfänglichster Cultur der höher cultivirten Gegend
brachte, hat längst aufgehört, und die Butter in den Lampen
ist durch Oel, Gas und Petroleum verdrängt worden. Und

doch wurden die bayerischen Alpen in einem anderen Sinne
wieder lichtspendend. An der erdölhaltigen Quirinusquelle
bei Tegernsee wies Franz von Kobell vor Jahren die Brauch=
barkeit des Paraffins als Leuchtmaterial nach. Das Oel
des heiligen Quirinus war und ist sonst eine Wunderarznei
in der Apotheke des Aberglaubens. So kam auch hier Licht
aus der Finsterniß.

Nach dem Fingerzeige der Urkunden scheint die Wirth=
schaft auf den Nordhängen unserer Alpen im Mittelalter weit
buntscheckiger gewesen zu sein als heutzutage. Neben den
Kuhalmen gab es noch weit mehr Pferde= und Schafalmen,
während jetzt das Rindvieh eintönig die erdrückende Majo=
rität behauptet. Auch wurde früher viel mehr Käse bereitet.
Es geht mit der Käseproduktion der Alpen wie mit dem
Wein: die kleinen und mittleren Leute bringen meist nur
noch einen ganz geringen Käse zum Hausverbrauch oder
einen Landwein zum Haustrunke fertig. Wo es dagegen
eine edlere Waare gilt, die sich den großen Markt gewinnen
soll, da reicht nur noch der große Besitzer aus. Ein guter
Schweizerkäse — gleichviel ob aus der Schweiz oder aus
den deutschen Alpen — entstammt nicht jener primitiven
Hirtenwirthschaft, von welcher ich hier rede. Er setzt größeres
Kapital, rationelle Technik und Handelsspekulation und Ver=
kehr voraus, wie sich das Alles auf den weltvergessenen kleinen
Almen mit 12 bis 15 Kühen nicht findet. Es liegt gewiß
nicht schlechthin an der Viehrace und der Gunst des Bodens
und der Vegetation, daß die Schweiz den besten Käse liefert:
die uralte Verbindung des industriellen und kaufmännischen
Geistes mit dem Hirtenwesen, wie sie nur die Schweiz kennt,

hat diesem Käse den Preis und den Markt vor Allen gewonnen. Gehen wir von der Schweiz ostwärts, so erzeugt das Allgäu neuerdings auch einen guten Schweizerkäse in stattlicher Menge, während im bayerischen Gebirg nur erst wenige große Besitzer die Käsefabrikation begonnen haben. Das Allgäu ist aber auch seit alter Zeit weit verkehrsoffener, reglamer, industrieller, in Wirthschaft, Sitte und Lebensart dem Hirten-Patriarchalismus des ursprünglichen Alpenvolkes entfremdeter, als das altbayerische Nachbargebirg.

Eine Sennerin bezieht Geldlohn, Naturallohn und ideale Emolumente. Die beiden erstgenannten Löhne zahlt der Herr, der Ideal-Lohn quillt von selbst aus dem Wesen ihres Berufes. Der Geldlohn ist im bayerischen Gebirge nicht hoch, er steigt von 20 Gulden jährlich auf 50 bis 60 Gulden, wofür die poetische Sennerin im Winter auch als prosaische Stallmagd zu fungiren hat. Dazu kommt aber noch Kleidung, Kost, Verpflegung und gelegentliche Geschenke.

Man verbindet mit dem Hirtenleben sonst leicht den Nebenbegriff einer gemüthlichen Faullenzerei, allein der „faule Schäfer“ und der Alpenhirt sind zwei sehr verschiedene Leute. Auf der Alm gilt es nicht blos das Vieh zu hüten, sondern auch durch Monate wirthschaftlich auszubeuten, und das Alles ruht oft nur in Einer Hand, mit Beihülfe eines Hüterbuben. Die Sennerin hört keine Uhr schlagen, ist aber doch streng an die Arbeitsstunde gebunden, sie hat oft in Monaten keinen Sonn- und Feiertag und darf sich vom Frühling bis zum Herbst nur einmal austanzen, auf der Sennerinnen-Kirchweih, wann das Vieh von der Hochalm zur Tiefalpe getrieben ist. Das Leben in der

Einsamkeit hat seine Gefahren, seine Entbehrungen, seine Langeweile; erkrankt die Sennerin, so kann sie tagelang in ihrer Hütte verlassen liegen.

Trotzdem wird dieser Dienst jedem anderen so entschieden vorgezogen, daß wie gesagt die Anlage von Fabriken in den Gebirgsthälern meist schon darum sich von selbst verbietet, weil die Mädchen und Burschen das freie Leben auf der Alm um keinen Preis mit der Arbeitssklaverei des Fabriksaales vertauschen wollen. Auch die rationelle Landwirthschaft im Vorlande leidet darunter, sie kann keine billigen Arbeitskräfte bekommen; denn das junge Volk geht viel lieber regierend hinter dem Vieh, als dienend hinter dem Pfluge.

Hier stehe ich eben vor den verlockenden „idealen Emolumenten" der Sennerin: es sind ihrer zwei — Selbstherrlichkeit und Freiheit. Die Magd des Thales wird auf der Alm zur Herrin, mindestens zur Verwalterin; ihre Arbeit kann im Einzelnen nicht bevormundet und geschulmeistert werden, sie wird mit freier Hand beschafft und der Erfolg erweist sich nur im Großen und Ganzen. Das ist ein begeisternder Vorzug, der reicheren Geldlohn weit aufwiegt.

Ich vergleiche darum die deutschen Sennerinnen gerne mit den deutschen Universitäts-Professoren. Wir Professoren sind mäßig gelohnt und können nicht höher aufsteigen; wir haben weder die Aussicht Millionäre noch Staatsräthe und Minister zu werden. Aber wir werden schadlos gehalten durch die „idealen Emolumente" der Selbstherrlichkeit und Freiheit. Wir treiben auf dem Katheder auch so eine Art von Almwirthschaft, bei welcher wir uns im Einzelnen nicht

bevormunden laſſen und deren Erfolg ſich nur im Großen
und Ganzen erweist. Dazu kommt noch die unſchätzbare
Alpenfreiheit der langen Ferien. Dieſer verwandte Zauber
der idealen Emolumente, welcher ſo verlockend und feſſelnd
in dem gröbſten Berufe des Hirtenlebens, wie in dem feinſten
der Pflege und Lehre der reinen Wiſſenſchaft ruht, deutet
übrigens auch auf gemeinſame Grundlage zurück: beider-
ſeits iſt, eine alterthümliche Einrichtung in die Gegenwart
herübergewachſen, — dort die uralte Culturſtufe des No-
madenthums, hier die mittelalterliche Autonomie der Kor-
poration. Würden die Alpen heute erſt aufgeſchloſſen und die
Univerſitäten erſt heute gegründet, ſo ließe dort die moderne
Oekonomie, hier die moderne Bureaukratie dergleichen ideale
Emolumente gar nicht aufkommen, und griffe lieber etwas
tiefer in den Geldbeutel, wie ſich das auch bei den neu ge-
ſchaffenen techniſchen Hochſchulen bereits gezeigt hat.

Ich verlaſſe jedoch die Univerſitäten, um wieder zu den
Sennhütten zurückzukehren, aber mit einem Satze, der nochmals auf beide gemeinſam zielt: wo die Berufsführung kraft
des idealen Emolumentes der Freiheit ſich der Aufſicht im Kleinen
entzieht, da iſt es der Stachel des perſönlichen Ehrgeizes, welcher zur gewiſſenhaften Arbeit treibt.

Wenn auf der Alm ein Stück Vieh im Laufe des
Sommers in die Abgründe geſtürzt und verunglückt iſt, dann
darf im Herbſt die Heerde nicht mit Glocken und Blumen
geſchmückt zu Thal fahren; ſie kommt lautlos, farblos. Die
geſchmückte Abfahrt iſt ein Feſttag, die ungeſchmückte ein
Trauertag, und gleichviel, ob die Nachläſſigkeit der Sennerin
mitſchuldig war an dem Unglücke oder nicht, ſo bereitet ihr

die stumme Abfahrt jedenfalls das bitterste Herzeleid, und sie überwacht die Heerde ängstlicher im Hinblick auf diese öffentliche Schmeichelei oder Kränkung ihres Ehrgeizes, als wenn die größte materielle Belohnung oder Strafe zu gewarten stünde.

Im deutschen Bauernlande und in den Städten galt der Hirt während des Mittelalters für unehrlich und obgleich Reichsgesetze von 1548, 1577 und 1731 die Hirten wieder ehrlich sprachen, so verschwand der Makel doch nicht völlig, es haftet der Fluch eines sozialen Pariathums auf dem Hirtenleben; einsam vor dem Dorfe steht das Hirtenhaus, als fürchte der Bauer jede nachbarliche Berührung mit dem Hirten, „Kuhhirt" und „Schweinehirt" sind nicht selten Schimpfworte, und wenn man sich recht erheben will über einen Andern und ihn selber noch einmal besonders hinabdrücken, so sagt man: „mit dir habe ich das Vieh nicht gehütet!"

Der Hirt des Alpenlandes würde den Schimpf dieses Wortes gar nicht fassen: die reichste und schönste Bauerntochter hütet dort mit Stolz und Vergnügen das Vieh, und der reiche Bauernsohn wäre froh, wenn er nur gleich mithüten dürfte. Das Hirtenthum bewahrte sich im Hochgebirg seine volle Ehre und bedurfte keiner ehrenrettenden Reichsgesetze.

Dieser Gegensatz hat seinen großen culturgeschichtlichen Hintergrund. Der Bauer des Tieflandes stellt in sich eine sieghafte höhere Culturstufe dar, er hat in unvordenklicher Zeit den Hirtenstab mit dem Pfluge überwunden; wie die Weide in's werthlosere Außenland gerückt wurde, so ward auch

der Hirt in die Ecke geschoben, dienstbar, verachtet. Racen-
siege, Stammsiege, Standessiege, Berufssiege haben in diesem
Betrachte alle das gleiche Resultat. Die Sieger werden zur
herrschenden Nationalität, zum Stammesadel, zu privilegirten Ständen oder bevorzugten Berufen, die Besiegten
sinken zum Pöbel, zu Hörigen, Heloten oder Parias herab.
Der Alpenhirte aber wurde niemals vom Bauern besiegt,
er war und blieb Herr, sein Beruf der ausschließend herrschende von des Bodens und des Himmels Gnaden. Darum
ist er auch stolz auf seinen Beruf, ja er sieht wohl gar mit
einer gewissen Ueberhebung auf die Bauern des benachbarten
Flachlandes herab.

Ich fragte einmal einen Schullehrer, welcher aus dem
Bauernlande der Hochfläche in ein Hochthal der Alpen versetzt worden war, nach dem Zustand seiner Schule. Er
klagte, daß er seine Schüler hier im Gebirg nicht entfernt
so weit bringe wie draußen in der Ebene. Die Kinder
seien entsetzlich dumm; „das machen die hohen Berge,"
meinte er, und fuhr dabei mit der flachen Hand gegen die
Stirn, als wollte er andeuten, wie die Bergwände den
Jungen förmlich auf die Köpfe drückten. Ein aus den
Alpen in die Ebene versetzter Schulmeister würde wahrscheinlich gegentheils gefunden haben, daß die Bauernbuben
dort viel dümmer seien, weil der weite Horizont der Fläche
die Gedanken gar nicht ordentlich zusammenkommen lasse.
Ist doch sogar das Vieh auf der Alm gescheidter, an-
stelliger und gutartiger, als das Stallvieh drunten. Die
Kuh wird erst wahrhaft „kuhdumm", wenn sie zur höheren
Culturstufe der Stallfütterung aufsteigt, und der Stier wird

erst böse, wenn er sich in den Pferch der Civilisation gebannt sieht. Diese Ideen könnte der Berg-Schulmeister dann
weiter auf die Menschen zurückspielen.

Es herrscht eben zweierlei Art von Verstand bei den
Bewohnern der Berge und der Niederung, — bei den
menschlichen wenigstens.

Ich suchte nun jenen unbefriedigten Schullehrer des
Flachlandes, der an der Romantik der Berge Schiffbruch
gelitten hatte, zu trösten, indem ich ihm folgende Sätze zum
Nachdenken anheimgab und zum Umprägen in pädagogische
Scheidemünze:

Der Alpenhirte steht auf einer anderswo längst über-
wundenen wirthschaftsgeschichtlichen Stufe. Er hat sich dort
behauptet nicht aus Verstocktheit oder in Folge von Druck,
Knechtschaft und Elend, sondern weil seine schöne, in ihrer
Art reiche Landesnatur ihm gar keine andere Wahl ließ.
Als Hirte schritt er dann freilich fort, aber eben nur als
Hirte. Darum stehet er nun so stolz, freudig und sicher in
seinem veralteten Berufe, daß ihn diese Selbstgewißheit
wieder über sich hinaushebt. Er ist schöner von Gestalt und
Gesicht, als die Bauern der Ebene, gastfrei, mit Gemüth
und Mutterwitz begabt, aber er ist weder so bildsam noch
so strebsam wie der unschönere, egoistischere, gedrücktere
Bauer draußen. Er ist Natur, lebt mit der Natur, ja er
kann — so seltsam das klingt — sogar für die Natur
schwärmen. Der Bauer spricht nicht mehr von der Landschaftlichen Schönheit, der Alpenhirte spricht noch davon, er
besingt sie auch, und, was das Merkwürdigste, er geht zu-
weilen selbst spazieren, um eine schöne Aussicht zu betrachten.

Welche Gegensätze zwischen dem Hirten, der dieß noch thut, dem Bauern, der es nicht mehr und dem Städter, der es wieder thut!! Auf den Sennhütten sieht man keine Bücher, aber desto öfters Bilder, an die Thüre und an die Wand genagelt, und die Hütte mit der Sennerin selber ist ein Bild.

Der Schlüssel zu dem poetischen Charakterbilde unseres Hirtenvolkes liegt in seiner Wirthschaftsgeschichte, und der Schlüssel zu seiner Erziehung in der Poesie des Volkslebens.

VI.

Die ältesten Formen des Landbaues sind noch eng verwachsen mit dem Hirtenthum, und es bedarf oft vieler Jahrhunderte, bis der seßhafte Bauer in seiner eigenen Person den Hirten überwindet.

Im Bilde einer Höhenkarte bauen sich die Culturperioden vor uns auf: hoch oben auf den Gipfeln und Kämmen einsames Jägerleben; an den hohen Weidehängen reicht der wandernde Hirt dem Jäger die Hand; tiefer unten verbindet sich das Waldleben des Holzknechtes mit der Jägerei und dem Hirtenthum; und im oberen Thalgrunde endlich wird der Hirte seßhaft und gestaltet sich zugleich zum halben Bauern. Suchen wir aber den ganzen Bauer, dann müssen wir noch viel weiter thalab wandern bis vor die Berge, hinaus auf die Hochfläche, deren ungeheure Geröllschichten die Geologen ein zertrümmertes Gebirg nennen, welches die Wasser aus dem Schooß der Berge herausgespült haben. Der Bauer liebt die Fläche und mag auch jene Hügel leiden, die man im Norden noch Berge nennt, aber der ächte Bauer und der ächte Berg sind einander feind.

Nun hat aber jener Halbbauer des Alpenthals das Eigenthümliche, daß er nach Umständen gerade so gut vier älteste Culturperioden in seiner Person vereinigt, wie seine geliebten Berge dieselben klar unterschieden und doch in Uebergängen verbunden zeigen. Er ist Bauer, Hirt und Holzarbeiter zumal, und als naiver Romantiker fühlt er sich von unwiderstehlicher Sehnsucht nur allzu oft in die Jägerei zurückgezogen. Und da er sich sein Haus noch großentheils selber baut und schmückt, seinen Kahn am Seeufer selber zimmert, dazu auch musicirt, singt, dichtet, schauspielert und in Holz schnitzt, so erscheint er in diesem Triebe Alles selbst zu thun, zuletzt wiederum als ganz alterthümliche Gesammtfigur eigenster Art. Die mindeste Theilung der Arbeit entspricht einer frühesten Stufe der Volksalterthümer.

So wird der Historiker auch in den durchaus nicht ruinenhaften Höfen und Weilern der Hochthäler lebendige Ueberreste längst vergangener Zeit in Fülle finden.

Schon die Flur dieser Bauern, welche man aber keine Feldflur nennen kann, ist eine solche Reliquie. Nicht das Ackerland, der Getreideboden, sondern die Wiese bildet hier die Grundlage der Bodencultur. Das spärliche Getreide wächst auf der Wiese, das heißt, kleine Parzellen des Wiesgrundes werden wechselnd mit Walzen bestellt. Sie erscheinen, vom Berg herab betrachtet, wie kleine gelbe Lappen auf dem großen grünen Teppiche. Und selbst dieser fragmentarische Getreideboden ist wandelbar. Denn der kleine Fleck, wo vor einem Jahre der Waizen reifte, trägt heuer wieder

Gras und umgekehrt, und wenn im August die Frucht ge-
schnitten wurde, so ist Ende September der Boden schon
wieder derart mit Graswuchs überzogen, daß ihn der flüchtige
Blick kaum vom andern Wiesland unterscheiden kann. Die
Natur sorgt schon dafür, daß die Wiese Herr bleibe und
der Bauer nicht über den Hirten komme. Der Nationalökonom aber erkennt in dieser gröbsten Feldgraswirthschaft
eine sehr primitive Form des Anbaues, und die Dreifelder-
wirthschaft mit Brache und ewiger Weide, welche anderswo
die Basis der Culturalterthümer des deutschen Bauern bildet,
charakterisirt bereits eine viel jüngere Periode.

Die Kartoffel, das soziale Wahrzeichen des modernen
Kleinbauern, ist noch ein selten eingebürgerter Fremdling
in den inneren Gebirgsthälern. Sah ich doch Bauernhöfe,
deren ganzer Kartoffelwuchs auf etlichen Laub- und Mist-
haufen draußen auf der Wiese stand, ähnlich wie in Nord-
tyrol die Kürbisse.

Die Wiese und Weide herrscht, das Ackerland ist blos
geduldet. Zwei schweizerische Forscher, Martin Klem und
Meier von Knonau, haben neuerdings nachgewiesen, daß
in Obwalden und Uri der Ackerbau seit den späteren Jahrhunderten des Mittelalters sogar wieder bedeutend zurückge-
gangen ist, verdrängt durch neue Siege der Alpwirthschaft.
„In Obwalden, dessen Kornausfuhr nach der Sage ehemals
den Preis für den Markt von Luzern bestimmt haben soll,
wird gegenwärtig kaum der zehnte Theil des cultivirten
Bodens mühsam mit der Schaufel umgearbeitet und sind in
den sieben Gemeinden kaum sechs Pflüge zu finden."

Ob man ähnliches auch von bayerischen Alpenthälern

behaupten kann? In neuester Zeit macht hier der Pflug
unverkennbare, wenn auch langsame Fortschritte. Doch
wäre es möglich, daß auch diese nur als Beseitigung eines
früheren und größeren Rückschlags zu Gunsten der Viehzucht
erschienen. Jedenfalls kämpft der Acker mit der Wiese noch
für unabsehbar lange Zeit einen sehr ungleichen Kampf.

Indem die Feldgraswirthschaft von der Wiese ausgeht
und dem Getreide nur wechselnd ein kleines Stückchen des
Wiesbodens gönnt, befördert sie die Abrundung der Güter
und die individuelle Abgeschlossenheit der Höfe und kleinen
Weiler, wie anderswo umgekehrt die feste Ausscheidung der
Getreideflur von Wiese und Weide zur Feldgemeinschaft
größerer Dörfer führte und hiermit zur reicheren sozialen
Gliederung des Gemeinlebens und zu gemeinsamem Arbeits-
pläne der verbündeten Dorfgenossen.

So besitzt der Alpenbauer auch große Privatwälder bei
geringem Gemeindewald, stattliche Privatweiden bei unbe-
deutender Gemeindeweide, seine Wirthschaft schließt sich gegen
andere Landstriche ab wie in sich selber, und der Mann
wird selbstherrlich und fühlt sich in seiner Selbstherrlichkeit.
Nicht blos in der Sitte, auch in der Wirthschaft ist er
Patriarch.

Darum fürchtet er dann aber auch mehr noch als
andere Bauern, daß Fremde ihm auf den Leib rücken und
als Gutsnachbarn mit Neuerungen seine Wirthschaft stören
möchten. Ein Botaniker wollte ein völlig nutzloses kleines
Stück Sumpfland erwerben, um dort Versuche mit Wasser-
pflanzen anzustellen, aber kein Geldangebot vermochte die
Bauern, ihm auch nur wenige Quadratfuß des öden Fleckes

zum Eigenthum abzutreten, während er ungefragt ganz gewiß
in ihrem Sumpf hätte experimentiren können, so viel er wollte.

Ein Weiler bestand aus sechs Höfen; vier derselben
waren im Besitz eines einzigen Bauern. Da wurde der
fünfte Hof durch Todesfall verkäuflich und jener Bauer er=
stand ihn gleichfalls. Er klagte mir nachher, daß er diesen
Hof, der ihm zur Last sei, viel zu theuer habe kaufen
müssen. Auf meine Frage, wer ihn denn zu einem so
schlechten Kaufe gezwungen habe? erwiderte er: „Ich muß
doch vorbauen, daß nicht zu viel Fremde hereinkommen!"

Nicht was man an den Gebirgshäusern sieht, ist das
Alterthümlichste, sondern hier wie auf dem Berge sind die
unsichtbaren Denkmäler die ältesten. Nach unvordenklichem
Herkommen trägt jedes einzelne Haus seinen Namen, meist
nach früheren Besitzern, nach deren Beruf oder auch nach
der örtlichen Lage. Diese Namen wechseln, aber der Wechsel
geht langsameren Schrittes als der Besitzwechsel der Familien.
Der Hausname verdrängt dann im volksthümlichen Sprach=
gebrauche nicht selten den Familiennamen des späteren Be=
sitzers, so daß derselbe faktisch zwei Namen besitzt, einen
allbekannten, der aber nicht sein wirklicher Name ist, und
seinen wirklichen Namen, den aber nur Wenige kennen.
Also wenn etwa das Haus „zum Böckel" heißt, so nennt
man den Bauern den „Böckel", und wenn derselbe später
etwa einen andern Hof erwürbe und bewohnte, welcher
„beim Pförn" hieße, so würde er selbst „der Pförn", eigent=
lich heißt der Mann aber Hinterhuber. Umgekehrt sind mir
auch Fälle bekannt, wo der alte Hausname mit dem Be=
sitzer auswanderte und auf einen neuen, ganz wo anders

gelegenen Hof übertragen wurde. Dieses flüssige Wesen der Familiennamen, dieses gemüthliche Durcheinander von Familien- und Hausnamen ist ein ächtes Stück Mittelalter in der Gegenwart. Am drolligsten macht es sich, wenn der Bauer seine Sitte auch auf Städter überträgt, die sich in der Gegend ansiedeln. Herr von Wydenbrugk hatte ein Haus bei Tegernsee gekauft, welches „zum Deibler" hieß. Ich kam des Weges und fragte eine Bauernfrau, wer der Besitzer des Hauses sei? Sie antwortete mir: „Auf bayerisch heißt er der Deibler, auf deutsch der Wydenbrugk."

Die malerischen Bauernhäuser unserer Alpen sind von den Malern unzähligemal abgebildet, sie sind auch oft genug schildernd beschrieben worden. Am Rhein sieht man noch einzelne Bauernhäuser aus dem fünfzehnten und sechszehnten Jahrhundert, sie haben gleichsam persönlich den Wechsel der Zeiten überdauert und stehen als einsame Zeugen der Vergangenheit inmitten einer modernen Umgebung. Vierhundertjährige Gebirgshäuser findet man wohl kaum, dagegen ist hier die ganze Gattung des Bauernhauses weit alterthümlicher als am Rheine. Der reine Holzbau charakterisirt das Haus unserer Alpen, der Stein- und Fachwerkbau das rheinische. Bei den massiven Holzhäusern mit ihren Schindeldächern werden wir an das sechszehnte Kapitel von Tacitus Germania erinnert: der Holzbau geht in Deutschland dem Steinbau voran. Selbst wo die schönsten Bruchsteine vor der Thüre zu holen waren, baute, bis gegen die neueste Zeit, unser Alpenbauer sein Haus von Holz. Der Stein ist für die Kirche und für die Herren, das Holz ist für die Bauern. Steigt man über die vordersten Alpenpässe nach Tyrol, dann werden die

Steinhäuser schon häufiger, sie nehmen in dem Maße zu, als man sich den Südabhängen — Italien — nähert. Denn der Italiener hat uralten Steinbau.

Die hölzernen Bauernhäuser unserer Alpenthäler harmoniren in Material und Bauart mit den Sennhütten und den Blockhäusern der Holzknechte. Steinerne Sennhütten sind bei uns weit seltener als hölzerne, sie finden sich in der Regel nur da, wo die Lage hoch über'm Wald gebieterisch zum Steine zwang. Im Grundplan ist die Sennhütte das vereinfachte Bauernhaus des Thales. Bei beiden sind Stallung, Scheune und Wohnräume unter Einem Dache und der Stall bildet meist die größere Masse. All dieses bezeugt die unlösbare Verbindung des Hirtenthums mit dem Bauernleben. Auch der Umstand, daß die Häuser keinen geschlossenen Hof haben und Menschen und Vieh überall freien Zugang gestatten, erinnert an eine Zeit, wo das Zelt des Nomaden zuerst als Hütte festgestellt wurde. Höchstens daß ein leichter Zaun den Hof umschließt, aber die Zaunthüre hat kein Schloß, Jeder öffnet sie mit einfachstem Handgriff.

Grundplan und innere Eintheilung des Hauses führt zurück auf die Volksalterthümer des Stammes aus den Tagen der lex bajuvariorum; dagegen ist der Aufbau und der kunstvolle Schmuck der Giebel und Balkone in seinen Formen nicht einmal mittelalterlich, geschweige altdeutsch. Hier herrscht ein popularisirter Renaissance= und Rococostyl. Ich erinnere mich keine gothischen Schnitzereien gesehen zu haben an ächten Bauernhäusern, aber ebenso wenig Schnitzwerk im modernen Geschmack. Die Gothik hat der Bauer längst vergessen und die moderne Kunst noch nicht gefunden.

Liebt er doch auch in seiner Kirche vorab die Rococoschnörkel.
Man könnte einen allgemeinen Satz aufstellen: in den Sitten
der Familie und im wirthschaftlichen Herkommen haftet der
Bauer am Alten, oft am Aeltesten; in Putz und Schmuck
dagegen ist er ebenso gut neuerungslustig wie der Städter,
nur daß er langsamer zugreift und also leicht um ein oder
zwei Jahrhunderte hinter den städtischen Moden dreinhinkt.
Das zeigt sich bei der Kleidertracht wie bei dem Schmucke
von Haus und Hausrath. Derselbe Bauer, welcher seine
Wohnräume genau so eintheilt wie vor tausend Jahren, stellt
Tische und Schränke hinein, wie sie vor zweihundert Jahren
beim Bürger Mode waren.

Sind nun aber auch unsere Gebirgshäuser mit feiner
Kunst höchst mannichfach durch allerlei geschnitztes und gemaltes
Ornament ausgeschmückt, so sehen sie sich doch im Großen
und Ganzen allesammt auffallend ähnlich. Ja diese reizenden
Formen, welche uns anfangs im Einzelnen entzücken, werden
bei längerer Wanderung langweilig und ermüdend, weil sie
sich ewig wiederholen. Die Regel, das Gattungsmäßige
bleibt, nur die feinere Ausführung der Regel wird unendlich variirt. Auch dies ist alte ächte Bauernart. In den
seit alten Tagen weit minder abgeschlossenen Thälern Tyrols
und der Schweiz herrscht darum auch eine viel tiefer grei-
fende Mannichfaltigkeit des sogenannten Gebirgsstyles.

VII.

Der Naturmensch ist verschwenderisch mit dem Raume
wie mit der Zeit; die höhere Cultur kargt mit beiden. So

wirthschaftet unser Hirtenbauer nicht blos lässig, in gemüth=
licher Breite, er wohnt auch gemüthlich breit, er kargt nicht
mit den Räumen seines Hauses. Dies gilt wenigstens von
den älteren, von den ächten Gebirgshäusern. Die glücklichen
Leute besitzen hier noch leere Räume in Stall und Stube!
Und je einsamer das Haus gelegen ist, je alterthümlicher
der Culturstand der Bewohner, um so größere unbenützte
Zimmer darf man — natürlich zugleich nach Maßgabe des
Wohlstandes — erwarten. Die niedere Zimmerdecke senkt
sich zwar dem Eintretenden fast auf den Kopf und die Fenster
sind oft derartige Löcher, daß ein dicker Dieb unmöglich
einsteigen könnte — denn erst mit der Cultur wächst das
Bedürfniß von Luft und Licht —; aber die Flächen sind
groß. Wie überall in unsern Alpen, so kreuzen sich auch
bei diesen langen und breiten Häusern zwei scheinbar wider=
sprechende Thatsachen: Wohlstand und primitive Cultur. Ihre
Verbindung ist das nationalökonomische Räthsel des Landes.

Die großen alten Häuser weden aber auch noch eine
andere Gedankenfolge, in welcher neue Widersprüche einge=
schlossen sind.

Ohne die Raumverschwendung wäre es anfangs ganz
unmöglich gewesen, daß zahlreiche städtische Familien zur
Sommerfrische herauszogen und neben der Bauernfamilie
noch bequem Platz fanden. Die Sitte der „Sommerfrische"
wurde dann immer allgemeiner, die Gäste kamen nicht mehr
blos aus der Nähe, sondern auch von fernher, die Spekulation
bemächtigte sich der Sache und es entstanden Gasthöfe und
Miethhäuser. Trotzdem beherbergt der Bauer noch immer
die weitaus größere Masse der Fremden in seinen über=

schüffigen Räumen. Ohne die Raumverschwendung des Ge-
birgshauses wäre der „Landaufenthall" gar niemals ein so
allgemeines Bedürfniß der benachbarten Städter geworden.
Man hat von der Allgemeinheit des Brauches, wie sie in
den Städten des bayerischen und österreichischen Vorlandes
herrscht, auswärts kaum einen Begriff. Nicht blos der
reiche Mann geht da nothwendig auf's Land, sondern auch
der kleine Handwerker, der kleine Beamte, ja der Tag-
schreiber und die Näherin, — auf Monate oder Wochen,
solange es nur Zeit und Geld erlaubt. Und die ganze
Familie geht mit, Kinder und Dienstboten und Hunde, und
wo möglich wird draußen eigene Küche gemacht.

Warum begegnet man so vielen Norddeutschen in Bayern
und so äußerst selten einem Bayern in Norddeutschland? Weil
der Norddeutsche reist, während der Bayer keine Zeit hat zum
Reisen; denn er geht auf's Land, und zwar auf's nächste
Land, in sein heimisches Hochgebirg. Dort sieht er jedes
Jahr dieselben Berge, dieselben Wälder, dieselben Bauern
und Kühe, lebt gemüthlich und kehrt erfrischt wieder heim,
aber auch so arm an Weltkenntniß, wie er vorher gewesen.
Welch weite Perspectiven erschließt diese einfache Thatsache!
Der Hamburger und Berliner und Wiener findet sich freilich auch in unsern Alpen ein, aber er mußte reisen, um
hieher zu kommen, wo sich ihm eine fremde Welt erschließt.

Nun vollzieht sich aber eine wunderbare diagonale
Gegenwirkung zwischen dem Hirtenbauern des Gebirgs und
dem größeren, das heißt bildungsärmeren Theile der stamm-
verwandten Städter des Vorlandes, und diese Gegenwirkung
führt mich auf meinen Grundtext zurück.

Der Alpenbauer wird durch die Sommergäste immer weitläufiger bei und trotz all seinen wirthschaftlichen Cultur-alterthümern; der Städter aber, welcher jahraus jahrein zwischen München und dem „Gebirg" einherpendelt, verbauert nur allzuoft in seiner gemüthlichen Abschließung von der Welt, die er eben bei jenem Bauer sucht, der aber in wirth-schaftlicher Cultur noch nicht einmal Bauer, im politischen und kirchlichen Liberalismus dagegen mitunter schon viel städtischer ist, als viele seiner städtischen Stammgäste.

Einen ähnlichen Prozeß hat der Hirte der Hochschweiz schon vor geraumer Zeit durchgemacht. Freilich findet sich dort längst nicht mehr die städtische Nachbarschaft beim Hirten zu Gaste, sondern die reichen Leute aus allen Ländern suchen den Gasthof und das städtische Miethhaus im Hirtenlande. Auch in unsern deutschen Alpen wird es mehr und mehr so kommen, und die Kreuzung von primitiver Bodencultur und Wohlhabenheit des Volkes, andererseits von naivem Volks-thum und geriebener Weltklugheit des Bauern wird immer räthselhafter und wunderlicher ineinander greifen.

Das künstlerische Bild dieser verschlungenen Gegensätze ist das Passionsspiel von Oberammergau — nicht das ältere, sondern das neue, seit den letzten drei Jahrzehnten, seit Oberammergau von den Schriftstellern für den Reisestrom entdeckt worden ist, wie unser ganzes Hochgebirg vor fünf Jahrzehnten von den Malern. Die Wenigsten merken, daß dieses Passionsspiel sie gerade durch seine Widersprüche am unwiderstehlichsten fesselt. Es wird aufgeführt von Bauern, die zum kleineren Theile noch keine Bauern, zum größeren keine Bauern mehr sind, von Künstlern, die besonders

darum anziehen, weil man sie eigentlich keine Künstler nennen kann; — ein Drama, welches halb naives Volksspiel,
halb berechnetes Schaustück ist; halb Kirche, halb Theater;
halb um Gottes, halb um Geldes willen; halb Natur, halb
Kunst; halb ländlich, halb residenzstädtisch; in der Einsamkeit geboren, in der Einsamkeit bewahrt und auf die große
Bühne eines Alpenthales vor ein Sonntags-Publikum aus
allen Nationen gestellt: — kurz Alles was man will, nur
nichts Ursprüngliches, Harmonisches und Ganzes mehr.

Und gerade in dieser unklaren Mischung liegt — seien
wir ehrlich! — der höchste Reiz für ein übersättigtes Welt-
Publikum.

Worin ruht die „Romantik,“ welche man von den
deutschen Alpen wie vom deutschen Rheine rühmt? Sie ruht
in uns und wir erweden sie aus dem eigenen Gemüthe, indem wir die Vergangenheit in der Gegenwart ahnen und
suchen: — dort am Rhein angesichts der Landschaft mit
ihren wirklichen Trümmern, hier in den Bergen angesichts
des Volkslebens, welches die Geschichte ungebrochen in sein
jüngstes lebendigstes Dasein verflochten zeigt.

VIII.

So sind wir von der Höhe zu Thal gestiegen, und je
tiefer wir herab kamen, um so freier öffnete sich uns der
Fernblick. Das ist der wunderbare Reiz der Alpen: mag
man auf dem obersten Gipfel stehen oder in der engsten
Schlucht, man sieht doch immer weit, wenn man nur mit
den Gedanken ebenso gut wie mit den Augen zu sehen sucht.

Unsere Alpen sind seit langer Zeit die künstlerische Do-
mäne des Landschafters und des Genremalers. Nur der
Historienmaler ging leer aus; denn wo die rechte Alpen=
natur beginnt, da hat in der Regel die Geschichte ein Ende.
Ich wüßte aber doch eine stattliche Aufgabe für die stylvolle
historische Kunst.

Besäße ich ein Schloß im Hochgebirge und wäre ein
reicher Mann, so ließe ich mir die Alpenwanderung eines
Historikers als Relief=Fries an die Außenwand meißeln oder
als Fresken=Cyklus in's Treppenhaus malen. Vom Historiker sähe man nichts auf dem Bilde, er stünde vielmehr
davor, um sich's zu betrachten.

Auf dem Bilder=Reigen aber wäre allerlei uraltes Volk
zu schauen: Jäger, wie sie von den Höhen Besitz nehmen
und sich Wildpret erbeuten und mit den Raubthieren kämpfen; Hirten, welche mit den Jägern streiten und sich ver=
gleichen, ihr Nomadenzelt in eine Sennhütte verwandeln und
mit der Herde vom Thal zum Berge ziehen; Waldmenschen,
die als urthümliche Holzknechte die Wildniß lichten und sich
ihr Blockhaus bauen; Hirtenbauern, deren Ackerfeld die
Wiese, deren Kahn der Einbaum, deren Haus die vergrößerte
Sennhütte. Die Landschaft des Vorder= und Hintergrundes
wäre nur in jenen großen Umrissen angedeutet, welche der
Technik des Bildwerkes entspräche. Aber die plastischen
Grundformen des Bodens sind so charaktervoll, daß man
sofort erkennen würde: hier beherrscht die Natur den Men=
schen und fesselt seine Arbeit dauernd in den anfänglichen
Schranken. Man sähe keine Wohnung, keine Tracht, kein
Werkzeug, wie es jetzt üblich ist, sondern von alle dem nur

urälteste Typen, die kein Denkmal uns bewahrt hat, Typen, welche lediglich die vereinte Phantasie des Historikers und Künstlers sich ausmalen und wiederherstellen kann. Und doch würde der Beschauer glauben, die Personen des Bildes seien das Gebirgsvolk von heute, bei seiner Arbeit belauscht, nur habe der Künstler das Kostüm entsprechend der Technik des Meisels oder Freskopinsels ganz ideal stylisirt.

So ragt hier die Geschichte in die Gegenwart, und des Volkes Arbeit und Sitte von heute ist ein Denkmal längst vergangener Jahrhunderte.

Welch contrastirendes Doppelbild: der deutsche Rhein und die deutschen Alpen! Hier, wie in dem Vortrage von der Rheinlandschaft, suchte ich, einem wissenschaftlichen und zugleich künstlerischen Antriebe folgend, Alterthum und Trüm= mer, um die Poesie des Menschlichen in der Naturpoesie zu finden. Hier wie dort schließe ich mit der Kunst. Die trümmervolle Rheinlandschaft wurde uns zum modernen Genre= bild, die trümmerlose Alpengegend zum historischen Gemälde.

Mit gesteigertem Nachdrucke wiederhole ich von unsern Alpen den Satz: „Der Schlüssel zum poetischen Charakter= bilde des letzten deutschen Hirtenvolkes liegt in seiner Wirth= schaftsgeschichte, der Schlüssel zu seiner Erziehung in der Poesie des Volkslebens."

Für das Alpenland wie für den Rhein gibt es einen höchsten Punkt jener Intuition, welche das Wort des Forschers nicht mehr deutlich machen kann, sondern nur noch das Bild des Künstlers, aber ein Bild, das als ächt historisches wie= derum aus der zur Anschauung gesteigerten Erkenntniß der Volksgeschichte quillt.

Sebastian Münster und seine Kosmographie.

(Aus einem Vortrags-Cyklus im „Chemischen Laboratorium" zu München; gesprochen am 14. Februar 1859.)

I.

Sebastian Münster, vor dreihundert Jahren ein berühmter und populärer Name, ist jetzt fast verschollen; man
kann heute ein gebildeter Mann sein und braucht nicht zu
wissen, wer Sebastian Münster war. Ich habe ihn auch
nicht um seiner persönlichen Bedeutung willen zum Gegenstande meines Vortrags gewählt und beabsichtige weder eine
biographische Skizze noch eine bibliographische über den alten
Baseler Professor; ich beschwöre ihn aus dem Grabe, lediglich um sein Hauptwerk, die „Kosmographie," zum Mittelpunkte einer „Culturstudie" über deutsche Landes- und Volkskunde im sechzehnten Jahrhundert zu nehmen.

II.

Sebastian Münster war zu Ingelheim am Rhein geboren im Jahr 1489; sein Lebenslauf ist der ganz glatte
eines ächten Humanisten und Professors damaliger Zeit.

Zuerst Franziskaner, tritt er, von den Ideen der Reformation ergriffen, aus dem Orden und wendet sich zum refor-
mirten Bekenntnisse. Im Jahr 1524 wird er Professor der
hebräischen Sprache, der Mathematik und Geographie in Heidelberg und folgt als ein durch seine Lehrgabe wie durch
seine Schriften bereits berühmter Mann 1529 einem Rufe
zur Universität Basel, wo er 1552 an der Pest gestorben ist.

Dieser Mann von so wenig merkwürdigem Leben hat
uns jedoch ein höchst merkwürdiges Buch hinterlassen, seine
Kosmographie, die „Beschreibung der ganzen Welt."

Gewiß haben Viele von Ihnen den wuchtigen Folianten
bereits irgendwo gesehen; denn er ist noch immer, auch im
Privatbesitze, verbreitet, wie wenige Bücher seiner Zeit.
Aber selten würdigt Jemand mehr das dicke Buch mit den
wunderlichen Holzschnitten eines näheren Blickes; als ein
Stück Hausrath erbt es sich mit dem alten Merian von Geschlecht zu Geschlecht, ein Spielzeug der Kinder, denen man
das viertelcentnerschwere Bilderbuch zur Fesselung von Leib
und Seele auf's Bett legt, wenn sie krank sind und nicht
ruhig unter der Decke bleiben wollen.

Und doch hat dieses Buch eine glänzende Geschichte gehabt; fast ein Jahrhundert suchte und fand in ihm den
Hauptschatz geographischer, ethnographischer, historischer und
naturwissenschaftlicher Kenntnisse; in vielen Auflagen ward
es gedruckt und wieder gedruckt, lange nach dem Tode des
Autors noch immer erweitert, vermehrt, aber nicht immer
verbessert, geplündert, in's Lateinische, Italienische und
Französische übersetzt; ja der Culturhistoriker muß es sogar

ein bahnbrechendes Buch nennen, ein Buch, welches seinerzeit neue Quellen zur Landes- und Volkskunde den Gebildeten aufschloß, ein Werk, welches gleichzeitig mit Sebastian
Franks genialem „Weltbuch" den nothwendigen Zusammenhang der Charakteristik und geistigen Statistik des Volkslebens mit der Geographie zuerst in deutscher Zunge zur
Geltung brachte, mehr zwar ein Buch der Kenntnisse als der
Erkenntniß, mehr der Gelehrsamkeit als der Wissenschaft,
und dennoch eine naive Vorarbeit zur „Volkskunde als
Wissenschaft," im modernen Sinne.

Freilich schätzt darum der Historiker der Volksgesittung
jene Kosmographie höher als der Historiker der Geographie,
und unter den Alterthümern der Literatur wird sie einen
bedeutenderen Platz einnehmen als in der Geschichte der
Wissenschaft. Weniger durch den Stoff, welchen das Buch
uns bieten könnte, als durch die Wirkung auf die Zeitgenossen, ist es für uns ein Quellenbuch.

III.

Schon der äußere Erfolg der „Kosmographie" gibt
Zeugniß für den Eifer, womit das Zeitalter der Reformation trotz seiner theologischen Kämpfe die Früchte der voran-
gegangenen Zeit der Entdeckungen zum Gemeingut zu machen
suchte. Wir staunen, daß ein so umfangreiches und theures
Werk so viele Auflagen erleben konnte. Nun hat man freilich die Auflagen in jener Zeit sehr klein gemacht; Münster
selber sagt zum Lobe des Bücherdruckes, wenn jetzt auch
zwanzig Exemplare eines Buches vernichtet würden, so sei

darum doch das Buch noch nicht verloren, und von manchen
werthvollen und immer geschätzten Schriften des sechzehnten
Jahrhunderts ist es bekannt, daß sie gerade wegen der Klein-
heit der Auflage so selten geworden sind. Dazu kam, daß
die Verleger leicht drucken konnten, weil sie den Autoren
wenig oder gar kein Honorar bezahlten. Obgleich man dem
Thomas Murner vorwarf, daß er blos des Geldes wegen
geschrieben, so wollte doch schon Lessing diesen Vorwurf durch
den Nachweis entkräften, daß ihn die Verleger vielmehr
herzlich schlecht bezahlt hätten, und wenn wir sehen, wie
Münster seine zahlreichen Mitarbeiter so sorgsam mit dem
verbindlichsten Danke und der Vertröstung auf ewigen Nach-
ruhm ablohnt, so zeigt uns dies schon an, daß man in
solchen Dingen den klingenden Lohn überhaupt mehr noch
als eine geschenkte Gabe zu fassen gewohnt war.

Allein trotzdem ist die starke Verbreitung der Kosmographie nur zu erklären mit dem Bildungseifer der Zeit, da
selbst der zum Schuster bestimmte Sohn eines Schneiders,
wie Hans Sachs, eine gründliche Gymnasiallehre durchmachte;
— dann weiter mit der Begeisterung für die geographischen
Studien insbesondere. Die Kunde von der neuen Welt zeigte
erst recht, wie dürftig auch die Kenntniß der alten sei; strebsame Geister, die kein neues Indien mehr entdecken konnten,
entdeckten neue Länder in Deutschland. Der unbedingte
Glaube des Mittelalters an die griechischen und römischen
Geographen war durch Columbus gebrochen. Es galt eine
von Grund aus neue Erdkunde zu schaffen, und der Ruf
einer neuen Wissenschaft zündet allezeit bei allem Volke.

Münster bezeichnet hier sehr klar den Uebergang von

der alten zur neuen Zeit schon darin, daß er das philo=
logische Studium mit dem geographischen verband, von
jenem zu diesem vorschritt. In den lateinisch geschriebenen
Scholien zu Pomponius Mela und Solinus und in den
neuen Tafeln zur Geographie des Ptolemäus erscheint Mün=
ster, der künftige Geograph, noch als Philologe, ja sein
Nebenbuhler, Sebastian Frank, wirft es unserem Münster
wie dem Pirckheimer, Beatus Rhenanus und Petrus Apia=
nus geradezu als eitle Grübelei vor, daß sie die lateinischen
Namen deutscher Stämme und Orte bei den antiken Schrift=
stellern festzustellen und auf der modernen Landkarte zu be=
stimmen suchten. Nützlicher sei es, sich in der Gottseligkeit
zu üben, als nach der Natur und Ursache aller Dinge zu
fragen, zu forschen, warum das Meer ebbe und fluthe, warum
die Donau gen Morgen und der Rhein gen Abend laufe,
warum die kleine Laus sechs Füße und die Kuh, welche doch
so viel größer sei, nur viere habe. Man sieht, Sebastian
Frank, der kühne Neuerer, wird hier im radikalen Eifer
viel unwissenschaftlicher als der vorsichtige Münster, der in
den Ueberlieferungen humanistischer Gelehrsamkeit Schritt für
Schritt zum Neuen überging.

Auch in der Kosmographie stellt Münster noch überall
die Weisheit der Alten an die Spitze. Er gibt in den ein=
leitenden Abschnitten breite Auszüge und Uebersetzungen aus
dem Ptolomäus, er citirt die Alten, so oft er kann, und
wo sie, wie bei Amerika und den arktischen Ländern, keine
Thatsachen berichten, da deutet er wenigstens ihre prophe=
tischen Stellen auf diese neue Welt.

Allein er schwört nicht mehr auf das Evangelium der

alten Geographen, er erweitert und berichtigt sie und tritt
schon dadurch entschieden aus den Marken der mittelalter=
lichen Schulweisheit. Auf seinem Grabsteine im Dom zu
Basel ist Münster „der deutsche Strabo" genannt, und er
selbst sagt, er habe seine Kosmographie begonnen, „nach=
folgend dem hochgelehrten Manne Straboni." Allein das
ganze Werk beweist, daß trotz aller Verehrung und Nach=
folge der dogmatische Glaube an die alten Geographen er=
schüttert war.

IV.

Dies sind nun freilich Züge, die Münster mit vielen
Zeitgenossen theilt. Neu war bei ihm der Gedanke, eine
allgemeine Erdkunde in deutscher Sprache zu
schreiben, gelehrt und doch zugleich allem Volke
verständlich.

Das sechzehnte Jahrhundert schuf eine überaus reiche
Volksliteratur. Alle Wissenschaft sollte verdeutscht werden;
neben den aristokratischen lateinschreibenden Historikern liefen
zahlreiche Geschichtsbücher in der Volkssprache, meist un=
kritisch und kunstlos, aber kraftvoll und gemüthlich, treu=
herzige Chroniken, Lehr= und Lesebücher zugleich, wie man
sie früher nicht gekannt. Paracelsus schrieb und lehrte
deutsch über die Naturwissenschaften, mit der deutschen Bibel
drangen die theologischen Streitschriften in deutscher Zunge
zu allem Volk; so suchte denn auch Münster die Weltkunde
zu verdeutschen.

Er will, wie er selber sagt, den Gelehrten den Weg
zeigen, wie man nach so viel deutschen Geschichtsbüchern nun

auch deutsche Kosmographien abfassen könne, zugleich aber
auch dem gemeinen Manne etwas „fürschreiben, sich mit
Lesen darin zu erlustigen." Ueberall legt Münster besonderes
Gewicht darauf, daß er deutsch geschrieben.

Allein er freut sich nicht nur der deutschen Sprache,
er freut sich deutscher Art in allen Stücken und ist
stolz auf diese; treuherzige Vaterlandsliebe ist sein schönster
und allewege vorleuchtender Charakterzug. Den größten
Raum im Buche nimmt Deutschland ein, es ist für ihn der
größte und beste Theil der Welt, und in den Schilderungen
des deutschen Landes und Volkes hat er jedenfalls sein
Eigenstes und Bestes gegeben. Er erkennt freilich, wie sehr
auch hier das Wissen seiner Zeit noch Stückwerk sei, allein,
fährt er fort, haben wir auch nur Bruchstücke, „so wollen
wir dennoch das Klein wenig und die Stück, die wir davon
finden, nicht lassen verderben, sondern zusammen lesen und
in Ehren halten; denn es trifft an die Ehr unsers
Vaterlandes und unserer Vorfahren."

Wo er von Deutschland spricht, geht ihm das Herz auf.
Ueber die deutsche Landkarte setzt er die stolze Schrift:
„Deutschland von Gottes Gnaden ein Stuhl des römischen
Reichs, eine Schul aller guten Künste und Handwerke, ein
Ursprung vieler neuen Künst, eine Mutter vieler streitbaren
Helden, hoher, weiser, gelehrter Leut, ein reiner Tempel
wahrhafter Gottesfurcht und aller Tugend." Er hat noch
das Vollgefühl von Deutschlands äußerer Macht, wie es
denn der deutsche Gelehrte der Reformationszeit kaum anders
haben konnte, der ja ringsum sah, wie trutzig deutsche Art
auf den eigenen Beinen zu stehen begann, und selber dazu

mithalf. Gerade das stete Heranstürmen so viel äußerer Feinde auf das Reich seit der alten Römer Tagen ist Münster ein Zeugniß, daß dieses Reich doch besonders viel werth sein müsse.

Er gedenkt dabei aber auch des Spruches: „Will Einer Streiche lösen, so sahe er mit den Deutschen Streit an." Er widerlegt in vortrefflicher Ausführung die alte und damals wieder besonders spuckende historische Ketzerei der Franzosen, daß Karl der Große ein Franzose gewesen und also das römische Reich bei den Franzosen begonnen habe, zeigt klar den Unterschied zwischen Franken und Franzosen und daß Karl vielmehr als ein deutscher König im heutigen Frankreich, nicht als ein Franzose in Deutschland geherrscht habe. Er zürnet sogar auf Tacitus, weil ihm derselbe das alte Deutschland zu rauh und öde darstellt, und setzt dagegen das sonnenhelle Bild deutscher Landesart, welches uns fast wie die lichten Landschaftsgründe bei Dürer und Holbein anmuthet. „Die Bühel bringen uns, was uns lieb ist, wir haben hübsche und lustige Wälder, Ueberfluß an Frucht, weinträgige Berg, groß und klein fließende Wasser, die das Erdreich begießen, lustige, wohlschmeckende und gesunde Brunnen, viel Quellen heißen Wassers, viel Salz-Gruben und Brunnen, mehr Erzgruben denn kein Land um uns gelegen; ich geschweig hie, wie zierlich das Deutschland mit großen und kleinen Städten, Märkten, Kastellen, Dörfern und Schlössern erbaut ist."

Die größten Vorzüge des Charakters schaffen einem rechten Schriftsteller allezeit auch seine größten literarischen Vorzüge. So ward Münster durch seinen deutschen Sinn zu einer höchst fleißigen Schilderung des deutschen Volkes nach Stamm und Sitte, nach den Haupttheilen seines socialen Lebens geführt. Er war nicht der Erste, der über diese Dinge schrieb, aber der Erste, der fremde und eigene Beobachtung so vollständig zusammenfügte, ordnete, verglich und in ein Gesammtbild der Landes- und Volkskunde einrahmte.

Wenn uns auch fast der ganze übrige Inhalt der Kosmographie jetzt als ein längst veraltetes Sammelwerk erscheint, so können wir doch wenigstens diese Kapitel nicht ohne Freude und Dank betrachten, denn sie sind der erste naive Versuch eines Deutschen, der geistigen Statistik des Volkslebens ihren Platz im Gesammtgebiet der historischen und geographischen Wissenschaften anzuweisen.

V.

Dazu überraschen den Forscher manche merkwürdige Einzelzüge. In Sprüchwörtern, Volkswitzen, in allerlei Sagen und Aberglauben sehen wir, wie damals das Volk sich selber aufgefaßt hat. Freilich fallen diese Schlaglichter sparsam und wollen gesucht sein; die Kunst, sie zu suchen und zu deuten ist aber auch eine der feinsten Aufgaben des Culturhistorikers.

Oft urtheilt Münster selbst über derlei Dinge noch gerade so wegwerfend, wie jetzt der gemeine Mann. Er sagt z. B.: „Es weiß Jedermann, was und welche Kleider und Speis' jetzt im deutschen Lande im Brauch sind, darum nicht von nöthen, etwas davon zu schreiben."

Nicht was er uns absichtlich bietet, sondern was ihm zufällig mit unterschlüpft, ist oft das Beste. Wo er mit Vorsatz charakterisirt, da geschieht es meist in den allgemeinsten Zügen, die wenig oder nichts sagen. Die Kunst, durch Vergleichung und historische und statistische Grundlage solchen Schilderungen scharfe Umrisse und dauernden Werth zu geben, steht ihm noch fern.

Es ist fast rührend, wie er hie und da nach einem statistischen Ausdruck ringt; so mißt er noch die Erde nach Tagemärschen, wie Frank im „Weltbuch" nach Roßläufen. Um uns einen Begriff von der Größe der Stadt Alexandria zu geben, sagt er, sie sei gleich anderthalb Nürnberg; die Volksmenge von Augsburg schätzt er nach der Zahl der in zwei Jahren daselbst Geborenen; Andere schätzten sie nach der Zahl der jährlich geschlachteten Ochsen.

Daneben überraschen uns dann wieder andere Versuche zur genaueren Zeichnung der Volksart aufs Höchste. So widmet z. B. Münster ein ganzes Kapitel der Untersuchung über Stamm und Wortsinn der deutschen Ortsnamen. Das erinnert an die gleichzeitigen Studien Luthers und Aventinus über Wurzel und Bedeutung unserer Personennamen, auch an die so zahlreich damals gesammelten Sprüchwörter und Volkslieder; denn alles dies sind erst kindliche Versuche, sich der deutschen Volksalterthümer zu bemächtigen, Weissagungen auf die germanistischen Arbeiten des neunzehnten Jahrhunderts.

Bei der Charakteristik der vier Stände des deutschen Volkes ist Münster über ein genaueres Bild des ersten Standes, der Geistlichen, hinweggeschlüpft. Er war ein

kluger Mann, in politischen und religiösen Fragen eben so
vorsichtig als in der nationalen unumwunden, und stellt es
im Eingang als seinen ausdrücklichen Vorsatz hin, wider-
wärtige Streitfragen lieber zu umgehen, als nach irgend
einer Seite anzustoßen. So erhebt er auch mit besonderem
Lobe den Erasmus und Melanchthon, während er sich bei
Luther auf trockene, thatsächliche Notizen beschränkt. Seine
Kosmographie konnte eben so gut in einer Klosterbibliothek
sich einbürgern wie in einem protestantischen Hause, und
diese Farblosigkeit hat gewiß nicht wenig zur allgemeinen
Verbreitung des Buches in einer Zeit so leidenschaftlicher
Gegensätze beigetragen.

Um so auffallender erscheinen dann aber die schneidenden
Worte, in welchen er den Verfall des deutschen Adels zeichnet
und der bedrückten Bauern sich annimmt. Bei einem so
vorsichtigen und conservativen Manne wie Münster, der bereits im reiferen Mannesalter die Greuel des Bauernkrieges
aus nächster Nähe selbst mit angesehen hatte, ist dies wohl
ein bemerkenswerthes Zeugniß.

VI.

Der Ruhm Münsters, die Volkskunde als einer der
Ersten wieder in neuerer Zeit mit der Landeskunde durchgreifend verbunden zu haben, hat in unsern Tagen durch
den mit so großem Eifer wiedererweckten Sebastian Frank
von Donauwörth einen mächtigen Nebenbuhler erhalten.
Frank als Socialist und Pantheist früher ebenso hart verdammt, wie jetzt hoch erhoben, schrieb nämlich gleichzeitig

mit Münster eine freilich in viel engerem Rahmen gehaltene
Kosmographie unter dem Titel „Weltbuch" und veröffent=
lichte dieselbe mehrere Jahre vor dem Werke Münsters.

Beide Bücher stehen ganz unabhängig nebeneinander.
Frank bezieht sich nur auf die oben erwähnten antiquarisch=
geographischen Vorstudien Münsters; Münster gedenkt des
Weltbuchs meines Wissens mit keiner Sylbe.

Frank ist eine ohne Vergleich genialere und schöpfe=
rischere Natur als Münster, und die politischen und reli=
giösen Ketzereien, welche man ihm vorwirft, sollen uns nicht
abhalten, seinen Verdiensten um die Landes= und Volks=
kunde gerecht zu sein. Franks Haupttrumpf ruht in der
Kunst allgemeiner Charakteristik: sein Conterfei der Geistlich=
keit, des Adels, der Juden, des Pöbels ist jedes ein Meister=
stück in seiner Art. Wenige Pinselstriche geben uns hier
ein leibhaftes, wenn auch sehr tendenziöses Bild. Verhaßt
nämlich waren ihm von Grund des Herzens die Pfaffen,
die Ritter, die Juden und der Pöbel, und wenn Frank
zornig ist und schimpft, dann wächst sein Styl zu Lessing'=
scher Genialität.

Vortrefflich hat er auch die Charakterzüge einzelner
deutschen Stämme (wenn schon meist aus fremden Quellen)
zusammen gestellt, und auch hier läßt er wenige ungerupft
durch. Sachsen, Franken, Bayern, Schwaben bekommen
jeglicher ebenso gut seinen Theil, wie die Ritter, Pfaffen
und Juden.

Obgleich nun aber Frank solche allgemeine Charakteristik
weiter und tiefer greift als Münster, die Volkskunde über=
haupt breiter und selbständiger behandelt, so ist ihm doch

Münster in Fleiß und Treue des Einzelwerks und im Anschlagen neuer Stoffe gewiß überlegen. Beide ergänzen sich,
Beide haben gleichzeitig und neben einander den gleichen
Fund gethan und mögen sich wohl theilen in den Ruhm
dieses Fundes; daß sie aber von so verschiedenem Ausgang
in demselben Ziele zusammen trafen, beweist, wie nothwendig
dieses Ziel im ganzen Geiste des Jahrhunderts gesteckt war.

Es ist äußerst verlockend, eine weitere Parallele zu
ziehen zwischen Münster und Frank als Kosmographen.
Jeder Zug birgt hier ein ganzes Charakterbild. Der gelehrte Baseler Professor nennt sein Werk „Kosmographie;"
Frank, der Volksmann, der stolze Literat, der übrigens
nebenbei auch Pfarrer, Seifensieder und Buchdrucker gewesen, betitelt das seinige „Weltbuch." Die Kosmographie
ist das dicke Sammelwerk eines Gelehrten unter Vieler Mitarbeit, das Weltbuch, die mäßig große Schrift eines schöpferischen Autors, in Einem Guffe geschrieben. Münster hat
seinen Folianten weidlich mit hebräischen, griechischen und
lateinischen Citaten gespickt; Frank citirt sparsam, aber wo
er je einmal einen lateinischen Vers bringt, hat er ihn
wenigstens mit deutschen Lettern drucken lassen; abgerechnet
die Jahreszahl des Titelblatts, steht kein einziger lateinischer
Buchstab im ganzen Weltbuch. Münster gab ein Haus- und
Handbuch, ein Nachschlagebuch, Frank ein Lesebuch. Münster
lehrt, Frank predigt. Jener bringt neue Stoffe, dieser neue
Gedanken; nur im ungenirten Griff nach fremdem Gut sind
Beide vollkommen einig. Münster schreibt patriotisch, treu-
herzig-gemüthlich, ein Herodot im Professorentalar, der uns
im Großvaterstuhl alle Wunder der Welt erzählt; Frank

schreibt überall als ein Philosoph und Kritiker, als ein
Agitator, der Buße und Umkehr predigt, und selbst in diesem
geographischen Buche ist sein Geist wie ein schneidender Nord=
wind, der über die schäumenden Wogen des Jahrhunderts
dahin segt. Münster schreibt einen ziemlich guten Styl,
weil Kraft und Frische der jungen hochdeutschen Prosa der
ganzen Zeit eigen war; Frank schreibt, nächst Luther, die
beste deutsche Prosa seines Jahrhunderts, nicht weil der gute
Styl in der Zeit, sondern vielmehr, weil er in seinem Geiste
saß. Münster meidet jeden Anstoß bei den Parteien, Frank
sucht ihn. Münster spiegelt unbefangen den Geist des Volks,
Frank will den Geist des Volks erziehen nach seinem eigenen.
Er schilt das Publikum, oder, wie er sagt, die Welt, in=
dem er sie belehrt. So wie aber das Publikum einmal
merkt, daß man es belehren will, und gar mit Grobheit
belehren, hört es auf, unsere Bücher zu lesen. So ist denn
auch Frank wenig gelesen worden und bald verschollen,
während Münster durch hundert Jahre ein vielgelesener
Autor blieb. Unsere Zeit dagegen, die an Münsters Stoff=
schätzen wenig mehr lernen kann, hat Frank wieder ans
Licht gezogen und in Haß und Begeisterung hoch gewerthet.
Denn der gelehrte Stoff veraltet und gerade der beste neue
Stoff wird am raschesten Gemeingut, das heißt trivial.
Aber ein origineller Mensch wird nur einmal geboren und
bleibt ewig jung, wie der eigene Gedanke in eigener Form.

Lessing sagt: „Ich bin nicht gelehrt, ich habe nie die
Absicht gehabt, gelehrt zu werden, ich möchte nicht gelehrt
sein, und wenn ich es im Traume werden könnte. Alles,
wonach ich gestrebt habe, ist, im Fall der Noth ein gelehrtes

Buch brauchen zu können. Eben so möchte ich nur Vieles
nicht reich sein, wenn ich allen meinen Reichthum in barem
Gelde besitzen und alle meine Ausgaben in klingender Münze
vorzählen und nachzählen müßte. Bare Kasse ist gut, aber
ich mag sie nicht mit mir unter einem Dache haben. Ich
will sie Wechslern anvertrauen und nur die Freiheit behalten, an diese meine Gläubiger und meine Schuldner zu ver-
weisen. Der aus Büchern erworbene Reichthum fremder Erfahrung heißt Gelehrsamkeit. Eigene Erfahrung ist Weisheit.
Das kleinste Kapital von dieser ist mehr werth als Millionen
von jener."

So sagt Lessing, der doch wohl der gelehrteste unter
den Heroen unserer neueren Nationalliteratur gewesen ist,
und zeichnet in diesem Gegensatze von Gelehrsamkeit und
Erfahrung und Weisheit zugleich den Gegensatz Münsters
und Franks.

Münster hat seinen ganzen Reichthum in klingender
Münze in der Kosmographie angelegt, Frank zeigt blos,
daß er ein gelehrtes Buch zu brauchen weiß zur Stütze seiner eigenen Erfahrung. Wer aber alles sagt, was er weiß,
wird niemals ein klassisches Buch schreiben; Münster hat
darum mit Recht keinen Namen in unserer künstlerischen
Nationalliteratur, während Frank in der Geschichte der deutschen Prosa nicht minder zählt, wie in der Geschichte der
Wissenschaft. Münsters Kosmographie ist eine culturgeschicht-
liche Quelle, doch mehr weil man an dem Buche Studien
machen kann als aus dem Buche.

Franks neuester Biograph, Hermann Bischof, bedauert,
daß Münsters Kosmographie etwas später als Franks Welt-

buch erschienen sei; „denn mit welchem Erfolg hätte Frank
diese ausgedehnten Quellen benützen können!" Ich glaube
kaum. Frank hat im Weltbuch mit dürftigen Quellen das
Beste gemacht, aber mit reicheren Quellen würde er schwer=
lich Besseres gemacht haben; denn die Kühnheit der Gedanken
und der Nerv des Wortes sind bei ihm das Beste. Münster
und Frank personificiren zwei Grundcharaktere ihrer bewegten
Zeit: hier der friedfertige, still forschende Humanist, dort der
kriegsmuthige Umwälzer und Reformator; Münster, der kein
Wasser trübt, und Frank, von dem Luther meint, er scheine
sich mehr vom Lästern und Schänden zu nähren, denn vom
Essen und Trinken. Beide schreiben ein deutsches Hausbuch
der allgemeinen Weltkunde. Wären Beider Vorzüge in
einem Geiste vereinigt gewesen, so würde dieser Kosmo-
graph zu den größten Lehrmeistern unseres Volkes zählen.

VII.

Ich nannte vorhin Münsters Kosmographie ein gelehrtes
Sammelwerk, welches unter der Mitarbeit Vieler entstanden
sei. Münster fand nämlich über zahlreiche Städte und Gaue
Deutschlands so wenig literarisches Material vor, daß er
sich nach neuen Quellen umthun mußte. Persönlich in jene
Orte zu reisen und Archive und Bibliotheken zu durchforschen,
war zu selbiger Zeit ein schwierig, weitschweifig und zweifel-
haft Ding. Münster arbeitete ohnedies achtzehn Jahre
lang an seinem Buch; hätte er dazu noch ganz Deutschland
auf Reisen durchforscht, so wäre er gar nicht zu Ende gekommen. Auch mochte ihn eine warnende Erfahrung von

solchen Reisen zurückschrecken. Da er nämlich als Professor
dreier Lehrfächer in Heidelberg mit fünfundzwanzig Gulden
Jahresgehalt angestellt, von dort eine wissenschaftliche Reise
nach Basel unternahm, zog ihm die Universität für die Dauer
seiner Abwesenheit das Gehalt ein.

Man begreift daher, daß er die Lust an wissenschaft=
lichen Reisen verlor und in der Vorrede zur Kosmographie
mit besonderem Behagen die damals noch neue Wahrheit
verkündet, wie bequem es sei, ruhig in der Studirstube zu
bleiben und aus Büchern dennoch die ganze Welt kennen zu
lernen.

Allein die Bücher reichten ihm, wie gesagt, nicht aus.
Er verfiel darum auf eine Auskunft, die seinem Werk für
lange Zeit eigenthümlichen Werth verlieh. Wie nämlich
Petrus Martyr von Anghiera seine Dekaden über die trans=
atlantischen Entdeckungsreisen zusammenbrachte, als wäre er
selber mit dabei gewesen, indem er die Berichte der heim=
kehrenden Seefahrer aufgriff und diese, wie sie eben waren,
frisch aneinander reihete, so ließ Münster ein Ausschreiben
ergehen an weltliche und geistliche Fürsten, Grafen und
Herren, Rechtsgelehrte, Aerzte, Vögte, Richter, Stadtmagi=
strate und andere Leute mit der Bitte, ihm ihr Land, ihre
Stadt zu beschreiben.

Viele Mittheilungen liefen ein, darunter manche vor=
treffliche; namentlich beeiferten sich die Städte, durch einen
Stadtschreiber oder Pfarrer ihre historischen Herrlichkeiten,
des Gemeinwesens Freiheiten und der Bürger Tüchtigkeit für
die Kosmographie abschildern zu lassen. Es spricht der Eifer
des damaligen Bürgerthums für den Glanz und die Ehre

der Gemeinde gar freundlich aus diesen zahlreichen Skizzen. Hundert Jahre später würde Münster bei den gebrochenen deutschen Städten schwerlich mehr solche Theilnahme gefunden haben.

Viel seine Einzelzüge aus dem Volksleben sind durch dieses Verfahren in die Kosmographie gekommen und manche Notiz, die von da durch hundert andere Ortsbeschreibungen als ein ewiges Erbstück fortläuft, hat in jener Münster'schen Correspondenz wohl ihre erste schriftliche Quelle.

In ähnlicher Weise brachte Münster die zahlreichen Stadtprospekte und Pläne zu seinem Werke zusammen. Er schrieb an die Städte nicht blos in Teutschland, sondern auch in England, Italien, Frankreich, Polen und Dänemark. Manche blieben jede Antwort schuldig, andere schickten nichts, weil sich kein Maler in der ganzen Stadt fand, noch andere lieferten ihm Bilder, welche bewiesen, daß der Maler weder malen noch zeichnen konnte, viele aber sandten auch ein gutes Blatt; namentlich rühmt Münster die italienischen Städte, welche ihm die trefflichsten Ansichten zugeschickt, von denen in der That einige noch jetzt als Studien für Künstler dienen können.

Wenn wir nun bei der vorerzählten wissenschaftlichen Reise Münsters von Heidelberg nach Basel den deutschen Gelehrten des sechzehnten Jahrhunderts in seiner ganzen Demuth und Beschränkung gesehen haben, so erblicken wir hier wieder denselben Mann, wie er mit Erfolg halb Europa in Contribution setzt und gegen ein gutes Wort und die Verheißung ewigen Ruhmes Fürsten und Bischöfe, Magistrate, Gelehrte und Künstler zur Mitarbeit an seinem Werke

bewegt; und der deutsche Professor dieser merkwürdigen
Zeit erscheint uns in seiner einsamen Studirstube doch
wieder in so stolzer Gestalt, daß wir ihn darob beneiden
könnten.

VIII.

Was vor dreihundert Jahren vielleicht als der größte
Vorzug unserer Kosmographie erschien, ihre Allwisserei, die
jegliches Ding der Welt umfaßte und Geographie und Geschichte, Volkskunde und Physik, die Kunde von allen König-
reichen wie von allen Naturreichen zwar leiblich gut geordnet, aber doch ohne alles System neben einander abhandle,
— der encyklopädische Charakter, der, wie gesagt, weiland wohl
als des Buches größter Vorzug galt, — das erscheint uns
jetzt als dessen größte Schwäche. Allein das sechzehnte Jahrhundert war die Zeit der Sammelwerke. Diese begleiteten
und stützten seit dem Wiederaufleben der Wissenschaften in
Italien bereits durch mehr als zwei Jahrhunderte unsere
Entwicklung und halfen mächtig zum vollen Bruch mit dem
Mittelalter. So ruhen auch die größten Schätze der Geschichtschreibung aus Münsters Zeit nicht in selbständig durch-
gearbeiteten Büchern, sondern in riesigen Compilationen und
Quellensammlungen. Unsern zugespitzten Begriff des geistigen Eigenthums kannte man noch nicht. Keiner schrieb damals über historische Dinge, der nicht im Auge unserer Zeit
wie ein Zusammenstoppeler oder wie ein Dieb erscheinen
würde. Es galt zunächst, die verschlossenen Wissensschätze
durch den Druck aufzuschließen; es galt den Stoff zu ver-

breiten, nicht ihn im Feuer eigener Gedanken und Formen
vorerst zum persönlichen Besitz des Autors umzuschmelzen.

Erst als der Heißhunger der Welt nach Wissensstoffen
und Büchern etwas gesättigt war, entwickelte sich der moderne
Begriff des Plagiats. Münsters Kosmographie war für ihre
Zeit, was für unsere ein Conversationslexikon; diese Parallele erklärt ihre Verbreitung, ihren Einfluß und gibt das
rechte mittlere Maß ihres Werthes.

Die Welt ist inzwischen so unendlich größer geworden
und doch besitzt auch unsere Zeit einen „Kosmos." Er führt
aber seinen Stammbaum nicht zurück auf Münsters Kosmographie, sondern auf die späteren Versuche einer systemati-
schen Construktion der Erde und des Weltalls durch die
großen Physiker und Astronomen. Die Welt ist für Münster
wesentlich die Erde; nannte man doch Amerika sogar damals
eine „neue Welt," ja Frank glaubt selbst Britannien, weil
es vom Meere ganz umflossen sei, eine andere Welt nennen
zu dürfen.

Münsters Geographie ist ebenso gut ein Magazin des
Wissens wie des Aberglaubens und der Volksphantasie seiner
Zeit. Er gibt noch die gelehrteste Untersuchung mit reichen
Citaten aus alten und neuen Werken über die Existenz der
Tritonen, der Seefrauen und Seemänner, er schreibt nicht
blos eine Naturgeschichte der Thiere, sondern auch der Un-
thiere, er faßt die ganze buntfarbige geographische und phy-
sikalische Mythenwelt des Alterthums und Mittelalters im
getreuen Conterfei zusammen. Die abenteuerlichen Seefahrten
des fünfzehnten Jahrhunderts stürzten freilich dieses Jahrtausende alte Reich der Sage, aber zunächst spannten sie

auch die Phantasie der Europäer auf's höchste, und niemals hat man vielleicht erregter und gemüthlicher gefabelt über die Wunder des Oceans und seiner fernen Reiche, als in dieser selben Zeit, wo die Axt an die Wurzel des alten Märchen= baums gelegt ward.

IX.

Das sechzehnte Jahrhundert konnte sich selbst die Landes= und Volkskunde nicht ohne einen religiösen Hintergrund den= ken, und wenn wir das Wort nur recht verstehen, so sollen wir es nicht minder. Denn die tiefste Idee der Geschichte: die Erkenntniß der gerechten und allmächtigen Hand Gottes in den Geschicken der Völker, ist auch die tiefste Idee der Volkskunde, und in ähnlich hohem Sinne schrieb der größte deutsche Geograph der Gegenwart, Karl Ritter, als sein Motto das Bibelwort: „Die Himmel erzählen die Ehre Gottes und die Veste verkündet seiner Hände Werk."

Vor die Landkarten der Münster'schen Kosmographie ist (wenigstens in späteren Ausgaben) als Titelvignette das jüngste Gericht gestellt, wo vor dem Winke Gott Vaters Sonne und Mond erlöschen und dieselbe Erde in Trümmer bricht, deren Fülle und Pracht nachgehends in Bild und Schrift gezeichnet werden soll. Wahrlich, auch diese kleine Vignette zeigt den großen Hintergrund einer über die tiefsten Fragen des Menschendaseins mächtig und düster bewegten Zeit, die den Erdkreis selbst in den nüchternen Linien der Landkarte nicht sehen mochte ohne den Gedanken, daß er einst vergehen solle wie ein Kleid und verwandelt werden wie ein Gewand.

So beginnt denn auch Münster den Text seiner Kos=
mographie mit einem Hinweis auf die göttliche Offenbarung
als den Ausgang aller Weltkunde, und beschließt sie wie
eine Predigt unter Anrufung des dreieinigen Gottes mit
einem „Amen."

In der Widmung des Buches an den König von Schwe=
den stellt Münster das Walten Gottes in der Geschichte und
die Erkenntniß der Eitelkeit irdischer Macht als den rechten
Kern alles historischen Wissens dar, und zwar in einem
Tone, der uns den frommen und ernsten Autor dem Fürsten
gegenüber noch ganz in dem männlichen Selbstbewußtsein
eines Gelehrten des sechzehnten Jahrhunderts zeigt, in einer
Männlichkeit, die so wohlthuend absticht gegen die Kriecherei
und Heuchelei der nachfolgenden Rococo= und Zopfperiode.
Nachdem Münster dem Könige die Eitelkeit aller irdischen
Macht vorgehalten, schließt er: „Solches aber schreib ich,
nicht daß ich Ew. k. Majestät lehren wolle, die solches
wohl weiß, sondern daß ich etwas Anzeigung gebe, was
mich verursachet hat zu schreiben dies Buch, das vor mir
Keiner unterstanden hat in solcher Gestalt und in deutscher
Zungen."

Nun darf man jedoch in diesen Dingen bei Münster
nichts weiteres suchen als einen gemüthlichen Ausdruck der
volksthümlichen Frömmigkeit seiner Zeit; er ist kein specula=
tiver Theolog, kein Philosoph der Geschichte. Die Natur=
gesetze sind ihm nicht der Wille Gottes selber, sondern er
nimmt noch einen besondern Willen Gottes neben diesen
Naturgesetzen an, eine himmlische Kabinetsregierung neben
der verfassungsmäßigen. Gott und die Welt, Gott und die

Geschichte stehen in starrem Zwiespalt neben einander, und nicht umsonst ist der Fürst dieser Welt, der Teufel, so oft und vielgestaltig in der Kosmographie abgebildet, zumeist mit einem Blasbalg in der Hand, womit er dem Menschen die bösen Gedanken in's Ohr bläst.

In naivster Weise zeigt Münster seine Vermenschlichung der Macht Gottes, namentlich bei dem Abschnitt von Teutschlands Klima und Landesart. Er findet nämlich, wie ich schon oben erwähnt, daß die Alten, vorab Tacitus und Seneca de gubernatione mundi, Deutschlands Luft und Boden doch gar zu rauh, wüst und ungeschlacht darstellen, während ihm als einem Deutschen, und obendrein als einem gebornen Pfälzer, auch in diesem Punkte nichts über die Herrlichkeit seines Vaterlandes geht, und sucht nach Gründen, warum denn Deutschland, das jetzt so lieblich und fruchtbar, vor tausend und mehr Jahren so rauh und öde gewesen sein könne. Zunächst bringt er das natürlichste Argument, nämlich: die Fruchtbarkeit sei im Lande gewesen sonst wie jetzt, die Menschen hätten sie nur nicht herausgezogen. „Hätte man damals das Erdreich gebaut wie jetzt, so hätte man auch Getreide und Wein gewonnen, und hätte man den Metallen nachgegraben, so hätte man sie auch gefunden." „Aber," fährt er dann fort, „es wäre auch möglich, daß das Erdreich durch Verrückung der Himmel etwas vermög, das es zur andern Zeit nicht vermag." Dieser merkwürdige Satz sieht fast aus wie ein prophetisches Wort, hindeutend auf jene Frage der modernen Physik, ob nicht durch die veränderte Neigung der Erdachse ein Umschlag in unsern Klimaten herbeigeführt werden könne.

Gegen solche natürliche Gründe stellt alsdann aber Münster im Geiste seiner Zeit einen übernatürlichen. Gott hat, um die Kraft seines Wortes zu erweisen und den Unbestand menschlicher Dinge, weiland öde Länder, wie Deutschland, fruchtbar gemacht, dagegen das ehedem so fette Egypten und Babylon wüste und mager.

Man sieht, auch hier steht Münster ganz im Gedankenkreise des Volkes. Wie uns die Volkssage von der „übergossenen Alp" erzählt, die durch einen Zauber plötzlich eine Wüste geworden, so soll Gott umgekehrt über Nacht das Silber in die deutschen Berge gelegt haben, das zur Heidenzeit noch nicht darin gewesen, und jene Grundstoffe in die Felder, die aus einer Wüste ein Paradies aufkeimen ließen. Um seine persönliche Kraft zu erweisen, hat er sein eigen Werk nachträglich umgearbeitet. Allerdings war es Gottes Fluch und Segen, der Egypten und Babylon verdorren und Deutschland so lustig ergrünen ließ, nämlich der Fluch, der auf der Faulheit, und der Segen, der auf dem Fleiße des Volkes ruht, und so versumpft und vertrocknet auch das Land, wo das Volk versumpft und vertrocknet.

Im schärfsten Gegensatz faßt Frank in seinem Weltbuch das Walten Gottes in der Natur ganz pantheistisch, und was wir, die wir selber nur ein Ausdruck Gottes sind, täglich sehen, Sonne und Luft und Land und Meer ist ihm an sich schon das größte Wunder; denn jedes Ding, das uns umgibt, ist Gottes voll, und voll seines Wortes.

Frank citirt beständig Bibelstellen und predigt ohn Unterlaß vom Leben in Gott, aber die Theologen werden wenig Freude an dieser Predigt gefunden haben. Er schließt auch

sein Buch nicht mit einem Amen, sondern indem er einer
Reihe von Zügen über der Heiden Aberglauben und falsche
Lehre aus Tertullian, Züge von der Hochherzigkeit und Todes-
verachtung der Heiden gegenüber stellt. Auf dem Titel citirt
er den Psalmvers: „Kommet her und schauet die Werke des
Herrn, der so wunderbarlich ist über die Menschenkinder."
Die citirte Stelle heißt aber gar nicht so, sondern: „Kommet
her und schauet die Werke des Herrn, der auf Erden solches
Zerstören anrichtet."

Das Zerstören mochte nun zwar wohl, wie wir sehen,
einem conservativen Kosmographen wie Münster auf's Titelblatt passen, aber nicht einem radikalen wie Frank; darum
bog dieser die zweite Hälfte des Bibelspruchs in's Gegentheil
um, denn Frank nahm die guten Gedanken, wo er sie fand,
und setzte sie zurecht, wie er sie brauchte.

X.

Sebastian Münster hat nicht nur so große Liebe für
sein deutsches Vaterland, er hatte auch noch eine besondere
kleine Liebe für seinen Geburtsort Ingelheim. So oft er
kann, erzählt er uns, daß dort Karl der Große und auch
er, Sebastian Münster, geboren sei, in dem wohlgefreiten
Ort, dessen Einwohner, außer vom Getreide, weder den
großen noch den kleinen Zehent zu geben brauchen. Münsters ganzes Werk ist ja in Ziel und Anlage auf das nationale und örtliche Heimathbewußtsein gebaut; warum sollte der
Verfasser nicht auch von jenem Lokalpatriotismus erfüllt sein,
den er bei seiner Quellensammlung so trefflich zu nützen wußte?

Vor längeren Jahren kam ich einmal nach Ingelheim
und beschaute die merkwürdige gothische Kirche. Ein alter
Küster führte mich herum und erzählte mir unter anderem,
daß in Ingelheim Karl der Große und auch Sebastian
Münster geboren sei, genau mit den Worten, wie sie in
der Kosmographie stehen. Der Alte besaß das Buch und
war darin zu Hause wie in der Bibel, und schier jedes
Kind in Ingelheim weiß seit Urgroßvaterszeit, daß nächst
Karl dem Großen Sebastian Münster, welcher die ganze
Welt beschrieben, der berühmteste Mann von Ingelheim gewesen ist. Münster lebt in seinem Geburtsort nach dreihundert Jahren wirklich noch im Volksmund, und er hat
es verdient durch seine treue Anhänglichkeit an Ingelheim, wo Karl der Große und auch er geboren ist. Seine
Kosmographie aber ist immer noch hie und da in süddeutschen
Familien das Erbstück eines Hausbuches, und der Altmeister
deutscher Landes- und Volkskunde sollte in der That auch
im Volke nicht ganz vergessen werden, und wäre es auch
nur wegen des ehrlichen deutschen Herzens, das wir so
warm und stark schlagen fühlen unter dem biden Panzer
kosmographischer Gelehrsamkeit.

Der Musiker in der Bildergalerie.

(Gesprochen im „Kaufmännischen Verein" zu Mannheim am 28. October 1871.)

I.

Ein junger Kapellmeister, ein Mann voll glühender
Begeisterung für seine Kunst, etwas stürmisch genial, aber
verheißungsvoll begabt als Componist, ging durch die Säle
der Bildergalerie seiner Vaterstadt.

Zu seinem Erstaunen sah er dort einen unserer be-
rühmtesten Historienmaler vor einem Gemälde von Dietrich
sitzen und die Hauptgruppe desselben mit raschem Pinsel
copiren.

Nachdem er bald den in die Arbeit versunkenen Maler,
bald das Originalbild fragend betrachtet, klopfte er Jenem
auf die Schulter und rief: „Lieber Freund! Wie können
Sie, diesen Dietrich um mehr als Kopfeslänge überragend,
der Sohn einer größeren Kunstepoche — wie können Sie
das Bild dieses alten Dresdener Hofmalers Ihres Studiums
würdigen?"

Der Künstler blickte lächelnd auf: „Als Antwort gebe
ich Ihnen eine andere Frage zurück. Wie wäre es, wenn
ich Sie beim Durchspielen einer Partitur des alten Dres-

bener Hofoperncomponiſten Haſſe überraſchte? Beide waren
nicht blos Landsleute, ſondern, glaub' ich, auch Zeitge-
noſſen."

„Das werden Sie nie!" fiel raſch der Muſiker in's
Wort. „Haſſe iſt ein völlig überwundener Standpunkt.
Iſt doch die ganze Götter- und Helden-Oper jener Tage
kalt und todt für uns, ja ein beleidigender Widerſpruch
gegen unſer heiligſtes Ideal dramatiſcher Tonkunſt! Und
zudem war Haſſe ein Deutſcher und ſchrieb italieniſch.
Dies allein ſchon genügte, ihn unſerem Herzen zu ent-
fremden."

Der Maler erhob warnend den Finger: „Wären Sie
ein ebenſo kluger als leidenſchaftlicher Fechter, ſo würden
Sie mich jetzt beileibe nicht an die Italiener erinnern!
Denn das muſikaliſche Italien iſt ein gar lehrreich warnendes
Exempel. Vor anderthalb hundert Jahren zogen die deutſchen Muſiker noch über die Alpen, um die feinſten Geheim-
niſſe ihrer Kunſt zu erlauſchen, und ganz Europa beugte
ſich der italieniſchen Muſikherrſchaft. Wie iſt das anders
geworden! Im Wiegenlande der modernen Muſik iſt dieſe
edle Kunſt faſt am tiefſten geſunken, und eine der Haupt-
urſachen des tiefen Verfalls wurde ſo oft betont, daß ich
mich faſt ſcheue, ſie zu wiederholen: die Italiener kennen
ihre eigene Muſikgeſchichte nicht mehr. Bei Ihnen hat jedes
Jahrzehnt ſeine neuen Componiſten, die im nächſten Jahrzehnt wieder vergeſſen werden. Seit Menſchenaltern arbeiten
die Künſtler vom Tage für den Tag; kein Wunder, daß die
Kunſt zuletzt proletariſch geworden iſt. Würden die Italiener
ſo ſeichte Opern ſchreiben, würden ſie ihre edle Kirchen-

und Kammermusik so ganz verloren haben, wenn Künstler
und Kunstfreunde im vertrauten Verkehr geblieben wären
mit den nationalen Meistern der früheren großen Epochen
von Palestrina bis Scarlatti und Paesiello? Nur der Künstler,
welcher für die Gegenwart schafft, indem er sich an der
Vergangenheit stählt und verjüngt, hat heutzutage Aussicht,
daß er auch für die Zukunft dauere."

Der Kapellmeister biß sich in die Lippen; denn die
Italiener boten allerdings ein bedenkliches Beispiel. Er
konnte dem Maler nicht ganz unrecht geben. „Allein wenn
ich nun doch einmal alle Meister studieren soll," rief er
aus, „dann seien es auch nur die ewig lebendigen größten
Meister! Und so wäre ich nicht verwundert gewesen, Sie
vor einem Raffael, einem Michel Angelo, Dürer oder Hol=
bein zu überraschen. Aber wie kommen Sie zu diesem
Dietrich?"

Der Maler erhob sich. „Die größten Meister sind mir
noch nicht groß genug: denn größer als jeder Einzelne ist
seine Epoche, von welcher er immer nur einen Theil bildet.
Als moderner Musiker ringen Sie nach dem Ideal des
Großen, das versteht sich ja von selbst bei den Epigonen
Beethovens. Lassen Sie mich in einem Gleichnisse reden.
Der großartigste Anblick auf Erden ist der Himmel, der
Sternenhimmel — ein Bild, so groß, daß es noch kein
vernünstiger Maler zu malen versucht hat. Aber der Sternen=
himmel ist nicht dann am größten, wann Abends nur die
Sterne ersten Ranges im weiten Raume leuchten — mit
der steigenden Nacht, wann sich Sternbild an Sternbild
reiht und auch die tausend schönen kleinen Lichter wie hin=

gesäet zwischen den großen flimmern und die Milchstraße
ihren verschwebenden Schleier durch das funkelnde Gewimmel
schlingt, erst wann der Himmel sich füllt mit Größen jeglicher Art, erst dann wird er so unermeßlich groß. So
empfinden wir auch die ganze Tiefe und Erhabenheit der
Kunst erst im Anblick der Epochen, wo wir die Heroen-
gestalten der Großmeister von den Reigen der Vorgänger
und Schüler umringt sehen. Ja, in den Schülern erkennen
wir erst recht die fortzeugende Kraft des Meisters; aber freilich auch — was oft noch wichtiger — seine Schwäche."

„Schade, daß es am Himmel der Kunst doch etwas
anders aussieht, als am astronomischen Himmel!" fiel der
Kapellmeister in's Wort. „Eine ganze Milchstraße von
mittelmäßigen Künstlern wird uns niemals erhaben dünken:
in der Kunst sind nur die Sterne ersten Ranges wirkliche
Sterne."

„Sie gebrauchen das rechte Schreckwort, womit man
heutzutage die Kunstjünger verwirrt, das Wort „mittelmäßig!" rief der Maler. „Sprachen doch modernste Musiker
von der Einsetzung einer „Mediokratie", wenn jemand nur
den Versuch wagte, auch den achtbaren Schülern eines großen
Meisters im Gesammtbilde der Epoche gerecht zu werden!
Auch ich hasse die mittelmäßigen Künstler; mögen sie in
Vergessenheit sinken! Aber nicht jeder mittlere oder vermittelnde Meister ist darum ein mittelmäßiger."

„Es gibt Leute, die ordnen Künstler und Kunstwerke
wie der Kaufmann sein Lager; sie unterscheiden zwischen
Prdnawaare, Mittelgut und Bafel, und glauben rechte
Aristokraten des Geistes zu sein, wenn sie nur Primawaare

in die Hand nehmen und alles andere als unpreiswürdig
und mittelmäßig in die Rumpelkammer werfen. Das ist
dann freilich ein wohlfeiler Handel; man gewinnt aber auch
nicht viel dabei. Der Künstler läßt sich nur schätzen im
Zusammenhang der Epochen, und da gibt es dreierlei Gruppen, die allezeit des Studiums und Genusses würdig sind.
Vorerst die schöpferischen Genien, welche die Epochen machen;
dann die bloßen Talente, denen das Glück vergönnte, in
einer wahrhaft classischen Zeit zu leben, und die nun durch
den Geist ihrer Epoche über sich selbst emporgehoben werden;
endlich aber jene hochbegabten Naturen, welche im Kampfe
mit einer unreifen oder sinkenden Epoche niedergezogen werden, daß ihren Werken die volle Harmonie versagt bleibt;
aber im tragischen Ringen zünden und leuchten sie oft doppelt
wunderbar mit den Blitzen ihres Genius."

Der Musiker bat den Maler um musikgeschichtliche Beispiele der beiden letzten Gruppen.

Jener antwortete: „Franz Schubert als Instrumental-
componist dünkt mir ein ächtes Genie, welches unter dem
Druck einer sinkenden Epoche nicht zur vollauf reinen Aussprache kommen konnte. Betrachte ich andererseits einige
der reizendsten, von Laune sprudelnden Symphonien —
erschrecken Sie nicht! — Ignaz Pleyels, dann erscheint
dieser Mann als ein leichtes, ja leichtfertiges bloßes Talent,
welches, getragen vom Geist einer classischen Zeit, vereinzelte, durchaus erfreuliche Werke geschaffen hat, die viel
besser sind, als ihr Autor. Wollen Sie aber ein höher ge-
griffenes Beispiel der letzteren Art, dann nenne ich den
ganzen Cherubini."

Bei diesen Worten bat der Musiker, das Gespräch abzubrechen. Es empörte ihn zu tief, daß der Maler Schuberts Instrumentalwerke nicht für classisch gelten ließ, und daß er's der Mühe werth erachtete, heute noch von Pleyel zu reden, ja dessen Namen gar in einem Athem mit Franz Schubert zu nennen. Bei solchem Zwiespalt der Grundgedanken war ja keine Verständigung mehr denkbar.

Der Maler bemerkte lächelnd: die Musik sei freilich eine etwas zu aufregende Kunst. Allein der junge Freund werde ihm doch wenigstens gestatten, seine Erfahrungen aus den friedlicheren Hallen der Malerei mitzutheilen; denn da er ihn einmal herausgefordert und über sein Studium Dietrichs zur Rede gestellt habe, so müsse er nun auch seine Rechtfertigung anshören.

„Das Wort „Studium,“ fuhr er fort, „wiegt übrigens zu schwer. Ich studiere Dietrich nicht, ich plaudere nur mit dem alten Herrn. Besuchen Sie mich in einigen Tagen auf dem Atelier, dann werden Sie sehen, welchen Gebrauch ich von meiner Skizze, von den Früchten jenes Plauderns mache. Sie haben ganz recht: studieren soll man eigentlich nur die besten Meister, die besten Epochen. Aber man kann Beide nur studieren, wenn man mit den kleinen Meistern zugleich im kleinen, traulichen Verkehre bleibt. Wir Maler haben's da nun wirklich recht gut in den Bildergalerien. Wenn ich manchmal planlos durch die Säle schlendere, da und dort naschend, blickt mir ein Bild freundlich in's Gesicht, welches ich gar nicht suchte; es winkt mir, es redet mich an, es erzählt mir von einem neuen Bilde, von einem ungemalten, und im Geiste male ich das sogleich, vielleicht

aus purem Widerspruch oder auch aus Sympathie, wie's eben
kommt. Der schaffende Künstler soll seine Zeit nicht im
Studium der Kunstgeschichte verbringen, diese überläßt er
den Gelehrten; aber er soll verkehren mit Künstlern aller
Zeit und Art, er soll einen jeden in seiner Sprache verstehen, bei jedem zu Hause sein. Wer immer mit guter
und vielseitiger Gesellschaft verkehrt, der wird selber auch
ein vielseitiger, gewürfelter Mann."

„Nur leider allzu oft auf Kosten seiner Originalität,"
ergänzte trocken der Kapellmeister.

„Mangel an Originalität! das ist schon wieder so ein
Schreckwort!" rief der Maler. „Ich will es aber zu einem
wirklich erschreckenden Worte wenden: aus lauter Originalität
kann man alle Ursprünglichkeit verlieren. Und das beweisen
uns gerade die modernsten Musiker und auch manche moderne Maler, welche man aber niemals in einer Bildergalerie findet. Betrachten wir's dann genau, so leiden die
Künstler, die am übertriebensten nach Originalität haschen,
Autochthonen von Kopf bis zu Fuß, in der Regel unter
dem despotischen Druck eines einzigen großen Meisters. Er
allein ist ihnen mustergültig; sie wollen dies aber vor sich
selbst nicht Wort haben, sie verhüllen ihre Ketten und verlieren so jede Ursprünglichkeit aus purer Originalität. Ich
kenne einen Coloristen, der die Tannenbäume roth malt
und die Felsblöcke grün und blau; er erreicht damit be-
rauschende neue Stimmungseffecte, namentlich wenn er noch
den verbindenden Zwischenton eines braunen Himmels darüber legt, scheinbar als reinstes Originalgenie. Und doch
ist er ganz gefangen in den Fesseln Rembrandts, der nie-

mals so gemalt hat. Einem Maler ist dies doppelt Sünde; denn uns wirft sich ja die Kunst aller Jahrhunderte täglich in den Weg, wir brauchen nur die Augen aufzumachen, um uns im Umgange mit vielen guten Meistern von der erdrückenden Macht eines einzelnen Genius zu befreien. Ihr Musiker habt es weit schwerer, weil ihr nichts besitzt, was gleich einer Bildergalerie wirkte. Ja, ich behaupte: wenn die ganze heutige Musik-Epoche unter dem übermächtigen Drucke Beethovens leidet, so liegt der Hauptgrund darin, daß ihr nicht tagtäglich mit Meistern aller Zeit und Art verkehren könnt, wie wir in unsern Bildersälen."

Das war nun wieder ein böses Wort. Denn der Musiker wollte durchaus nicht zugeben, daß Beethoven als einseitiges Vorbild irgendwie auf seine Folgezeit drücken könne. Er hielt ihn für den größten, ja für den absoluten Meister, und es war ihm eine verfluchte arianische Ketzerei, wenn Jemand Beethoven nur für gottähnlich und nicht für gott-gleich anzusehen wagte.

Darum würdigte er denn auch des Malers letzte Worte gar keiner Erwiderung, sondern griff zum ursprünglichen Thema zurück, und fragte im Saale umherblickend: ob denn die großen Maler, deren Bilder diese Wände schmückten, ob ein Tizian, Raffael oder Rubens auch im steten Verkehr mit todten Künstlern jeder Art sich frei zu machen gesucht, und nicht vielmehr aus sich selbst geschöpft und im eigenen Genius ihre Freiheit gefunden hätten?

"Sie thaten Beides," antwortete der Maler. "Sie studierten die Antike und manchen ihrer Vorgänger und Zeit-genossen dazu. Aber freilich konnten sie nicht so reichen

Verkehr mit der Vergangenheit pflegen wie wir, denn diese
Vergangenheit war noch gar viel ärmer; und dann brauchten
sie's auch nicht, denn sie lebten in einer naiven Zeit des
Schaffens, und ihnen lag es vielmehr ob, im Sturme
jugendlicher Begeisterung das große Grundvermögen zusam=
menzutragen, mit welchem wir Nachgebornen zu wirthschaften
haben."

„Und die Musik stünde jetzt auch in einer solchen Epi=
gonenzeit?" fragte der Kapellmeister.

„Ganz gewiß! und diese beginnt schon bei Weber. Zu
Mozarts Tagen waren noch die größten Tondichter naiv. Wer
dagegen heutzutage naiv musicirt, der ist ein Musikant. Viel=
leicht ist Franz Schubert der letzte echte Musiker gewesen,
welchem es vergönnt war, naiv und dennoch ein großer
Künstler zu sein. Weber ästhetisirt und kritisirt bereits, er
schreibt Bücher zu seinen Noten. Mendelssohn, Schumann,
Wagner sind dann durchaus vom bewußten Studium getra=
gen — technisch wie ästhetisch — und hätte ich eine Musik=
geschichte zu schreiben, so würde ich ihr Kapitel betiteln:
„Die gelehrten Romantiker." Die großen Tonsetzer fallen
dermalen nicht mehr vom Himmel, sie kommen allesammt
aus der Schulstube, können sich darüber jedoch mit unsern
Malern und Poeten trösten."

„Hier steht nun aber die Musik an einem besonders be=
denklichen Wendepunkt. Die Componisten bedürfen des steten
historischen Studiums, wie des täglichen leichten Verkehrs
mit den großen und kleinen Trägern früherer Epochen. Aber
das wuchtigere Material steht ihnen nur mangelhaft zu Ge=
bot, und die Gelegenheit zu jenem leichten plaudernden Ver=

lehr fehlt ihnen gänzlich. Wir haben in der Musik nichts, was der Bibliothek des Poeten, der Galerie des Malers ganz entspräche. Dieser einzige Mangel macht unsere ganze musikalische Production einseitig. Die neueste Musik wühlt sich ein in ästhetische Paraboxen —: schafft den Musikern die Leichtigkeit und Fülle historischer Anschauungen, schafft ihnen etwas wie eine Bildergalerie, und das Alles wird anders werden!"

Der Kapellmeister mochte nicht weiter streiten. Er verabschiedete sich; aber er sann, wie er dem Maler durch die That beweise, daß er in einem Grundirrthum befangen sei, indem die Musiker ja genug und übergenug von einer solchen Galerie besäßen.

II.

Nach kurzer Zeit erhielt der Maler eine Einladung des Kapellmeisters zu einem „historischen Concert."

Der Zettel war imposant; er hatte 24 Nummern; das Miserere von Allegri machte den Anfang und eine „symphonische Tondichtung" von Franz Liszt den Schluß. Dazwischen bewegten sich Händel und Bach, Gluck, Haydn, Mozart, Beethoven, Weber, Mendelssohn, Schubert, Schumann und noch zwölf Andere, Deutsche, Franzosen und Italiener in bunter Reihe, jeder durch ein kleines Vocal- oder Instrumentalfragment vertreten. Die Meister kamen genau nach dem Altersrang, und ihr Geburts- und Sterbejahr war ihnen auf dem Zettel zur vollkommenen Legitimation sogleich mitgegeben. Weitere historisch-kritische Notizen bot die Rückseite des Zettels. Von der Neuheit und dem ge-

lehrten Ernst der Sache ergriffen, war das Publikum so an-
dächtig still, wie brave Kinder in der Schule. Der Kapellmeister wurde am Schlusse gerufen, und als die Menge den
Saal verließ, konnte man auf der Treppe überall die gegen-
seitige Versicherung hören, daß dies ein ebenso belehrender
als genußreicher Abend gewesen sei. War man doch in drei
Stunden durch drei Jahrhunderte gegangen, und immer auf
demselben Stuhle sitzen geblieben!

Tags darauf besuchte der Maler den Kapellmeister. Die
erste Frage des Musikers an seinen älteren Freund war:
wie er das gestrige Concert gefunden habe?

„Es war höchst interessant, ja noch mehr, qualvoll
interessant. Ich hatte genau die Empfindung eines Mannes,
der die ganze Dresdener Galerie in zwei Stunden durchläuft
und jedes Bild betrachtet. Eine innere Kraft wird da un-
merklich wunderbar geschärft — die Verdauungskraft; denn
als sichersten Gewinn bekommen wir einen erstaunlichen
Hunger.“

Der Kapellmeister war mit Recht böse über die unartige
Antwort, und meinte: er habe besseren Dank verdient, denn
sein historisches Concert sei eben doch die Probe einer musikalischen Bildergalerie.

„Ich könnte einwenden,“ entgegnete der Maler, „ein
bloßes Pröbchen einer Galerie sei just das Gegentheil einer
Galerie, die ja nur durch ihre Fülle und Masse wird, was
sie sein soll, wie auch die bloße Probe eines Berges kein
Berg ist, sondern vielmehr dessen Widerspiel, ein Hügel
oder Erdhaufen.“

„Sie spielen mit Sophismen!“ unterbrach der Musiker.

„Gut! dann behaupte ich umgekehrt: diese historischen
Concerte sind darum so unfruchtbar, weil sie viel zu viel
bieten, oder richtiger zu vielerlei. Kaum beginne ich bei
einem Meister warm zu werden, kaum finde ich mich ein
klein wenig in den Styl und Geist einer Epoche, so kommt
schon wieder ein anderer Mann, eine andere Periode, und
wirft mich in grundverschiedene Stimmungen, und das geht
so fort, bis man zuletzt vor lauter Hetzjagd der Contraste
gar nichts mehr denken und empfinden kann.“

„Sie geben da das getreue Bild der Eindrücke eines
Galeriebesuchs,“ rief der Kapellmeister.

„In der That, eines nur allzu gewöhnlichen unfrucht=
baren Galeriebesuchs,“ sagte der Maler. „Es däuchte mir
auch während des Concertes als bewege ich mich in einem
Schwarm von Reisenden, welche mit dem Bädeker in der
Hand durch lange Bildersäle rennen, um pflichtgemäß die
„Kunstschätze“ der Stadt zu sehen. Allein der Künstler und
Kunstfreund besucht diese Säle ganz anders. Er betrachtet
nicht was er muß, sondern was er will. Da liegt der
große Unterschied. Die Freiheit der eigenen Wahl
fehlt mir bei all' euren Concerten, historischen und nicht=
historischen. Von Gemälden kann ich sehen was ich will,
von Gedichten lesen was ich mag. Nicht so in der Musik.
Da kriege ich nur zu hören, was mir die ausübenden Mu=
siker bieten wollen. Der Musikfreund steht unter der Dicta=
tur der Kapellmeister, und diese führen überwiegend nur auf,
was dem Geist und der Technik ihrer eigenen Schule ver=
wandt ist. Es gibt aber noch schlimmeres, und das ist die
Dictatur der Geiger, Clavierspieler, Sänger, die nur vor=

tragen wollen, was der Entfaltung ihrer besondern Technik günstig, was virtuosenhaft dankbar erscheint. Könnte ich doch ein bedeutendes Concert=Institut nennen, welches bis vor kurzem schlechterdings kein großes Orchesterwerk brachte, dessen Partitur der Clarinetten entbehrte, weil statutengemäß nur diejenigen Musiker einen Antheil aus der Tageskasse bekamen, welche in der Symphonie mitgespielt hatten! Also duldeten es die Clarinettisten nicht, daß ein derartiges Werk von Händel oder Bach, Haydn oder Mozart gegeben wurde! Wie stünde es mit unserer Malerei, wenn ihr nur sehen dürftet, was euch die Maler zeigen wollen? wie mit unserer Poesie, wenn wir nur lesen dürften, was die Dichter uns vorzuführen für gut fänden! Die Kunstübung der Maler und Poeten wäre unendlich einseitiger, die Kunstbildung des Publicums unendlich schiefer und flacher."

Der Kapellmeister meinte: zugegeben, daß daraus ein Mangel für die Tonkunst entstehe, so sei die Schuld doch nicht den Musikern aufzubürden. Die Musik könne ihre Ge= bilde nun einmal nicht neben einander, sondern blos zeitlich nach einander vorführen, und müsse sich also beschränken auf eine Auswahl des Besten und Zeitgemäßesten. Uebri= gens lägen dem, welcher weiter strebe, gedruckte Partituren und Clavierauszüge zum allseitigen Studium nicht minder offen, als dem Freunde der Poesie die gedruckten Gedichte.

„Doch nicht ganz ebenso!" wandte der Maler ein. „Die Dictatur der Musiker beherrscht das Concert; sie beherrscht auch den Musikverlag. Was ihr Herren nicht spielen laßt, das wird auch nicht gedruckt. Lessings sämmtliche Werke finde ich in jedem gebildeten Hause; verrathen Sie mir doch,

wo ich Glucks sämmtliche Werke finde? Selbst Tiecks und
Heinrich Kleists Gesammtausgaben stehen in jeder größern
Bibliothek; man würde mich aber auslachen, wenn ich nach
einer Gesammtausgabe Spohrs fragte. Und doch war er ein
mindestens ebenso bedeutender Romantiker wie Jener."

„Vergessen Sie nicht, daß da eine Hauptursache in der
ungleich kostspieligern Herstellung der Musikdrucke liegt,"
fiel der Musiker ein. „Die Tonkunst braucht zehnmal mehr
Papier als die Dichtkunst, und die Lumpen werden mit
jedem Jahr theurer. Trotzdem sind neuerdings so erstaun=
lich viele alte und neue Tonwerke in umfassenden billigen
Ausgaben gedruckt worden, daß sich der strebsame Musiker
sehr reiche historische Anschauungen zu erwerben vermag.
Gerade hierin haben wir einen großen Fortschritt gemacht,
und die Musiker haben ihr rühmlich Theil daran."

„Einen Ruhm, den ich gewiß nicht schmälern will,"
ergänzte der Maler. „Ja, ich wäre vielleicht gar nicht im
Stande, so gründlich zu räsonniren über die Lücken dieser
Publikationen, und mehr und planvolleres zu fordern, wenn
man uns nicht bereits so viel geboten und dadurch das
Auge fürs Ganze geschärft hätte. Uebrigens genügen mir
diese gedruckten Noten unter allen Umständen nur halb.
Musik will nicht blos gelesen, sie will gehört sein. Selbst
dem gewandtesten Musiker bietet das blose Partiturlesen
bei fremdartigern oder zusammengesetztern Werken doch nur
ein Schattenbild der vollen Klangwirkung. Nur ein gar
kleiner Bruchtheil der neuerdings gedruckten Werke aller
Schulen und Zeiten wird auch ausgeführt und vollends öffent=
lich ausgeführt. Und so wiederhole ich: das Publikum leidet

troß all der schönen kritisch correcten Ausgaben unter der Ge=
schmacksdictatur der Musiker; es kann sich nicht einleben in
die Fülle und Mannichfaltigkeit der Tonschöpfungen, es muß
noch dankbar zufrieden sein, wenn man ihm manchmal eine
„neue" Gabe aus den Schätzen unserer größten Meister wie
ein Almosen darreicht."

„Halt!" rief der Kapellmeister. „Sie machen da einen
kühnen Sprung! Vorher sprachen Sie von den Studien der
Künstler, jetzt sprechen Sie plötzlich vom Publikum. Diesem
gegenüber ist aber die Dictatur der Musiker vollkommen be=
rechtigt. Das Publikum muß den Künstlern folgen, denn
sie verstehen die Sache besser; es muß sie nicht führen und
beeinflussen wollen."

Der Maler sprach: „Was den Sprung betrifft, so haben
Sie mir, lieber Freund, mit Ihrem historischen Concerte
denselben vorgemacht; denn Sie gaben es doch auch nicht
für die Musiker, sondern fürs Publikum. Uebrigens bin
ich als Künstler Republikaner, und die deutsche Kunst vorab
erscheint mir von Grund aus demokratisch. Jeder Versuch
der Geschmacksdictatur einer Schule oder gar eines einzelnen
Meisters ist bei uns noch immer verderblich auf das Haupt
der Dictatoren zurückgefallen. Das bezeugt die ganze neuere
Literatur= und Kunstgeschichte von Gottsched bis Richard Wagner.
Nur im versöhnlichen, anerkennenden Zusammenwirken der
Schulen und Meister von mancherlei Art, nur im wechseln=
den Austausch der Künstler, Kenner und Kunstfreunde ge=
deiht die Kunst troß aller berechtigten Aristokratie des Genius.
Ein selbständig gebildetes Publikum ist das Gewissen des
Künstlers; wer es einseitig gängelt und unmündig hält, der

beraubt sich selbst der förderndsten Kritik. Mit Recht wählt
man in die Vorstände unserer Kunstvereine nicht blos Künstler,
sondern auch Kenner und Liebhaber, die niemals einen Pinsel
oder Meißel führten. Es wäre gut, wenn die Musiker dies
bei ihren Concert-Instituten auch nachmachten; statt dessen
betonen sie den Gegensatz des „Künstlers" und des „Dilettanten"
hoffärtiger, als man's in irgend einer andern Kunst wagen
würde. Sie fürchten für ihre Dictatur. Es fällt keinem
vernünftigen Maler ein, Kunsthistoriker wie Kugler und
Schnaase, Aesthetiker wie Vischer Dilettanten zu nennen.
Denn wenn diese auch nicht malen können wie die Künstler,
so kann andrerseits der Maler die Geschichte und Philosophie
seiner Kunst nicht so gründlich durcharbeiten wie der Kunst-
gelehrte. Sie sind entweder alle beide Dilettanten, oder sie
sind es alle beide nicht. Woburch erhebt sich aber der Forscher und Kenner, welcher kein Künstler ist über den Dilettantismus? Zunächst durch das umfassende Studium der
Epochen, durch den vertrauten Verkehr mit Künstlern aller
Zeiten und Schulen — und da kommen wir also immer
wieder in die Bildergalerie. Gewänne aber ein musikalischer
Schriftsteller solch umfassende Kenntniß ohne Galerie, das
heißt durch unendlich mühseligeres Studium, so wäre er
vollends erst weit vom Dilettantismus entfernt, und die
meisten Musiker wären ihm gegenüber erst rechte Dilettanten.
Und also behaupte ich: weder die Geschmacksdictatur der
Musiker, noch ihre stete Fehde und Eifersüchtelei gegen die
Dilettanten würden vorhanden sein, wenn die gesammten
Schätze der Tonkunst zum allgemeinsten Studium und Genuß
offen lägen."

Statt aller Antwort gieng der Kapellmeister zu seinem
Schreibpult und zog einen dicken Pack Concertzettel hervor.
Sie gewährten die Ueberschau sämmtlicher Musikbilde, die
während der letzten Jahre unter seiner Leitung waren aufgeführt worden: da konnte der Maler sehen, wie reich die
Auswahl gewesen, und daß die Dictatur der Kapellmeister
doch so gar schlimm nicht sei, denn sie hatte hier dem Publikum nur das Schönste und Beste von allerlei Art bietirt.

Der Maler prüfte ruhig die Zettel und entwarf sich
im Kopfe geschwind eine kleine Statistik. Die Programme
boten genau den mittleren Durchschnitt dessen, was man
heutzutage ein „gutes" oder „classisches" Concert nennt.
Händel, Bach, Haydn, Mozart waren sparsam vertreten;
dagegen hatte man sehr viel Beethoven, Mendelssohn, Schubert
und Schumann aufgeführt; die lebenden Tonsetzer fanden
sich wiederum dürftig genug berücksichtigt und, wie es schien,
fast mehr aus persönlichen Gründen, als in irgend plan-
voller Wahl.

„Diese Zettel," sprach der Maler, „bekunden ohne Zweifel
einen großen Fortschritt; unsere Concerte sind seit zwanzig
Jahren weit gewählter und ·inhaltreicher geworden. Aber
in welch engem Ring drehen sie sich doch fort und fort trotz
alledem! Es sollte Einer nur einmal zusammenstellen, welche
Symphonien und Quartette binnen Jahr und Tag in den bedeutendsten Städten Deutschlands öffentlich aufgeführt werden;
die Zahl der Werke würde erschreckend klein ausfallen, denn
man gibt immer und überall wieder das nämliche; und hat
Jemand zwei Jahre lang solche „classische" Concerte in einer
größern Musikstadt pflichtlich besucht, dann hat er im wesent-

lichen alles gehört, was während zehn Jahren im ganzen
Deutschen Reich wenigstens von älteren Meisterwerken ge=
boten wird."

Der Kapellmeister wollte Einwendungen machen, allein
der Maler schnitt sie durch die Frage ab: „Sehen wir doch
nach, wie viele Symphonien von Joseph Haydn seit fünf
Jahren in Ihren Concerten aufgeführt wurden?"

Es fanden sich vier, und zwar allesammt aus der Spät=
zeit des Meisters, aus der Gruppe der sogenannten Londoner
Symphonien. Der Maler meinte: eine ähnliche Verhältniß=
zahl würde sich wohl auch an den meisten andern Orten
finden, und fragte dann den Kapellmeister: „Wie viele
Symphonien von Haydn kennen Sie überhaupt?

„Ehrlich gestanden — fünfzehn aus der Partitur, und
dann noch etwa fünfundzwanzig in Clavierauszügen!"

„Da haben Sie's im Studium Haydns weiter gebracht,
als die meisten Ihrer Collegen! Uebrigens schrieb Haydn
gegen einhundert und fünfzig Symphonien, und die wenigen
allgemein bekannten fallen fast durchaus in seine letzte Periode.
Die früheren bilden unter sich wieder mannichfache und sehr
selbständige Gruppen von frischester Originalität, und dar=
unter sind Werke höchst ernsten, ja tragischen Charakters.
Aber wer hat sie gehört? Vielleicht kann sich zur Zeit kein
Mensch rühmen, alle Symphonien Haydns auch nur gelesen
zu haben, und doch zählt er zu den drei größten Meistern
der Symphonie, ja er ist der eigentliche Schöpfer dieser
hohen so echt deutschen Kunstform. Wir besitzen keine Ge=
sammtausgabe dieser Werke, von vielen derselben nur alte
geschriebene oder gedruckte Stimmen, also keine Partitur.

Die deutsche Nation hat hier eine Ehrenschuld abzutragen; es ist eine Schmach, daß wir's nicht längst gethan haben. Da wird nun Haydn frischweg classificirt und charakterisirt von Aesthetikern und Historikern, die mehrentheils nicht den zwanzigsten Theil seiner Werke gründlich kennen; Einer schreibt dem Andern nach. Wie stände es um das Gesammtbild Schillers oder Goethe's in der Literaturgeschichte, wenn uns nur eine so mäßige Auswahl ihrer Hauptwerke bekannt wäre?"

Der Kapellmeister konnte dem Maler wiederum nicht Unrecht geben. Allein wie sollte geholfen werden? „Es kostet mich Kopfbrechens genug, alle Symphonien Beethovens binnen zwei bis drei Jahren vorzuführen, und deren sind doch nur neun. Wollte ich alle Symphonien Haydns bringen, dann müßte ich fünfzehn Jahre lang nur Haydn spielen lassen, und würde doch kaum kaum fertig."

„Es ist auch gar nicht nöthig, daß Sie alle diese Symphonien geben," beruhigte der Maler. „Nur sollten die Kapell= meister nicht blos an den spätesten kleben bleiben, die freilich die formreichsten, aber nicht immer die gedankenreichsten sind. Dagegen fordere ich eine charakteristische Auswahl aus den verschiedenen Epochen des Componisten, damit wir seine Totalität wenigstens ahnen können. Das weitere ließe sich durch ein ganz modernes Mittel erreichen, welches uns schon zu gar vielem, anscheinend unerreichbarem verholfen hat: durch die Association. Führt uns die Bach= und Händel= Gesellschaft einer kritischen Gesammtausgabe dieser Tondichter entgegen, so kann man denselben Weg auch bei andern großen Meistern einschlagen. Aber dies allein genügt nicht; mit solch kostbaren Bibliothekwerken für Künstler und Kenner

ist nur der erste Schritt gethan. Wir wollen unsere Kunst=
schätze genießen, wir — das ganze musikgebildete Publikum
— wollen die vielen schönen Tonschöpfungen aus alter und
neuer Zeit endlich einmal hören, welche uns die Dictatur
der Musiker beharrlich vorenthält; nachher sollen die Gelehrten
doppelt und dreifach studieren. Und also beantrage ich, daß
man recht viele und vielgestaltige Vereine gründe „zur
Aufführung von Werken, welche uns die Musiker
nicht spielen.“ Diese Vereine allein werden im Stande
sein, die vielbesprochene Geschmacksdictatur zu brechen.“

Der Kapellmeister schüttelte den Kopf. Er erklärte, daß
er gerade einer solchen Geschmacksdictatur zum Trotz bereits
Mitglied des „Wagner=Vereins“ geworden, ja sogar „Patron“
für Bayreuth sei — seine Börse und sein Gewissen ertrügen
zunächst keine weiteren Vereine für Musik, welche die Musiker
nicht spielen mögen.

III.

Für den nächsten Sonntag Abend bat der Maler den
Kapellmeister in sein Haus. Er fand dort in dem stattlichen
kunstgeschmückten Salon eine Anzahl Musikfreunde versammelt,
Herren und Damen, und der Hausherr stellte dem Gaste die
Gesellschaft als einen musikalischen Verein vor, der sich den
„Trutzverein“ nenne, und schon seit Jahresfrist all=
wöchentlich zu großer Freude und Erbauung zusammen=
komme.

„Der Name klingt etwas herausfordernd,“ bemerkte
der Maler, „aber nach dem strengen Wortsinn ist er das

doch nicht, und soll es auch nicht sein. Wir sind durchaus friedliche Leute, wir agitiren nicht, wir begehren nur unsere Freiheit für uns, die Freiheit des germanischen Ideals, kraft deren Jeder thut, was er will, dafür aber auch die Andern treiben läßt, was sie mögen. Und da die herrschenden Musikdictatoren etwas ganz anderes mögen als wir, so trutzen wir eben. Wir musiciren — das ist unser ganzer Trutz. Alle bekannten und geläufigen Werke, die man in öffentlichen Concerten hört, sind hier ausgeschlossen; wir hören sie dort, wenn wir Lust haben. Hier aber machen wir nur Musik, welche uns die Musiker nicht machen. Wir sind, was ich kaum zu sagen brauche, sammt und sonders nur mäßige Techniker, nehmen's aber im heiligen Eifer mit jedem Künstler auf. Uebrigens huldigen wir dem Grundsatze, daß es besser sei eine gute Composition ganz anspruchslos vorgetragen zu hören, als eine schlechte mit hinreißender Meisterschaft."

Nach diesem kurzen Vorwort griff man zu den Instrumenten. Das Programm des Abends war seltsam genug. Zuerst wurde ein Kammer-Trio des Kirchencomponisten Anton Caldara gegeigt, für zwei Violinen und Violoncell. Dann folgte eine schwermüthige Scene und Arie mit Chor aus dem Oratorium Hiob, von dem Altmeister der komischen Oper, Karl Dittersdorf. Das sinnig feine Andantino aus dem Streichquartett op. 14, 3 von Peter Hänsel bildete hierauf eine Art Ruhepunkt und Uebergang. Dann, entsprechend jener gar ernsthaften Musik des Komikers, kam nun eine recht lustige, vom ernsthaftesten aller deutschen Meister componirt, eine Reihe von Nummern aus Sebastian Bachs komischer Operette „Der Streit zwischen Phöbus und Pan." Man be-

gann mit dem Recitative des Momus: „Ei hört mir doch
ben Pan, ben großen Meistersänger an!" und der daran
geknüpften Arie: „Patron, Patron! bas macht ber Wind!"
Zum Schluß wurde das einzige, lange Zeit verschollene,
Streichquintett gespielt, welches wir von Joseph Haybn besitzen.

Der Kapellmeister gestand, baß das Programm aller=
bings so paradox wie möglich gewählt sei; theilweise erinnere
es fast an jene vor hundert und fünfzig Jahren beliebten
Geigensolos mit verstimmten Saiten — „die doch harmonisch
klingen," ergänzte ber Maler.

„Wir sehen bekannte Meister," fuhr ber Musiker fort,
„scheinbar auf ben Kopf gestellt" —

„Und sie fallen bennoch nicht um!" unterbrach ber
Maler abermals. „Die Münchener Pinakothek rühmt sich
Kirchenbilder von Rembrandt zu besitzen und die Regenbogen=
Landschaft von Rubens. Warum sollen wir im Trutzverein
nicht auch ein komisches „drama per musica" von Se=
bastian Bach singen, welches selber eine Art Trutzmusik ist?"

„Vielleicht wollten Sie mir auch eine Parodie meines
historischen Concerts zu hören geben," bemerkte der Kapell=
meister; „aber hüten Sie sich, baß Ihr Programm nicht
zur unfreiwilligen Parodie Ihres eigenen Strebens wird!"

„Das wäre kein Unglück," meinte ber Maler sehr ge=
lassen. „Man muß auch seine eigenen Consequenzen humo=
ristisch verspotten können, es ist ein Act der Selbstbefreiung,
und man fühlt sich so wohl darauf, wie wenn man einmal
tüchtig geniest hat. Uebrigens läge mir's näher, sämmtliche
Concertprogramme zu verspotten, bie modernen und die alten
noch mehr. Eine künftige Zeit wird sich königlich ergötzen

über unsere sinnlosen Concertzettel mit ihren tollen Sprüngen
und Contrasten. Ohne Zweifel hat ja dann auch ein Schalk
unser heutiges Programm ausgewählt, und der Trutzverein
geigt und singt in der Regel weit ernsthafter und logischer.
Nur meine ich, was wir eben alles gehört, das reize uns
besonders, unser Gespräch aus der Bildergalerie fortzusetzen,
und vielleicht war dieser harmlos freundliche Grund der ent-
scheidendste bei der Auswahl.“

Der Kapellmeister sprach: „Dann bitte ich zuerst um
Aufschluß, weßhalb Sie mir das Andantino von Peter
Hänsel vorführten?“

„Alle übrigen Nummern spielten wir für Sie,“ erwiderte der Maler, „nur diese einzige Nummer haben wir
in erster Linie uns selber gespielt. Grundsätzlich wählen
wir für jeden unserer musikalischen Abende wenigstens ein
Tonstück, welches gar nichts weiter als schön ist. Denn
nichts vergessen unsere heutigen Künstler leichter, als daß
auch die Schönheit so beiläufig zu der Kunst gehört. Wollen
Sie einen Commentar zu jenem Andantino, so möge ihn
Mörike in Versen für mich sprechen. Der Dichter sieht ein
sehr unscheinbares Kunstwerk, eine Lampe:

Noch unverrückt, o schöne Lampe, schmückest du,
An leichten Ketten zierlich aufgehangen, hier
Die Decke des nun fast vergessnen Lustgemachs.
Auf deiner weißen Marmorschale, deren Rand
Der Epheukranz von goldengrünem Erz umflicht,
Schlingt fröhlich eine Kinderschaar den Ringelreihn.
Wie reizend alles! lachend, und ein sanfter Geist
Des Ernstes doch ergossen um die ganze Form —
Ein Kunstgebild der echten Art. Wer achtet sein?
Was aber schön ist, selig scheint es in ihm selbst.

„So wähle ich auch das Quintett von Haydn, obgleich
es weit weniger eine klar durchgebildete künstlerische Absicht
verräth als viele seiner Quartette. Es hat nicht die be-
rauschende Fröhlichkeit, noch die geistreichen Antithesen des
Humors und Ernstes, noch so tiefe Gedanken oder eine so
kunstvolle Form wie andere Hauptwerke dieses Meisters; aber
es ist sinnig heiter, selig in sich selbst, es ist einfach schön,
und gerade das sich selbst genügende Schöne ist so unendlich schwer zu schaffen und so schwer zu verstehen. Uebrigens
habe ich dieses Quintett auch darum besonders gern, weil
in den Büchern als ein besonderes Charakterzeichen Haydn's
erzählt wird, daß er niemals ein Quintett geschrieben habe,
und wenn er es ja versucht, dann sei immer ein Quartett
daraus geworden."

„Hinter jeder Note, welche Sie spielen, steckt, wie mir
scheint, eine kleine Bosheit," bemerkte der Kapellmeister.

„Leicht möglich! Doch allezeit eine sehr gutartige
Bosheit. Wir lieben den Humor in der Musik, wie in
der Kraft; aber wir lassen ihn niemals zur persönlichen
Satire auswuchern; denn das letzte Ziel unseres Witzes bleibt
doch nur, Jedem gerecht zu werden. Betrachten Sie jene drei
Instrumente, mit welchen Caldara's Trio gegeigt wurde,
selbst in der Wahl dieser Instrumente steckt eine solche
Bosheit."

Der Kapellmeister hatte vorhin schon den überaus edeln
und großen Ton der zwei Geigen und des Violoncelle's im
stillen bewundert, und auf seltene altitalienische Instrumente
geschlossen. Bei näherer Prüfung zeigte sich's jetzt, daß sie
alle drei von Carlo Bergonzi, dem getreuesten Schüler des

unvergleichlichen Anton Stradivarius verfertigt waren in den
dreißiger Jahren des vorigen Jahrhunderts.

„Diese Geigen," erläuterte der Maler, „sind demnach
vermuthlich nur um weniges jünger als das Tonstück,
welches wir auf ihnen vortragen hörten. Nun las ich aber
einmal: die guten alten Cremoneser Geigen seien eigentlich
als reine Zukunfts=Geigen gemacht worden. Denn zur Zeit
des Amati, des Stradivarius und Guarnerius habe es ja
gar keine Instrumentalmusik, und vollends in Italien, ge=
geben, die so edler Instrumente würdig gewesen, erst Beet=
hovens späteste Quartette böten die einer echten Stradivari=
Geige vollkommen entsprechende Musik, und so hätten denn
auch jene unerreichten Cremoneser Geigenmacher gleichsam in
prophetischer Vorahnung für den absoluten Meister der ab=
soluten Musik gearbeitet, der nach hundert und mehr Jahren
kommen sollte. Gerade im Hinblick auf diese Argumentation,
die so göttlich einfältig und doch gegenwärtig so hoch charak=
teristisch ist, spielen wir mit besonderem Behagen allitalie=
nische Trios von Corelli bis Alessandro Besozzi auf gleich=
zeitigen Cremoneser Geigen, und freuen uns, wie wunder=
sam der große edle Ton des Instruments den einfach edlen
Tongebilden entspricht, die in ihrer knospenhaften Schönheit
aus dem strengen Kirchenstyl zur freieren Form der Sonate
und Suite hinüberführen, und denken, jene Geigen seien,
wie alles, was vernünftige Menschen thun, doch zunächst für
die Bedürfnisse der eigenen Zeit gemacht. Hören wir dann
aber ein Beethoven'sches Quartett auf denselben prächtigen
Instrumenten, dann freuen wir uns nicht minder, wie sie
auch diesen Werken von ganz anderer Kunst und Art so

sympathisch dienen, ja auch ihnen erst zur vollen Wirkung verhelfen. Das kann eben nur die Geige, das künstlerischste unter allen Musikinstrumenten. Sie überdauert nicht nur lange menschliche Geschlechterreihen, sondern sie dient auch dem wechselnden Geschmack der Generationen mit immer gleicher, bildsamer Treue — vorausgesetzt, daß sie selber von Anfang an vortrefflich war."

Hierzu bemerkte der Kapellmeister: „Jene Ansicht, daß Stradivarius als prophetischer Geigenmacher eigentlich für Beethoven gearbeitet habe, mag zunächst lächerlich klingen, genauer betrachtet birgt sie trotzdem einen feinen und tiefen Sinn. Denn die ganze ältere Instrumentalmusik ist doch eben nur eine Weissagung auf Beethoven, und man kann sagen: nach der geheimnißvollen Oekonomie der Kunstgeschichte mußten Bach und Haydn und Mozart ihre Suiten, Symphonien und Quartette schreiben, damit Beethoven zuletzt der Vollender der absoluten Musik werden konnte. Dem ganzen Volk gehören darum dessen Hauptwerke, während die Schöpfungen der Vorgänger als höchst schätzbares Material der Kunstgeschichte aufbewahrt und studiert werden sollen, und in ähnlicher Weise dienten jene köstlichen Geigen zunächst allerdings den Vorläufern, um bei Beethoven, dem Meister des großen Tones und Striches, erst sich selber zu finden in der Entfaltung ihrer eigensten Kraft."

Der Maler wurde ganz zornig. „Ihr Musiker habt ein wunderliches Bedürfniß, eure Kunst arm zu machen! Haben Sie jemals von einem Poeten gehört, daß Lessing blos gedichtet habe, damit Schiller und Goethe nachher desto besser hätten dichten können, und daß man, wenn alles

Voll den Faust und Wallenstein besitze, den Nathan füglich
den Literarhistorikern überlassen dürfe? Oder haben Sie
ähnliches je von einem Maler oder Bildhauer in Betreff
ihrer Kunst vernommen? Allerdings erhebt sich jeder spätere
große Meister auf den Schultern seiner Vorgänger, und sie
waren in diesem Sinne da, um ihn zu heben und zu tragen.
Zugleich aber schafft jeder echte Künstler, und wenn er auch
nur zu den kleineren Meistern zählt, Werke, welche auf sich
selber stehen, schön und fertig in sich, mag hinterher kommen,
was da will. Jedes Kunstwerk ist eine kleine Welt, die sich
um ihre eigene Achse dreht. Und was ich da von den
Künstlern sage, das gilt auch von den Epochen. Darum ist
Sophokles nicht antiquirt durch Shakespeare, noch Shakespeare durch Goethe; der romanische Baustyl brachte es zu
Werken, die für sich ein Höchstes darstellen, wie der gothische,
wie die Renaissance, obgleich einer aus dem andern hervor-
wuchs. Wenn Sie fleißig in der Bildergalerie verkehren
oder gar dem Trutzverein beitreten wollten, dann würden
Ihnen diese einfachen Grundanschauungen bald geläufig
werden, wie sie längst ein Gemeingut der gesammten Künstler-
welt geworden sind — die Musiker ausgenommen; denn
diese haben ihre ganz aparte Aesthetik und Kunstgeschichte
neuerdings aus dem Aermel geschüttelt.“

„Wie lange Zeit brauchten wir wohl um diese einzige
Frage, die Sie da mit Ihren Cremoneser Geigen hinein-
geworfen, erschöpfend zu besprechen?“ fragte der Kapellmeister.

„Ich dächte vierzehn Tage. Wenigstens würden wir
uns dann erschöpft haben, ob wir aber die Gründe erschöpft
hätten, das bleibt dahingestellt.“

„Dann erlauben Sie mir eine andere Frage, die sich vielleicht rascher erledigen läßt," sagte der Musiker. „Das heutige Programm zeigt nur die Namen längst verstorbener Meister: einem Lebenden ist wohl die Pforte des Trutzvereins völlig verschlossen?"

„Ganz im Gegentheil!" erwiderte der Maler. „Wir geben uns fortwährend die größte Mühe, die Lebenden hereinzuziehen. Aber sie bleiben meist mitten in der Thüre stecken, und zwar aus einem ganz impertinent einfachen Grunde: wir spielen die Componisten der Gegenwart so selten — ich sage es Ihnen ins Ohr — nicht weil wir sie nicht spielen mögen, sondern weil wir sie nicht spielen können. Der moderne Musiker schreibt technisch für virtuosenhaft geschulte Künstler, verlangt aber, daß seine Werke in jedem kunstgebildeten Hause sich einbürgern möchten. Da widerspricht der Nachsatz dem Vordersatz. Denn wer einen Meister genau will kennen lernen und lieb gewinnen, der muß seine Werke nicht blos hören, er muß sie auch selber für sich ausführen. Nur wenn die Dilettanten eine Musik fleißig singen und spielen, wird sie Gemeingut der Nation. Lägen Beethovens Symphonien nicht vierhändig auf allen Clavieren, so würden sie ungeachtet der trefflichsten Concertaufführungen nicht entfernt ihr gegenwärtiges unermeßliches Publikum besitzen. Da hat die Trias Haydn-Mozart-Beethoven einen gar gewaltigen Vorsprung vor Bach, dem großen Polyphoniker, wie vor den gelehrten Romantikern und virtuosenhaften Componisten der Neuzeit: jene Classiker bauten ihre meisten Werke so einfach auf, daß sich der Kunstfreund mit mäßiger Technik den Kern ihrer Wirkung

selber veranschaulichen und sich so aufs Anhören einer vollen
künstlerischen Reproduction vorbereiten kann. Diese ein=
fache Technik, welche z. B. in der C-moll-Symphonie ihren
höchsten Triumph feiert und von Beethoven in seinen Spät=
werken freilich theilweise wieder aufgegeben wurde, war aber
keineswegs ein Zugeständniß an den Dilettantismus; sie war
eine innere ästhetische Nothwendigkeit und Quell zugleich und
Ausfluß des Geistes classischer Harmonie. Die vergleichende
Kunstgeschichte lehrt uns bei allen Künsten, daß mit der ein=
seitig überwuchernden Technik allezeit gleichen Schrittes die
Kunst verfällt. Das ist aber wiederum ein Satz, über
welchen man mit einem Musiker vierzehn Tage streiten kann,
ohne zum Ende zu kommen; kehren wir also lieber zu
unserm Trutzverein zurück. Wenn wir hier auch nur wenige
Werke lebender Meister aufzuführen vermögen, so nützen wir
doch den Lebenden. Wir befriedigen hier im Verein unser
Verlangen nach Tonstücken, welche uns die Musiker nicht
spielen wollen, und gewinnen dadurch Lust, jene anderen
Werke, welche sie uns spielen, in ihren Concerten desto
ruhiger und gerechter anzuhören. In der Bildergalerie
hängen allerlei Meister friedlich nebeneinander, und die Be=
sucher betrachten sich, was sie wollen: in der Musik dagegen
wird fortwährend der Darwin'sche Kampf ums Dasein ge=
kämpft, denn man kann nicht zwanzigerlei Musik zu gleicher
Zeit aufführen. Da heißt es: steh' auf, daß ich mich auf
deinen Stuhl setze! Daher die fieberhafte Gereiztheit bei den
schaffenden Musikern. Einer beneidet und beeifersüchtelt den
Andern, ja die Lebenden sind gar eifersüchtig auf die Todten.
Diese aber erscheinen dann liebenswürdiger als die Lebenden,

weil sie friedliche Leute geworden sind, völlig außer Stand auf ihre allein gültige Mission herrschsüchtig zu pochen und ihre Vorgänger und Nachfolger mit dem Ellbogen hinweg zu stoßen.

„Je öfter wir über diesen einzigen Umstand nachdenken, daß man Musik nur nach einander hören kann, um so sicherer erklärt er uns viele sonst ganz unerklärliche Ungeheuerlichkeiten in unsern jetzigen Musikzuständen. Das einzige Mittel aber dem trostlosen Krieg Aller gegen Alle zu steuern, liegt meines Erachtens darin, daß man möglichst viele Vereine und Concertinstitute gründet, wo möglichst vielerlei gute Musik je in selbständigen Gruppen geübt wird, wo also Jeder nach Geschmack und Neigung finden kann, was er wünscht, und also auch kein Recht mehr hat, sich zu ärgern, wenn Andere Anderes begehren und ausführen. Trutzvereine überall werden zuletzt allen Trutz aufheben.

„Im Hinblick auf die Zukunft ihrer eigenen Werke werden sich dann auch die schaffenden Musiker mit dieser Selbsthülfe der Musikfreunde versöhnen. Wie viele jetzt lebende Componisten halten ein Streichquartett von Andreas Romberg oder Franz Krommer auch nur noch des versuchsweisen Spielens würdig? Und wie viele unter diesen lebenden Componisten haben Leistungen aufzuweisen, die für unsere Zeit einen Rang und Einfluß behaupteten, wie die besten Quartette von Romberg und Krommer für ihre, doch wahrlich nicht schlechte, Zeit? Müssen nun aber jene Quartette jetzt nothwendig zum alten Eisen geworfen werden, wie wird es dann in fünfzig Jahren gar erst unsern stürmischen Zeitgenossen ergehen, die um so wegwerfender über jene alten Zöpfe aburtheilen, je weniger sie dieselben kennen? Gedenken Sie Ihrer eigenen Zukunft, und Sie werden besonnener und gerechter die Vergangenheit würdigen!

„Im Studium der größten Meisterwerke demüthigen wir Maler uns, wenn wir stolz werden; im Anblick der guten Bilder kleiner Meister erheben wir uns, wenn wir verzagen wollen. Ich weiß, daß ich kein Raffael oder Dürer bin, aber ich habe doch manches Bild gemalt, das sich in unserer Zeit mit Ehren sehen lassen darf. Wenn ich nun klein-müthig werde, und denke, was bedeuten selbst deine besten Leistungen? sie versinken wie Welle um Welle in dem un-geheuren Strom des Besten und Guten, welchen die Jahr-hunderte daher wälzen und immer riesiger wachsend, weiter wälzen werden — — dann flüchte ich mich in die Galerie. Da sehe ich — mein Blick schweift aufs Gerathewohl — einen stolzen Tintoretto, der uns noch immer frisch und lebendig anspricht, obgleich er weitaus kein Tizian ist — oder ein gediegenes Porträt von Christoph Schwarz, dessen gesunde Charakteristik selbstgewiß und nothwendig, wie die Natur wirkt, obgleich es kein Dürer oder Holbein — oder eine geistreiche Landschaft von Waterloo, die nicht ganz un-würdig neben Ruysdael hängt. Und ich denke: sind die besseren Werke solcher und zahlloser anderer Meister zweiten und dritten Ranges durch Jahrhunderte lebendig geblieben, dann könnte es ja auch einzelnen deiner besten Werke ähn-lich ergehen, und so finde ich Muth und Begeisterung, fröh-lich wieder zum Pinsel zu greifen.

„Achten Sie doch auf ein sehr merkwürdiges Zahlen-verhältniß. Es gibt gewiß mehr als zweihundert ältere

Maler, die man gute Meister nennt, deren Bilder im öffentlichen und Privatbesitz fortwährend lebendig wirken, und
im Kunsthandel mit weit höheren Preisen bezahlt werden,
als den Künstlern jemals zu Lebzeiten geboten wurden.
Mögen viele dieser Bilder auch alterthümlich sein, veraltet
nennt man sie nicht. Nun zählen Sie einmal jene ältern
Musiker, welche man allgemein gute und noch heute lebendige Meister nennt! Sie bringen vielleicht fünfzehn Namen zusammen, die man allerseits unbestritten gelten lassen wird, dann
noch etwa zwanzig weitere, die man Ihnen je nach dem Partei-
standpunkte verwirft oder zugesteht. Hiermit sind wir aber fertig.
In einem Jahrhundert haben die Holländer allein, wie es scheint,
mehr gute Maler aufzuweisen, deren Kunst heute noch lebendig
wirkt, als alle Nationen Europa's gute fortwirkende Musiker
während dreihundert Jahren. Dies ist aber nur ein Schein.
In der That besitzen wir eine große Zahl von guten Componisten, deren Werke noch höchst lebensfähig wären. Aber
der „Kampf ums Dasein" hat sie hinweggebissen; sie sind
nur noch Material für den Musik=Historiker; dieser aber
wird nur von den wenigsten seiner Leser verstanden, eben
weil sie das Material nicht kennen, welches er darstellt.
Sind das nicht trostlose Zustände? Der ehrgeizige Kunstjünger, welcher sieht, daß in der Musik Vergangenheit und
Vergessenheit mehrentheils gleichbedeutend sind, klammert sich
dann krampfhaft an die Gegenwart, indem er sich in blinder
Hoffart über alles Maß aufbläst, die Gunst des Augenblicks
verzweifelnd festzuhalten und zu steigern sucht, und der eigenen drohenden Zukunft so wenig gedenkt wie der fremden
Vergangenheit. Darum wuchert dann auch die Reclame,

welche sonst der deutsche Künstler tief unter seiner Würde
fand, neuerdings bei einzelnen Musikern und ihrer Gefolgschaft derart, daß selbst der berühmte Scheerenschleifer Walcott
sich beschämt überwunden erklären muß."

V.

Wochen vergiengen. Der Maler bemerkte, daß der
Musiker inzwischen öfters nachdenklich durch die Säle der
Galerie strich. Er trat ihm eines Tages in den Weg, und
fragte: „Sie kommen ja recht fleißig hieher; sind Sie ein
so großer Bilderfreund geworden?"

„Nein! Ich besuche die Bilder als Musiker. Ich er-
wäge, wie nun alles in unserer Kunst wäre, und würde,
wenn wir's ähnlich gut hätten wie Sie. Und dazu will ich
meine Schwäche gestehen: ich suche mir Muth im Anblick
der kleinen Meister, und dachte eben: wenn dieser Hühner-
hof von Hondekoeter, auf welchem sich zwei Hähne beißen,
zweihundert Jahre Stich gehalten hat, sollte dann meine neue
große Es moll-Symphonie in sechs Sätzen, wo sich die ganze
Welttragik des Menschenherzens in streitenden Tonheeren
auskämpft, nicht wenigstens fünfzig Jahre überdauern?"

Der Maler gerieth in komische Verzweiflung. „Sie
machen einen bedenklichen Gebrauch von meiner goldenen
Regel! Die Hühnerhöfe, lieber Freund, pflegen im allgemeinen weit dauerhafter zu sein als die Welttragik des
Menschenherzens, und ein kleiner Maler leistet nur dann
großes, wenn er sich einen bescheidenen Stoff wählt, den er
ganz zu beherrschen vermag. Ich versprach Ihnen übrigens

zu zeigen, welchen Gebrauch ich von meiner Skizze nach Dietrich,
von meinem mehrtägigen Plaudern mit dem alten Herrn gemacht habe. Wollen Sie mich auf mein Atelier begleiten?"

Der Kapellmeister fand dort ein historisches Genrebild
seines gestrengen Freundes, äußerst farbenkräftig gehalten
und fast vollendet auf der Staffelei. Die Skizze nach Dietrich
war unmittelbar daneben aufgehangen. Lange verglich der
Musiker beides mit einander, er suchte nach irgend einer
Nachahmung des Motivs der Skizze, konnte aber nichts der
Art finden; es bestand augenfällig gar kein Zusammenhang
zwischen der Skizze und dem Gemälde.

Nachdem er seine Verwunderung darüber ausgesprochen,
meinte der Maler: „Es wäre dann doch auch traurig, wenn
ich den alten Dietrich bestohlen hätte! Ich will Ihnen erklären, wie er mir geholfen hat. Sein Bild hat einen ganz
originellen warmen Goldton; man merkt die ausklingende
Rembrandt'sche Schule. Dieser Ton reizte mich zu einer
contrastirenden und doch innerlich verwandten Farbe, zu
dem warmen Grün, welches Sie auf meinem Bilde bemerken
werden. Ich stimmte meinen Ton weit tiefer als Dietrich
den seinigen, und fand da im steten Anblick der Skizze
während der Arbeit einen Maßstab, der mich zur Steigerung
reizte. Hätte ich mir ein Rembrandt'sches Bild so hart neben
die Staffelei gestellt, so würde der gewaltige Colorist viel
zu fesselnd, er würde lähmend auf mich gewirkt haben; mit
Dietrich konnte ich's schon wagen. Uebrigens glaube man
ja nicht, daß ein Künstler jemals ganz aus sich heraus er-
finde. All unser Schaffen knüpft, bewußt oder unbewußt,
an früher Gehörtes und Gesehenes, wie unsere Phantasie

überhaupt nichts anderes ist, als das activ gewordene Gedächtniß. Man denke sich Mnemosyne männlich, so wird sie
zum Phantasus.“

„Da werfen Sie eine neue Frage herein,“ rief der Musiker,
„über welche wir so wenig zum Schluß kommen würden, wie
über die früher erörterten. Wir führen den dialogue de mais,
wie Voltaire sagt: Jeder antwortet dem andern fortwährend mit
einem Aber, und nachdem alle einzelnen Aber beseitigt sind,
bleiben Beide zuletzt in dem größten Fundamental-Aber stecken.“

„Und dies wäre die ganze Frucht unserer Debatte?“
fragte der Maler.

„Nicht doch!“ entgegnete sein junger Freund. „Ich bekenne, daß ich unter der Hand ein altes Notenbuch studiert
habe, welches schon jahrelang unbeachtet unter meinen aus-
gemusterten Musikalien liegt. Ich fand es neulich so auf
den ersten Griff: es ist die gedruckte Ausgabe von Philipp
Emanuel Bachs Gellert-Liedern. Das Singen und Spielen
dieser spröden, zopfigen, geistreichen, sinnigen Lieder ist mir
eine erfreuliche Buße, die mir zum Genusse wird. Die Musik
ist oft weit schöner als das Gedicht.“

„Und doch,“ fiel der Maler ins Wort, „kennt ganz
Deutschland diese großentheils veralteten Gedichte, und sie
werden immer wieder neu gedruckt; die viel schönere Musik
Philipp Emanuels kennen wohl kaum hundert Menschen.
Jeder deutsche Dichter, bis zum modernsten Stürmer und
Dränger hat den alten Gellert irgend einmal gelesen. Keiner
glaubt, daß diese Lectüre ihn am Ende gar zu altmodischer
Schreibart verlocke oder den freien Adlerflug seines schlecht-
hin originalen Genius hemme! Wie viel hat die Musik doch

nachzuholen, um mit der Gesammtbildung unserer Zeit in vollen Einklang zu kommen!"

Der Kapellmeister mußte dem Maler recht geben. Aber er war ungewiß, ob er ihn lieber zerreißen oder ihm die Hand drücken solle. Dieses Doppelbestreben hielt sich in sich selber in der Schwebe, und so brachte er zuletzt nichts weiter heraus, als eine gleichfalls schwebende Frage: „Ob wir beide uns wohl ganz verstehen?"

„Vielleicht nicht ganz!" erwiderte der Maler. „Aber wir haben uns gegenseitig zum Vergleichen und Nachdenken angeregt; wir haben uns von Grund aus beunruhigt, und Sie haben insbesondere Ihr Auge auf einen Punkt wenden müssen, wo es fehlt in Ihrer Kunst; Sie werden es nicht wieder abwenden können, Sie werden den Aufruhr nicht wieder los werden, den der eine Blick der Erkenntniß in Ihnen angefacht hat. Das ist wenig und sehr viel!"

So schieden sie.

*   *   *

Ich richte die Frage des Kapellmeisters auch an Sie, meine verehrten Zuhörer! „Ob wir uns wohl ganz verstehen?" — Und Sie antworten am Ende mit dem Maler: „Vielleicht nicht ganz!"

Aber wenn ich Sie zum Vergleichen und Nachdenken angeregt, wenn ich Gedanken über die moderne Bewegung der Musik in Ihnen geweckt, gleichviel ob gegnerische, ob beifällige, ja ich sage es gerade heraus, wenn ich Sie recht beunruhigt habe, dann können auch wir befriedigt von einander scheiden. Denn die Unruhe führt zur Arbeit und die Arbeit zur Erkenntniß, in welcher wir die Harmonie uns selber erringen.

Die Zopfperiode des deutschen Liedersatzes.

(Diesem und dem folgenden Vortrag liegen zwei umfassendere Vorlesungen über das deutsche Lied des 18. Jahrhunderts zu Grunde, welche ich 1857 und 1861 im „Chemischen Laboratorium" zu München hielt.)

I.

Wir belauschen das Gemüth des Volkes in seinen Liedern, wir empfinden ihm nach, was es empfunden hat. Dies gilt nicht blos von dem naiven Volk und den sogenannten „Volksliedern," es gilt von allem Volke, also auch dem gebildetsten, sofern es uns nur als ein Ganzes entgegentritt und in einer genügend entfernten Sehweite für den Beobachter. Da gewinnt dann selbst das individuellste Kunstlied die Bedeutung eines Volksliedes, nicht, weil es sich im Volke weiterbildete, wie der ächte Volksgesang, sondern lediglich, weil es von den Gebildeten allgemein gesungen wird, ihre Gemüthsstimmung gleicherweise beeinflussend und aussprechend. Heutzutage singt man mit Vorliebe Schubert und Schumann: ein künftiger Beobachter wird aus dieser Thatsache berechtigte Schlüsse ziehen auf die Empfindungsweise der gebildeten Kreise unserer Zeit, und wenn deren Herzschlag längst erstorben ist, wird er ihn noch nachempfinden

und kritisch nachweisen in den Tönen dieser heute maßgeben=
den Lieder. Wie ganz anders empfanden unsere Großväter
und Großmütter, wenn sie im geselligen Kreise Schulze's
und Reichardts helle, einfache Liedchen anstimmten und der
Chor zu jeder Strophe im Rundgesange einfiel! Man ver=
suche eine Reihe solcher alten Lieder unter Freunden wieder
vorzutragen, man versuche jenen ungeschulten Chorus im
Unisono wieder einfallen zu lassen: der Eindruck wird ein
ganz eigenthümlicher sein, — es wird uns durchschauern, als
ob der Geist der Vergangenheit leibhaft und lebendig wieder
unter uns trete.

Durch die Zauberformel des Liedes möchte ich nun
auch in dieser Stunde den Geist einer vergangenen Zeit be=
schwören. Aber ich greife noch um weitere fünfzig bis siebenzig
Jahre zurück über die Jugend unserer Großväter und über
Schulze und Reichardt hinaus.

Ich versetze Sie in die erste Hälfte des achtzehnten
Jahrhunderts.

Ob die deutschen Bauern damals schon wieder so gut
singen gelernt hatten wie vor dem dreißigjährigen Kriege,
das weiß ich nicht. Aber gewiß ist, daß der gedrückte, in's
Kleinleben zurückgedrängte Bürger, der Gebildete, noch nicht
recht vermochte, seines Gemüthes im Liede froh zu werden.
Die Noth lehrt bekanntlich zunächst beten, — nicht singen.
Und so würde jene Zeit dem Kunstforscher geradezu ge=
müthsarm und gemüthlos erscheinen, wenn die kunstvoll
erhabene religiöse Musik Bachs und Händels nicht bewiese,
daß sich die Aussprache des Gemüthes in die Tiefen der
religiösen Geheimnisse zurückgezogen und dort lebendig er=

halten hätte. Nur weil und wo man das Beten nicht ver=
lernte, hatte man dazumal auch das Singen nicht verlernt.

Aber die Kirchenmusik war eine Welt für sich, und
Bach und Händel stehen in ihrer Zeit als erhabene Aristo=
kraten des Genius; ihre Aufgabe zielte nicht auf das kleine
Lied, welches den Spuren des dichtenden Lyrikers folgend,
das Gemüthsleben des häuslichen und geselligen Kreises aus=
sprechen und verschönern will. Und eben nur auf dieses
Lied wende ich hier mein Augenmerk.

Zu Gehör bringen kann ich Ihnen nun freilich jene
alten Lieder nicht, aber ich kann Ihnen wenigstens erzählen,
wie sie gedacht und gemacht sind, wie die Zeitgenossen dar=
über urtheilten, und wie sich die musikalische Liebesweise
zur lyrischen Poesie der Periode verhielt.

II.

„Zwölf teutsche Sing=Oden, beym Clavier zu singen,
verfertiget von Hieronymus Christoph Rohleder". — so un=
gefähr lauten die Titel der meisten Liederhefte aus dem
Anfange des vorigen Jahrhunderts. Schon dieser Titel ist
ein ganzes Stimmungsbild.

Die deutschen Dichter „verfertigten" damals noch
Gedichte, und die deutschen Musiker „verfertigten" dürftige,
winzig kleine Lieder, welche sie „Oden" nannten. Im Ora=
torium, im Kirchen= und Opernsatz blühte eine ächte und
erhabene Kunst, im schlichten deutschen Liede hingegen
florirte das Handwerk. Wie hätte der Componist auch

ein Lied, welches der Dichter blos verfertigt hatte, wahr-
haft in Tönen umdichten können? Harsdörffer hatte einen
Nürnberger Trichter für die Poeten geschrieben und Martin
Heinrich Fuhrmann verfaßte 1706 einen Berliner Trichter
für die Sänger. Die lebendigste Kunst und das todteste
Handwerk streiften in dieser Musikperiode hart aneinander.
Schrieb doch Kirnberger noch 1757 seinen „allezeit fertigen
Polonaisen- und Menuettcomponisten," damit sich auch der
unmusikalische Mensch „durch rein arithmetische Manipula-
tionen so viele Polonaisen und Menuetten componiren könne,
als ihm beliebe," und Philipp Emanuel Bach setzte, halb
im Scherz, halb im Ernst, seinen „Einfall" daneben, „einen
doppelten Contrapunkt in der Oktave von sechs Takten zu
machen, ohne daß man die Regeln wisse."

Nun läßt sich aber bekanntlich in Poesie und Musik nichts
weniger „verfertigen" als das Lied, welches die unmittelbarste
Empfindung in der knappsten Form aussprechen, welches ohne
alles Machwerk zum Herzen tönen soll. Kein Wunder, daß
das Lied verachtet war, so lange man auf das Verfertigen
das höchste Gewicht legte; denn man mochte sich drehen, wie
man wollte: es war doch nicht viel zu verfertigen am Liede.
Also steckte auch nach den Begriffen jener Zeit im Liede nur
sehr wenig Musik und noch weniger Kunst.

Man könnte die erste Hälfte des achtzehnten Jahrhunderts
darum kurzweg auch als die Periode der Verachtung
des deutschen Liedes bezeichnen.

Zeugnisse der Zeitgenossen für jenes harte Wort gibt
es in Fülle. Die Tonsetzer selber achteten ihre eignen Lieder
gering, sie waren Nebenarbeit, Spielerei. Als bloser Lieder-

componist konnte sich Niemand einen musikalischen Namen
machen. Obgleich gar viele, ja viel zu viele Lieder gesetzt
wurden, erschienen sie doch häufig anonym. Bei den zahlreichen Liedersammlungen weiß man oft nicht, ob der auf
dem Titelblatt genannte Autor nicht blos der Sammler und
Herausgeber ist. Die Berliner Schule der fünfziger Jahre
bezeichnet in dieser Aeußerlichkeit wie in wichtigeren Dingen
den Uebergang zu den namhaften Meistern des Liedes.
In den unsern Kennern wohlbekannten, gesammelten „Oden
mit Melodien," Berlin bei Birnstiel 1753, sind weder Componisten, noch Dichter genannt. Erst nachträglich theilt
Marpurg in seinen „historisch=kritischen Beiträgen" — „mit
vermuthlicher Erlaubniß der Herren Autoren" — die
Namen mit, und wir sehen, daß wir sowohl die bedeutendsten Poeten des Hagedorn=Ramler'schen Kreises, wie die
besten Berliner Musiker, Graun, Quanz, Bach, Krause,
Benda, Agricola u. A. vor uns haben. Von da an pflegte die
Berliner Schule, wenigstens in der Regel den Namen des
Componisten des Nennens werth zu achten. In Norddeutsch=
land schrieb man seitdem auch meist den Namen des Dichters
hinter den Text, im Süden dagegen wird noch ein Menschenalter später selbst in vielen größeren Liedersammlungen (z. B.
in der Mannheimer Ausgabe von Haydns Liedern) kein Dichter
genannt; denn nach altväterlichem Herkommen galt hier das
Gedicht nur für die Leinwand, auf welche der Componist
sein Tonbild malte.

Wo sich aber bedeutendere Musiker fast schämten, als
Liedercomponisten offen hervorzutreten, da nahmen natürlich
auch die Biographen und Literatoren von solchen Werken

kaum Notiz. Daraus erwächst dem Forscher große Mühsal.
Er muß nicht blos die Quellen, d. h. die alten Liederwerke,
durcharbeiten, sondern vorerst ermitteln, wer denn überhaupt damals in bedeutsamer Weise, oft anonym oder pseudo-
nym, Lieder gesetzt habe? Wenn vereinzelte gelegentliche
Versuche, wie z. B. die zwei Lieder Seb. Bachs durch hundert
Jahre vergraben lagen, so hat das nicht viel auf sich. Dergleichen kleine Gelegenheitsarbeit wird in aller Literatur
und Kunst selbst bei den größten Meistern noch täglich neu
entdeckt; sie kann die Physiognomie des Künstlers mit einem
neuen feinen Zuge bereichern, nicht aber die Kunstgeschichte
mit einer neuen Thatsache. Wenn dagegen bei dem Dramatiker Gluck so lange Zeit vergessen blieb, welchen Umschwung derselbe durch seine leitenden Grundideen, wie durch
wenige aber um so gewichtigere Musterstücke in der Behandlung des deutschen Liedes anbahnte, oder wenn wir den
Theoretiker Marpurg nur noch als einen Mann des General-
basses und der Musikgeschichte kennen, dagegen ganz vergessen
haben, daß derselbe Marpurg ein gut Theil seiner Kraft an
eine gereinigtere Lehre vom deutschen Lied setzte und an
praktische Versuche in der Liedercomposition, so sind dies
offenbare Lücken in der Kunstgeschichte. Die Schuld trifft
freilich die Masse der gedankenlos nachschreibenden späteren
Historiker, noch viel mehr aber die kritischen Zeitgenossen
jener Meister selber, welche die Arbeit am Liede gar nicht
besonderen Aufhebens werth achteten. Der Engländer Burney,
dessen musikalisches Reisetagebuch von 1770 eine stets von
neuem ausgeschöpfte Quelle geworden ist, gedenkt kaum
irgendwo des damals so fröhlich aufblühenden deutschen

Liebes: dennoch nimmt es ihm Forkel gewaltig übel, daß
er neben ehrsamen Zunftmusikern auch „ächte Bänkelsänger"
auf's genaueste beschrieben habe. Wie wichtig sind uns dagegen gerade Burney's Notizen über einen „Bänkelsänger,"
wie Hiller, eben weil dieser ein Vater des modernen Liedes
war und zwar zumeist da, wo er für Forkel am entschiedensten Bänkelsänger gewesen! Wie treffend dünkt uns jetzt
das Urtheil des Engländers, wenn er erzählt, auf der
Floßfahrt von München nach Wien habe er aus dem Munde
bayrischer und östreichischer Bauern erst ächte deutsche Lieder
kennen gelernt, während man in den Kunstkreisen der Musik-
städte nur italienisirte Lieder zu hören bekomme! Darüber
konnte der zunftgerechte Musiker jener Zeit nur die Achsel
zucken, und Forkel meinte ein andersmal mit einem Seitenblick auf Lied und Arie: „Es gibt eben Liebhaber, die an
einer musikalischen Kartoffel eben so viele Freude finden, als
Andere an einer musikalischen Ananas!"

Solche Worte erregten nun in den siebenziger Jahren
freilich schon starken Widerspruch, allein sie konnten noch
als Stichwörter einer mächtigen Partei gesprochen werden;
in der Zeit der „verfertigten Lieder" dagegen, in der ersten
Hälfte des Jahrhunderts, wagte kaum Jemand sich zu rühren
wider derlei Machtsprüche. Es war dies die rechte Zeit der
Verachtung des deutschen Liedes.

Wie man jetzt ein gutes Lied herabsetzen würde, wollte
man es eine Arie schelten, so sprach man damals seine Ge-
ringschätzung gegen eine Arie aus, indem man sie ein
Lied schalt. In diesem Sinne soll Sebastian Bach Hasse's
Arien verächtlich „die schönen Dresdner Liedchen" genannt

haben. Das gut deutsche Wort Lied ward überhaupt als
gar zu volksmäßig und bänkelsängerisch gemieden und auch
der schlechteste Gassenhauer hieß, wofern er gedruckt wurde,
eine „Singode," eine „Ode" schlechtweg, ein „Gesang,"
wohl gar eine „Arie." Schon von Standes wegen wurde
dieselbe Weise, welche in eines Bauern Mund ein Lied
gewesen, im Munde einer Standesperson zur Arie oder
Singode. Noch in Don Carlos singt die Prinzessin Eboli
ihre „liebste Arie" zur Laute, als sie sich vom Infanten überraschen läßt, und sogar die Lieder in den „Räubern" bezeichnete man damals noch mit dem vornehmen Musikantenaus-
druck als Arien. (In der Vorrede zur 2. Aufl. der Räuber
(1782) heißt es am Schluß: „Ein Meister setzte die Arien,
die darin vorkommen in Musik, und ich bin überzeugt, daß
man den Text bei der Musik vergessen wird." Dieser Meister
war der damals zweiundzwanzigjährige Zumsteeg.)

Rousseau in seinem musikalischen Wörterbuch (1766) weiß
noch nichts vom deutschen Lied, und welch niedrigen Begriff
er von dem volksthümlich ächten, damals zum Frommen
der französischen Kunstmusik schon so glücklich ausgebeuteten
„Chanson" hatte, erhellt aus seiner ergötzlichen Definition
des Wortes. Er sagt: „Chanson ist ein ganz kleines lyrisches Gedicht, welches sich gemeinhin um irgend einen angenehmen Gegenstand dreht. Man paßt ihm eine Sanges-
weise an (un air), um das Chanson im trauten Kreise zu
singen, etwa bei Tisch, unter Freunden, mit der Geliebten,
oder sogar auch für sich allein: der Reiche, daß er auf
einige Augenblicke die Langeweile banne, der Arme, daß
er leichter sein Elend trage und seine Arbeit." Ganz würdig

dieſes Begriffes beginnt dann auch Rouſſeau ſeine Eintheilung der Chanſons mit den airs de table.

Obgleich der Deutſche des achtzehnten Jahrhunderts
wohl oft genug den Italienern, nicht aber den Franzoſen
den Rang vor der vaterländiſchen Muſik einräumte, ſo über-
ſchrieb er ſeine Liederhefte doch manchmal ſogar: airs et
chansons, nur um das fatale deutſche „Lied“ zu vermeiden.
Das hat ſich nun ſeltſam gedreht; denn ſeit Alfred de Muſſets
Vorgang nennt ſelbſt der Franzoſe das deutſche Lied „le
Lied“, weil er inzwiſchen gelernt hat, daß der Begriff ebenſo
ausſchließend deutſch iſt, wie das unüberſetzbare Wort, und
während ſonſt manches ſchlechte deutſche Lied behufs der
Standeserhöhung Chanſon getauft wurde, läuft jetzt manche
Weiſe als „un Lied“ in Frankreich um, die doch eigentlich
nur ein verdorbenes Chanſon iſt.

Es iſt überhaupt ein wunderlich Ding um den Curs
der Wörter und Begriffe, und doch iſt andererſeits ſo viel
hiſtoriſche Vernunft in all der Wunderlichkeit! Als die Lieder
zum Arien- und Odentitel aufgeſtiegen waren (dieſes Avan-
cement beginnt ſchon im ſiebzehnten Jahrhundert), wollten
nachgerade die Muſikanten auch nicht mehr Muſikanten heißen.
Mitzler tadelt es in ſeiner muſikaliſchen Bibliothek (1738),
daß Scheibe „den Herrn Hofcompoſiteur Johann Sebaſtian
Bach den vornehmſten unter den Muſikanten in Leipzig“
genannt habe und meint, man ſolle ihn füglicher einen „Virtuoſen“ nennen. Allein der „Muſikant“ bezeichnet denn doch
den Meiſter der ganzen Muſik, Virtuos, nur den Mann der
Fertigkeit und der äußern Mache. Welch eine Entwürdigung
dünkt es uns jetzt wieder von dem Virtuoſen Bach zu reden!

Gottſched, der Diktator der verfertigten Poeſie, ſchlug ſtatt
Muſikant gar „Spielmann" vor, und Mizler entgegnete ihm
mit Recht, das heiße den Titel nicht erhöhen, ſondern herab=
drücken, denn Spielleute ſeien ja gerade die gemeinſten Muſi=
kanten. Den Grund aber, warum der Spielmann gemeiner iſt
als der Muſikant, blieb Mizler ſchuldig, weil er ſo wenig wie
Gottſched von dem innern Unterſchied des ſchöpferiſchen und
des blos fertig reprobucirenden und ſpielenden Tonkünſtlers
eine Ahnung hatte. Muſikanten können ein Lied componiren,
Virtuoſen können es nicht, ſie bringen es höchſtens zur Ver=
fertigung einer „Singode," dem Zwitter von Lied und Arie.

III.

Statt weitere Zeugen für die undankbare und unge=
ſchickte Pflege des deutſchen Liedes in der erſten Hälfte des
vorigen Jahrhunderts abzuhören, dürfte es indeſſen nützlicher
ſein, den Gründen tiefer nachzugehen, woraus jener Zu=
ſtand entſprang.

Seit dem ſechzehnten Jahrhundert hatte ſich die deutſche
Muſik dem Liede äußerſt fleißig zugewandt, und ſelbſt in
den traurigen Tagen des dreißigjährigen Krieges war das
Lied unſern gequälten und verkümmerten Vorfahren ein
Quell der Freude und des Troſtes. Es iſt faſt rührend,
wenn Michael Altenburg noch vom Jahre 1620 ſchreibt,
daß „an allen Orten (namentlich in Thüringen) Muſica in
vollem Schwange gehe" und es tröſtet uns heute noch, aus
den vielen Auflagen von Heinrich Alberts acht Liederheften
zu erſehen, daß ſelbſt in der ſchauerlichen zweiten Hälfte

jenes Krieges und unmittelbar nach demselben von allen
Künsten fast nur die Lyrik, die poetische wie die musikalische,
nicht ganz konnte todtgeschlagen werden.

Allein jene alten Lieder, die gleichzeitig mit der volksthümlichen Poesie des sechzehnten Jahrhunderts am reichsten blühten
und mit den vereinzelt verklingenden Dichterlauten eines
Paul Gerhard, Flemming und Simon Dach auch musikalisch
allmählig abwelkten, sind weltweit verschieden vom modernen
Liedersang, wie er im Ausgang des siebzehnten Jahrhunderts
anhob, im achtzehnten und neunzehnten sich erweiterte und
vollendete.

Ich kann diesen Grundunterschied mit Einem Satze klar
andeuten: das alte Lied war vielstimmig, von keinem Instrument begleitet; enge sich anlehnend an die contrapunktische Kunst des Kirchensatzes nahm es in seinen Tenor Volks-
weisen auf und vernichtete sie zugleich wieder im Gewebe
der Stimmen. Auch der Text geht unter in der harmonischen Ueberfülle des Gesanges. Das neuere Lied dagegen
ruht zunächst auf einstimmiger Melodie mit begleitendem Instrumente; es contrapunktirt nicht mehr gegebne Themen des
Volksgesanges, es ringt vielmehr dem Volksliede selbstständig
nach und da es die Musik dem Texte bald gleich zu ordnen,
bald dienstbar zu machen strebt, so mußte es mehr in dem
subjectiven Pathos der Opernarie und der gleichzeitig aufkeimenden höhern Instrumentalmusik als in dem Kirchensatze
ein weiteres Vorbild suchen.

Der scheinbar sehr äußerliche Umstand, daß seit der
Mitte des siebzehnten Jahrhunderts das einstimmige, blos
vom Basso continuo des Klaviers begleitete Lied maßgebend

wird, während vordem der vielstimmige reine Gesang den
Mittelpunkt der Kunst des Liedersatzes gebildet hatte, schließt
eine wahre technische und ästhetische Revolution in sich. Es
beginnt eine von Grund aus neue Epoche, welche nun bereits zweihundert Jahre währt; denn wenn wir neuerdings
auch vielfach wieder vierstimmige Lieder singen, so sind doch
selbst diese aus dem Geiste unserer Klavierlieder hervor-
gewachsen, und man braucht nur die zumeist bahnbrechenden
Liedercomponisten der klassischen und romantischen Zeit zu
nennen, um schon in den bloßen Namen jedem Kundigen
die unbedingte Herrschaft des Klavierliedes ins Gedächtniß
zu rufen: Hiller, Schulze, Reichardt, Mozart, Zelter, Weber,
Schubert, Mendelssohn, Schumann.

Es heischte aber eine lange Uebergangszeit, um aus
dem contrapunktisch vielstimmigen Satze, in welchem man
sich so recht gründlich eingesungen zu einer einfachen, blos
vom Klaviere begleiteten Liedermelodie vorzuschreiten. Gab
es doch Virtuosen des Singens und Setzens, die ein mehr-
stimmiges Lied singend improvisiren konnten, die ein damals sogenanntes Quodlibet im strengen Satze aus der
Faust sangen, indem sie sich nach hergebrachtem Leisten
gegenseitig die Stimmführung am Mund absahen! Solche
brodlosen Kunststücke mußten erst wieder verlernt werden, man mußte sich einer das Gedicht erstickenden con-
trapunktischen Ueberfülle entäußern, um eine schlichte, aber
das Texteswort charakterisirende Melodie dafür zu gewinnen.
Und um jenes alte Lied zu verlernen, brauchte man beiläufig
hundert Jahre. Das sind jene mageren hundert Jahre von
1650 bis 1750, die Zeit der Verachtung und Verkennung

des deutschen Liedes und doch eine Zeit der Zucht und des Vorstudiums für das reiche Jahrhundert, welches folgte.

Man sprang, wie bei allen Revolutionen, von einem Extrem mit gleichen Füßen in's andere. Statt der gesuchten Einfalt kam zunächst das Einfältige, statt des knappen Maßes Armuth und Leerheit. Gelehrte vier= und mehr= stimmige Contrapunkte waren zu viel gewesen für einen schlichten Liedertext; nun setzte man blos eine dürftige, nüch= terne Baßstimme zu einer gegebenen Melodie und dies war zu wenig. Wurden doch selbst Telemann's „für fast alle Hälse bequemen" Lieder (1741) noch besonders deßwegen als „ächte Oden" gerühmt, weil man sie eben so gut ohne alle Begleitung als mit dem blosen Generalbaß spielen könne! Allein in der wahren Musik gibt es keine Stimme, die man ad libitum beifügen oder weglassen mag, und das ganze achtzehnte Jahrhundert mußte reichlich Lehrgeld zahlen, bis wir im neunzehnten gelernt hatten, daß alles ad libi- tum im Satze entweder zu viel ist oder zu wenig. Kann uns doch auch das deutsche Volkslied schon zeigen, welch tiefes Bedürfniß nach harmonischer Vertiefung des Ausdruckes unsere Weisen in sich tragen! Die Melodie selbst unserer leichtesten Volkslieder sehnt sich fast durchweg nach einer zweiten oder gar dritten Stimme, und schon vor hundert Jahren bewunderte Burney gerade dies als einen dem deut- schen Volke eingeborenen musikalischen Zug, daß unsere Bauern kaum ein Lied ersinnen können, welches nicht von Anbeginn wenigstens zweistimmig gedacht ist.

Die meisten Menschen halten das Einfachste in der Kunst für das Leichteste, da es doch oft gerade das Schwerste ist. So glaubte nun Jeder ein Lied setzen zu können, weil man die Lieder so gar einfach begehrte. Ich sagte, es habe ein Jahrhundert bedurft, um die alte Kunst des Liedes zu verlernen. Allein „verlernen" ist ein ander Ding, als „nichts lernen." Man sollte ja nur die alte kirchenmäßige Polyphonie des Liedes verlernen, lernen dagegen sollte man neue, rhythmisch und melodisch reichere Formen und einen neuen Geist des Liedes. Viele glaubten aber, wer überhaupt nichts gelernt habe, der sei der berufenste Liedermeister. So öffneten sich alle Schleußen; die gedankenlose, zuchtlose Masse der Kunsthandwerker bemächtigte sich des Liedes und die wahrhaft Berufenen zogen sich nicht selten trutzig und zunftstolz zurück. Jeder Stümper „vermelodeite" seine Oden (wie es in der geschraubten Zopfsprache hieß) und die Meister vermalebeiten dann mit jenen Stümpern zugleich die ganze Odenschreiberei. Noch im Jahre 1775 schrieb der Aesthetiker Schubart in seinen Schriftchen „von der musikalischen Deklamation": „Lieder und Oden werden für eine Kleinigkeit angesehen und von Anfängern gewöhnlich zum ersten Gegenstande ihrer musikalischen Arbeit gewählt, da sie doch mit der größten Behutsamkeit behandelt und in gewissem Betracht billig erst das Probestück eines Meisters sein sollten."

So schrieb ein Aesthetiker. Die Musiker hatten viel Musik verlernen und viel künstlerische Bildung, viel Verständniß der Poesie erringen müssen, um die Kleinigkeit eines Liedes rund zu kriegen. Sie mußten namentlich durch lange Lehrjahre zu der Einsicht kommen, daß ein Tonstück im Satze höchst rein und schön und doch ästhetisch unrein sein kann, und diese innere Correctheit erprobt man nirgends

leichter, als im einfachen Liedersatze. Schon in der Mitte
des siebzehnten Jahrhunderts, just zur selben Zeit, wo der
objective vielstimmige Liedergesang in das bewegtere farben-
vollere Tongebicht des modernen Klavierliedes überging, hatte
der Philolog Isak Vossius in fast prophetischem Geiste die
Worte geschrieben: „Kurze Sylben verlängern unsere heutigen Musiker und lange verkürzen sie wider die Natur der
Sprache, ein einziges Wort wiederholen sie oft zehnmal und
verunstalten und verstümmeln durch dieses Verfahren die
wahre und richtige Aussprache so sehr, daß man nicht im
Stande ist, den Inhalt ihres Liedes zu begreifen. Mit einziger Ausnahme des theatralischen Recitatives hört man jetzt
kaum noch eine Musik, in welcher gehörig auf den Verstand
der Worte gesehen wird." Und Vossius meint dann weiter,
es scheine den jetzigen Tonsetzern zwar nicht am Gehör, sehr
oft aber am Gehirn zu fehlen.

Schon der äußere Anblick der Liederhefte aus der ersten
Hälfte des vorigen Jahrhunderts gibt uns das lebendigste
Bild jenes lyrischen Interregnums.

Es sind oft hunderte von Liedern zu einem Band vereinigt, namenlose oder gesammelte Arbeiten neben namhaften;
gattungsmäßige Stickarbeit. Kein einzelner Meister herrscht,
alle versuchen sich: die Person des Autors tritt zurück.

Wie vordem die Musik das Gedicht überwucherte, so
überwuchert jetzt ganz äußerlich der Text die Musik. Ein
kleines Sträschen Melodie mit einem trockenen Klavierbaß
schwimmt zwischen Dutzenden von Versen umher wie die
Mücke in der Milchschüssel. Die Musik ist nicht selten auf
ein fingerbreites Stückchen Kupferplatte gestochen, der endlose

Text auf mehreren Seiten mit Typen hinten dran gedruckt. Der Druck der Verse kostete oft weit mehr, als der Stich der Noten. Bei den Cramer'schen Liedern, componirt von Kunzen (also schon von einem Meister der späteren und besseren Periode), ist darum nur die erste Strophe zur Musik gedruckt und für die folgenden auf Cramer's Gedichte verwiesen, weil, wie der Herausgeber klug bemerkt, der Käufer billiger fahre, wenn er sich das auf dünnes, kleines Papier gedruckte Buch zu den Noten kaufte, als wenn man ihm die zahllosen Verse auf dem starken Notenpapier böte. In der Wiederholung derselben musikalischen Phrase hatte das achtzehnte Jahrhundert überhaupt eine schwindelerregende Ausdauer. Haydn's Pudelromanze mit 15 sechszeiligen Strophen kann schon starke Lungen und starke Ohren in Schrecken setzen; sie gibt es aber doch noch wohlfeil gegen ein Lied Kirnberger's von 20 Strophen zu je acht Zeilen. Obgleich nun zwar schon Hiller in den sechziger Jahren die Beschränkung auf vier Strophen als ein wünschenswerthes Maß erklärt hatte, so war doch die Pudelromanze und Kirnberger's Lied noch knapp und bescheiden gegen einen „Pilgergesang" von Heß (1785), der eine eilfzeilige Strophe zu fünfzigfacher Wiederholung setzt. Allein selbst diese 50 Strophen lange Buß- und Pilgerfahrt wird noch weit überboten durch das bekannte Krambambuli-Lied, welches in seiner ältesten Fassung (1745) nicht weniger als einhundert und zwei Strophen auf dieselbe Melodie absingen läßt! Man sieht nun freilich, dieses endlose Strophengeschleppe ist nicht blos der Zeit vor 1760 eigen, sondern reicht noch bis in's neunzehnte Jahrhundert. Doch gebührt den reformatorischen Liedersängern aus den fünfziger und sechziger Jahren wenigstens der Ruhm, die musikalische Armuth eines solchen Bandwurmes von Wiederholungen erkannt und gerügt zu haben. Neben dem eben erwähnten Zeugnisse Hiller's kann ich mich hier auch auf die Berliner Liedercomponisten der Graun'schen Schule berufen. In der anonymen Odensammlung der Häupter dieser Schule von 1753 heißt es in der Vorrede, die Tonsetzer hätten die ihnen befreundeten Dichter gebeten, ihre Texte für die Musik neu zu überarbeiten und zu kürzen, und so erscheint denn in der That hier zum erstenmale die Strophenfülle durchgehend auf ein leibliches Maß beschränkt. Ueberdies hatte die Frühzeit des achtzehnten Jahrhunderts nicht blos dieselbe Melodie bei Dutzenden von Strophen wiederholt, sondern oft genug obendrein jede Einzelstrophe in zwei Theile zerfällt, die (wie etwa bei den zwei Theilen eines Menuetts) je für sich wiederholt wurden, so daß man also bei einem zwanzigstrophigen Liede der Art die magere Melodie nicht zwanzigmal, sondern vierzigmal hörte! Dieser grausame Brauch war aber zu Ph. E. Bach's und Hiller's Zeit bereits ganz veraltet.

Im sechzehnten Jahrhundert hatte man Versmaß und Reim des Textes zu wenig berücksichtigt im Baue der Melodie, worüber ja auch Isak Vossius in der oben mitgetheilten Stelle klagt; im Anfang des achtzehnten Jahrhunderts liefen umgekehrt die musikalischen Accente fast nur den Versfüßen nach und schier auf jeden Reim fiel ein musikalischer Ruhepunkt. So deklamiren die Kinder und so deklamirt auch nicht selten das Volkslied. Einen entschiedenen Protest gegen diese todte Manier finde ich zuerst in einem anonymen

Freimaurerliederbuche (componirt „von einem Mitgliede der
Loge Zerobabel, Kopenhagen 1749"). Der Verfasser spricht
hier sehr vernünftig von der Nothwendigkeit, den Gedankenaccent und nicht blos das Metrum im Tonaccente darzustellen und meint, er habe der allgemeinen Gewohnheit entgegen alle Strophen eines Liedes in Erwägung gezogen,
bevor er seine Melodien ausgedacht. So dämmert es im
musikalischen Liede von allen Seiten zu derselben Zeit, wo
es auch in der deutschen Poesie zu dämmern beginnt.

IV.

Wenn nun aber auch die Musiker, welche Lieder der
sogenannten „Wasserpoeten" von den Schlesiern bis Gottsched in Musik setzten, noch so eifrig sich beflissen hätten,
die „Gedankenaccente" ihrer Dichter musikalisch zu potenziren,
so konnte doch nicht viel dabei herauskommen, weil eben
jener Literatur die dichterischen und vollends die musikalisch
lyrischen Gedanken fast ganz und gar ausgegangen waren.
Schäferlich kokette oder auch schlüpfrige Liebeslieder, trockne
Lehrgedichte mit hausbackner Altweibermoral und witzige
Spielereien bilden den Grundstock der damaligen musikalischen
Lyrik. Wie konnte sich der Tondichter an solchen Glossen
begeistern!

Wer den ungeheuer langen Zopf dieser Periode des
Liedes gleich in Einem Griffe fassen will, dem empfehle ich
etwa: Speronles „Singende Muse an der Pleiße. 1742."
In mehreren Oktavbänden (denn die meisten damaligen
Liederhefte, in welchen die Noten an Masse weitaus von den

Versen überwogen werden, sind im Bücherformat gedruckt)
finden wir hier 200 Lieder, bei denen jedoch schon Marpurg
„eher einen Stallknecht als eine Muse" glaubte singen zu
hören. Allein ein Stallknecht würde sich doch wenigstens
gescheidtere Texte gewählt haben, als diese Gedichte zum
Preis der Liebe und des Lenzes, des Schnupf- und Rauch-
tabaks, der Natur und des Kaffees, der Jagd und des
Billards, des Kartenspiels, des Schäferlebens, Oden an
Phyllis und an einen Mops, an den Leichtsinn und an die
Beständigkeit. Will Einer dann etwa zur Ergänzung neben
diesem hölzernen Reim- und Tongeklapper auch noch die
saitige Gemeinheit einer verlüderlichten Zeit mit Händen
greifen, so blättere er nur ein wenig in des Eutiner Musik-
direktors, Johann Heinrich Hesse, „Lieder zum unschuldigen
Vergnügen" (1757), die laut dem Titelblatt „auf Verlangen
herausgegeben," schier ebensoviele Zoten als Noten enthalten und trotz des sauberen Musikstichs eine wahre musikalisch illustrirte Kloake sind. Freilich standen die Lieder-
bücher von Sperontes und Hesse schon bei den Zeitgenossen
in schlechtem Credit; allein wie viele deutsche Musiker aus
der ersten Hälfte des vorigen Jahrhunderts haben sich überwiegend bessere Texte gewählt? Und wenn sie auch nach
solchen gesucht hätten, wo waren dieselben zu finden?

Als ein wahrer Mehlthau lag aber vor Allem die lehrhafte, moralisirende Tendenz der Poeten auf dem älteren
Liedergesang des achtzehnten Jahrhunderts. Das Gedicht
sollte predigen, bessern, aufklären, und der Componist, in
derselben Nützlichkeits-Aesthetik befangen, wollte vollends auch
noch in Tönen den Schulmeister spielen. Kein Wunder,

daß er darüber noch viel mehr die Musik verlor als der
Poet die Poesie. „Moralische Oden" waren lange Zeit ein
musikalischer Lieblingsartikel. Mitzler, der die Tonkunst
in eine philosophische Wissenschaft verwandeln wollte, setzte
z. B. 1739 eine solche Sammlung „auserlesener moralischer
Oden zum Nutzen und Vergnügen," allein so viel Nutzen
er mit seinen Büchern stiftete, so wenig Vergnügen wußte
er mit seinen Liedern zu bereiten. Joh. Adolf Scheibe
componirte gar „Kleine Lieder für Kinder zur Beförderung
der Tugend" (Flensburg 1766) und der aus der Blüthezeit
des Weimar'schen Musenhofes bekannte Kapellmeister Ernst
Wilhelm Wolf gab „Wiegenliederchen für deutsche Ammen"
(1775) heraus, von denen er sagt: „vielleicht geben sie einen
angenehmen Beitrag zu unsern Erziehungsschriften,
vielleicht dankt mir eine gute, zärtliche Mutter dafür, wenn
sie sich ans Klavier setzen und ihrer kleinen, lieben Lilly
eine Moral ins Herz singen kann!"

Das Schlimmste aber ist, daß dieser lyrische Predigt-
eifer, der mit den Stürmern und Drängern bereits aus der
Poesie verschwand, bei gar vielen Musikern noch durchs
ganze achtzehnte Jahrhundert fortdauerte. Hier rächte sich
die Halbbildung der Musiker, welche oft um mehr als ein
Menschenalter hinter dem literarischen Fortschritte drein
hinkte. Aechte Reformatoren des Liedes freilich, wie Schulze
und Reichardt, wußten auch schon frühe ächt musikalische
Texte zu wählen. Allein der große Troß der Musikanten
begreift ja selbst heute noch nicht, daß ein schlechter Text
mit der göttlichsten Musik zusammen doch immer nur ein
ungenießbares Lied gibt.

Am abenteuerlichsten erscheint uns der zopfige Liedersang des vorigen Jahrhunderts übrigens nicht da, wo er
sich um allgemein lehrhafte Moralgedichte rankt, wie etwa
in erbaulichen Liedern „für Junggesellen" oder für Ammen,
oder in „Abendbetrachtungen eines Schwindsüchtigen," oder
in geistlichen Oden, welche das Glück aufgeklärter Frömmigkeit preisen, oder in philosophischen, welche „sparsame
Wollust" für die höchste Lebensklugheit erklären, sondern in
den zahllos componirten Fabeln. Bekanntlich gibt es
nichts Unmusikalischeres als die Fabel, die didaktische Lieb-
lingsdichtung unserer Urgroßväter. Dennoch sang man um
die Wette Gellert's Fabeln sammt angehängter Moral. Ja
diese Fabeln halfen wesentlich den Geschmack am unstrophisch
durchcomponirten Liede anbahnen. Herbing componirte
1760 Gellert'sche Fabeln mit langen Recitativen, und sogar
in der Speyer'schen Anthologie von 1789 finde ich noch
Gellerts „Tanzbär" recitativisch behandelt mit melodramatisch
dazwischen klingendem Bärentanz und Bärengebrumm, so
daß dann erst die Schlußmoral „Sei nicht geschickt, man
wird dich wenig hassen" Raum gibt zu einer fingerlangen
liedartigen Melodie! Selbst „Phylax, der so manche Nacht
Haus und Hof getreu bewacht," entrann dem Schicksale
nicht, zusammt seinem verscharrten Schienenbein öfters durch-
componirt zu werden.

Zachariä, der Dichter des Renommisten, zugleich ein
eifriger Musikfreund und Liedercomponist, sagt im Vorwort
zum zweiten Theil seiner „musikalischen Versuche" (1761):
Obgleich die Sammlung nur deutsche Texte enthält, „so
schmeichle ich mir doch nicht ohne Grund, daß deutsche Worte,

besonders die Poesien eines Gellert, sich ebenso gut singen lassen als die Poesien eines Metastasio." Ein solches Wort in jener Zeit erfreut uns doppelt aus dem Munde eines Dichters, der zugleich Musiker war. Allein die Freude wird bedeutend getrübt, wenn wir nun nachsehen, welche Gellert'sche Texte dieser poetische Musiker componirte und das Gedicht: „Werd' ohne Kummer zur Maschine, man mag gleich stumm und hirnlos sein, man sei nur schön, so nimmt man ein" im Arienstyl „vermelodeit" finden! Bei allem Deutschthum gesteht man sich dann beschämt, daß Metastasios wasserhelle und wasserdünne Verse doch immer noch unendlich mehr musikalisches Zeug gehabt haben als diese biedere gereimte Prosa.

Von den bekanntern deutschen Dichtern des achtzehnten Jahrhunderts ist Zachariä wohl der am meisten „musikalische," — wenn man dieses Wort in dem äußeren Sinne nimmt, daß er spielte, sang und setzte, wie ein gelernter Musiker. Er erfreute sich dazu eines musikalischen Erfolges, wie er sogenannten Dilettanten selten zu Theil wird. Seine zwei Hefte musikalischer Versuche erschienen in zwei Auflagen (1761 und 1768) und aus seinen „Oden mit Melodien" fristete sich wenigstens manches Lied in Sammlungen und Blumenlesen einen längeren Bestand. Die Zunftmusiker achteten den unzünftigen Genossen. Der wackere Lieder-componist, Friedrich Gottlob Fleischer, ließ, als er in seinen „Oden und Liedern" (1756) ein Lied Zachariä's, „das schlafende Mädchen," componirte, mit feiner Courtoisie die Melodie des Dichters daneben abdrucken, freilich nicht zu seinem Nachtheil, denn der Musiker erscheint hier in der

Melodie zum fremden Gedicht viel poetischer als der Dichter
in der Melodie zu seinen eigenen Versen. Auch Hiller schätzte
die Lieder Zachariä's und in Marpurg's kritischen Briefen
wird unser musikalischer Dichter gar „der berühmteste Poet
Deutschlands" genannt, „der nicht allein einem Homer und
Pindar gleich zu dichten, sondern zugleich die Lyra annehm=
lich zu rühren, von der Göttin der Parnasses die doppelte
Gabe erhalten habe." Allein trotz all solch kleiner Erfolge
und solch großer Speichelleckerei, leistete Zachariä für die
Entwicklung des musikalischen deutschen Liedes doch eigentlich
gar nichts; denn in seiner Seele war keine Musik, in seinen
Versen war keine Musik; er machte überhaupt blos Musik
und hatte keine Musik. Dagegen wissen wir, daß Dichter
wie Klopstock, Bürger, Claudius, Herder, Goethe, die nie
eine Note componirten, den größten Einfluß auf das Er=
blühen der Liedermusik geübt, weil sie musikalisch dichteten
und dachten, oder, wie insbesondere Klopstock und Herder,
neue Gedanken über den Liedersatz in den Köpfen der Musiker
weckten. Zachariä zeigt uns nur, daß beim trockenen Vers
auch die Musik eintrocknen muß, selbst wenn der Dichter
zugleich „die Lyra annehmlich zu rühren" weiß.

Ganz denselben Erfolg sehen wir dann auch bei den
Musikern, die sich in jener unpoetischen Zeit ihre Texte
selbst dichteten. Sie bringen darum doch keinen Hauch von
Musik in die todte Poesie. Als ein solches Gegenbild zu
Zachariäs Liedern seien hier nur die selbstgedichteten Oden
des berühmten Mattheson erwähnt. Sie gehören freilich
dem Greisenalter des vielgeschäftigen Mannes an und waren
wohl sein letztes praktisches Musikwerk, mit welchem er be=

reils im Ausgange einer neuen Zeit, Abschied nimmt von
der schaffenden Tonkunst. Das sauber in Kupfer gestochene
Heft ist dermalen eine Rarität musikgeschichtlicher Sammlungen, allein auch seinem Inhalt nach ein Raritätsstück.
Der Titel heißt: „Odeon morale, — Jucundum et vi-
tale, — Sittliche Gesänge, — Angenehme Klänge, — Gut
zur Lebenslänge; — Text und Ton — Von Mattheson.“
Hamburg 1751. So lahm und versteift die Musik in diesen
Liedern einherschreitet, so erinnert sie doch durch manchen
kräftigen Zug auch wieder daran, daß ihr Verfasser ein
Zeitgenosse Händel's war. Die Texte dagegen, meist lehrhaften Inhalts, sind höchst hölzern, manchmal (volksthümlich zu reden), unter dem Nachtwächter. Dazu ist das ganze
Heft mit lateinischen, italienischen, deutschen und französischen
Motto's und Citaten ausgespickt; die Bibel- und die Profan-
poeten, die alten Klassiker und die modischen Franzosen
müssen herhalten, um den Liedern noch etwas Pfeffer und
Salz zuzusetzen; ja selbst Zeitungsnotizen helfen zum Aufputz
dieser musikalisch-poetischen Lyrik. So steht z. B. bei der Stelle:

„Was pocht der Uebermuth in Rossen und Karossen,
Wo hundert Schüsseln kaum genug zum Mittagsmahl
Und so viel Humpen Wein;“

als Note unter den Noten: „Vierzehntausend Flaschen Wein
sollen zu Paris auf dem Rathhause geleert worden sein bei
dem Mahle, das der König daselbst im November 1744 ein-
genommen hat.“ Außerdem ist das Werk eingeleitet, „mit
vorgesetzten sonderbaren, nach dem neuesten Geschmack ein-
gerichteten sieben Anreden,“ die den sieben verschiedenen
Sorten von Lesern den Inhalt der Lieder klar machen.

Ich beschrieb dieses Mattheson'sche Werk etwas ausführlicher, nicht blos weil es uns den gräulich nüchternen Ungeschmack der damaligen Liedercomponisten recht grell vor Augen führt, sondern weil neben der moralischen Tendenz hier das Lied auch noch insbesondere als ein Spiel des Witzes gefaßt erscheint.

Bekanntlich waren die Poeten jener unpoetischen Zeit gar fleißige Epigrammendichter, und Witz und Satyre, wenn auch noch so zahm und pedantisch, beleben immerhin mit frischerem Hauch das hohle Pathos und die dürre Lehrweisheit. Witzige Lieder wollte man aber nicht blos lesen, sondern auch singen; allein da der musikalische Witz unendlich viel seltener ist als der poetische, so folgte die Melodie zumeist nur in allgemein lustigen, neckischen Zügen dem witzigen Text. Die Freude an heiter tändelnder Musik zu satyrischer Poesie war aber in der ersten Hälfte des achtzehnten Jahrhunderts so allgemein und die Zahl solcher Lieder so groß, daß man damals die musikalische Kunst des Liedes wohl schlechtweg „die witzige Kunst" nannte. Welcher Gegensatz zu unserer Liedermusik, die inzwischen so romantisch übergefühlvoll geworden ist! Bekanntlich sind die ganz schlechten Bücher ebenso selten, wie die ganz vortrefflichen; denn selbst in die elendeste Scharteke ist doch fast immer auch etwas Gutes untergeschlüpft. Solche kleine Stückchen des Guten oder Erträglichen, als Schleichwaare, finden sich dann auch in den schlechtesten Liederbüchern unseres Zeitabschnitts, und zwar sind dies fast immer die satyrischen und lustigen Lieder. Sie allein halten mitten unter italienischem Geschnörkel noch einen volksthümlich deutschen Ton, und weissagen in Form und Inhalt frühe schon den gesunden Humor Hillers, Dittersdorfs und Haydns. Aus diesem Streben, das Launige, Neckische, Witzige musikalisch zu fassen, erklärt sich's denn auch, wie in den fünfziger bis siebenziger Jahren die Lieder Lessings so fleißig componirt werden mochten, ja wie Lessing, den wir bei allem Geist und Witz seiner kleineren Gedichte nicht einmal für einen Lyriker schlechthin, geschweige denn für einen musikalischen Lyriker halten, ein Lieblingsdichter der damaligen Berliner Tonschule werden konnte. Auch bei Gellerts weltlicher Poesie suchte man das Musikalische oft gerade in dem Witz, der zwar ganz anmuthig ist, aber uns doch das musikalisch Tonloseste an diesem Dichter däucht.

Für uns Moderne hat die pedantisch steif einherschreitende, mit Trillern, Mordenten und ähnlichen Schönheitspflästerchen aufgeputzte sogenannte galante Musik jener Zeit einen unfreiwillig satyrischen Charakter, der sich höchst wirksam zur Selbstironie des Zopfes ausbeuten ließe. Ich fand drei Beispiele in der Geschichte des Liedes, die uns das schrittweise Vorschreiten zu dieser Selbstironie andeuten. Hagedorn hat ein weiland sehr beliebtes Gedicht: „die Alte," worin ein altes Weib in näselndem Tone die gute alte Zeit preist: — „Zu meiner Zeit bestand noch Recht und Billigkeit!" Dieses Lied wurde von Müthel, Fleischer und Mozart componirt und zwar schrieben alle Drei eine zopfige Musik zu der Zopflyre des Textes. Müthel, ein ächter alter Bachianer, setzte das Lied in bitterem Ernst gerade so stark und schnörkelhaft feierlich, wie alle seine übrigen Texte; Fleischer, gleichfalls aus der Schule Bachs, aber als

ein entschieden lyrisches Talent freieren, volksthümlicheren
Formen zustrebend, durchwebt seine geschmeidigere Melodie
schon sichtbar ausnahmsweise mit gesucht alterthümelnden
Zügen; Mozart gibt eine ganz absichtliche Karikatur, vertauscht seinen Styl fast vollständig mit dem altmodisch pedantischen und stellt so der Satyre des Textes eine Satyre
auf die Musik der „guten, alten Zeit" zur Seite. Wir
haben also hier ein Aufsteigen von der unbewußten zur halb-
bewußt spielenden und zur völlig freien und bewußten Selbstironie des musikalischen Zopfes.

Um die urtheilslose Wahl der Texte bei den alten
Musikern epigrammatisch zu bezeichnen, citirt man gewöhnlich zwei Anekdoten; Lully soll gesagt haben: „Man gebe
mir die Amsterdamer Zeitung, ich werde sie in Musik setzen!"
und unserem Telemann legt man das Wort in den Mund:
„Man muß Alles singen, auch den Thorzettel." Zwischen
diesen zwei Aussprüchen ist jedoch ein großer Unterschied.
Wenn der Franzose so gesprochen hat, so war es nur aus
Spott oder Prahlerei; denn Lully wählte seine Gedichte mit
höchster Sorgfalt, componirte zu einer Zeit, wo die französische Poesie eben ihren klassischen Höhepunkt erreicht hatte,
und war ein rechter Quälgeist der Poeten, die ihm ihre
Verse fast nie musikgerecht genug machen konnten. Telemann
dagegen konnte in bitterem Ernst den Thorzettel empfehlen;
denn viele seiner Zeitgenossen sangen Texte, die um kein
Haar musikalischer waren als der Thorzettel, und bei der
lyrischen Trockenheit der damaligen Poeten mußte eben auch
das schlechteste Gedicht noch gut genug sein, und dies besagt der
Spruch vom Thorzettel, nur mit etwas anschaulicherem Worte.

Für den dauernden Werth einer Liedercomposition ist
der poetische Gehalt des Textes entscheidender als für irgend
eine andere Art von Vokalmusik. Darum wäre der Unstern,
welcher über der lyrischen Dichtkunst leuchtete, an sich schon
Grund genug gewesen, daß die Liedercomponisten der ersten
Hälfte des vorigen Jahrhunderts wenig galten und rasch
vergessen wurden. Allein kaum minder als vom Dichter
hängt hier der Tonsetzer auch von seinem Hörerkreise
ab, für welchen er schreibt. Die Geschichte des Liedes hat
neben der literargeschichtlichen auch ihre sociale Seite und
ist eben darum ein so äußerst dankbarer Stoff für den Culturhistoriker. Und die gesellschaftliche Sitte wirkte dann
auch in jener Periode des Verfalls nicht wenig mit zur Ver-
kümmerung und Mißachtung des Liedes.

V.

Es ist leicht zu fragen, aber schwer zu beantworten,
wo denn eigentlich jene zahllosen alten Lieder gesungen
wurden? Im Concert gewiß nicht. Denn dort herrschte die
Arie und zwar zumeist die zur sogenannten Solo-Cantate
erweiterte italienische Arie; erst seit den achtziger Jahren
kommt die Opernarie auf das Concertprogramm, und erst
in unsern Tagen endlich vermochte sich auch das Lied Concert-
recht zu erringen. Die Concert- und Opernmusik herrschte
aber nicht blos bei den öffentlichen, zunftgerechten Vorträgen
der Musiker, sondern auch im geselligen, häuslichen Zirkel
der Musikfreunde. Ein Bild solcher Hausmusik gibt uns
Zacharä in seinen „Tageszeiten."

„Wenn der Abend lang dich schon an den einsamen Schreibtisch
Oder auch an das lehrende Buch bezaubernd gefesselt;
Dann erhell're den Geist, der anfängt matter zu denken,
Durch die mächt'ge Musik. Auf einer Stainer'schen Geige
Zeig' entweder die Kunst in langsam seufzenden Noten,
Die wie Farben in Farben sich in einander verlieren!
Oder ergreif' die gaukelnde Flöte. Harmonische Sprünge,
Schnelle Triller, und hüpfende Töne, wie rieselnde Wellen
Schallen im Saal und reizen von fern den horchenden Nachhall.
Aber vor Allem setze dich hin zum hohen Klaviere;
Denn hier bist du allein dir selber ein ganzes Orchester;
Auch erwähle vor Allem die Schöne den silbernen Flügel.
Wenn sie es will, so ertönt die Ouvertüre der Oper
Durch ihr schallend Gemach in ganzer, voller Begleitung.
Und dann rauschet der Vorhang hervor; die Arie singet
Durch die silbernen Saiten! Und hat sie selber gelernet,
Ihre Stimme zu biegen und von den Wälschen zu borgen,
So wird unser Vergnügen durch zärtliche Worte vermehret,
Wenn der bezaubernde Mund mit wahrer Empfindung sie singet;
Ihre Fertigkeit wird ein Kreis von Bewunderern preisen."

Man sieht, bei dieser einsam geselligen, häuslichen Musik
ist kein Raum für das arme, einfältige Lied. Die instrumentale Kunst und der Operngesang befruchteten damals den
neuen Liedersatz; denn an der Arie lernte der Liedercomponist
die tiefere Farbenmischung der Empfindung und Leidenschaft,
an der Sonate die ausdrucksfähige Klavierbegleitung, welche
ihm das vielstimmige Tongewebe der alten reinen Vokal-
lieder ersetzen mußte. Allein diese beiden Lehrmeisterinnen,
die Theater= und Kammermusik, schoben zunächst das Lied
tief in die Ecke. Freilich nur, damit es in einer späteren
Periode um so strahlender wieder aus Licht treten könne.

Als ein weiteres Zeugniß, welche Art von Gesang in
der feineren Welt vor hundertundfünfzig Jahren haus= und
salonfähig war, führe ich noch Reinhard Keisers „musi-

kalische Landlust" an. Dieses viel genannte und wenig ge-
kannte Musikwerk vom Jahre 1714 enthält mehrere Cantaten
a voce sola mit beziffertem Baß. Der berühmte Tonsetzer
schreibt im Vorbericht, er habe die Gesänge auf dem Land
„in einer vergnügten Einsamkeit" entworfen und so wünscht
er auch, daß sie den Käufern „zu einer edeln Landlust,
diesen Sommer über, auf ihren Gärten und zu einem angenehmen Zeitvertreib" werden möchten. Und für diesen
Zweck, der uns doch zunächst sinnige, volksthümliche Lieder
erwarten ließe, bietet ein Mann wie Keiser ein Heft Concert-
arien. Bei genauerem Einblick sehen wir freilich, Keiser
konnte sich in seiner „vergnügten Einsamkeit" des Liedes
nicht ganz erwehren; es schlüpft ihm unvermerkt in die Arie.
Gleich an der Spitze begegnet uns nämlich ein ächtes Lied:
„Beblümte Felder, ihr grünen Wälder," welches als erster
und (mit variirtem Baß) als letzter Satz ganz schulwidrig
die Cantate beginnt und schließt. Wir sehen, damals schon
kämpfte das mißachtete Lied mit der vornehmen Arie, und
der Liederstyl bringt manchmal schon eben so keck in den
Opernstyl, wie anderswo der Arienklang den ächten Lieder-
ton zu Boden singt. Uebrigens zeigt gerade jenes als
Schleichwaare untergelaufene Lied und dann weiter der
reizende, wenn auch in Arienform gebaute Satz: „Holde
Saiten spielt und scherzet," wie sehr Keiser berufen war,
ein Meister des deutschen Liedes zu werden, wäre das ächte
Lied damals überhaupt möglich gewesen. Verständniß des
Textes, knappe, süße, innige Melodie und eine bei aller
Einfalt höchst charakteristische Begleitung verkünden uns bei
Keisers Arien den Geist des leise aufsteigenden neuen deut-

schen Liedes deutlicher als hunderte von damaligen „Singoden," die sich blos im äußeren Machwerk als Lieder ausweisen.

Wenn aber schon in Norddeutschland die wahre Hausmusik des Liedes aus den geselligen Kreisen der Kunstfreunde
vielfach verdrängt war durch die Concertarie, so geschah
dies noch viel mehr im katholischen Süddeutschland. Neben
den Höfen waren hier die Klöster die vornehmsten Pflege-
stätten der Tonkunst. Das Kloster half der Kirchen- und
Kammermusik immer breiteren Boden gewinnen. Allein
der Kirchenstyl selber wurde ja opernhaft und borgte seine
neuesten Reize von der Arie. Das weltliche Lied aber hing
damals so innig mit der entschieden protestantisch-norddeut-
schen Literatur zusammen, daß es im katholischen Süden
selbst dann noch mißachtet wurde, als es im Norden bereits
zu reicher Blüthe und anerkannter Ehre gekommen war.
Wie die Geschichte der deutschen Dichtung von Opitz bis
Goethe überwiegend auf protestantischem Boden spielt, so
auch die Geschichte des musikalischen Liedes wenigstens bis
Haydn und Mozart. Nur die Gebildetsten im katholischen
Oberdeutschland folgten theilnehmend dem Vorschreiten der
norddeutschen Dichterschulen. Dem viel bescheidneren musikalischen Liede, welches Schritt hielt mit jener Literatur,
folgte im Süden fast kein Mensch. Bis gegen das letzte
Viertel des Jahrhunderts sind nord- und süddeutscher Liedersang zwei grundverschiedene Dinge. Der einzige Süddeutsche,
welcher sich an die Poeten und Liedercomponisten des Nordens
epochemachend in seinen wenigen Liedern anschließt, war
Gluck; der erste Norddeutsche, welcher mit seinen Liedern

auch im Süden Wurzel faßte, Reichardt, im besten Theile seines Schaffens ein Schüler Gluck's.

Wenn nun aber bis zu den siebenziger Jahren fast jedes innere Band fehlte zwischen dem Lied des deutschen Nordens und des Südens, wenn selbst nachher, als man im Norden schon vorwiegend Goethe und Bürger componirte, in Wien noch Blumauer und Genossen die Lieblingsdichter der Tonsetzer waren, dann darf es uns nicht wundern, daß vollends in der traurigen ersten Hälfte des Jahrhunderts das oberdeutsche Lied nach Text und Musik in einem wahren Abgrund der Geschmacksbarbarei versunken liegt. Das Lied fand keinen Raum im häuslichen und geselligen Kreise; man schwankte zwischen den Extremen der hochgestellten Arie und gemeiner Gassenhauer und possenhafter Quodlibets, die als ein „gemüths-ergötzendes musikalisches Tafelconfekt" noch weit leichter und lustiger den Gaumen kitzelten, als die „witzigen" Berliner und Hamburger Lieder. Zum anschaulichen Exempel derartiger Hausmusik sei nur der Titel eines in den fünfziger Jahren (also zur Zeit der Frühblüthe Klopstock's und Lessing's) öfters erwähnten Quodlibets angeführt: „Zwei neue und extra lustige musikalische Tafelstücke. 1. Der Wienerische Tandelmarkt, mit vier Singstimmen, zwei Violinen und Basso ordinario. Die Singstimmen stellen vor: den Sägfeiler, Hohllippenkrämer, einen Marktschreier und Savoyarden mit seinem Spielwerk. Die Instrumente imitiren das sogenannte Wienerische Breinglöckl. 2. Die Bauernrichters Wahl. Die Sänger sind: der Barthelme Zimmermann als Senior, der Paul Schnepfenbreck, der böhmische Matzlo, der schwäbische

Wirth und der einäugige Schulmeister, welche ein Jeder in
seiner Sprache die Vota zur Wahl geben. Beide Stücke
sind nach Art der Quodlibete eingerichtet und jedes zur gehörigen Abwechslung mit sieben Arien und dazu gehörigen
Recitativen versehen, mithin bei vornehmen Gastmahlen und
andern lustigen Gesellschaften mit großem Applausu zu produciren. Von Gregor Joh. Werner. Augsb. 1754."

Dies war also ein Stück oberdeutscher Salonmusik in
damaliger Zeit!

VI.

Wozu diente nun aber die überschwellende Liederfluth,
wenn im Concert Lieder gar nicht gesungen wurden, im
geselligen Kreise ein wirkliches Lied nur selten? Was reizte
Musiker und Liebhaber, rastlos Lieder zu setzen? Selbst die
Zeitgenossen wunderten sich über die „itzt so liederreiche
Zeiten" und schlugen wohl gar ein Kreuz vor diesem un-
erbeten hereinbrechenden Segen, dessen Urquell und Ziel
sie nicht begreifen konnten. Ironisch schreibt Mißler 1743:
„Unsere Zeit ist glücklich, daß der Mangel, so wir ehedem
an Oden gehabt, itzo so reichlich ersetzt wird. Man droht
an etlichen Orten dergleichen Oden herauszugeben, und kann
es der Welt wohl gegönnt werden, da sie vordem gar
nicht auf die Tafel gebracht worden." Marpurg meint im
Hinblick auf das Lied, fast jeder Spieler wolle dermalen
zugleich einen Sänger vorstellen, und Mattheson hört in
seinem „unterirdischen Klippenconcert" sogar die Geister Lieder
singen, die nach der mitgetheilten Probe fast besser gewesen
zu sein scheinen, als die Lieder der meisten Musiker über

der Erde, und ein Anderer fragte, ob nicht das Heulen der Verdammten in der Hölle am Ende auch in Odenform erklinge, mit dem Zähneklappern als Klavierbegleitung?

Die Lieder, deren ungeheuere Zahl das Staunen und den Groll so manchen vornehmen Zunftmusikers erregte, dienten wesentlich nur der einsamen häuslichen Erbauung der „empfindsamen" Kunstfreunde. Wie man ein Gedicht in der Stille liest, so sang man auch das Lied für sich allein am trauten Klavier. Gedichte im geselligen Zirkel vorzulesen war damals so wenig der Brauch, als Lieder beim Thee zu singen; erst gegen Ende des achtzehnten Jahrhunderts wird es in Berlin Mode, Gedichte in den Salons zu lesen, und gleichzeitig wird auch das gesungene Lied allmählig gesellschaftsfähig. Der ältere Liedersang hatte also sein Publikum nur in den Sängern selbst, nicht in größeren Hörerkreisen. Diese sociale Thatsache barg Licht und Schatten. Vor dem Virtuosenthum und der Effekthascherei wurde allerdings das vereinsamte Lied bewahrt, andererseits blieb es aber auch dürftig und beschränkt, gegenüber der, von dem Beifall der Massen glänzend emporgetragenen Opern- und Concertmusik. Das Lied muß sich nach beiden Seiten entfalten, nach innen für das Haus und den geselligen Kreis, nach außen für das Volk. In seiner breitesten Grundlage wird es dabei allerdings Hausmusik bleiben müssen.

Indem man nun vor hundertundfünfzig Jahren das Lied rein in's Haus schlachtete, wurden dem bloßen Spiel und Zeitvertreib der Dilettanten oft Zugeständnisse gemacht, bei denen die Kunst aufhörte. Ein recht appetitliches Lied mußte sich auch ohne Gesang spielen lassen und dann einen

tanzbaren Menuett, einen Siciliano, eine Polonaise ab=
geben. Häufig ist dies schon bei den Tempobezeichnungen
in den alten Liederbüchern angedeutet. Selbst Marpurg
fordert noch, als eine der drei Hauptschönheiten eines Liedes,
daß die Melodie „alle musikalische Vollkommenheit habe,
deren eine Bourée, Gavotte oder Menuett fähig ist," und
erklärt es in seinen „kritischen Briefen" für einen besonderen
Vorzug eines Liedes, daß es, je nach Bedarf, als Spielstück
oder Singstück benützt werden könne. Wenn daher in jener
Zeit Titel auftauchen, wie etwa „Oden für Liebhaber des
Klavierspiels," so war dies gar nicht so widersinnig,
als es uns jetzt bedünken mag. Man wollte kurzweilige
Stücklein für Hand oder Mund, zum Hausgebrauch, und
machte selten höhere Ansprüche.

Uebrigens wurden damals durchweg Gesangmelodie und
Instrumentalmelodie noch nicht so unterschieden gedacht und
behandelt, wie seit der späteren klassischen Zeit. Es ist ein
noch wenig beachtetes Verdienst Gluck's, Haydn's und Mo=
zart's, daß sie den Genius der gesungenen und gespielten
Melodie von Grund aus eigenartig aus einander zu halten
begannen. Bei unzähligen Themen Sebastian Bach's da=
gegen kann selbst der feinste Kenner noch nicht von vorn=
herein unterscheiden, ob sie ursprünglich für die Stimme
oder für's Instrument gedacht sind. Also darf man's auch
den damaligen kleinen Liedermeistern nicht so sehr verargen,
wenn sie Sang und Spiel mit Behagen durch einander
warfen.

Viel widerwärtiger als jene gesungenen Menuette und
Gavotten berührt uns eine Stylmengerei anderer Art, die

gleichfalls ihren socialen Grund neben dem kunstgeschichtlichen hat.

In der feineren Gesellschaft galt deutsche Art für gemein und bäurisch; französische Poesie und italienische Musik
dagegen hatte besonders vornehmen Wohlgeruch. Friedrich
der Große schrieb französisch und musicirte italienisch; den
Gesang deutscher Kehlen verglich er mit dem Pferdegewieher.
Wer als ein beliebter Tonsetzer die gebildeten Kreise gewinnen wollte, der mußte seine deutschen musikalischen Gedanken wenigstens in ein wälsches Röcklein kleiden; noch
besser war's, wenn er gar keine deutsche Gedanken hatte.
Meister des Kirchenstyles oder der strengen Instrumentalmusik, wie Bach und Händel, konnten auf einsamer Höhe
diesem Gebot der Mode trotzen; der Liedercomponist dagegen
zählte in jener Zeit zu den „galanten" Musikern, und wo
er sich nicht dem Geschmack der Liebhaber beugte, da componirte er blos für's Papier.

Nun gerieth er aber durch den italienischen Modeton
in einen weit ärgeren Widerspruch mit sich selbst, als etwa
der Operncomponist. Denn die Oper ist von Haus aus
eine fremde Pflanze, das Lied aber wächst hervor aus dem
heimischen Volksgesang und steigt und fällt mit der vater-
ländischen Poesie. Die italienische Oper konnte man ger-
manisiren; kein Mensch aber vermochte aus italienisch-deut-
schem Operngesang ein wirkliches deutsches Lied zu gestalten.
Dasselbe Lied, welches man damals verachtete, weil es zu
deutsch erschien, verachten wir jetzt, weil es uns zu italienisch
däucht.

Schon die äußere Technik fast aller Lieder aus den

sechs ersten Jahrzehnten des vorigen Jahrhunderts zeigt,
wie ein häßliches angeborenes Muttermal, die Spuren dieses
Zwittergeistes. Der Musiker betonte das deutsche Wort im
deutschen Liede nach italienischer Weise; er machte, dem
weichen wälschen Ohre schmeichelnd, überhäufig selbst da
weibliche Schlüsse der musikalischen Periode, wo der Vers
im männlichen Schlußfall auslief; er verwob italienische
Triller, Schnörkel, Vorschläge und Läufe in die Melodie,
obgleich dieselben dem ursprünglichen deutschen Lied, wie es
nach seinen Hauptzügen der Mund des Volkes bewahrt,
ganz fremd sind. Schon in der Mitte des vorigen Jahrhunderts bemerkten einzelne Theoretiker sehr richtig, daß
die Italiener kein ausgebildetes Kunstlied besäßen, daß die
Franzosen im Chanson nur eine Seite des Volksliedes kunst-
gemäß entwickelt hätten, und daß wir Deutsche in der allseitigen und eigenen Pflege des Kunstliedes jenen Nebenbuhlern weit vorangingen. Allein in der Praxis dauerte
es trotzdem noch lange, bis wir unser deutsches Lied völlig
frei machten von der Fessel des italienischen Arienstyls.

VII.

Drei große Dinge mußten geschehen, um eine neue
kunstgeschichtliche Epoche des deutschen Liedes anzubahnen:

Wir mußten vorerst eine neue Nationalliteratur gewinnen, die dem Musiker statt „verfertigter" Gedichte —
gedichtete Gedichte bot, ächte Lyrik, welche schon im Gedanken und im Verse von Sang und Klang erfüllt war.

Anerkannte Meister mußten durch die technische Verliefung und Bereicherung des Liebersatzes dem verachteten Liede wieder Ehre schaffen im Kreise der musikalischen Zunft; sie mußten den Muth haben, sich das schlichte Lied zu einem Stück Lebensaufgabe zu erwählen und also zu zeigen, daß es sich hier um ein größeres Ding handele, als um blose Spielerei, Nebenarbeit und Dilettantenwerk. Zugleich galt es, eine neue ästhetische Kritik des Liedes zu gründen.

Endlich aber bedurften wir bahnbrechender Männer von deutschem Geist und deutscher Bildung, die, den neuen nationalen Dichtern wahlverwandt, die Weise des deutschen Volksliedes dem Kunstliede zu Grunde legten und die eigenste Form deutschen Gesanges statt des italienischen Arienstyls unserem Liede wieder eroberten.

Diese drei großen Dinge erfüllen sich in dem Gesammtwirken der Liedermeister Ph. E. Bach, Gluck, Hiller, Schulze, Reichardt, und in dem geistigen Bund, welchen diese Männer (den einzigen Hiller ausgenommen) mit den großen Poeten der neuen Literaturepoche geschlossen. Mit der deutschen Poesie wird auch unser musikalisches Lied frei und findet sich selbst wieder. Für beide Thatsachen bildet die Mitte des vorigen Jahrhunderts den Wendepunkt. Die geistige Selbstbefreiung der Völker ergreift immer gleichzeitig die verschiedensten Seiten des nationalen Lebens. Dies bezeugt uns die Geschichte auch des schlichten, kleinen Liedes: nur inmitten einer der größten Krisen der neueren Culturgeschichte konnten wir das neue deutsche Lied gewinnen.

Die deutsche Musik hat gar Vieles von den Fremden gelernt, sie hat sich namentlich gar manche Vorarbeit der Italiener erst langsam verdeutschen müssen. Bei dem Liede

aber ist es unser besonderer Stolz, daß wir es nicht von
Außen überkommen, sondern uns selbst gemacht haben, daß
es rein dem innersten Gemüthe unseres Volkes ent-
quollen ist. Darum hatten wir es in der ersten Hälfte des
vorigen Jahrhunderts verloren, als wir von uns selber ab-
gefallen waren: wir fanden es in der zweiten Hälfte wieder,
als die Nation sich selber wiederfand. Und zwar schließt
sich diese Thatsache, wie bemerkt, wunderbar treu an die
gleichzeitige Selbstbefreiung der deutschen Poesie. Die
Geschichte des musikalischen Liedes ist uns ein Zeugniß von
der fortzündenden Kraft großer geistiger Bewegungen. Keine Kunst lebt vereinzelt, jede Revolution
in der einen Kunst zieht über kurz oder lang eine Neuge-
staltung der andern nach sich; das Geistesleben der Völker
ist ein einheitliches, organisches Ganze. So war es die
Wiedergeburt der Poesie, welche zunächst das deutsche musikalische Lied mit sich emporhob und durch das Lied auch in
die andern Kreise der Tonkunst umbildend eingriff.

Dieses läßt sich leicht sagen und wird auch gerne gehört. Aber unsern Musikern wird es entsetzlich schwer, sich
auf den historischen Standpunkt zu erheben und demgemäß
die Väter des neueren, ächt deutschen Liedes — Ph. E.
Bach, Gluck, Hiller, Schulze und Reichardt — nach Würden
zu ehren, oder gar die besten ihrer Lieder, welche heute noch
seelenvoll und jugendfrisch sind wie das Volkslied, gelegentlich wieder einmal zum Vortrage zu bringen. Denn der
moderne Musiker ist gewöhnt, die Kunstgeschichte von hinten
nach vorn zu betrachten und also beispielsweise Schubert's
Hölty-Lieder oder Schubert's Erlkönig zu nehmen, um die

Hölty-Lieder von Schulze oder den Erlkönig von Reichardt
daran zu messen. Welch verkehrte Welt! Wo kämen wir
hin, wenn wir entsprechend Fiesole nach Michel Angelo beurtheilen wollten oder Paul Flemming nach Heinrich Heine!
Ein jeder Künstler will aus sich und seiner Zeit begriffen
sein, ja jedes Zeitalter aus sich selber. Dazu aber sollen
wir auch fragen, was vorher gewesen? denn für die Aus-
nützung des Pfundes, welches uns frühere Geschlechter hinterlassen haben, sind wir voll verantwortlich, nicht aber für
das, was dereinst einmal ganz andere künftige Generationen
machen werden.

Wer also den herrlichen Aufschwung des deutschen Liedes
in der zweiten Hälfte des vorigen Jahrhunderts ermessen
will, der prüfe, wie jene vorgenannten Liedersänger den
musikalischen und poetischen Geist ihrer Zeit erfaßten und
in selbständiger Weise zur harmonischen Aussprache brachten,
blicke aber vorher noch auf die trostlose Zeit der „verfertigten
Singoden," des Zopfes im deutschen Lied. Dann wird er
erkennen, welch bedeutende künstlerische und nationale That
selbst in den „Liedern im Volkston" eines J. A. P. Schulze
geborgen liegt. Unsere Kinder und Studenten singen manche
dieser Lieder heute noch, aber die „verfertigten Singoden"
singt kein Mensch mehr. Und Gluck, Em. Bach und Reichardt
werden dereinst auch wieder gesungen werden; ihre Lieder
sind gegenwärtig Zukunftsmusik wie Joseph Haydn's Symphonien.

Gluck als Liedercomponist.

(1861.)

I.

Den Dramatiker Gluck kennt alle Welt; Gluck, der
Liedercomponist, zählt zu den verschollenen Meistern. Und
doch gehören die wenigen Lieder des großen Dramatikers so
nothwendig zum ganzen Gluck! Zwar den Musikhistorikern
von Fach sind Gluck's Lieder gewiß nicht fremd; allein blos
von den Fachleuten gekannt sein, heißt in der Regel doch
nichts Anderes, als mit Ehren vergessen sein. Nun halte
ich es freilich für ein Unrecht, daß Gluck's Lieder nicht
ebenso gut wie die Lieder Mozart's und Schubert's und
Mendelssohn's auf den Klavieren unserer Sänger liegen,
will aber von dieser Art der Verschollenheit zunächst nicht
weiter reden. Denn jene Lieder sind nicht so wohl wichtig
durch das, was sie uns sein könnten, als durch das, was
sie ihrer Zeit waren, und also beklage ich viel weniger,
daß die Lieder vergessen sind, als daß man die epoche=
machende Stellung vergessen hat, welche Gluck durch die=
selben in der Geschichte des deutschen Liedes ein=
nimmt.

Wir besitzen noch sieben Lieder von Gluck, genau gezählt, sieben und ein halbes; denn das achte ist blos Skizze,
von Reichardt aus dem Gedächtnisse aufgezeichnet und also
nicht vollgültig. Es sind dies die in unserer älteren Literatur so oft erwähnten Klopstock'schen Oden des großen
Dramatikers. Seine Gellertlieder besitzen wir nicht mehr,
und schon 1790 warf Gerber den Zweifel auf: ob überhaupt jemals ein Anderer als Gluck selber sie besessen habe,
indem er die Lieder blos fertig im Kopf mit sich herum-
getragen, ohne sie niederzuschreiben. Gleiches Schicksal hatte
bekanntlich seine Musik zu Klopstock's Hermannsschlacht.

Gluck sang lieber Lieder, als er Lieder schrieb; der
Weg vom Kopf bis zur schreibenden Hand ist bei ihm überhaupt erstaunlich lang gewesen. Weckte ihm ein gemüthlicher
Freundeskreis die Lust am Liede, dann holte er nicht Noten
herbei, sondern einen Abdruck von Klopstock's Oden, worin
er kleine deklamatorische Vortragszeichen unter die Worte geschrieben hatte, und sang nun das Gedicht mit wenigen begleitenden Accorden wie ein Recitativ.

Eine Probe solcher Musik, die aus Gluck's begeistertem
Mund auch die Hörer zur Begeisterung hingerissen, hat uns
Reichardt in eben jenem achten Liede bewahrt. Es ist die
Ode „der Tod" („O Anblick der Glanznacht" ꝛc.). Schwarz
auf weiß muthet uns dieses reine Recitativ mit seinen langen,
dürftig bezifferten Baßnoten jetzt kalt und trocken an; doch
steckt Gluck'scher Nerv in den scharfen Accenten, und ein
ächt dramatischer Sänger könnte auch heute noch den Geist,
der in dieser baren Deklamation schlummert, ergreifend
wieder erwecken. Immer jedoch wirkt ein Recitativ für sich

allein, und sei es das erhabenste, unbefriedigend; ja, je ächter und wahrer die elementare halbgeformte Musik eines Recitativs ist, um so stärker erregt sie in uns die Sehnsucht nach dem Uebergang zur gerundeten, vollgeformten Melodie.

Die Lieder, welche Gluck nicht blos für sich sang, sondern auch für Andere niederschrieb, die sieben gedruckten Lieder, sind alle melodisch durchgebildet, wirkliche Lieder. Sollte dieser verstandesklare Künstler nicht absichtlich unterlassen haben, die andern nach dem Urtheil der Ohrenzeugen rein recitativisch rhetorischen Oden aufzeichnen, weil er gar wohl wußte, daß der subjective Zauber solcher halb improvisirten Vorträge schwinden würde, sowie dieselben, auf die starren fünf Notenlinien gefesselt, jedem profanen Auge preisgegeben waren?

Ich betone nochmals den Unterschied, der zwischen den Gluck'schen Liedern besteht, welche er für Andere veröffentlicht hat, und jenen, die er blos für sich gesungen haben soll, um eine chronologische Bemerkung daran zu knüpfen. Die sieben gestochenen Lieder gehören den Tagen seiner reifsten, gediegensten Schöpferkraft; sie fallen zwischen die Composition der Alceste und Iphigenie in Aulis (also beiläufig 1770). Die Nachrichten über Gluck's recitirende Odenvorträge rühren dagegen wohl sämmtlich aus einer späteren Zeit, und erst 1786, also ein Jahr vor Gluck's Tode, schrieb Reichardt das einzige Probestück eines solchen Vortrags aus dem Munde des Greises nieder, dessen eigentliche Productivität doch schon seit Jahren erloschen war.

Bei fast allen bahnbrechenden Künstlern verwandelt sich im Alter der Quell ihrer höchsten Vorzüge in den Quell

ihrer Einseitigkeit und Schwächen. Ich brauche nur an
Goethe's und Beethoven's Spätwerke zu erinnern. Wahr
und gedankentief zu deklamiren war einer von Gluck's eigensten
Vorzügen: darf es uns bei seiner letzten Ode überraschen,
daß der alte Meister schließlich nur noch wahr und gedankentief deklamirte?

II.

Zwei Dinge vor andern machen Gluck's sieben Klopstock-
lieder kunstgeschichtlich bedeutsam. Sie sind uns eine kost-
bare Urkunde des innigen Zusammenhanges, welcher die
Geschichte unsers musikalischen Liedes und unserer poetischen
Nationalliteratur in der zweiten Hälfte des achtzehnten Jahrhunderts ergänzend in einander webt, und zugleich eine Urkunde des größten Umschwungs in Geist und Technik des
Liedersatzes an sich.

Beide Punkte will ich näher in's Auge fassen.

Wie man Emanuel Bach und Gellert, Schulze und den
Göttinger Hainbund, Reichardt und Goethe in der Geschichte
des deutschen Liedes stets mit einander nennen wird, so
Gluck und Klopstock.

Bekanntlich feierte Gluck scheinbar mehrere Jahre nach
der Composition seiner Alceste. Da er eben seine neue
große Laufbahn begonnen, hielt er ein und holte Athem.
Schon seit zehn Jahren hatte der gereifte Mann nachzu-
lernen gesucht, nicht sowohl was er im musikalischen Handwerk, als was er in der ästhetischen Bildung in seiner
Jugend versäumt hatte. Gluck war freilich das größte
Glückskind unter seinen berühmten musikalischen Zeitgenossen;

denn kein Anderer besaß jene äußere Unabhängigkeit des Daseins, welche ihm gestattete, über das bloße Musiciren hinaus einen freien und weiten geistigen Blick zu gewinnen und der durchgebildete Weltmann unter den großen Tonmeistern zu werden.

Sein Verdienst aber war, daß er mit nimmer rastendem Streben dieses Glück auch nach seiner ganzen Tiefe auszubeuten wußte. Der bereits in Italien und Deutschland hochgefeierte Musiker schämte sich nicht, wieder von vorn anzufangen und, wie sein Biograph Schmid dies ausdrückt, in Wien „einige Jahre in philosophischer Ruhe zu leben." Sein Haus ward ein Sammelplatz gebildeter Männer, während sonst der gebildete Mann und der deutsche Musiker in derselben Stadt oft noch wie in zwei Weltheilen fern von einander saßen. Namentlich aber war Gluck der erste süddeutsche Meister, welcher jenen Bund der Musik mit der deutschen Nationalliteratur zu schließen begann, der im Norden durch den Verkehr der Berliner Liedercomponisten mit den Dichtern schon früher eingeleitet war.

Deutsche Poesie und deutsche Musik begegnete sich damals aber allwärts zuerst auf dem gemeinsamen Boden des Liedes. Hatten doch auch in der Aesthetik und Kritik des Liedersatzes die Berliner Theoretiker schon vor Gluck jene Grundfragen über das Verhältniß von Gedicht und Gesang wacker durchgestritten, welche Gluck nachgehends auf die Dramatik hinüber geleitet und praktisch so tief und neu gelöst hat.

Es ist darum höchst bedeutsam, daß sich Gluck eben in jenen Jahren, da er scheinbar rastete und nachlernte, zu-

nächst im deutschen Liede schöpferisch erwies, und zwar in
der Composition Klopstock'scher Oden, welche in ihrem spröden
Gedankeninhalt und ihren metrischen und declamatorischen
Schwierigkeiten dem denkenden Meister neue Probleme
boten. Im ersten Halbschied des achtzehnten Jahrhunderts
war das Lied großentheils eine musikalische Spielerei gewesen, die gedankenloseste Musikmacherei spukte im Liede:
Gluck setzte seine wenigen Lieder, als er dem Musikmachen
ganz entsagt und sich recht still in seine Gedanken einge-
sponnen hatte.

Wie aber damals die Musiker durch das Lied zu den
deutschen Poeten hinübergezogen wurden, so auch diese
wiederum durch das Lied zu den Musikern.

Als Lyriker forschte Klopstock nicht minder in der musikalischen Aesthetik wie in der poetischen. Gar viele Stellen
seiner Prosaschriften und Gedichte bezeugen, daß er im Verfolgen musikalischer Probleme das Kunstverständniß auch der
poetischen Formen zu schärfen suchte. Nun trifft es sich
wunderbar, daß Klopstock sich zur selben Zeit besonders lebhaft mit Gedanken über die musikalische Composition be-
schäftigte, als Gluck seine neue große Epoche begann
und durch Klopstock's Oden ein Herz faßte für die deutsche
Poesie. Die Gedanken der beiden großen Männer kreuzten
sich bereits, ehe sie selbst einander irgend persönlich nahe ge-
treten waren.

Im Jahr 1766 hörte Klopstock Christian Gottfried
Krause's Composition von Ramler's „Berenice." Die Musik
ergreift ihn; er schreibt an Gleim: „Ich glaube, Krause
hat die Nacht vor dieser Composition geträumt, er sei in

einem griechischen Musiktempel und höre Alcäus eine Ode
vorlesen. Welche einfache und gleichwohl reiche Schönheit,
und welche Neuheit dazu, wenigstens für mich!" Krause,
der Freund Ramler's und Gleim's und zugleich der Genosse
jener Berliner Musiker, die auf der einen Seite den italienischen Opernstyl Graun's und Hasse's, und auf der andern
deutschen Liedersang pflegten, zählte eben auch zu den Ver-
mittlern zwischen unserer Tonkunst und Nationalliteratur.
Seine weiland berühmte Schrift „von der musikalischen Poesie"
war freilich noch nicht in Klopstock's und Gluck's Geiste gedacht, und wenn er, wie Klopstock wünschte, dessen „Strophen"
(zur Hermannsschlacht?) componirt hätte, so würde des
Dichters Begeisterung für diese hellenische Berliner Musik
doch wohl etwas sich herabgestimmt haben. Allein was er
für sich hinein hörte in Krause's Melodien, das sollte er
bald in Gluck's Gesang auch wirklich für alle Welt klar
ausgesprochen finden.

Drei Jahre später (1769) vernimmt Klopstock, daß
Gluck einige Strophen aus den Bardengesängen „mit dem
vollen Tone der Wahrheit" componirt habe, Gluck,
der, wie Klopstock damals bemerkt, nach dem Ausspruch
„eines großen Kenners" der einzige Poet unter den
Musikern ist.

Es nähern sich nun die beiden verwandten Geister rasch
und stetig, bis zuletzt bei der bekannten Begegnung in Straßburg und Rastatt (1775) der Mann dem Manne auch persönlich in's Auge schaut. Auch hier war es die Lyrik, in
welcher der Dichter des Messias und der Componist der
Iphigenia sich musikalisch und poetisch verbunden fanden.

Gluck hatte inzwischen die uns allein noch geretteten sieben Oden Klopstock's componirt und sich in seiner Nichte eine Sängerin für diese Lieder herangebildet, welche die höchst einfachen Weisen begeisternd lief und innig zu beleben wußte. Zur Sängerin für diese Lieder, sage ich, bildete Gluck seine Nichte Maria Anna; denn ihre Ausbildung zur Sängerin schlechthin überließ er einem Italiener, weil ihm sein schaffender Geist keine Geduld zum Schulmeister ließ.

K. F. Cramer erzählt uns über die Zusammenkunft in Rastatt, wo Gluck's Nichte die Oden und Strophen aus der Hermannsschlacht vor Klopstock sang: der Oheim habe die Nichte manchmal plötzlich mitten im reizendsten Vortrag unterbrochen und ihr wohl gar zugerufen: „Halt, das war falsch! Noch einmal!" Und doch handelte es sich dabei nur um seine Schattirungen, die keiner bemerkte. Einige seiner Lieblingsstücke sang ihm Niemand zu Dank, selbst nicht seine Nichte. So duldete er nicht, daß diese Klopstock seine Sommernacht („Willkommen, o silberner Mond") vorsang. Er selber sang das Lied mit rauher, aber ausdrucksvoller Stimme. Cramer fügt hinzu: „Dem Anschein nach ist das Stück sehr leicht, aber der Affect! Man sieht daraus, was Gluck forderte!"

Man sieht aber auch aus diesem ganzen Bericht, den Cramer aus Klopstock's Munde niederschrieb, daß Gluck seine Lieder werth hielt und eine Aussprache seines eigensten Geistes in denselben geborgen zu haben glaubte, ganz entgegen manchem modernen Romantiker, welcher in Gluck's Oden nur eine trockene Gelegenheitsarbeit erblickt, weil die wenigen begleitenden Klaviernoten so gar grell abstechen von dem jetzt gangbaren geschwollenen Accompagnement und die durchsichtige Klarheit des Colorits so gar keine Spur jenes aschfarbenen Hellbunkels zeigt, in welchem man vorzugsweise die „Genialität" verschleiert wähnt.

Schon als die einzige musikalische Urkunde des künstlerischen Freundschaftsbundes zwischen Gluck und Klopstock sollten uns die sieben Oden eine nationale Reliquie sein und bleiben.

Als Gluck's Nichte im Jahre 1776 starb, klagte der erschütterte Meister sein Leid den Dichtern Klopstock und Wieland. Das sechzehnjährige Mädchen mit dem seelenvollen Gesang war wie eine verklärte Erscheinung flüchtig durch das Leben des Tondichters gezogen. Christian Daniel Schubart meinte, hätte Maria Anna länger gelebt, so würde sie die größte Sängerin Europa's geworden sein. Jetzt hat sich ihr Andenken blos als die zarteste Episode in Gluck's Leben bewahrt; es wird fortleben mit jenen sieben Oden. Nach dem Tode der Sängerin hat Gluck wohl noch Lieder für sich gesungen, aber für Andere schrieb er keine mehr.

Schubart nennt Klopstock einen Dichter, der so ganz geschaffen sei „für Gluck's erhabenen Geist," dessen Ideen alle in's Große, Weitumfassende reichten. Diese Ansicht war unter den Zeitgenossen wohl überhaupt ziemlich gangbar, während uns jetzt die Künstlercharaktere Gluck und Klopstock, abgesehen von jenem allgemeinsten Zug eines großartig idealen Strebens, fast in jeder Falte unterschieden dünken. Es ist darum doppelt bemerkenswerth, daß Klopstock in seinen gelegentlichen musikalischen Bekenntnissen doch wieder ganz wie ein ächter und gerechter Gluckist sich ausspricht.

Sind nachstehende zwei Epigramme nicht geradezu Gluck-
sche Ideen, in Verse gesetzt:

> Freundin, was ist Gesang? „Gesang ist, wenn du nur hörest,
> Ernst wirst oder weinst oder dich inniger freust.
> Arien all' der Bravura sind nur Schulübungen, die man
> hält, zu lernen des Tons Bildung für den Gesang.“
> Also ist nicht Gesang die Bravura? „Sie sammelte schöne
> Farben in Masse mit Kunst; aber hat sie gemalt?“

und das andere — „Musik und Dichtkunst:“

> Wenn die Musik das Gedicht ausdrückt, so ist sie Gesellin.
> Wenn sie für sich ihr weniges Allgemeines, so ist sie
> Meisterin zwar; allein nur schade, daß die Gesellin
> Ueber die Meisterin ist.

(Als Klopstock freilich in einer späteren Periode die
Inschrift für einen Denkstein Ph. Em. Bach's in der Hamburger Michaeliskirche entwarf, schien er fast andern Sinns
geworden zu sein; denn hier heißt es: „— —, er war groß
in der vom Wort geleiteten Musik, größer in der kühnern
wortlosen.“ Allein inzwischen hatte auch in der That die
absolute Tonkunst durch Haydn und Mozart zu einer Kühnheit und Selbstherrlichkeit sich aufgeschwungen, die der Dichter
drei Jahrzehnte früher in Gluck's Blüthetagen nicht vorahnen
konnte.)

Noch deutlicher als in Versen und Sentenzen bekundete
sich Klopstock übrigens als Gluckist in Noten, die er selber
componiren half. Er bestimmte nämlich noch in den
neunziger Jahren den Musiker Christian Friedrich Schwencke
(der zugleich ein wissenschaftlich gebildeter Mann war), zwei
Oden unter seinen Augen zu setzen. Zuerst las Klopstock
dem Tondichter seine Verse mehrmals vor; dann las, zur

Gegenprobe des Verständnisses, der Tonbichter umgekehrt
dem Poeten die Verse. Nun wurde die Musik skizzirt.
Klopstock verbat sich alle Texteswiederholungen, einige un-
bedeutende mußte ihm Schwencke förmlich abringen. Der
Entwurf wurde hierauf vom Dichter kritisirt, namentlich im
Punkte der Deklamation und des Ausdrucks, und es ward
so lange geändert, bis Klopstock zufrieden war. Auf diese
Weise entstanden Schwencke's Compositionen des „Vater-
unsers" und der Ode „Der Frohsinn." Obgleich Schwencke
seine Melodien und Modulationen schon ganz zu Mozart'scher
Weise bildet, so beugt er doch streng nach Art der Gluck'schen
Oden den freien Bau der Melodie unter die Accente des
Sinnes und des Metrums. Man sieht ganz deutlich: er
denkt und erfindet in Mozart's Formen, aber Klopstock steht
hinter ihm und zwingt ihn, seinen Mozart'schen Styl in's
Gluck'sche zu übersetzen, wodurch dann diesen Compositionen
ein ganz wunderliches Doppelgesicht erwächst.

Wie Klopstock durch seine Gedichte Gluck zu Compositionen angeregt hatte, so ließ er sich auch umgekehrt durch
Gluck'sche Musik zu besondern lyrischen Stimmungen begeistern. Zu der großartigen Ode „Warnung" (1772) bemerkte der Dichter: „Ich habe sie nach gewählten Stellen
aus den alten Componisten Bai, Allegri und Palestrina gemacht. Was ich nach Händel, Pergolese und Gluck gemacht, mochte ich nicht aufbehalten." Zu der spätern Ode
„Die Erscheinung" (1777) findet sich jedoch die Notiz: nach
Gluck's, Pergolese's und Zoppi's Compositionen.

So bedenklich es auch ist, wenn der Dichter musikalische
Eindrücke in Versen wiedergeben will, so sind doch jene

Versuche historisch wichtig als Zeugnisse eines Austausches zwischen dem Poeten und dem Musiker, welchem nicht blos Klopstock sich hingab, sondern auch mehrere seiner Jünger und Genossen. Folgte ihm doch Gerstenberg auf dem abschüssigen Pfad des Nachdichtens musikalischer Stimmungen, indem er (1786) einer Phantasie von Ph. Em. Bach einen doppelten Text unterlegte: „den Tod des Sokrates" und eine Paraphrase von Hamlet's Monolog „Sein oder Nichtsein!" Dieses Kunststück ward damals als ein Wunderwerk angestaunt. Schulze, der sonst so hellblickende Meister des Liedes, nannte das Ding ein „Meteor," und Cramer meinte: „dieser ezcentrische Versuch gehöre zu den wichtigsten Neuerungen und führe tief hinab in die geheimsten Schächte der Musik." Künstlerische Freunde hatten Streit geführt über die Fähigkeit des Instrumentalsatzes, Begriffe und Vorstellungen klar zu versinnbilden, und der Dichter des Ugolino wollte nun den Noten zerhauen mit seiner Poesie. Indem er aber einen so unterschiedenen Text denselben Tönen gleich entsprechend unterlegte, bewies er eigentlich das Gegentheil dessen, was er beweisen wollte, er bewies, daß die Instrumentalmusik eben doch nur in der allgemeinen Stimmung bestimmt, im Ausdruck eines klaren Begriffes aber höchst vieldeutig und verschwommen ist.

Gluck war durch Klopstock den deutschen Dichterkreisen persönlich nahe gekommen. Erfreulich zeigt sich's dann aber auch, wie die Dichter ihrerseits in Gluck den Poeten unter den Musikern erkannten und ehrten.

Herder schreibt uns's Jahr 1796 in den „Briefen zur Beförderung der Humanität:" „Daß Klopstock zu seinem

Hermann einen Gluck fand, daß er durch seine Gesänge ihn
und Andere zu dieser Gattung einfacher Musik weckte, ge=
hört mit zu den glücklichen Begegnissen seines Lebens. Wenn
überhaupt die Muse der Tonkunst in der Einfalt und Würde,
die ihr gebührt, zu uns zurückzukehren würdigte, wessen
Worte würden sie freundlicher herniederzaubern, als Klop=
stock's?" Und später noch, zu einer Zeit, wo die Musiker
Gluck's Oden längst vergessen hatten, bemerkt Herder:
„In den Gesängen, die Gluck aus Klopstock componirte,
schwebte er überall auf den Fittigen der Empfindung des
Dichters."

Muthen uns überdies die musikalischen Strophen in
Herder's Operndramen Prometheus, Philoktet, Brutus ꝛc.
nicht an, als seien sie dem Dichter eingegeben worden durch
die Erinnerung an Gluck'sche Musik zu Klopstock'schen Versen?

Auch Wieland erkannte (in dem Aufsatz „über das
deutsche Singspiel" 1775) Gluck als den Reformator der
dramatischen Tonkunst, spürt aber auch als kluger Weltmann
zugleich die Hindernisse, welche sich der Mission Gluck's „in
den sittlichen Zuständen der Hauptstädte Europa's" entgegen=
stellen.

III.

Will man überhaupt anerkennende Zeugnisse der deut=
schen Zeitgenossen über Gluck sammeln, so wird man vor=
wiegend bei den Männern der Literatur und Poesie Um=
frage halten müssen, weit weniger bei den schreibenden Fach=
musikern jener Epoche; Urtheile vollends über Gluck, den
Odencomponisten, findet man fast nur bei den gleich=

zeitigen Dichtern; die gleichzeitigen Musiker achteten solche
unmusikalische Musik nicht der Rede werth.

Doch muß ich hier eine kleine Gruppe von Tonsetzern
ausnehmen, die sich aber auch durch ihren engen Bund mit
den Dichtern ächt nationalen Ruhm gewannen; ich nenne
Schulze und Reichardt. Obgleich Beide in ihrer volksthüm=
lichen Behandlung des Liedes ganz andern Zielen zustrebten,
als Gluck, so stehen sie doch in ihren Grundgedanken über
das Verhältniß der Musik zur Poesie, über die Deklamation,
in ihrem Ringen nach einfach wahrer Charakteristik unmittel=
bar auf Gluck's Schultern. Insbesondere hatte ihnen Gluck
die Bahn gebrochen für die Composition Klopstock'scher Texte,
welche damals als eine höchst verlockende musikalische Auf=
gabe galt. Versuchte doch Reichardt sogar den Messias mit
Beibehaltung hexametrischer Form als Oratorium zu bear=
beiten und holte Klopstock's Billigung für dieses Wagniß
ein, wie er auch etliche Strophen bei seiner Musik zu der
Ode „die Gestirne“ nicht weglassen wollte, bevor es ihm
der Dichter ausdrücklich erlaubt hatte. Ja, es behauptet
Reichardt sogar in dieser seiner früheren Periode: „Klopstock
ist in seinen lyrischen Gesängen am volksmäßigsten; Alles
macht diese Gesänge zum Ideal musikalischer Poesie für
wahre Musik!“ So konnte damals (1781) nur ein Gluckist
sprechen. Dazu dürfen wir es nicht vergessen, daß wir dem
Musiker Reichardt ja die Niederschrift der letzten Gluck'schen
Ode danken. Die Zunftzöpfe fühlten freilich heraus, daß
Reichardt nach ihrer Art gar kein rechter Musiker sei.

Der ehrenwertheste literarische Gegner Gluck's in Deutsch=
land war Forkel. Es ist bemerkenswerth, daß er häufig

den Lyriker Gluck angreift, um den Dramatiker zu ver=
nichten. Die einfachen liedartigen Motive in der „Iphigenia
in Aulis" dünken ihm großentheils wahre Kirmeßmusik und
der Chor in D-moll „parions, volons à la victoire!"
mit seinem in Liedesform angelegten schlichten Perioden=
und Strophenbau — ein ächtes Chorlied — ist Forkel eben
darum ein Urbild des Plumpen und Langweiligen.

Als ein Muster feinerer und würdigerer Dramatik stellt
Forkel dem Gluck den Georg Benda entgegen, welcher den
italienischen Arienstyl in der That zierlich und sinnig zu ver=
deutschen wußte. Ganz ergötzlich macht es sich dann aber,
wenn Forkel seinen begünstigten Benda förmlich entschuldigt,
weil die sparsamen liedartigen Weisen seiner Opern dennoch
weit allgemeinern Beifall fanden als die arienhaften. In
der Kritik von Benda's „Walder" bezeichnet Forkel das da=
mals allgesungene Lied „Auch die glücklichste der Ehen ɔc."
als populär und behaltsam, fügt aber gleich hinzu: „Man
halte dies nicht für einen Tadel des Stückes, und nehme es
lieber als einen kleinen Vorwurf auf, welcher dem allgemei=
nen Geschmack des Publikums dadurch gemacht wird, daß es
den Künstler so oft zwingt, weniger zu thun als er könnte."
Und doch konnte Forkel sich nicht enthalten, selber Lieder zu
componiren und herauszugeben! So mächtig drängte die
deutsche Musik damals überall zum deutschen Liede.

Herr. v. Castelue erkannte ganz richtig ein gut Theil
der Anziehungskraft von Gluck's Opern in den mit den dra=
matischen Motiven so innig verwobenen lyrischen Weisen, in
den „neuen, rührenden und mannichfaltigen Melodien."
Hiller, der ehrwürdige deutsche Liedersänger, bemerkt aber

flugs dagegen: „das mögen sie für die Franzosen wohl sein, wer aber mit den Arbeiten anderer deutscher und italienischer Meister bekannt ist, der wird sie bei weitem nicht so neu und original finden."

Hiller berührt hier einen für seine eigene Ansicht sehr bedenklichen Punkt. Die Franzosen jener Zeit waren in Sachen der neuen, frischen und volksthümlichen Melodie, namentlich der schlichten Liebesweise, durchaus keine schlechten Kenner. Sie sind im Gegentheil durch die ganze erste Hälfte des achtzehnten Jahrhunderts den Deutschen im nationalen Liede vorangegangen, und so tief sie in der Kunst des Gesammtaufbaues eines Tonstücks und der durchgebildeten Harmonie unter uns standen, so hoch überragt die Neuheit und Eigenart der Melodie und Deklamation bei Philidor, Rousseau, Desaides, Gretry wenigstens die italienisirenden Arien-Lieder der Hasse-Graun'schen Schule, aus welcher Hiller hervorging. Von dem französischen Chanson haben die deutschen Lyriker damals nicht wenig gelernt, namentlich merkten sie es den Franzosen ab, auf welchem Weg das deutsche Lied frei zu machen sei von den Banden der italienischen Arie.

Man könnte es fast als ein Zeichen des Dankes für diesen nachbarschaftlichen Dienst deuten, daß der grunddeutsche Schulze seinem nationalsten Werke, den „Liedern im Volkston," ein ächt französisch-stylisirtes Chanson beigefügt hat.

Klopstocks Freund, Cramer, konnte noch im Jahr 1783 schreiben: „Der Liedercomponisten, die mit Charakter setzen, hat Deutschland im Vergleich gegen die Franzosen noch immer nur wenige. Legionen unserer Melodien verdunkeln mehr

den Geist des Liedes, anstatt ihn aufzuhellen oder seinen
Gang zu unterstützen."

Auch Gluck lernte als Lyriker an dem französischen Liede
mindestens ebensoviel als an dem damals noch so dürftigen
deutschen Liedersang. Er fand auch hier den Weg von Italien nach Deutschland über Frankreich. In der Periode
von 1755—62 schrieb er französische Operetten mit Chansons, „les amours champêtres, l'isle de Merlin etc.,"
und lange nachher, als er schon ganz der deutsche Meister
geworden, setzte er in seiner Festoper Cythère assiégée
ein Chanson.

Man muß überhaupt den Liedercomponisten Gluck nicht
blos in seinen sieben Oden suchen; weit mehr und theilweise
weit schönere Lieder gab er in den dramatischen Werken. In
den „Pilgrimen nach Mekka" ringt der Geist des Liedes geradezu mit der Arienform. Beim Publikum gewannen einzelne liedartige Nummern den Sieg. Ich bemerkte oben: die
Dichter hätten Glucks Lieder besser zu schätzen gewußt als
die Musiker. So berichtet uns Karoline v. Wolzogen:
Schiller habe das Lied aus den „Pilgrimen," „Einen
Bach, der fließt rc." mit besonderer Vorliebe gehört, und
sich öfters an der hellen sonnigen Stimmung dieser idylli-
schen Weise erfreut.

Entschiedener noch als in jener komischen Oper Glucks
bricht aber in seinen reichsten und reifsten tragischen Werken
der ächteste Liederklang hervor. Neben den Arien, und dieselben mitunter an Innigkeit und Schönheit überragend,
finden wir hier eine reiche Auswahl liedartiger Cavatinen,
ja wirklicher Liedersätze. (Ich erinnere nur z. B. an den

Gesang der Iphigenie „Ewig werd' ich sein gedenken," nach Geist und Form eines der ächtesten und erhabensten Lieder, welche die deutsche Musik überhaupt besitzt.) Gerade durch die knappere, aber charaktervollere Liedform macht sich Gluck in gar vielen Fällen frei von dem alten Ariengeschleppe, ohne darum die Schönheit eines selbständigen architektonischen Musiksatzes aufzugeben.

Ein altes Bildniß Glucks trägt die Unterschrift: „Il préféra les Muses aux Sirènes." Man könnte dies für den gedachten Einzelzug verdeutschen: Er zog den Geist des deutschen Liedes der wälschen Arie vor.

Derselbe ideale Geist des Liedes ist es auch, der Glucks Balletmusik in den großen tragischen Opern so rein und schön zum Ganzen verwoben hat; denn Tanzweise und Liedweise sind Geschwister, und gerade in der Melodieführung jener kleinen Instrumentalstücke hat Gluck oft am überraschendsten die Gabe des Liedes bekundet. Wenn Einer die Bedeutung Joseph Haydns für das deutsche Lied untersuchen will, so darf er sich nicht blos auf dessen Liederhefte beschränken, sondern muß auch die zahllosen Liederthemen in den Symphonien und Quartetten in Betracht ziehen, durch welche Haydn das wiedergefundene volksthümliche Lied befruchtend in die höchste instrumentale Kunst leitete; so hat Gluck der großen Oper neue liedartige Formen gewonnen, und eben da, wo er als Dramatiker am mächtigsten erscheint, ist er oft zugleich am mächtigsten als Lyriker.

Die Oden Glucks sind übrigens ganz gründlich verschieden von den Liedersätzen in seinen Dramen. Sie bilden eine Gattung für sich. Ich kenne kein zweites Werk unsers

Meisters, welches beim ersten Anblick so lebhaft an einen
Ausspruch der Prinzessin Amalia von Preußen erinnerte,
wie diese Oden. Die musikeifrige Schwester Friedrichs des
Großen schrieb nämlich an Kirnberger: „Der Hr. Gluck,
nach meinem Sinn, wird nimmermehr für einen habilen
Mann in der Composition passiren können. Er hat erstens
gar keine Invention, zweitens eine schlechte elende Melodie,
und drittens keinen Accent, keine Expression; es gleicht sich
alles." Die Prinzessin fällte dieses Urtheil aber nach dem
Studium der Partitur der — „Iphigenie in Tauris," und
schloß ihre Kritik mit dem bündigen Satz: „Endlich und
überhaupt ist die ganze Oper sehr miserabel."

Wenn man heutzutage Glucks Oden vorzeigte, ohne den
Namen des Meisters zu nennen, so könnte gar mancher
Musiker leicht einen ähnlichen Spruch thun. Denn alles
Musikalisch-Technische ist hier so überaus einfach gehalten, daß
die gepriesene Sparsamkeit Glucks in den Opern fast wie
Verschwendung daneben steht. Man merkt keine Spur vom
„habilen Musiker."

So wie man aber die Oden singt und wieder singt,
und sich vertieft in „Accent und Expression," wird man
inne, daß der Meister hier mit einer Selbstentsagung wie
nirgend anders den Musiker bei Seite geschoben hat, um die
Dichtung in ihren klarsten und feinsten Umrissen aus dem
dünnen Farbenauftrag der Töne hervorleuchten zu lassen.
Nicht weil er es zu leicht genommen hätte, wurde Gluck fast
technisch dürftig in den Oden, sondern weil er es zu streng
nahm, weil er im Extrem Gluckisch schrieb; er will den Gesang so rein zur Declamation vergeistigen, daß ihm so ge-

wöhnliche Dinge wie Melodie und Harmonie fast zu materiell
geworden find.

Durch dieses Streben aber, in welchem er seine eigenste
Natur ausspricht, fällt er auch zugleich wieder von sich selber
ab. Reichardt sagte das treffende Wort: daß Lully blos
wahr gewesen sei, Gluck aber wahr und schön zugleich. In
den sieben Oden droht manchmal fernher die Gefahr des
Rückfalls zu Lully's Standpunkt, in der im Eingang besprochenen achten Ode erscheint dieser Rückfall thatsächlich.
Bei einer Stelle in Salieri's Danaiden, die Gluck mißfiel —
er wußte selbst nicht warum — rief er plötzlich: „Nun hab'
ich's — die Stelle riecht nach Musik!" Gibt es nicht
auch Musik, bei welcher man ausrufen möchte: sie riecht
nach Poesie? Glucks Oden sind trotz allem doch wieder musikalisch zu wuchtig, als daß man dieses Wort gegen sie zu
wenden wagen dürfte; dennoch legen sie den Gedanken mitunter nahe.

Es ist als ob die Ehrfurcht vor dem Dichter und
seinen Versen gelastet habe auf dem Componisten, als er
die Oden sang. Er wagt nicht frei und voll sich selber ganz
zu geben wie in den Opern, er folgt nur scheu von fernher dem gefeierten Dichter; aber es ist doch immer Gluck
der folgt.

Nicht blos im Gedankenaccent, auch in den Accenten
des Metrums schmiegt er sich den Versen mit bewunderns-
werther Treue. Wie die kunstvollen antikisirenden Strophen-
maße den Gedichten besonders vorgedruckt waren, so stehen
sie auch in der Originalausgabe der Gluckischen Musik noch
einmal besonders über dem Notensystem. Vor diesen fremden,

geheimnißvollen Maßen hatten die Tonsetzer damals überhaupt noch eine heilige Scheu.

Indem nun Gluck den Sylbenquantitäten sehr pflichtlich
nachdeclamirt, wird er doch keineswegs monoton. Denn er
berücksichtigt andererseits die Verscäsuren und die Vers- und
Strophenschlüsse durchaus nur soweit, als sie auch Cäsuren
und Abschlüsse des Sinnes sind, und weiß gelegentlich den
Gedankenaccent äußerst fein in der Schwebe zu halten mit
dem Versaccent. Er beclamirt also sehr gebunden, zeigt sich
aber gerade darin als der Meister der Declamation. Man
begreift leicht, daß ihm kein Anderer solche Musik ganz zu
Dank sang, und daß er die Oden lieber mit ungenügender
Stimme richtig beclamiren als sie von Andern mit seelenvollstem
Tone, aber allerlei kleinem Verstoß gegen die subtile Declamation, gesungen hören wollte.

Doch wähne man nicht, daß diese Oden, bei denen
Melodie und Harmonie so streng dem Accent des Gedankens
und Verses untergeordnet ist, etwa in ein formloses Recitativ sich verliefen. Im Gegentheil, es sind ächte, knapp
und wohlgefügt aufgebaute Lieder, zum Theil einfache Stro-
phenlieder. Die durchcomponirten Oden „Schlachtgesang,"
„der Jüngling" und die „Neigung" sind doch auch wieder
strophisch angelegt; es ist Satz, Gegensatz und Wiederholung
des Hauptsatzes zu einem Strophenrondo. Hier zeigt sich
Gluck recht als ein Meister des Maßes und der Architektonik.
Klopstock ist ihm überhaupt nicht, wie so vielen Spätern,
ein Verloder zu dämmerigem, formlosem Phantasiren, sondern es ist umgekehrt der antike Geist in Klopstock, welcher
ihn anzieht, und zu möglichst klarem und durchsichtigem

Colorit begeistert. Mit großem Talt hat er auch sieben ganz besonders gedankenllare und plastisch abgerundete Texte aus=gewählt. Darum stutzt bann aber so manches moderne Kind vor biesen schlichten und lichten Glud'schen Oben, weil man sich unter einer Musit zu Klopstod eine rechte Rebelmusit glaubt vorstellen zu müssen, barin kein Monb und keine Sonne scheint.

Es war epochemachenb, baß Glud in den Oben einen ganz andern Weg ging, als in den Liebersätzen seiner Oper. Denn es springt uns aus biesem Gegensatz ein Gedanke mit schneidender Entschiedenheit entgegen, ber vor Glud noch nirgends klar war bargelegt worden. Ich will ihn in kurze Worte fassen.

Ein Gedicht, und namentlich das gute Gedicht eines wahren Poeten, ist für sich ein fertiges Kunstwerl, gleichviel ob es nachträglich componirt wird ober nicht. Wählt es ber Musiler zu einem Liebertext, so hat er vor allen Dingen die künstlerischen Intentionen des Dichters zu ergründen, und sich ihnen zu fügen. Kaun ober mag er das nicht, so soll er auch das Gedicht liegen lassen. Treue und selbstentsagenbe Hingabe an den Dichter ist die erste Pflicht des Liebercom=ponisten; Glud hat uns in seinen Oben hierzu das erste Vorbild gegeben.

Ganz anders steht es mit einem Operntext. Dieser ist für sich kein fertiges Kunstwerl, er soll burch die Musit erst fertig werden. Hier tritt die Inbividualität des Dichters nicht binbenb auf; der Musiter componirt Gebanken, Worte, Situationen, er componirt nicht den Dichter. Darum darf er sich mit Recht einem viel freiern Strom des Schaffens

hingeben. Und hiermit ist, wie ich glaube, der wahre Grund
des großen Unterschieds zwischen Glucks Oden und seinen
Opernliedern ausgesprochen. Im Liedersatz der Oper faßt
er frei die lyrische Situation des Texts, und indem er die
Worte musikalisch verklärt, ist und bleibt er der ganze Gluck;
in der Ode will er den Dichter fassen, und dessen bereits
fertiges Kunstwerk; er ist gebunden durch die Pietät gegen
den Dichter, er will gar nicht frei sich selbst geben, sondern
er will uns den Dichter geben, aber freilich musikalisch wie-
dergeboren in seinem Geiste.

Mit diesem Gegensatz leitete Gluck eine neue Periode
des deutschen Liedes ein. Schulze und Reichardt führten zunächst weiter aus, was er in seinen Oden mit einseitigen,
harten, aber großen Zügen angedeutet.

Mit Gedanken an Klopstocks erhabene Lyrik war Gluck
in den reichsten Abschnitt seiner Künstlerbahn eingetreten.
Und in den letzten Tagen seines Lebens kehrte sein Geist
wieder zu diesem Dichter zurück. Er wollte die Musik zur
Hermannsschlacht in die Feder dictiren; die Besorgniß der
Gattin und des Arztes wehrte es ihm — so nahm er dieses
räthselhafte Meisterstück seiner Lyrik mit ins Grab.

Der „Poet unter den Musikern" schloß sein künstlerisches
Tagewerk mit dem Gedanken an Klopstock, den er so begeistert im Herzen getragen, und in dessen Oden er Weihe
gesucht und gefunden hatte, als er sich rüstete zu den klarsten
und reinsten Tongebilden des musikalischen Drama's.

Zweiter Cyklus.

Politik.

Deutsche und französische Freiheit.

(Gesprochen in München am 12. Jan. 1871.)

I.

In diesem harten, heißen Winter sind wir Deutsche in einer seltsamen Lage. Unsre Heere kämpfen für unsere und für Europa's Freiheit, für die Befreiung von der angemaßten politischen Suprematie Frankreichs und für die endgiltige Abwehr französischer Eroberungsgelüste. Dagegen sagen uns die Franzosen und auch die Engländer, Polen, Italiener, Griechen, Schweizer und andere gute Freunde, seit dem 4. September 1870 hätten wir umgekehrt gegen die Freiheit und für den Despotismus gekämpft und seien ein Eroberervolk geworden. Die Franzosen erklären den Sieg Deutschlands für einen Triumph feudaler Gewaltherrschaft, und wir glauben gegentheils in den republikanischen wie in den imperialistischen Franzosen die gleiche cäsarische Tyrannei niederzuwerfen, welche alles europäische Staatsleben zu vergiften droht.

Es muß da wohl zweierlei Freiheit geben, und eine scheint der andern fast so ähnlich zu sehen wie Tag und Nacht. In der That: wenn auch nicht zweierlei Freiheit,

so doch zweierlei Auffassung der Freiheit im Volksgeiste, grund=
verschiedene Ansichten über Mittel und Wege, ja sogar über
das letzte Ziel freiheitlicher Staatskunst.

Und wenn wir der Sache weiter nachdenken, dann
wächst der Gegensatz, er gewinnt immer größere, welthisto=
rische Formen, er greift hinaus über die Gegenwart, über
Deutsche und Franzosen, er geht in seiner Wurzel zurück
auf die Grund=Unterschiede des Germanismus und Ro=
manismus.

Nun liegen uns aber die Deutschen am nächsten als
die vollgültigsten Vertreter germanischen und die Franzosen
als die mächtigsten Stammhalter romanischen Wesens. Be=
schränken wir also unsere Beobachtung auf diese beiden Völker.

Frei sein heißt dem Franzosen: über Andere herr=
schen. „Personne au-dessus de moi et moi au dessus
des autres!“ — so hat Eduard Laboulay ironisch und doch
so ernsthaft wahr das Freiheitsideal seiner Landsleute aus=
gesprochen.

Dem Deutschen dagegen ist Freiheit: von Niemanden
beherrscht werden. Jeder soll unabhängig sein nach
seiner Art, und wäre er auch nur ein Narr auf eigene Faust.

Also faßt der Franzose die Freiheit zunächst als That,
wir fassen sie vorab als Zustand. Uns gibt sie die Mög=
lichkeit jedweden Handelns; dem Franzosen ist sie ein be=
stimmtes Handeln in ausgesprochener Richtung.

Als sich die Franzosen frei machten im Jahre 1789,
stellten sie sofort ein Grundgesetz der Freiheit auf durch die
Erklärung der Menschenrechte. Sie gaben ein Freiheits=Pro=
gramm für alle Welt, für ewige Zeiten; sie prophezeiten,

daß ihre Revolution, ihre Republik, ihre Freiheit die Reise
um die Welt machen werde. Sie glaubten und glauben
heute noch, im Jahre 1789 die alleinseligmachende Kirche
der Freiheit gegründet zu haben. Jede alleinseligmachende
Kirche trägt aber die Tendenz der Eroberung in sich: so war
es beim römischen Katholicismus und beim Islam wie bei
der politischen Universalkirche der französischen Republik.
Sie mußte Proselyten machen im Namen der Freiheit, wo
wir uns begnügen, in unserer Freiheit Namen Toleranz zu
üben. Toleranz und Bekehrungssucht sind unversöhnliche
Gegensätze.

Zuerst bekehrt man durch Ueberzeugung, und dann,
wenn das nicht geschwind genug geht, durch Gewalt. Als
die Franzosen 1792 erobernd zum Rheine zogen, da riefen
sie: „Krieg den Palästen, Friede den Hütten!" Man durfte
so frei sein in der Hütte zu leben, aber nicht im Palast;
Jedermann durfte so frei sein, ein armer Teufel zu sein,
aber beileibe kein Aristokrat und wenn er's auch ganz still
für sich gewesen wäre. Nur in der Republik wohnte die
Freiheit, nur in der Republik genau nach französischem
Muster. Wer nicht frei werden wollte, den zwang man
dazu, und das war ja offenbar die kräftigste Liebesthat der
Freiheit.

„Herrschsucht aus Freiheitsdurst" — so lautet die pas-
sende Ueberschrift für ganze lange Kapitel aus jener Revo-
lutionsgeschichte.

Hiermit vergleiche man die neuere Geschichte Englands
und Deutschlands. Die Engländer rühmten sich eines freien
Staatswesens und auch ihnen war der Weg gewaltsamer

Umwälzungen nicht erspart, um zum Ausbau ihrer inneren
Freiheit zu kommen. Aber sie versuchten darum doch nicht,
die Welt nach englischem Muster umzugestalten und ihre
Freiheit den Nachbarn aufzudrängen. Der einzelne Engländer im Auslande will in seiner Weise unabhängig sein
bis zur Impertinenz, aber bekehrungssüchtig ist er darum
nicht, und die Nation als Ganzes weiß vollends recht gut,
daß politische Institutionen, die den Engländern bequem
sind, andern Völker lästig, ja unerträglich sein würden.
Sie weiß dies kraft ihrer deutschen, ihrer sächsischen Art
und die besten freiheitlichen Entwickelungen Englands sind
altsächsischen Ursprungs.

In langsamem, vielverschlungenem Prozeß haben wir
Deutsche die constitutionelle Staatsform reich und eigenartig ausgebaut. Wir dürfen stolz darauf sein, und nur
der Unwissende wird unsere Monarchien despotisch, unsere
Zustände feudal, unsere Gemeinden bevormundet nennen;
alle diese Einrichtungen sind von modern freiheitlichem Geiste
durchdrungen und haben ihre befreiende Kraft im Volksleben
erprobt. Aber es fällt uns doch nicht ein, diese deutschen
Formen eines freien Gemeinwesens für alleinseligmachend zu
halten und andern Völkern aufdrängen zu wollen. Wir
sind froh, wenn unsere Freiheit überhaupt nur von Andern
verstanden wird.

Eben weil der Germane kein unfehlbares Dogma der
Freiheit hat, noch sucht, sind die germanischen Völker und
Stämme stets durch eine sehr vielgestaltige Staats- und
Gesellschaftsverfassung unter sich verschieden gewesen. Ein
jegliches Volk treibt's nach seiner Art und läßt das andere

gewähren. Von Norwegen bis zur deutschen Schweiz, von England bis Deutsch=Oesterreich — welche bunte Fülle des modernen Staats= und Gesellschaftslebens, wie mancherlei Freiheit! Und vollends im Mittelpunkt dieser großen ger= manischen Völkerfamilie, im deutschen Reich, wie verschiedene Formen, in welchen sich Rechtsschutz und individuelle Unab= hängigkeit, das deutsche Freiheitsideal, ausspricht!

Der romanische Süden dagegen strebte allezeit zur Uni= formität der Staatsform, weil er ein herrschendes Dogma der Freiheit sucht. Am Ausgange des Mittelalters erstand die absolute, centralisirende Fürstengewalt zuerst bei den Romanen, wie zur Zeit der französischen Revolution die ab= solute, nivellirende Gewalt der Freiheit.

Ein Dogma der Freiheit ist ein Widerspruch in sich. Aber in dem verkehrten französischen Bestreben die Freiheit zu dogmatisiren, ruht doch ein großer idealistischer Zug. Die Franzosen suchten für sich und die ganze Welt allge= mein gültige Ideen der Freiheit; allein sie betrogen sich und die Welt, indem sie dieselben in die allein berechtigte Form pressen wollten. So steckt auch hinter gar manchem hierarchi= schen Dogma eine gewaltige Idee, wenn sie nur nicht hierarchisch ausgeprägt, wenn sie nur nicht zum Dogma ver= steinert worden wäre.

Die modernen Franzosen waren Eroberer, aber sie waren es mindestens eben so oft aus Bekehrungssucht, wie aus Habsucht. Und wenn sie seit geraumer Zeit vorgeben, für „Ideen“ Krieg zu führen, so liegt darin eine Wahrheit, nur daß ihre Herrschbegier das ideale Ziel meist unter der Hand in einen blosen Vorwand zur Befriedigung schlechter politischer

Leidenschaften verwandelte. So behaupten sie, für das „Gleich-
gewicht" der Staaten zu fechten und fochten doch zunächst für
ihres eigenen Staates Uebergewicht; sie sahen sich als Vorkämpfer der „Freiheit" an, indem sie die Völker unterjochten,
als die Helden der „Civilisation," aber nur ihrer besondern Civilisation, welche wenigstens uns Deutschen zuletzt
als ein Sumpf der gleißnerischen Lüge erschien; sie verkündeten
die Idee der „National-Staaten," behielten sich aber für
ihr deutsches Elsaß und ihr italienisches Nizza einen ganz
eigenen Begriff der „Nationalität" vor; sie forderten das
„Selbstbestimmungsrecht der Völker," aber nur so weit es
ihrer und ihres Herrschers Despotie den Weg nicht vertrat.
So betrogen sie sich und Andere mit ihren großen Ideen;
den innersten Kern dieses Selbstbetrugs bildet immer wieder
das Gelüsten der Herrschsucht im Namen der Freiheit.

Als vollendete Idealisten erhoben sie sich darum auch
auf Grund solchen Selbstbetruges zu jener National-Eitelkeit,
jenem Größenwahn, der uns während dieses Krieges schon
oft so lächerlich vorkam und der Frankreich so verderblich
wurde. Wir haben viel zu oberflächlich über denselben gespottet; er ist nicht einfach lächerlich. Denn es handelt sich
hier nicht um Phrasen, welche ein Prahler frech hinaus
schleudert, ohne selbst an ihre Wahrheit zu glauben. Die
Franzosen glauben wirklich, daß sie nicht blos eine große
Nation, sondern die große Nation seien, daß Paris das
Heiligthum der modernen Cultur, das bewegende Centrum
der gebildeten Welt, sie glauben, daß mit dem Sinken
Frankreichs der Stern der Freiheit und Gesittung untergehe.
Dieser Glaube lebt in ihnen seit Ludwig XIV. und stärker

noch seit der Revolution von 1789; er gründet auf der Ueberzeugung, daß sie den Völkern Europa's vorangeleuchtet hätten in jenen sieggewaltigen Ideen, welche das Mittelalter zertrümmerten, vorab in der Idee der welterobernden Freiheit, im Dogma der Freiheit. Das ist in gewissem Maße auch ganz richtig. Nur erkennt der Franzose niemals, daß er für sich die Früchte der Freiheit wieder vernichtete und für Andere verdarb, indem er sie eben dogmatisirte und herrschen wollte, kraft und unterm trügerischen Vorwande der Freiheit. Und durch diesen inneren Widerspruch, der das Unglück der ganzen Nation, wird auch ihr Größenwahn nicht blos komisch, sondern zugleich tragisch; er ist nicht einfach zu belachen; denn er wird zu einer Thatsache des weltgeschichtlichen Humors, der tragi-komischen Ironie im größten Style.

Nur ein erschütternder Zug möge diesen Satz noch beleuchten. Vor lauter Aberglauben an die Herrschgewalt ihrer Freiheit und vor lauter National-Eitelkeit, die tief in diesem Aberglauben wurzelt, haben die Franzosen im Herbste 1870 geradezu die Vaterlandsliebe verloren. Der wahre französische Patriot hätte nach Sedan zum Frieden rathen müssen. Allein die Dogmatisten der Freiheit hatten den Augenblick von Napoleons Sturz erlauert, um flugs die Republik einzuführen. Sie opferten Frankreich, um in und mit der Republik zu herrschen. Vor dem Kriege und nach dem Kriege kann man Revolution machen, aber eine Revolution mitten im Kriege, ja mitten in lauter Niederlagen ist Vaterlands-Verrath.

Man findet vielleicht dieses Wort zu hart und entgegnet

mir, bei vielen Franzosen sei es vielmehr verblendete Vaterlands=
liebe gewesen, welche sie antrieb, den Staat im selben Augen=
blicke mit eigener Hand von Innen aus seinen Fugen zu heben,
wo er durch den äußern Feind in seinen Grundfesten erschüttert
wurde. Aber auch dann war es doch wieder der Aberglaube
an den unwiderstehlichen Zauber der Republik, der zu solcher
Verblendung führte. Der Franzose ist sonst wohl weniger
geneigt, in der Geschichte vergangener Tage zu leben, wie
der Deutsche. Diesmal aber glaubte er, was vor achtzig
Jahren geschehen war, das müsse jetzt ganz ebenso wieder
geschehen. Hatte nicht damals — seiner Meinung nach —
die Republik jene zusammengerafften Heerhaufen unbesiegbar
gemacht? Hatte nicht damals der republikanische Geist von
Paris aus ganz Europa durchweht und überall französische
Sympathien entfacht? Mußte sich nicht, kraft des Dogmas
von der alleinseligmachenden Form der Freiheit, derselbe
Erfolg auch heute wiederholen? Wähnten die Pariser doch
eine Weile, daß die Teutschen genau in derselben Gegend
von Valmy wieder Kehrt machen müßten, wo sie Anno 92
Kehrt gemacht hatten! Man vergaß die völlig veränderte
Lage der Dinge und hielt nur an dem Glaubenssatze fest,
daß der gleiche Formalismus der Freiheit allezeit auch die
gleichen gebieterischen Wirkungen üben werde. Die fran=
zösische Monarchie konnte besiegt werden, aber die französische
Republik mußte naturnothwendig den Sieger besiegen, ja sie
mußte zum zweitenmale erobernd an den Rhein und über
den Rhein gehen. Denn eine Republik, welche nicht im
Namen der Freiheit erobert, wäre dem Franzosen gar keine
rechte Republik. Das macht das römische Blut im Gallier;

die alten Römer waren ganz ähnliche Despoten welterobern=
der „civilisatorischer" Ideen. Und auch sie scheiterten an
dem individuellen, in sich gekehrten Freiheitsgeiste germanischer
Barbaren.

Allein waren denn diese Deutschen nicht auch Eroberer?
Zieht nicht die erobernde Tendenz, das Streben nach einer
Weltmonarchie durch unsere ganze alte Kaisergeschichte, so
lange die Kaiser noch Kraft und Macht besaßen? Jene er=
strebte Universalherrschaft war nicht der leitende Grund=
gedanke des deutschen Königthums, sondern des rö mischen
Kaiserthums deutscher Nation; der römische Kaiser war es,
der auf Römerzüge über die Alpen ging, und der deutsche
König ist am römischen Kaiser zu Grunde gegangen. So
führten unsere Vorfahren auch Glaubenskriege, nicht im
deutschen Geiste, der schon zur alten Heidenzeit religiös duld=
sam war, sondern im Geiste der römischen Kirche. Christi
Wort und Werk will die Menschen frei machen, aber von
einer Despotie der Freiheit stehet nichts im Evangelium.
Die älteste christliche Kirche begnügte sich mit einer indivi=
dualistischen Presbyterial=Verfassung, welche der Herrschsucht
und Eroberungslust keine Handhabe bot; erst als sich die
Kirche im Römerreiche ausbreitete und in dessen Provinzen
eingliederte, erwuchs das aristokratische System der Metro=
politen und Patriarchen; und als sich die abendländische
Kirche in Rom selber centralisirte, da wurde sie vollends
hierarchisch mit einem weltbeherrschenden Kirchenfürsten an
der Spitze. Der deutsche Geist erhob sich gegen diese römische
Hierarchie in der Reformation und erkannte sofort die Wahl=
verwandtschaft jener uralt apostolischen Gemeindefreiheit mit

dem germanischen Wesen. Es dauerte freilich noch Jahrhunderte lang, bis man nach schweren Verirrungen und
Rückschlägen in Deutschland allgemeiner einsah, daß nicht in
der Herrschaft dieser und jener Kirche, sondern in dem
Selbstbestimmungsrechte der Individuen und religiösen Ge-
meinschaften die wahre Glaubensfreiheit begründet sei. Allein
der protestantische Individualismus trieb unaufhaltsam zu
dieser Erkenntniß. „Un roi, une loi, une foi!" sprach
Ludwig XIV. zu derselben Zeit, da Kurfürst Karl Ludwig
von der Pfalz die Mannheimer Eintrachtskirche baute, in
welcher Katholiken, Lutheraner und Reformirte wechselsweise
ihren Gottesdienst halten sollten. Und der Philosoph Leibniz
sann damals, wie man die getrennten Bekenntnisse freiwillig
zur Einigung führen könne, während Ludwig die Glaubens-
einheit seines Reiches durch Dragoner herstellte.

II.

Die moderne Zeit steigerte die Freiheitsliebe bei allen
Culturvölkern, sie erweckte ein Ideal allgemeiner Freiheit,
welches dem Mittelalter unbekannt war. Aber das Streben
nach diesem Ideal führte bei Deutschen und Franzosen zu
ganz verschiedenen praktischen Resultaten: es festigte bei uns
die Monarchie und reizte gegentheils die Franzosen zum fortwährend Begehren nach der Republik. Daß ich nicht als
König das Land beherrschen kann, dies erscheint mir keine
Schranke meiner Freiheit: mir genügt, wenn ich nur König
für mich bin. Und dieses deutsche Freiheitsideal — indi-
duelle Unabhängigkeit — dünkt uns weit weniger gefährdet

durch die allen Andern unerreichbaren Vorrechte eines angestammten Fürstenhauses als durch die Herrschsucht wech-
selnder Parteihäupter in der Republik. Man hat den Staat
mit einer Pyramide verglichen. Wir suchen die Gewähr der
Freiheit nicht in der Spitze, sondern in der Basis dieser
Pyramide, und wenn nur die Rechtspflege unabhängig ist,
die Verwaltung streng geordnet und redlich, die Volksvertretung vollberechtigt, das freie Wort eine Wahrheit und die
Gemeinde selbstständig, dann mag der Fürst seine Souve-
renität und Majestät auf ein historisches Recht längst vergangener Zeiten gründen. Der Engländer denkt ganz ebenso, und obgleich sein Staat, seine Gesellschaft ganz anders
geartet ist, so begegnen wir uns doch im letzten Grundgedanken germanischer Freiheit.

Der Franzose dagegen sieht vor Allem auf die Spitze
und äußere Decoration des Staatsgebäudes. Er war und
ist ein gewaltiger Verbreiter republikanischer Formen und
Ideen, nur fehlte es allezeit an Republikanern in Frankreich.
Denn Jeder begehrt dort ein Stück Herrschaft, herrschen
heißt ihm frei sein, und er läßt sich von Andern despotisch
beherrschen, wenn er selber nur auch wieder despotisch über
Andere herrschen darf. Und zuletzt tröstet die Herrschaft der
Nation über andere Völker — das nationale prestige —
den Einzelnen über den Verlust seiner persönlichen Unab-
hängigkeit. Man sagt, im Elsaß seien es neben andern
Elementen besonders die Juden, welche gegenwärtig dem
Rückfall dieses alten Reichslandes an Deutschland entgegen-
arbeiteten, und macht als Grund geltend, daß sie für ihre
Emancipation fürchteten. Wenn man dann jenen Juden

einwendet, daß sie bei uns doch ebensogut emancipirt seien, wie bei den Franzosen, dann stellen sie die Gegenfrage, ob man ihnen einen Juden nennen könne, der in Deutschland Minister geworden sei, oder Obersthofmeister, oder General? Daß Rothschild Baron ist, genügt ihnen nicht; denn ein moderner Baron hat keine Herrschaftsrechte mehr wie im Mittelalter. Sie fassen eben die Sache sofort französisch: die bloße passive Unabhängigkeit dünkt ihnen ungesalzen, sie wird ihnen erst zur Freiheit, wenn sie die Herrschaft verleiht. Ein Satz, der so viel zu denken giebt, daß man ihn bedenklich nennen könnte, und zwar bedenklich nach zwei Seiten, das heißt auch für unser Freiheitsideal.

Die elsäßischen Bauern werden den Verlust der französischen Freiheit weit weniger empfinden als die elsäßischen Juden; sie hatten ja nicht zu herrschen. Dafür dürsten die Maires, die Unter= und Ober=Präfecten, welche um so kräftiger nach unten drücken dursten, je geduldiger sie sich von oben drücken ließen, den Verlust jener Freiheit doppelt schmerzlich beklagen. Ob aber die elsäßischen Bauern, die in ihrer Sprache das Wahrzeichen deutscher Abstammung sich retteten, auch noch eine Erinnerung der ehemaligen deutschen Gemeindefreiheit behalten haben, ob sie noch ein Verständniß für dieselbe, eine wenn auch noch so dunkle Sehnsucht nach ihrem Wiedererwerb besitzen? Das möchte ich stark bezweifeln. Es war eine höchst charakteristische That der ersten französischen Revolution, daß sie im Namen der Republik, im Namen der Freiheit die Reste der freien Gemeinden des Elsaßes zerstörte: in älteren Zeiten wäre dies schwieriger gewesen; in den neunziger Jahren aber nahmen die franjösischen Ideen fast das ganze civilisirte Europa gefangen; wie hätte der elsäßische Bürger und Bauer allein widerstehen sollen, wenn man ihm mit Beihülfe des Fallbeiles bewies, daß die weltbeherrschende neue Staatsfreiheit erst vollendet werde durch die Vernichtung der Autonomie der Gemeinden?

Der Gegensatz des deutschen und französischen Freiheitsideales bekundet sich überhaupt am schärfsten und unversöhnlichsten in der deutschen und französischen Gemeinde. Uns ist die Gemeinde eine Burg jener individuellen Unabhängigkeit, welche von unten herauf den Staat durchdringen soll; dem Franzosen ist sie die letzte Stufe der Unterordnung im Staatsganzen. Die freie deutsche Landgemeinde war früher durchgebildet als der deutsche Staat, sie gehört zu unsern kostbarsten Volksalterthümern; der deutschen Stadtgemeinde entsproßten die frühesten Keime modernen Lebens im feudalen Mittelalter. Gegentheils ist die centralistische französische Gemeinde, welche nicht einmal den Unterschied von Stadt und Land gelten läßt, ein neues Gebilde; sie entsprang der Revolution, den ausebnenden politischen Ideen von 1789, sie ist ein Kind des Staates, genau besehen ein Stiefkind.

Der deutsche Gemeindebürger will die innere Häuslichkeit seines Gemeindewesens selbständig ordnen, im Staate und mit dem Staate. Aber er bleibt dabei sein im Hause. Darum ist die Gemeinde bei uns keine Schule des Ehrgeizes, sondern vielmehr der elementaren politischen Volksbildung und der anspruchlosen Selbstverwaltung. Wir dürften mitunter klagen, daß unser Gemeindeleben den Ehrgeiz der

Bürger nach aktiver Theilnahme eher zu wenig als zu viel reize. In Frankreich dagegen sind die Gemeindeämter eine Schule der Herrschlust; denn sie führten hinauf zu den Staats- ämtern und Ehre und Gnade kommt überall von oben, beim „Maire," zu deutsch dem Meister, welcher unten dient, wie beim „Minister," zu deutsch dem Diener, welcher oben herrscht.

Deutschland besitzt einen nationalen Schriftsteller, Justus Möser, der verwies vor hundert Jahren, als die fran- zösischen Ideen von Freiheit und Gleichheit bereits unsere schöngeistige und philosophische Literatur durchsickerten, auf die verkannten Vorzüge der alten deutschen Freiheit und unsers weiland darauf gegründeten Gemeinde- und Corpo- rationslebens. Der heilige Eifer für das Ueberlieferte und uralt Volksthümliche führte ihn dabei nicht selten so weit, daß er seiner Gegenwart Institutionen als Muster vorhielt, die längst im Absterben begriffen waren und nicht wieder belebt werden konnten. Aber sie bargen wenigstens in ver- dorrter Schale den Kern jenes gesunden deutschen Indivi- dualismus, der keimkräftig nur eines neuen Bodens, einer neuen Frühlingssonne bedurfte. Und so war Möser ein wahrer Apostel deutscher Freiheit und malte doch so an- muthig aus, wie gut es die Hörigen gehabt hätten; er wollte Gerechtigkeit wie Wenige und befürwortete doch, daß die un- ehelichen Kinder ihr Leben lang unehrlich bleiben sollten! Kein Franzose begreift, wie solche Widersprüche sich ver- söhnen könnten, es wird überhaupt kein Franzose den ganzen Justus Möser begreifen, und die „Patriotischen Phantasien" schauten uns wohl gar wunderlich an, wenn sie ins Fran- zösische übersetzt würden.

(Man kann diesen letzten Satz weiter verfolgen, er führt zu einer allgemeinen Parallele: der Deutsche gewinnt leichter ein gerechtes Verständniß für die französische Freiheit, wie der Franzose für die deutsche. Dafür hat sich aber auch unsere Nation lange Zeit der französischen Freiheitsidee gefangen gegeben, während Niemand behaupten kann, daß das moderne Frankreich jemals für deutsche Freiheit geschwärmt habe.)

Möser war eine aristokratische Natur, aber er lebte mit dem Volke und für das Volk; er studirte sein niedersächsisches Volk in Vergangenheit und Gegenwart wie Wenige, und gerade dieses Studium gab seiner Feder Kraft, Frische und Gehalt. Auch Mösers Antipoden, die französischen Freigeister und Encyklopädisten, Voltaire voran, waren Aristokraten, allein sie lebten und schrieben in der Atmosphäre der vornehmen Welt und für die vornehme Welt, sie stiegen nicht entsagungsvoll zum Volke herab, sondern wollten sich gegentheils in ihrer eigenen Erhabenheit zeigen, indem sie die Vorurtheile von Stand und Rang verspotteten, welche ihnen doch für ihre eigene Person höchst schätzbar blieben. Ein „Freigeist" war, wer in der Freiheit des Geistes die Andern überstrahlte, ob er sie etwa auch frei machte, das blieb Nebensache. Selbst Rousseau, der Sohn des Volkes, sucht die Gleichheit doch wieder in der Herrschaft, in der Dictatur der unteren Volksschichten, welche statt der bisher privilegirten Stände herrschen sollen. Und die französische Republik obgleich — oder vielmehr weil — sie die allgemeinen Menschenrechte dictirte, ging stracks desselben Weges: statt des ersten und zweiten Standes sollte fortan der dritte herr-

schen, — kein Wunder, daß sich bald genug auch der vierte
zur Herrschaft meldete.

Uebrigens kann man die französische Freiheit ebensogut
in Deutschland wie in Frankreich studiren, wir brauchen
nicht aus unserm Lande, wir müssen nur aus unserer Zeit
herausgehen. Denn selbst unsere Väter dachten noch großentheils französisch, wenn sie an die Freiheit dachten. Wer
inne werden will, wie weit in jenen Tagen, da die Deutschen sich selber suchten, unsere Geister auseinandergingen
in ihren Freiheitsidee'n, der vergleiche Justus Möser und
Ludwig Börne. Sie sind nur durch ein halbes Jahrhundert
getrennt, aber zwischen ihnen liegt der Weltgang der Revolution und des Cäsarismus. Börne wird geradezu Franzose, weil er in französische Freiheit verliebt ist, während
Möser reactionär wird aus lauter germanischer Freiheitsliebe, aus Freiheitstrotz, der sich schlechterdings nichts aufdrängen lassen will, nicht einmal die Freiheit selber.

Der Franzose ist für Börne fast durchweg der gescheidte,
liebenswürdige Mann, und der Deutsche ein Kleinmeister
und Pedant, welcher vorab keine Politik versteht, weil er
viel zu gerecht ist, um namens seiner Freiheit die Freiheit
Anderer zu unterdrücken. Börne erzählt in seinem Tage-
buch, wie der alte Prudhomme, der ehemalige Herausgeber
des revolutionären „ami du peuple" ihm klar gemacht habe,
was eigentlich „nette" liberale Grundsätze seien und welcher-
gestalt solche von einem geschickten Zeitungsschreiber ver-
werthet werden müßten. Das Geheimniß des „Netten" liegt
in der Herrscherpolitik der Partei. Wir „Deutsche" — das
hat Börne schließlich gelernt — „halten keine Partei. Der

Franzose lobt und begünstigt Jeden, der auf seiner Seite
ist, und tadelt und beschädigt Jeden, der ihm gegenüber
steht. Hierdurch stärkt er seine Partei und zwingt die Leute,
offen Farbe zu bekennen. Darum erreichen die Franzosen
Alles und wir bringen es zu nichts." Im Gegensatz hierzu
hatte Börne bis zu jener belehrenden Zwiesprach mit Prudhomme noch gemeint, in der Zeitung müsse man loben, was
löblich, tadeln, was tadelnswerth sei, — „und ich that mir
auf meine germanische Tugend viel zu gut. Man" (der
Franzose) „verlangte aber von mir, daß ich unsere Freunde
loben, unsere Feinde tadeln solle, sie möchten thun, was sie
wollten und — man hatte Recht. Ich war damals noch
ein blutjunger Deutscher."

Wir sind inzwischen etwas ältere Deutsche geworden
und haben erfahren, daß aus solchem Macchiavellismus der
Parteiherrschaft nothwendig jene Lüge und Selbstverblendung
erwächst, welche den Franzosen im gegenwärtigen Kriege
kaum minder geschadet hat als die deutschen Waffen.

Wie haben sich die Zeiten geändert! Begreifen wir's
doch kaum mehr, daß Deutsche vor vierzig Jahren Börne's
Freiheitssinn rühmen konnten, während Charaktere, wie Stein
und Arndt, die für das deutsche Ideal der Freiheit gestritten
und gelitten, damals gar Vielen überwunden und veraltet
erschienen. „National" und „liberal" waren Gegensätze geworden! Denn der deutsche Liberalismus war im Kerne
französisch, obgleich er sich „jungdeutsch" nannte, und die
national Gesinnten größtentheils conservativ, Männer der
historischen Schule, wohl gar Romantiker. Wer sich am
Deutschthum erquicken wollte, der blickte lieber in die Ver-

gangenheit als in die Gegenwart oder Zukunft. Frankreich
führte das große Wort der weltbeherrschenden Freiheit im
Munde, und der Deutsche hielt sich für besonders freigesinnt,
wenn er diesen fremden Klängen lauschte. Ob die Franzosen
durch ihre Julitage und ihr Bürgerkönigthum wirklich freier
geworden waren im Innern und gerechter nach Außen, das
untersuchte man nicht so genau, bis Thiers im Jahre 1840
so frei war, die Rheingrenze zu begehren. Die gährenden,
unreifen Zustände Deutschlands in der langen Uebergangs-
periode nach den Befreiungskriegen hatten die Augen unserer
Väter verblendet; denn je unzufriedener wir uns in der
eigenen Heimat fühlen, um so lockender erscheint uns die
Fremde; wir verlieren das Maß vergleichender Kritik. Wir
waren in unserm politischen Wachsthum stecken geblieben,
und die Franzosen sahen so ausgewachsen und fertig aus,
sie besaßen vorab so feste, fertige Formen der Freiheit, daß
wir ganz zu prüfen vergaßen, was hinter diesen Formen sitze.

Wie es uns damals erging wegen unserer staatlichen
Ohnmacht und Unreife, so ergeht es heute noch andern
Völkern wegen der Ohnmacht und Unreife ihrer nationalen
Bildung. Warum sind angesichts des gegenwärtigen Kampfes
zwischen Deutschland und Frankreich jene halbwüchsigen Völker
des Ostens, welche doch ein gutes, ja oft das beste Theil
ihrer lückenhaften Cultur deutschem Einflusse verdanken, so
überaus franzosenfreundlich, so gar theilnahmvoll für das
Unglück der großen Nation? Ich meine die Russen, Polen,
Tschechen, Magyaren, Griechen, Rumänen. Aus vielen
Gründen würden sie sich ehrlich freuen, wenn wir statt der
Franzosen Schläge bekämen. Einer dieser vielen Gründe

zielt aber sicher auf das französische Freiheitsideal: je un=
fertiger die eigene Cultur jener Völker, um so leichter begreifen sie die fertige Form der französischen Republik, die
greifbare Phrase der „Ideen von 1789," die gemeinverständliche Decoration des Plebiscits, vor Allem aber thut sich die
halbgebildete Jugend etwas darauf zu gut, die abstracte
Tendenz sozialistisch ausgleichender Gerechtigkeit französischem
Munde abgelauscht zu haben. Einer in Unbildung und
Armuth abhängigen, sozial mißachteten unteren Volksschicht
steht bei jenen halbwüchsigen Nationen die Herrschaft der
Vornehmen, Reichen und Gebildeten schroff gegenüber. Für
die Dictatur einer rein formellen Freiheit haben diese auf-
geklärten Herren Sinn und Verstand; denn sie denken sich
selber, gleich den alten französischen Freigeistern, doch zuletzt
wieder als die ausschließenden Erbpächter dieser Freiheit und
sehen ihre überlieferte Suprematie durch den neuen Glanz
eines philosophischen Rechtstitels befestigt. Die glanzlosere
deutsche Freiheit, welche zuletzt in der Ehre und Bildung
des gemeinen Mannes und im bewußten Corporationsgeiste
selbst der ärmsten Bauerngemeinde wurzelt, schmeckt ihnen
dagegen ganz und gar nicht. Ja sie fürchten diese stille Eroberung germanischen Freiheitsgeistes durch den Volksschul-
meister weit mehr als die offene Eroberungslust französischer
Cäsaren und Marschälle.

Man begegnet jetzt oft genug strebsamen jungen Männern aus den entlegensten, culturärmsten Strichen jener Ost-
länder, die nur noch im französischen Sozialismus das Heil
der Zukunft erblicken. Ein solcher Jüngling, reich an Talent
und sprunghaftem Wissen, sagte mir einmal, er besuche zu=

nächst deutsche Städte und Hochschulen, um kritisch zu erkennen, wie man die soziale Frage verkehrt anfasse, dann
werde er nach Paris gehn, um dort zu studiren, wie man
sie richtig löse. Als ich darauf fragte, ob er es denn nicht
vorzöge, den unwissenden Hirten und Knechten seiner hei-
matlichen Steppe zunächst das Lesen und Schreiben zu lehren,
bevor er die allgemeine Weltharmonie der Bildung bei ihnen
einführe, und den dortigen Ackerboden mit einem ordentlichen
Pfluge zu bearbeiten, bevor er ihn sozialistisch gerecht ver-
theile, auch Landstraßen und Eisenbahnen anzulegen, welche
für die Massen-Einfuhr sozialistischer Ideen höchst dienlich
seien, vor Allem jedoch, ob er's nicht vorzöge, seinen eigenen
Adels- und Rassenstolz abzulegen und sich mit seinen Bauern
buchstäblich auf eine Bank zu setzen, bevor er die fundamentale Gerechtigkeit der neuen Gesellschaftsdictatur auf dem
Papier begründe, — da zuckte er mitleidsvoll die Achseln.
Er hielt mich ohne Zweifel für einen der querköpfigsten deutschen Reactionäre, an welchem man die schönsten negativ
kritischen Studien machen könnte.

Frankreich ist die Heimat des modernen Communismus
und Sozialismus, Paris der niemals erkaltende Feuerherd
der sozialen Revolution. Hier stehen wir vor einem scheinbaren Widerspruch in den Grundzügen des französischen
Volkscharakters. Wir halten insgemein die Franzosen für
praktische Leute; der Franzose hält — oder hielt — uns
Deutsche gegentheils für Idealisten und Träumer, und will
man's uns in Form einer recht schmeichelhaften Grobheit
sagen, so heißen wir ein Volk von Denkern. Trotzdem muß
vor allen Dingen französisch lernen, wer die neue Geschichte

der radicalen Gesellschaftslehren in all ihren Utopien, ihren
Träumereien und Phantasmen und aber auch — ich sage
das ohne schmeichelhafte Grobheit — in ihren fruchtbarsten
klaren Gedanken studiren will. Babeuf, St. Simon, Bazard,
Proudhon, Fourier, Victor Considérant, Cabet, Leroux —
welch eine bunte Fülle offenbarster Thorheit und verhüllter
Weisheit ist in diesen Namen umschlossen! Und die Träger
dieser Namen waren allesammt rechte Original-Franzosen.
Ihre gemischte Saat von tollen und vernünftigen Ideen,
von Taumelhafer und gutem Korn vertrocknete auch keineswegs in den Büchern — wie bei uns etwa Fichte's „geschlossener
Handelsstaat:" — sie gingen im französischen Leben auf und
wucherten dort fröhlicher als irgendwo, von den alten Ge-
heimbünden und offenen Empörungen bis zur neuesten
„Commune" und „Internationale." Deutschland kann sich
hier — Gottlob — keiner ähnlichen Schöpfungskraft rühmen.
Unsere modernen Sozialisten hinkten hinter den Franzosen
drein und ahmten sie nach; und nehmen wir vielleicht Lassalle
aus, so reichen sie jenen Franzosen das Wasser nicht. Auch
die deutschen Arbeiter und Proletarier folgten den Führern
zur That — von Weitling bis Bebel und Liebknecht — ungleich kühler, ungefüger und spärlicher.

Woher kommt es nun, daß der angeblich so praktische
Franzose so leicht entzündbar ist für das Traumgebilde einer
mit der Elle ausgemessenen Gleichheit und Gerechtigkeit und
arglos über die realen Thatsachen des Völkerlebens stolpert,
während er nach jenem Zukunftsideale in den Wolken blickt?
Die abstracte Gleichheit entspricht eben vollkommen seiner
abstracten Freiheitsidee. Da aber seine Despotie der Frei-

heit in ihm die Herrschsucht nährt und dennoch andererseits
Millionen nicht zum Herrschen, ja nicht einmal zu irgend
welcher politischen Selbstthätigkeit kommen läßt, so wirft sich
der krankhaft erregte und unterdrückte politische Trieb auf
die soziale Frage, wo Jeder so lange aufs freieste träumen,
schwärmen und wühlen kann, als er nicht mit dem Kopf
wider die polizeilichen Schlagbäume des Staates rennt. Und
nun ist eben der Sozialismus ein Zwitterding von Freiheit
und Herrschaft, welches so recht für die Franzosen paßt.
Der Sozialismus will jedes Talent an den rechten Ort
stellen, jede Arbeit richtig lohnen, jedes Gut gerecht austheilen; damit dies aber geschehe, müssen soziale Dictatoren
eingesetzt werden, die dem Einzelnen sagen, was er leisten
kann, was er werth ist, was er haben soll. Ein Jeglicher
wird dann auf der Goldwage der absoluten Gerechtigkeit gewogen werden; aber die diese Wage machen, halten und ihr
Jünglein beobachten, wären eben doch die mächtigsten Herren,
welche jemals die Sonne beschienen hat. Der Sozialismus
führt im Namen der Gerechtigkeit zur Gesellschafts-Tyrannei,
und der Unerschrockenste aller Sozialisten, Fourier, entwirft
darum auch flugs den Plan zu einem allgerechten Weltreiche,
er gibt demselben, als ächter Franzose, natürlich eine Hauptstadt — Konstantinopel — wo der Allherrscher thronen wird,
der „Omniarque," der sich zu dem Vorsteher einer blosen
Million Phalangen, dem „Donarque" und dem Führer
einer einzelnen Phalanx dann doch wieder verhält wie der
Kaiser zu seinen Ministern, Präfecten und Maires. Ein
solches Ordnen und Commandiren, verbunden mit einem
steten Untersuchen und Beschnüffeln unserer privaten Wirth-

schaft, Bildung und Sitte, unserer geheimsten Häuslichkeit läßt sich der Franzose gefallen; er nimmt die Herrschaft drein, wenn sie nur die mathematische Gleichheit bringt. Dem deutschen Freiheitstroße wäre dergleichen eben so unerträglich, als der deutschen Logik unbegreiflich.

Die französische Logik sollte allerdings nicht minder stutzig werden, und zwar vorab im Hinblick auf das große Losungswort „Freiheit und Gleichheit." Die Franzosen thun sich ja viel darauf zu gut, diesen Weckruf der Völker zuerst verkündet zu haben, welcher das große Geheimniß des modernen Freiheitsstrebens offenbare: die staatliche Freiheit festet und vollendet sich nur in der sozialen Gleichheit; ja Beide sind im Grunde nur verschiedene Manifestationen eines und desselben Zustandes. Nun opfert aber der folgerechte französische Freiheitsmann thatsächlich die Gleichheit, um Namens der Freiheit zu herrschen und der folgerechteste Gleichheitsmann, der Sozialist, opfert thatsächlich die Freiheit, um eine mathematische Gleichheit zu begründen. Also heben sich Freiheit und Gleichheit in ihrer letzten Consequenz vielmehr gegenseitig auf, statt daß sie sich durchdringen und auf gemeinsamer Wurzel verwachsen sollten, und nur wo der Franzose nicht consequent französisch denkt, sondern die letzten Ziele seines Freiheits- und Gleichheitsideales verwischt, darf er — mezza voce — „Freiheit und Gleichheit!" rufen.

III.

So verschieden deutsche und französische Freiheit, so ungleich sind auch die Folgen, welche dieses widersprechende Freiheitsideal für den Charakter beider Nationen gehabt hat.

In Frankreich begehrt Jeder ein Stückchen Herrschaft
für sich und ein großes Stück für die Nation; die Wenigsten
aber suchen sich durch ernstliche Arbeit zum Herrschen zu be=
fähigen. Denn da der Franzose seine Freiheit nicht von
unten aufbaut und ihre Basis in der allgemeinsten Volks=
bildung sucht, so steht der höchsten Bildung Einzelner die
schillernde Halbbildung Vieler und die grelle Unbildung der
großen Masse schroff gegenüber. Ein Jeder aber glaubt zu
können, was er zu können wünscht, und er wünscht vor
Allem frei und gleich zu sein, das heißt seine Ueberlegenheit
über Andere zu zeigen.

In Deutschland finden wir eine viel gleichmäßiger ver=
breitete Bildung, die Kenntniß von Staat, Volk und Land
bringt in tiefere Volksschichten herab, es gibt mehr Leute,
die sich selbständig ein politisches Urtheil erarbeitet haben
und also auch zu politischen Geschäften befähigt wären. Die
Neigung für solche Geschäfte aber ist gering, und gar man=
cher wohlgeschulte Deutsche sieht darum in der Freiheit nur
das Recht, nichts zu thun, vergleichbar der Schuljugend,
welche in ewigen Ferien das höchste Freiheitsideal verwirk=
licht glaubt. Der krankhafte Auswuchs unserer Freiheitslust
ist folglich auch keineswegs brennender Ehrgeiz, nagende
Herrschbegier, sondern thatenloser Trotz oder gleichgültige
Philisterei.

Die Franzosen nährten durch ihr Freiheitsideal den
Nationalstolz, sie steigerten ihn bis zum Größenwahn; seit
Menschenaltern gewöhnt, ihr Freiheitsdogma als das allein=
seligmachende und welterobernde zu betrachten, versäumten
sie das gründliche Studium fremder Volks= und Staatszu=

ſtunde; ſie zogen aus, Deutſchland zu bekriegen und hatten die deutſche Landkarte nicht einmal in der Taſche, geſchweige im Kopfe. Das ſelbſtbewußte Feſtſtehen in der eigenen Art wuchs zur Selbſtverblendung.

Die deutſche Freiheit iſt aus unſerm kritiſchen Geiſte geboren und führt zur Kritik, zum objectiven Verſenken in fremde und eigene Zuſtände, zur gerechten, oft mehr als gerechten Anerkennung des Fremden. Trugen wir doch lange genug einen Mangel an Selbſtgefühl vor andern Nationen recht gefliſſentlich zur Schau, nicht aus Verzagtheit, ſondern aus kritelndem Hochmuth. Man ſagt, der Deutſche galt nichts im Auslande, weil Deutſchland keine politiſche Ge-ſammtmacht war. Das iſt ein Grund, aber nicht der ein-zige; ja ich behaupte, wir betonten dieſen Grund viel zu ſtark, um überall dem deutſchen Bunde in die Schuhe zu ſchieben, was vielfach die perſönliche Nationalſchwäche der Einzelnen verſchuldete. Denn die fremden Völker unter-ſchätzten uns auch darum, weil wir vor lauter Selbſtkritik und Gerechtigkeit uns ſelbſt immer ſchlechter machten als wir waren; und nicht blos innerhalb unſerer vier Wände, nein, auch in der Fremde räſonnirten wir mit ganz beſonderem Behagen über unſern eigenen Staat und unſere eigene Ge-ſellſchaft. Das iſt der leidige deutſche Peſſimismus, der übrigens im deutſchen Norden weniger wucherte als im Süden, und in Deutſch-Oeſterreich am allermeiſten. Wir glaubten uns recht frei und geſcheidt zu zeigen, indem wir die Fremden erhoben und uns ſelbſt verkleinerten. Wer aber immer ſagt: wie bin ich doch ſo gar ſchwach! der wird zuletzt ſchwach und wäre er auch ein Rieſe an urſprünglicher Kraft geweſen.

Die französische Freiheit führte zur Centralisation, die
deutsche zum Particularismus. Wir waren lange gewöhnt,
in jener die Hauptursache von Frankreichs Macht zu sehen
und in diesem die Hauptquelle von Deutschlands Ohnmacht.
Dann wurden wir mißtrauisch gegen die französische Centralisation, ohne deßhalb besonderes Zutrauen zum deutschen
Particularismus zu gewinnen. Gegenwärtig erkennen wir
von Tag zu Tag, wie Frankreichs Volkskraft unterbunden
und gelähmt wurde durch die Centralisation und mit der
blinden Bewunderung der französischen Einheits-Maschine
ist es wohl für lange Zeit vorbei. Ohne Zweifel wirkt das
Uebermaß des deutschen Sonderthumes eben so verderblich,
nur in anderer Weise. Trotzdem wird der Franzose niemals
von seiner Centralisation lassen, so wenig wie der Deutsche von
seinem Individualismus; beide Völker werden noch oft genug
die Form wechseln, aber im Wesen entsprechen beide Formen dem
Freiheitsideale beider Nationen und werden nur mit diesen
zu Grabe gehen. Aus dem individuellen Freiheitstrieb der
deutschen Stämme erwuchs das gemeinsame deutsche Volksbewußtsein, und unser sonderthümliches Stammesleben war
lange Zeit nicht das Hemmniß, sondern vielmehr die Schule
der staatenbildenden Kraft unserer Nation. Es gibt heutzutag viele Leute, die meinen, durch die vielen Einzelstaaten
sei der deutsche Particularismus geschaffen worden; aber diese
bunte Musterkarte von Staaten ist nicht die Ursache, sie ist
gegentheils eine Folge des angestammten Sonderthums, dessen
Urquell im deutschen Volksgeiste selber zu suchen ist, wie
andererseits auch die französischen Herrscher nur dem Zuge
des französischen Volksgeistes folgten, indem sie so einseitig

centralisirten. Häufig verwechselt man bei uns sogar Klein-
staaterei und Particularismus und schilt auf jene, indem
man diesen meint. Beide sind grundverschieden. In den
kleinen Staaten wurzelte unser Particularismus keineswegs
am tiefsten, sondern vielmehr in den größeren, ja man kann
sagen, je größer der Staat und je bedeutender die Stämme,
welche er umfaßt, um so kräftiger war und ist auch dort
der Particularismus. Auch hier geht Preußen voran und
Bayern, Hannover und Württemberg folgen zunächst, und
wäre Preußen nicht so preußisch gewesen, so würde es gar
nicht die Kraft gewonnen haben, ein neues deutsches Reich
zu schaffen.

Uebrigens würden wir auch kaum zu diesem Siege des
großen Particularismus über den kleinen und also zur Einigung gekommen sein, wenn uns nicht französische Herrschsucht
und Eroberungslust zur Selbstentäußerung gezwungen hätte.
Den Sieg über die Franzosen verdanken wir in diesem Kriege
uns ganz allein; aber den Sieg über uns selbst verdanken
wir nur zur Hälfte uns selber und zur andern Hälfte den
Franzosen. Dieses Eingeständniß ist nicht beschämend. Nur
in Druck und Gegendruck erziehen sich die Nationen unter-
einander wie die Individuen.

Haben wir denn aber auch einen ähnlichen pädagogi-
schen Einfluß, versteht sich in entgegengesetzter Linie, auf Frankreich geübt? haben wir unsern Nachbarn zum Dank ein
wenig auf die Spur der Decentralisation geholfen? Durchaus nicht, und zwar aus greifbaren Gründen. Wenn politische Gleichgültigkeit oder trotziges Absondern vom nationalen Gemeinwesen der Auswuchs unsers Freiheitsideales war,

dann konnten wir leicht durch äußere Bedrängniß aufgerüttelt, die Stunde der Gefahr könnte die Stunde der Einigung werden; ist dagegen Herrschsucht und Unterbindung
jeder selbstthätigen Eigenart die böse Frucht der französischen
Freiheitsideen, dann wird dort äußere Gefahr jene Dictatur
vielmehr noch schärfen, sie bringt einen Gambetta statt eines
Napoleon, und nur die Rückkehr langer Friedensjahre könnte
umgekehrt den Fortschritt zur individuellen Freiheit begünsti-
gen. Die Franzosen sind ein kriegslustiges Volk und doch
ist ihnen der Krieg am gefährlichsten, wir sind friedliebend
und haben doch die Ruhe am meisten zu fürchten. Deutschland konnte sich mitten im Kriege einigen, Frankreich kann
sich nur im sicheren Frieden decentralisiren. Und wir selber
dürfen das Letztere lebhaft wünschen, während Frankreich
unsere Einigung niemals wünschen wird; denn Frankreich
würde, vom Hauche individueller germanischer Freiheit berührt, ein friedfertigerer Nachbar werden und zugleich ge-
sünder und kräftiger.

Allein mit Frankreichs Genesung ist es zur Zeit noch
schlecht bestellt, und zwar aus Gründen, die wiederum auf
die Natur der französischen Freiheit zielen. Die Franzosen
verklagen uns vor Gott und der Welt, daß wir ihr Land
zu einer Macht zweiten Ranges herabdrücken wollten, weil
wir Elsaß-Lothringen zurückfordern. Wir denken aber, dieser
Verlust und eine tüchtige Geldbuße dazu wird von einem so
großen Staat, von einem so reichen Lande rasch verwunden
werden. Die Gefahr, auf eine tiefere Machtstufe zu sinken,
droht Frankreich allerdings, jedoch nicht durch die Deutschen,
sondern durch die Franzosen. Frankreich hat keine legitime

Staatsform mehr, es kämpft seit acht Jahrzehnten mit sich
selbst, eine solche zu finden und findet sie nicht, ja nicht
einmal in diesen Tagen der höchsten Noth; den neuen Verlust jenes Gränzlandes wird es verwinden; es fragt sich aber,
ob es den alten Verlust jeglichen historischen Rechtsbodens
jemals verwinden kann? Ich spreche nicht von den Dynastien.
Zwar ist auch dies ein Unglück, daß das monarchische Frankreich keine legitime, das heißt keine mit den Volksgeschicken
in ununterbrochener Tradition verwachsene Dynastie mehr
besitzt; aber dieses Unglück ist das geringere. Das weitaus
schwerere Unheil liegt in dem Mangel einer Staatsform,
welche von der unzweifelhaften Mehrheit des Volkes als die
nothwendige, die historisch fest gewurzelte, die ächt nationale
anerkannt würde. Ist es die sogenannte honette oder die
sozialistische Republik, ist es die constitutionelle Monarchie
oder der Cäsarismus? Heute das Eine, morgen das Andere.
Wir Deutsche litten an unsern vielen Staaten; die Franzosen
leiden an ihren vielen Staatsformen innerhalb des Einheits-
staates. Die vielen Staaten ließen Deutschland nicht zur
That kommen; vor den vielen Staatsformen kommt Frankreich nicht zur Ruhe. Und dieses große National-Unglück
ist die Folge seiner ersten Revolution. Damals war es, wo
die Dictatoren der Freiheit alle Brücken der geschichtlichen
Ueberlieferung im Volks= und Staatsleben abbrachen. Seitdem haben die kämpfenden Parteien freiestes Feld für ihre
neuen Staatsgebilde, jede will nach ihrer Art herrschen im
Namen der Freiheit, und doch bringt es keine über ein
bloses Provisorium; Herrschsucht und Freiheitsdrang heben
sich gegenseitig auf und wechselnd behält für den Augenblick

Recht, wer im Augenblicke die Macht behauptet. So lasten die „Ideen von 1789" schwerer auf Frankreich wie die deut=schen Heere. Diese Ideen brachten der Welt vieles Gute, während sie Frankreichs Verhängniß wurden; und der tra=gische Knoten schlingt sich in dem Worte des Widerspruchs: Despotie der Freiheit!

IV.

Soweit meine Doppel=Charakteristik.

Und nun noch eine Frage: Wer hat zuletzt Recht mit seiner Freiheit, der Franzose oder der Deutsche? Wo liegt die wahre Freiheit?

Sie liegt in der Mitte. An der Peripherie fliehen sich die beiden Ideale; im Centrum ergänzen sie einander. Wenn Jemand Freiheit begehrt und man fragt ihn, von welcher Art er zu haben wünsche, deutsche oder französische? so klingt diese Frage wie eine Spielerei des Witzes. Denn wir Alle sind ja geschulte Philosophen und wissen, es gibt nur eine Freiheit: die Freiheit. Darum hat der Unterschied, welchen ich Ihnen in dieser Stunde zeichnete, rein theoretisch auch keinen Werth. Praktisch aber ist er überaus wichtig: er be=kundet, wie verschiedene Völker, ihrer innersten Natur gemäß, die ein e Freiheit ausgelegt, entwickelt, vereinseitigt und ver=zerrt und dadurch doch zuletzt zweierlei Freiheit sich in ihre Seele hineingebildet haben. Ich wollte keinen Beitrag zur Philosophie des abstracten Freiheitsbegriffes geben, sondern einen Beitrag zur Völker=Psychologie. Wie sich der Germane, wie sich der Romane die Freiheit einseitig hineingebildet hat

in die Volksseele, — dieser Unterschied birgt den Schlüssel
für hundert Räthsel des Charakters und der Geschichte der
beiden Völkergruppen und also für den inneren Kampf und
Austausch der modernen Cultur überhaupt. Wir stehen vor
großen weltgeschichtlichen Gegensätzen, die auseinander platzen
müssen, damit sie sich zuletzt läutern und versöhnen können.

Diese Erkenntniß erhebt uns in den gegenwärtigen
Kriegstagen, sie tröstet uns über den Opfertod so vieler
Brüder. Es wäre entsetzlich, wenn die unermeßlichen Opfer
gebracht werden müßten rein negativ, lediglich um die Un-
vernunft und Frechheit jener Friedensstörer zurückzuweisen,
die uns überfallen wollten. Einzelne Menschen können unvernünftig sein, indem sie Geschichte machen wollen: die Geschichte ist niemals unvernünftig. Und so trägt auch dieser
Krieg zwischen Deutschland und Frankreich seinen positiven
Gehalt, seine vernünftige Nothwendigkeit in sich als Theil
eines großen Cultur-Kampfes, der in Wort und Gedanke
ebenso scharf ausgefochten wird, wie mit dem Schwerte, und
auf sozialem und religiösem Gebiete ebenso gewiß, wie auf
politischem: es ist der Kampf germanischer Selbstbestimmung
gegen die romanische Herrschaft im Namen der Freiheit.
Darum werden wir nach dem Frieden die riesige Ausdeh-
nung des Kampfplatzes erst recht erkennen, und wann erst
einmal Gras auf den wirklichen Schlachtfeldern wächst, wird
die Schlacht der Geister entscheidender geschlagen werden als
je zuvor.

Die Franzosen haben zur Zeit nur zwei Gedanken:
Vertreibung der Deutschen und Wiedervergeltung, und wer
unter ihnen diese Gedanken nicht hat, den zwingt man sie

zu haben, und wer sich durchaus nicht zwingen lassen will, den erschießt man.

Auch uns sollen gegenwärtig zwei Gedanken Tag und Nacht erfüllen, freilich ganz andere Gedanken und ohne daß man sie uns zuletzt standrechtlich in den Kopf zwingt, sondern aus freier Erkenntniß: der Gedanke an das deutsche Reich, wie es eben neu ersteht, und an den deutschen Krieg, wie er jetzt zu seinem siegreichen Ende neigt.

Vielen trefflichen Deutschen behagt der Weg nicht, auf welchem das Reich seit fünf Jahren vorbereitet und zu Stande gebracht worden ist. Nun gut, so müssen wir diesen Weg vergessen. Der gegenwärtige Krieg hat uns vergessen gelehrt. Und die junge Reichsverfassung ist vielleicht keinem einzigen Deutschen ganz recht. Jeder hat da seine eigene Meinung und würde das Reich ohne Zweifel viel besser gemacht haben, wenn man ihn nur gefragt hätte. Aber das Reich wurde aus dem Krieg geboren, und Krieg und Reich ergänzen sich da sofort wieder wunderbar. Denn um die Herrschsucht der Franzosen zu brechen, mußten wir die Herrschaft über uns selber gewinnen; wir beugten unsern eigenen Freiheitstrotz, damit wir den fremden Freiheitsdespotismus beugen könnten, und so entstand das Reich.

Man nennt uns Eroberer, man schilt uns Vorkämpfer barbarischer Gewaltherrschaft. Zum Zeichen, daß wir uns — in allzu germanischer Duldung — fortan nichts mehr nehmen lassen, sind wir so frei und holen uns das Eigenthum zurück, was französische Eroberungslust uns genommen hat, — das ist unsere ganze Eroberung. Und in unserem eigenen Hause richten wir uns ein, wie wir wollen. Der

Nachbar aber muß Ruhe geben, dann laſſen wir ihn auch in ſeinem Hauſe walten nach ſeiner Art und wollen ihn gerechter anerkennen als je zuvor, anerkennen ſogar in ſeinem nationalen Freiheitsſinne, deſſen reineres Ideal er hoffentlich bald wiederfinden wird. Dies unſer Thun und Denken, mögen Andere dann in Gottesnamen barbariſche Gewaltherrſchaft nennen, wir gönnen ihnen das Schlagwort und ſagen feſt und ruhig für uns: — „das iſt deutſche Freiheit!"

Das Plebiscit und die politische Heuchelei.

(1866; überarbeitet 1871.)

I.

Zu den merkwürdigsten neuen Erfindungen auf politischem Gebiete gehört ohne Zweifel das französische Plebiscit. Man wird mir einwenden: Das Plebiscit sei weder von Haus aus französisch noch neu, sei überdies auch keine Erfindung. Darum will ich der Reihe nach erörtern, erstlich, warum ich das Plebiscit französisch, dann, warum ich es neu, warum ich es eine Erfindung, und endlich, warum ich es merkwürdig nenne.

Der Etymolog wird den Ursprung des Wortes freilich in Rom suchen; der Politiker hingegen sucht die Wurzel seines jetzt geläufigen Sinnes in Paris. „Plebiscit" ist ein unübersetzbares französisches Wort. Die alte Römer-Republik sieht dem bonapartischen Kaiserreiche nicht unähnlicher, als das antike plebiscitum dem modernen Plebiscit. Vorab aber hüte man sich, das Plebiscit etwa mit „Volksbeschluß" zu verdeutschen; denn dieses gut deutsche Wort muß man sparen für die verfassungsmäßig organische Aussprache des Volkswillens in demokratischen Staaten, also für das schnurgerade Gegentheil des Plebiscits.

Volksbeschlüsse sind uralt, und schon vor dritthalb-
tausend Jahren gaben die athenischen Psephismata das Urbild einer so folgerechten und maßvollen Befragung des
Volkswillens, wie sie jetzt gar nicht mehr vorkommen kann.
Die athenische Republik gründete überall in dem unmittel-
baren Volksbeschluß, die repräsentativen Freistaaten der Neuzeit besitzen ihn wenigstens für bestimmte Fälle; so wählen
die Bürger Nordamerika's ihren Präsidenten durch allgemeine Abstimmung und wird in der Schweiz alles Volk
auf Ja oder Nein befragt über ein neues Verfassungsgesetz.

Niemand wird nach dem Erfinder dieser Art von Volksabstimmung fragen, so wenig als man nach dem Erfinder
der Landtage fragt. Der Volksbeschluß hat seinen natürlichen Boden in der republikanischen Staatsform und ist mit
derselben historisch erwachsen. Also wird man ihn auch ehrlich handhaben in der Republik.

Ganz anders steht es mit dem Plebiscit. Es ist eine
aus dem Freistaat in die cäsarische Absolutie künstlich ver-
setzte Treibhauspflanze. Den Mann, welcher dieses Gärtner-
kunststück ersann und eben damit den uralten Volksbeschluß
zum modernen Plebiscit umbildete, mögen wir dann wohl
auch dessen Erfinder nennen. Es war Napoleon I.: zur
äußeren Rechtfertigung seiner höchst persönlichen Fürstengewalt bedurfte der Sohn der Revolution einer demokratischen Formel und fand dieselbe in dem Plebiscit, welches zu
der bereits feststehenden Consul- und Kaiserwürde hinterdrein
noch einmal Amen sagte. So wurde das Jahr 1800 das Geburtsjahr des Plebiscits. Damit das französische Volk vergesse,
daß es in der Militärmonarchie des Consulates die Republik

verliere, heuchelte man die republikanische Befragung des
Volkswillens. Nicht den drei Millionen Stimmen hatte
Napoleon damals seine Erhebung zum ersten Consul — wie
später zum Kaiser — zu danken, sondern jene drei Millionen
dankten vielmehr ihm dafür, daß er sich selbst schon vorher
zum Consul und Kaiser gemacht hatte. Der Volksbeschluß
schafft eine neue Thatsache; das Plebiscit kommt, wann die
Thatsachen vollendet sind.

Die zweite napoleonische Aera beglückte uns wiederum
mit dieser tautologischen Formel des Plebiscits, ja sie ward
demselben theoretisch noch breiteren Erfolg. Das Plebiscit
schien ein unablöslicher Bestandtheil des monarchischen Staatsrechtes zu werden. Daß ein Volk auf eine vorgelegte Frage
mit Ja oder Nein antworten darf und schwarz auf weiß:
dies nannte man wohl gar schlechthin „das moderne Recht.“
Nur Schade, daß das Volk nicht auch die Frage zu stellen,
noch zu sagen hat, wann es gefragt werden will! Durch
diesen Mangel schiebt sich „das moderne Recht“ ganz unvermerkt in das Kapitel von der modernen Staatskunst.
Genug, ganze Völker glaubten an diese Zauberformel des
modernen Rechtes, vorab die unbefriedigten, gährenden,
ringenden oder auch die unfertigen, halbwüchsigen Nationen.
Und so ward Napoleon III. der zweite Erfinder des Plebiscits.
Denn der Oheim erfand das Plebiscit doch wesentlich nur
für sich, der Neffe für alle Welt.

Welch großartiger Akt, den Willen eines Volkes kurz
und bündig auf Ja und Nein zu befragen! Man sollte
meinen, athemlos gespannt lausche da Jedermann dem Aus-
fall des Volksurtheils! Und so ist es auch in demokratischen

Staaten, wenn das Volk wählt, wenn es über Staats-
änderungen persönlich entscheidet. Allein ganz anders beim
Plebiscit. Da ist seltsamerweise fast kein Mensch gespannt
auf die Antwort, welche das Volk geben wird: die Antwort weiß man voraus, und das Eigenthümlichste dieses
politischen Altes besteht gerade darin, daß man ihn immer
nur da durchführt, wo er überflüssig ist. Ja man kann
sagen, je überflüssiger das Plebiscit ist, um so günstiger
erscheint der Zeitpunkt für seine Anwendung.

Doch ergibt sich hier ein feiner Unterschied.

Entweder: ein Volk wird voraussichtlich Ja sagen, weil
es nach längst offenkundiger und erwiesener Sachlage nicht
Nein sagen will, oder aber, weil es trotz entgegenstehenden
Willens notorisch nicht Nein sagen darf. Im ersteren Falle
ist das Plebiscit eine unnütze, Geld und Zeit raubende
Komödie; im anderen Falle ein Akt der Fälschung und der
politischen Heuchelei von oben und unten.

Als die Venetianer nach dem Kriege von 1866 mit
652,000 gegen 69 Stimmen ihren Anschluß an Italien be-
jahten, hielt gewiß Niemand dieses glänzende Plebiscit für
etwas Besseres, als ein müssiges Formenspiel. Denn daß
das Volk zu Italien gehören wollte, wußte man längst aus
viel besseren Quellen, und daß es zu Italien gehören durfte,
dafür hatten die siegreichen Preußen gesorgt.

Dies ist ein Beispiel des unschädlich-müssigen Plebiscits,
— sofern man in der Politik etwas unschädlich nennen darf,
was müssig ist. Ein Plebiscit der anderen Art, welche ich
die gemeinschädlich-heuchlerische nenne, wurde in Nizza vollzogen. Als bare Bezahlung für geleistete Hülfe wurde

Nizza von Victor Emanuel an Napoleon gegeben. Der
König gab es eben nicht gern, noch viel weniger gern ließ
sich die italienische Nation diese Provinz nehmen, und am
ungernsten „fielen" die Nizzarden selber an Frankreich.
Allein die Gewalt entschied, der Wille des damals gewaltigen Imperators. Dann aber, nachdem Alles fest und
fertig war, mußte „das moderne Recht" herhalten, um die
Gewaltthat mit der Lüge des freien Volkswillens zu be-
schönigen. Die Nizzarden mußten Ja sagen, als es zum
Nein zu spät war, und die Agenten und Diener des Ge-
waltherren sorgten dafür, daß auch ein verspätetes Nein
nicht aus der Urne kam. Dem „modernen Rechte" war
genügt und der alten ewigen Moral zweimal in's Gesicht
geschlagen. Das nackte Recht der Eroberung ist sittlicher
als ein solches modernes Recht, denn es schlägt der Moral
doch nur einmal in's Gesicht.

Denken wir uns, die Franzosen hätten im Sommer
1870 gesiegt, sie hätten das ganze linke Rheinufer erobert
und im Friedensschlusse zu Berlin oder Königsberg den
Heimfall dieses Gebietes an Frankreich bedungen, damit der
neue Cäsar die Ostgrenze des alten Galliens wieder auf-
richte, wie zu der alten Cäsaren Zeit. Würden sie dann
sofort die Teutschen des linken Rheinufers zu einem Plebiscit über den Anfall an Frankreich berufen haben? Ganz
gewiß nicht. Denn zunächst hätte es noch einiger Vorarbeit
bedurft. Das Land, obgleich vom Krieg zertreten, hätte
vorerst in die centralisirte französische Verwaltung eingeschnürt, das Volk durch List und Gewalt stumpf gemacht
und betäubt werden müssen, und dann erst würde die Zeit

gekommen sein, den wahren Volkswillen zu befragen und namens der Civilisation das „moderne Recht" zur Geltung zu bringen. Wann das Volk keinen Willen mehr hat, dann befragt man den Volkswillen.

Man sieht, das Plebiscit ist mehr Praxis als Theorie. Für die Art der Praxis in seiner Geburtsheimat Frankreich spricht eine schlichte Thatsache. Das zweite Kaiserreich war, so sagte man, auf den von mehr als sieben Millionen Stimmen ausgesprochenen Volkswillen gegründet, Plebiscite standen an seiner Wiege und an seinem Grabe, das Wahlrecht für den gesetzgebenden Körper war äußerst frei und breit zuge= messen. Und dennoch gestanden die Franzosen selber zu, daß jene Wahlen zur Nationalversammlung, welche im Früh= jahr 1871 unter der Wahl des deutschen Occupationsheeres vorgenommen wurden, unbeeinflußter gewesen seien, als je vorher unter der eigenen kaiserlichen Regierung.

Das Plebiscit gehört viel mehr in das Kapitel von der Staatskunst als vom Staatsrechte. Diese Eigenthüm= lichkeit spricht sich auch in folgender Parallele aus. Der Hauptunterschied zwischen dem Plebiscit und dem Volks= beschluß steckt in einem einzigen kleinen Punkte: das Plebiscit wird von den Machthabern angeordnet, wann es ihnen nützlich dünkt, der Volksbeschluß ist im Voraus verfassungs= mäßig gefordert für bestimmte Fälle, er muß überall ein= treten, sowie der fragliche Fall eintritt. Beim Plebiscit, welches höchstens eine überflüssige Bestätigungsform, ist man darum zumeist gespannt auf die Formalitäten der Befragung, bei der Volksabstimmung auf die Antwort.

Wer den Entscheid in der Hand hält, unter welchen

Umständen gefragt werden soll oder nicht, der hat auch die
Antwort in der Hand. Nicht als Verächter des Volkswillens,
sondern gegentheils als ein Verächter des Spiels, welches
man mit dem Volkswillen treibt, bin ich ein Gegner des
Plebiscits.

Die Geschichte des zweiten französischen Kaiserreiches
bietet praktische Belege für meine eben aufgestellte Parallele.
Durch eine organische Aussprache des Volkswillens wurde
Ludwig Bonaparte im Dezember 1848 zum Präsidenten der
Republik erwählt. Das Resultat des demokratischen Wahl-
aktes hatte keineswegs im Voraus festgestanden, es über-
raschte vielmehr ganz Europa, denn allgemein erwartete
man, daß Cavaignac würde erkoren werden. Hier liegt ein
echter Volksbeschluß vor. Als dagegen der Präsident Bonaparte drei Jahre später durch die Gewaltthat des Staatsstreiches die Verfassung brach und nach verübter Gewalt
die Volksstimme befragen ließ, ob sie ihm die Präsident-
schaft auf zehn Jahre übertragen und das Recht zugestehen
wolle, ein neues Staatsgrundgesetz zu octroyiren —, da kam
bereits das echte Plebiscit. Denn eine solche Berufung,
weit entfernt verfassungsgemäß zu sein, vernichtete vielmehr
die Verfassung, sie war nur möglich kraft der vorherge-
gangenen Gewaltthat, sie war ein müssiges, heuchlerisches
Spiel: die Bajonette der Armee hatten bereits entschieden,
von einem freien Entscheid des Volkes war keine Rede mehr.
Ganz ähnlich steht es mit jenem Plebiscit, welches im November 1852 das fertige bonapartische Kaiserthum hinterdrein
bejahte.

Dagegen däuchte es Manchem, als sei die Volksbe-

fragung, welche Napoleon im Mai 1870 veranstaltete, um
die vom Senat beschlossenen Verfassungsreformen durch die
Nation bestätigen zu lassen, dann doch mehr als eine blose
Plebiscit-Komödie. War man damals nicht wirklich gespannt
auf die Antwort, selbst in Regierungskreisen? Das „Ja“
stand nicht im Voraus fest, wenigstens nicht jenes über=
wältigende, triumphirende „Ja,“ welches der Kaiser für sein
wankendes Ansehen bedurfte. Mit 4½ Millionen Stimmen
würden die Gegner durch die mathematische Zahlenmehrheit
geschlagen werden — so rechnete man —, aber 6 Millionen
waren mindestens nöthig, um moralisch zu siegen. Nicht
um des ziffernmäßigen Entscheides willen hatte man an die
Nation appellirt, sondern um eines politischen Kulissen=
Effektes willen. Der Kaiser gewann ihn: das Plebiscit ge=
währte ihm über eine Million Stimmen mehr, als er mora=
lisch, über zwei Millionen mehr, als er mathematisch brauchte.
Aber scharf und klar hatte vorher Guizot das Verfängliche
und eben darum, trotz aller Millionen, Nichtssagende dieses
Plebiscites aufgedeckt. Es lag in der Art der Fragestellung.
„Billigt das französische Volk die in der Verfassung seit 1860
durch den Kaiser unter Mitwirkung der großen Staatskörper
bewirkten liberalen Reformen, und genehmigt es den Senats=
beschluß vom 20. April 1870?“ Auf alle dieses sollte mit
einem einzigen Ja oder Nein geantwortet werden. Es lohnt
der Mühe, obige Frageformel etwas näher zu untersuchen.
Die Worte „unter Mitwirkung der großen Staatskörper“
waren eine Lüge; denn blos der Senat, nicht aber der gesetz=
gebende Körper hatte jene Reformen discutirt; — das Wort
„liberal,“ welches gar keinen klaren staatsrechtlichen Begriff

bezeichnet und blos als vieldeutiges politisches Schlagwort
umläuft, war eine Lockspeise; die „Reformen" eine Falle;
denn der Reformfreund, welcher für dieselben stimmte, be-
stätigte in diesem Zusammenhange zugleich wider Willen
die ganze Politik des Staatsstreiches seit 1852. Der
Schlußsatz aber — Genehmigung des Senatsbeschlusses vom
20. April 1870 — gab dem Kaiser das Recht, in jedem
beliebigen Falle direct an das Volk zu appelliren, das heißt,
er verlieh dem gefährlichsten Unterscheidungsmerkmale des
Plebiscits, daß es angewandt werden kann, wann der Ge-
walthaber will, gesetzliche Sanction.

Somit war der reformatorisch gesinnte Mann durch die
Art der Fragestellung doppelt- und dreifach gefangen: im
Interesse der ehrlichen Reform mußte er Nein sagen; da aber
durch dieses Nein zugleich die ganze Existenz des bestehenden
Staates verneint und die Revolution heraufbeschworen worden
wäre, so sagte er dennoch Ja. Unter dem Drucke soeben
begangener Gewaltthat hatte Napoleon 1851 nach dem
Staatsstreiche die Volksstimme zum nichtssagenden Ja
gezwungen; unter dem Druck der drohenden Gewaltthat
einer Revolution zwang er sie 1870 zum lügnerischen
Ja. Scheinbar so ehrlich und freisinnig gemeint, entwirrt
sich diese letzte Befragung des Volkes durch den Kaiser zum
vollendet jesuitischen Gewebe von Schlingen und Fallstricken.
Kein Wunder, daß es der Regierung bangte, ob die Künstelei
auch gelingen werde! Und als sie gelungen war, da wollte
man in allen Kathedralen Frankreichs das Tedeum singen
lassen, aber leider waren die Bischöfe nicht zur Hand; sie
tagten eben auf dem römischen Concil, um dort über andere

Fragen, die aber merkwürdigerweise ganz im selben Geiste
des „Plebiscits“ behandelt wurden, sich ein Ja abliften zu
laffen. So mußten sich die Franzosen mit dem weltlichen
Pomp der Plebiscit=Verkündigung begnügen.

Bier Monate später setzten sie ohne Plebiscit und ganz
prunklos ihren Kaiser ab — einigermaßen im Widerspruch
mit der Antwort, welche sie im Mai gegeben, aber voll=
kommen entsprechend der Art, wie der Kaiser damals ge=
fragt hatte.

Und doch vermochte dieser wunderbar gerechte Ausgang
des Drama’s mit seinen schonungslos erhellenden Schlag=
lichtern den Aberglauben an die Zauberformel des Plebiscits
noch nicht zu brechen! Die Staaten des continentalen Europa
rangen so lange nach freiheitlichen Formen, daß man jetzt
glaubt, in der Form nur stecke die Freiheit. Der Geist
tödtet, aber der Buchstabe macht lebendig, — so sagen heute
Neunundneunzig; nur der Hundertste behauptet das Gegen=
theil und ist folglich ein Reactionär.

II.

Kraft des Kriegsrechtes hat das deutsche Reich Elsaß
und Deutsch=Lothringen zurückgefordert von den Franzosen.
Unsere neutralen „Freunde,“ die Engländer, Schweizer und
Italiener voran, erklärten diese Forderung für mittelalterlich=
barbarisch; denn nach dem „modernen Rechte“ zwinge man
kein Volk wider Willen, seinen Herren zu wechseln, heutzu=
tag verkaufe man die Völker nicht mehr wie eine Heerde
Schafe. Die Franzosen hatten den Krieg freilich auch wohl

kaum nach dem modernen Rechte angefangen, wir aber sollen
ihn beendigen nach dem modernen Recht. Also begehrten
unsere Freunde ein Plebiscit, durch welches die Elsässer und
Lothringer erklärten, ob sie wieder deutsch werden wollen
oder nicht. Wir zogen es vor, sie ohne Plebiscit wieder
deutsch zu machen.

Dieser Fall, wo es gar nicht zum Plebiscite kam, ist
aber fast lehrreicher für die Erkenntniß des Plebiscits, als
jene vorher erörterten Fälle, wo man wirklich abstimmte.

Untersuchen wir ihn vom Standpunkte des sogenannten
„modernen Rechtes." Vielleicht findet sich's dann, daß Diejenigen, welche ein Plebiscit der Elsässer so heftig forderten,
dieses Recht selber gar nicht recht verstanden und namentlich die Natur des Plebiscits höchst oberflächlich erkannt
haben. Ja wir entdecken am Ende gar, daß der Volkswille
bei der Abtretung von Elsaß-Lothringen wirklich und ganz
organisch befragt worden ist, obgleich keine mit Ja oder Nein
bedruckten Stimmzettel in diesen Ländern gesammelt wurden.

Im Geiste des „modernen Rechtes" also urtheile und schließe ich folgendergestalt:

Der Staat ist um des Volkes willen da, aus dem Volke
erwachsen, eine Organisation des Volkes. Ein Theil des
Volkes kann nicht vom Staate abgelöst werden und ebensowenig können neue Volkstheile hinzutreten, ohne daß hierdurch der Gesammtorganismus von Volk und Staat wesentlich verändert würde. Darum soll das Volk befragt werden,
ob es diese Veränderung will. Das Volk? Gewiß! und zwar
im vollen Wortsinne; nämlich nicht blos jener Bruchtheil,
welcher durch Weggang oder Zutritt am persönlichsten be-

rührt wird, sondern nothwendig das ganze Volk des ganzen Staates. Ein elsässisches Staatsvolk existirt im vorliegenden Falle gar nicht, es existirt blos ein französisches,
welches befragt werden muß, wenn die Totalität des französischen Volkes und Staates durch Ausscheiden von Elsaß-
Lothringen eine Veränderung erleiden soll. Da die Elsässer
und Lothringer von dem Heimfall ihrer Provinz an Deutschland auf's unmittelbarste berührt werden, so wird man allerdings ihrem Specialvotum in eigener Sache ein besonderes
Gewicht beilegen. Dies ist aber nur eine innere französische
Angelegenheit: das französische Volk hat vor Abgabe seiner
Stimme den Sonderwillen jenes zunächst betroffenen Volks-
Bruchtheiles gebührend zu berücksichtigen; nie und nimmer
kann jedoch dieser Sonderwille dem Gesammtwillen der französischen Nation gleich geachtet werden oder dessen Aussprache
gar überflüssig machen. Dagegen müßte man nothwendiger-
weise wissen, ob das deutsche Gesammtvolk seinerseits die
Elsässer und Lothringer auch haben wolle. Die französische
Nation entscheidet über die Abtretung, die deutsche über die
Aufnahme: Beide, und nur Beide, haben völlig coordinirte
Stimmen. So entspricht es dem vernünftigen Sinne des
„modernen Rechtes."

Ein solches unmittelbares Plebiscit in aller Form ist
nun freilich weder hüben noch drüben veranstaltet worden.
Thatsächlich und mittelbar liegt aber der Doppelentscheid
der Volksstimme dennoch vor.

Daß die Deutschen in ihrer ungeheueren Mehrzahl den
Wieder-Erwerb jener vordem geraubten Provinzen nicht blos
billigen, sondern geradezu begehren, unterliegt keinem Zwei-

fel, und an der formellen Zustimmung des Reichstags zu
dem betreffenden Friedensartikel wird es gewiß nicht fehlen.
Ja man kann sagen, ohne diesen Wiedergewinn der alten
Reichslande hätte das neue Reich schwerlich so rasch und tief
Wurzel gefaßt in der öffentlichen Meinung des gesammten
deutschen Volkes, als es geschehen ist.

Das französische Volk hat seinerseits in der frei gewählten Nationalversammlung den Friedenspräliminarien zugestimmt, welche die Abtretung von Elsaß-Lothringen für
ewige Zeiten festsetzen. Die Elsässer freilich protestirten
mittelbar aller Orten und bekundeten durch die Art ihrer
Wahlen zur Nationalversammlung diesen Protest auch in
staatsrechtlicher Form. Allein als Glieder des französischen
Volks- und Staatsganzen haben auch sie dennoch zugestimmt;
denn ihr Minderheitsvotum ging unter in der Mehrheit: das
geschah eben auch auf Grund des modernen Rechts, welches
den Volkswillen nach Ziffern mißt und die Stimmen nicht
wägt, sondern zählt. Dieses Recht fragt auch nicht nach den
subjectiven Beweggründen der Abstimmenden — nur die
Ziffer entscheidet. Nach innerster Herzensneigung hätte wohl
kein einziger Franzose für die Abtretung von Elsaß-Lothringen gestimmt; man beugte sich lediglich dem Zwang der
äußeren Lage, widerstrebend verzichtete man auf jene Provinzen, weil eben der Friede um keinen billigeren Preis zu
haben war. Allein bei den ganz formgerechten Plebisciten
des bonapartischen Reiches war das auch nicht anders gewesen: revolutionäre oder kriegerische Gewaltthat schuf die
vollendete Thatsache, und die Volksstimme sprach dann hinterher ihr ziffermäßiges Ja, weil sie nicht Nein sagen konnte.

Nach alledem könnten wir uns also angesichts des „modernen Rechtes" vollkommen beruhigen über den Wiedererwerb von Elsaß-Lothringen: das französische Volk hat gesprochen durch seine gewählten Vertreter, und die Antwort fiel zu unsern Gunsten. Darum war es sehr weise, daß die Reichsgewalt — scheinbar — so unklug war, die Elsäßer und Lothringer noch einmal mit wählen zu lassen zur französischen Nationalversammlung, und wenn uns die Noth zwang, gegen allen, selbst republikanischen Brauch, Friedenspräliminarien nicht blos mit der Regierung des besiegten Gegners abzuschließen, sondern zugleich auch den Beschluß der Volksvertretung im Feindeslager abzuwarten, so ward uns diese Noth zur Tugend, und wir gewannen das nächstverwandte Resultat eines Plebiscits — ein „Ja" wider Willen.

Mit solchen Gründen könnten wir uns beruhigen; wir beruhigen uns aber nicht damit. Es gibt noch eine gewichtigere Volksstimme, als jene, welche durch Addition von Stimmzetteln gefunden wird. Das Volk lebt, gleich der Einzelperson nicht blos in der Gegenwart, sondern auch in der Vergangenheit, das Volksleben ist fortlaufende Geschichte. Ich vergleiche das lebendig dahinwallende Volk einem Strome. Stellen wir uns beobachtend an's Ufer. Nicht blos die Wellen, welche eben vorüberfluthen, sind der Strom: unser Auge möchte sie festhalten, allein sie sind vergänglicher noch als der Augenblick, im Auftauchen versinken sie, und gerade das rastlose Ineinandergreifen von Vergangenheit und Zukunft, das Vergehen im Werden, macht erst die Welle, macht den Strom. Es gibt da keine Gegenwart, Alles ist nur ein ununterbrochener historischer Prozeß. Und doch wird der Strom als Ganzes wiederum zum festen geographischen Gebilde, welches dauernd das Land mit scharfer Linie gliedert. Ein solcher Strom ist auch die Nation, das Volk, der Volksstamm. Wer will die Gegenwart des Volkes greifen? wenn man der Welle Halt gebietet, dann ist sie keine Welle mehr. Das Volk ist keine irgendwann rein gegenwärtige Erscheinung, es ist ein ruheloser historischer Prozeß, seine Gegenwart ist nur der stäte Kampf von Vergangenheit und Zukunft, und darum ist die Summe der Volksgeschichte zugleich und allein die Aussprache des Volkswillens im tiefsten Sinne.

Befragen wir dieses Plebiscit bei den Elsässern. Ueber zwei Jahrhunderte standen sie, ein uralt deutsches Volk, unter französischer Herrschaft. Mehrere Menschenalter protestirten sie gegen das aufgedrungene Regiment erst laut, dann immer schwächer; sie fügten sich anfangs widerwillig, dann mit Willen, zuletzt mit Begeisterung dem fremden Staate. Aber nur dem Staate, nicht der Nation; denn der Grundstock des Volkes, die Bauern, die Kleinbürger, das naive Volk, blieb deutsch in Stamm, Sitte und Sprache. Die Elsässer der Neuzeit wollten Franzosen sein, französisch aber wollten sie nicht sein. Warum wären sie sonst aller listigen Verwälschung zum Trotze deutsch geblieben? Wir haben hier zweierlei historisch ausgesprochenen Volkswillen, der sich widerspricht. Und so konnte man in der That weder sagen, daß das elsässische Volk schlechthin gegen Frankreich, noch daß es schlechthin gegen Deutschland gravitire. Die schwebende Frage konnte wiederum nur im weiteren historischen Prozeß, nur durch die Zeit gelöst werden. Und bis zum Jahre 1870

hatte es allerdings den Anschein, daß der Entscheid nach einigen
Menschenaltern ganz zu Gunsten Frankreichs ausfallen werde.

Da kam der Krieg. Er ward uns aufgedrungen; aber
wir gewannen und übten das Recht des Stärkeren, an
welches nicht wir, sondern die Franzosen appellirt hatten.
Aus Gründen der Sicherung des Reiches wurde Elsaß-
Lothringen dem deutschen Reiche zurückgefordert. Auf diese
strategisch-politischen Gründe mußte sich die Reichsgewalt zunächst berufen, vorab den argwöhnischen fremden Mächten
gegenüber. Vom deutschen Volke aber wurde die nationale
Gemeinschaft der Elsässer mit unserer Gesammt-Nation um
so stärker und wärmer betont. Wir sagen: zwiespältig in
ihrem Volkswillen, sind die Elsässer der französischen Form
zugefallen, das deutsche Wesen aber haben sie behauptet.
Und dieses nationale Wesen schließt eine tiefere und nach-
haltigere Aussprache des Volkswillens in sich, als das bloße
Staats-Interesse. Die Elsässer des gegenwärtigen Augen-
blickes — die Welle im Strom! — erkennen das selber nicht.
Aber ein Volk weiß gar häufig selber nicht recht, was es
will. Es geht ihm da nicht besser, wie zu Zeiten jedem Einzelnen.
Ein Freund, der nicht in unserer Haut steckt, weiß bei schwe-
bendem Conflict oft besser was wir wollen, als wir selber.
So behaupten wir auch den tieferen, den nationalen elfässi-
schen Volkswillen besser zu erkennen als die Elsässer. Wir
wollen sie wieder zur Selbsterkenntniß, zur bekräftigten
historischen Aussprache ihres eigenen Volkswillens bringen,
auf historischem Wege, durch erneute Einkehr in ihr ange-
stammtes und stets behauptetes deutsches Wesen. Nachher
könnte man sie dann auch zu einem förmlichen Plebiscit

berufen — nach beliebter Art, wenn nämlich das Plebiscit eine müssige Phrase geworden wäre.

So wahren wir auch hier den Standpunkt der historischen Legitimität, welcher ebenso gut für die Völker gilt, wie für die Fürsten. Nicht aus feudalem oder theokratischem Aberglauben hängen wir an unsern angestammten Fürstenhäusern, sondern weil dieselben erwachsen sind mit Volk und Staat und in der still und laut bekundeten Treue langer Reihen der Volks-Generationen ein milliardenfaches Plebiscit gewonnen haben. Deßgleichen sollen auch die Elsässer und Lothringer nicht an uns verkauft werden wie eine Herde Schafe; sondern kraft ihres historisch bekundeten Volkswillens, der niemals ganz von deutscher Art gelassen hat, erkennen wir es jetzt als Recht und Pflicht, sie wieder zu erlösen aus ihrer zwiegetheilten Lage und ganz herüberzuziehen in die alte deutsche Heimat.

III.

Die Aesthetiker unterscheiden zwischen der constructiven Schönheit eines Bauwerkes und dem blos decorativen Schmuck. Beides kann neben einander bestehn. Wo aber die Decoration in gleißnerischem Widerspruch tritt mit dem inneren Aufbau des Hauses, da gibt's eine Schein-Architektur. Man erblickt da etwa außen ein Portal, und innen sind's zwei Fenster über einander, außen einen Palast und innen sind's vier Miethhäuser. Solche Decorationsbauten werden allgemein getadelt, sind aber trotzdem sehr beliebt, und unsere Baumeister haben es bereits weit gebracht in derlei Scheinkunst.

Allein viel weiter noch brachten's die politischen Baumeister in der politischen Scheinarchitektur, namentlich in
Paris; doch versteht man jetzt die Sache auch anderswo.
Die Volksabstimmung in der Republik verkündet einen Bau
von constructiver Harmonie; das Plebiscit zeigt uns den
ächten Decorationsbau und paßt zu den neuen Militär-
monarchien genau so gut, wie Kirchenfenster zu einer Ka-
serne. Und nicht blos beim förmlichen Plebiscit, auch in
zahllosen andern Institutionen lebte und lebt dann dieser
Geist der Heuchelei: an der Außenwand standen die „Ideen
von 1789" geschrieben und innen thronte der despotische
Imperator; — der gesetzgebende Körper war nach allge-
meinstem Stimmrecht gewählt, aber wenn es den wichtigsten
Entscheid galt, hatte er keine Stimme; — Eroberungskriege
wurden nur noch für „eine Idee" geführt, der schändlichste
Länderschacher angezettelt blos zur gelinden Ausübung eines
„weltgeschichtlichen Berufes;" — die Corruption des Volkes
wurde systematisch gehegt, aber blos zur höheren Ehre der
„Civilisation" — das war Alles Decorationsarchitektur, mit
Pfeilern, die nichts zu tragen hatten und mit Gewölbgurten,
welche aus Gyps aufgeklebt waren. Vor hundert Jahren
baute man nicht besser, aber man baute doch wenigstens
aufrichtig schlecht. Darum fiel der Bau dann auch damals
nicht ganz so geschwind, nicht ganz so schmählich zusammen.

Oeffentliche Meinung und Gefühlspolitik.

(1866 und 1871.)

I.

„Das Volk, das im Finstern wandelt, es sieht ein großes Licht.“ So steht in der Bibel.

Im neuen politischen Katechismus dagegen steht: „Das Volk selber ist das große Licht, und leuchtet aus sich heraus wie die Sonne, und die Strahlen dieses Lichtes nennen wir die öffentliche Meinung: aber die Staatsmänner, welche im Finstern wandeln, wollen nichts sehen von diesem Lichte.“

Es ist allerdings beträchtlich heller geworden in der Politik, seit man die öffentliche Meinung beobachtet und beachtet, ja seit man nur das Wort für die Sache gefunden hat. Allein ist es heller geworden durch die öffentliche Meinung, oder erkennt man diese klarer, weil es vielmehr anderswo heller geworden ist? Das möge eine offene Frage bleiben.

Je strenger wir aber die öffentliche Meinung auf Sinn und Begriff prüfen, um so tiefer werden wir in geheimnißvolle Dämmerung geführt. Ja, ich behaupte: jene unwiderstehliche Wucht der öffentlichen Meinung, vor welcher zu

Zeiten ein Jeder erzählert, mag er sie außerdem als einen
Gott anbeten oder als einen Götzen verspotten, ruhet großentheils in dem mystischen Helldunkel, womit dieselbe umgeben ist.

Doch man zeigt nicht durch dunkle Worte, wie dunkel
ein Begriff sei, sondern durch möglichst helle. Das will ich
nun versuchen.

„Oeffentlich“ heißt eine Meinung, sofern sie sich im
Volk ausspricht, verbreitet und fortbildet. Daß sie zugleich
dem Gegenstande nach auf öffentliche, zunächst staatliche,
Dinge ziele, läßt der Sprachgebrauch unentschieden. Ein
stadtkundiger Privat-Schuldenmacher wird gerade so gut „von
der öffentlichen Meinung verdammt,“ wie ein landeskundiger
Staats-Schuldenmacher. Wir besitzen kein geläufiges Unter-
scheidungswort für die politische Volksstimme im engeren
Sinne, und haben die Macht der öffentlichen Meinung im
Privatleben weit früher erkannt als im öffentlichen. Denn
im Hause sind wir längst daheim, auf dem Forum erst seit
gestern. So ist denn zwar nicht das Wort neu, wohl aber
der einschränkende Sinn des Wortes, wenn wir bei „öffentlicher Meinung“ zunächst nur an jene Volksstimme denken,
welche über Thatsachen und Zustände des öffentlichen Lebens
urtheilt. Dieser engere Sprachgebrauch stammt nicht aus
der Schule, sondern aus dem Leben, er war weit früher auf
der Tribüne, in der Zeitung eingebürgert, als in gelehrten
Büchern; die politischen Agitatoren hatten ihn längst in Curs
gesetzt, bevor die staatsgelehrten Forscher Werth und Währung
prüften — ein Gang der sich unzähligemal in der modernen
Geschichte der Staatswissenschaft wiederholt.

Was ist denn aber Meinung? In meiner mittelrheinischen Geburtsheimath — und auch anderswo — sagt man, wenn Einer etwas „meint:" „die Narren meinen!" Der gescheidte Mann soll wissen, nicht meinen, was er spricht. Und am Mittelrhein weiß man bekanntlich Alles am besten. Troß jenes Bannspruches über das Meinen halten die politisch angeregten Mittelrheiner jedoch besonders viel von der öffentlichen Meinung, und wer das volksgeläufige Wort von den Narren auf die öffentliche Meinung anwendete, dem würde man dort sicher in etwas unparlamentarischer Kraftrede „die Meinung sagen." Also wäre das Meinen eines Einzelnen zwar Thorheit, wenn Tausende aber zusammen meinten, so würde Weisheit daraus? Allein tausend Narren machen zusammen noch keinen gescheidten Mann; viel leichter geschieht es umgekehrt, daß tausend gescheidte Leute zusammen einen Narren machen, wie wir ja beim ansteckenden Beifallsjubel im Theater nicht selten wahrnehmen, oder bei den berauschenden Zurufen einer Volksversammlung, wo der hinreißende Enthusiasmus der Masse mit dem kritischen Verstande des nüchternen Denkers durchgeht.

Und dennoch hat es seinen guten Grund, daß wir das bloße Meinen eines Einzelnen geringschätzen, das Meinen einer ganzen Volksmasse aber mit Respect behandeln. Nämlich nicht um beßwillen, weil die persönliche Meinung gescheidter und besser würde, indem sie sich Tausenden mittheilt, sondern weil die Meinung von Tausenden zugleich auch den Willen dieser Tausende darstellt: die Macht der That im Volksleben. Und nicht zunächst wegen ihrer Weisheit: — wegen ihrer Macht berücksichtigt der Politiker die öffentliche Meinung. Sie wird um so gewichtiger, nicht je mehr sie

sich prüfend und forschend vertieft, sondern je weiter sie sich
über immer größere Volksmassen ausbreitet, und der unwiderstehliche Siegeslauf einer öffentlichen Meinung gründet meist
viel mehr in ihrer gemeinfaßlichen Oberflächlichkeit als in
ihrer Tiefe.

Meinen ist nicht Wissen. Das Wissen beruhet im Erkennen der Gründe; das Meinen hingegen ist ein Fürwahr-
halten aus Instinct, aus Empfindung und Neigung mit halben
Gründen oder ohne Gründe. Die öffentliche Meinung ahnet
viel mehr als sie erkennt; sie begehrt selten zu lehren und
noch seltener zu lernen; aber was sie sich als das Rechte
vorstellt, als das Rechte empfindet, das will sie durchsetzen.

In Sachen der Wissenschaft gibt es darum auch gar keine
öffentliche Meinung, und dem Gelehrten ist es sehr gleich-
gültig, was Leute, die nicht mit ihm geforscht und gearbeitet
haben, von seinen Resultaten „meinen.“ Wohl aber gibt
es eine öffentliche Meinung über wissenschaftliche Charaktere;
denn auch das ungelehrte Volk mag herausfühlen, ob ein
gelehrter Mann ein Mann ist, oder nicht.

Die öffentliche Meinung fragt überhaupt nicht sowohl
nach dem, was wahr oder irrig, als was recht oder unrecht
ist: sie wirft die Moral in die Politik. Sie ist das Gewissen
des Volkes. Darin ruhet ihre Hoheit, mag sie nun im
übrigen thöricht oder weise urtheilen.

Wirft sie aber immer und überall die Moral in die
Politik, ist sie allezeit das Volksgewissen? Leider nein! antworten die Einen; gottlob nein! die Andern. Denn sie verwechselt oft genug das Nützliche mit dem Gerechten, den Erfolg mit der Moral, und obendrein den nächsten Erfolg, der

vielleicht ein ferner Mißerfolg wird. Also wäre sie ein Pro-
teus, der seine Gestalt ändert, so wie wir sie festzuhalten
glauben? Ja und nein! Denn eben weil die öffentliche Meinung nicht forscht und erkennt, sondern meint, ahnt, empfindet, ist ihr der Erfolg ein Gottesurtheil von Außen,
welches sie mit dem Gottesurtheil im Innern, im Gewissen,
unglaublich schnell in eins verschmelzt.

„Und wem zutheil der Sieg auch werde,
Zu seinen Fahnen will ich stehn,
Weil überall auf weiter Erde
Die Götter mit dem Sieger gehn!“

So spricht Obed Baal, der Sternseher, in Kinkels
„Nimrod.“ Er ist ein alter Baalspriester, aber er hat den
Gewissensspruch der öffentlichen Meinung, auch der neuesten
wie aller Zeit, in den Sternen gelesen.

Man redet viel von der Kritik, welche die öffentliche
Meinung übt. Dies ist aber wiederum keine Kritik im Sinne
der Wissenschaft, die voraussetzungslos Thatsachen ermittelt
und Gründe gegen Gründe wägt, sondern vielmehr eine
Kritik des Gefühls: sie preist nach Neigung und verdammt
nach Widerwillen, sie liebt und haßt zuerst, und urtheilt
hinterdrein. Demgemäß kehrt sie sich häufiger gegen Personen als gegen Sachen, und verwechselt so leicht die Sache
mit der Person.

Je schneidender die öffentliche Meinung Kritik übt, um
so tiefer geräth sie in Gefühlspolitik, um so glühender, leidenschaftlicher wird sie, während gegentheils die Kritik des
Denkers immer kälter, besonnener wird, je tiefer sie ein-
schneidet. Niemals hat wohl die öffentliche Meinung das

Schwert ihrer Kritik vernichtender geschwungen, als in den Schreckenstagen der ersten französischen Revolution, und sie wurde gluthberauscht bis zum Wahnsinn. Der Gipfel von solch dämmernder Kritik der sittlichen Empfindung ist also nicht Nüchternheit, sondern Fanatismus, und die Leute, welche in der öffentlichen Meinung den verneinenden Ton angeben, sind oft genug die jugendlichsten Hitzköpfe. Den verstandesklaren kritischen Denker personificiren wir mit einer platonischen Glatze, den leidenschaftlichen Vordenker des Volkes mit wallendem Jünglingshaar. Das Volk selbst wird jugendlich in Art und Unart, sowie es sich seiner Meinung stark bewußt wird, und als Masse bleibt es mit seinem politischen Empfinden ewig in den Flegeljahren.

Die erkennende Kritik des Denkers vereinsamt; scharfe kritische Geister pflegen abgeschlossene Menschen zu sein. Die empfindende Kritik der sittlichen Begeisterung hingegen verbündet und verbrüdert lawinenartig anwachsende Volksmassen. Gefühle und Affecte wirken ansteckend; das Denken steckt leider nicht an.

Bei den Völker-Epidemien der Affecte geht es wie bei den Epidemien des Leibes: je größere Massen von ihnen ergriffen werden, um so unwiderstehlicher wächst die ansteckende Kraft. Im glaubenseifrigen Mittelalter waren die Völker-Epidemien der öffentlichen Meinung religiös, in unserer Zeit werden sie politisch und social. Das Jahr 1870 zeitigte eine solche lange vorbereitete Epidemie beim französischen Volke. Bis zum Wahnsinn verblendet in seiner Leidenschaft, belogen und betrogen in seinem Gewissen, wurde es durch das Fieber seiner eigenen öffentlichen Meinung tiefer ge=

schwächt als durch die deutschen Waffen. Der Fieberkranke
fühlt sich oft riesenstark, ja er ist es auf Momente; erst
wann die Krankheit weicht, erst in der Genesung bricht er
zusammen und merkt wie elend er geworden ist. So wird
es auch in Frankreich geschehen.

II.

Kein Einzelner macht eine öffentliche Meinung.

Er kann den ersten zündenden Gedanken ins Volk schleu-
dern, aus welchem eine öffentliche Meinung aufsprüht; aber
dieser Gedanke theilt sich den Andern nicht blos einfach mit,
er wird von ihnen zugleich fortgebildet, umgemodelt, erweitert, gesteigert, vertieft oder verflacht; unter der unmerk-
lichen Mitarbeit vieler Köpfe wird er Gemeingut einer ganzen Volksmasse, und erst hieburch gewinnt der individuelle
Gedanke das Gepräge der öffentlichen Meinung.

Das heißt, die öffentliche Meinung entsteht ganz ähnlich
wie Volkssitte, Volkssage und Volkslied, sie ist eine durchaus
verwandte Form der Aussprache des Volksgeistes, und nur
dem Gegenstande nach von Sitten, Sagen und Liedern verschieden. Um die Gesetze der Sagenbildung zu finden, braucht
man nicht auf Jahrhunderte zurückzugehn, man kann sie
jeden Tag im Entwicklungsproceß der öffentlichen Meinung
studieren.

Wenn alte Rationalisten und aufgeklärte Bureaukraten
gleich den neuen demokratischen Doctrinären die öffentliche
Meinung als eine höchst berechtigte Macht priesen, dagegen
die Sitten, Sagen und Lieder des Volkes als ein Spielzeug

für gelehrte und ungelehrte Kinder verspotteten, oder auch
sie verhöhnten als romantische Irrlichter, welche in den
poetischen Sumpf des Conservatismus locken — so war dies
gar nicht folgerecht, und bewies nur, daß man nicht wußte,
was eigentlich die öffentliche Meinung und was eine Volks=
sitte sei.

Beide sind leibliche Schwestern; eine genau so viel werth
wie die andere. Beide werden von Einzelnen angeregt, ge=
winnen aber ihren Vollgehalt erst dadurch, daß sie vom
Volk erfaßt und fortgebildet und so zuletzt zur Aussprache
des Volksbewußtseins werden. Weil aber die Sitte so still
und leise webt, das Altgewohnte — oft nur scheinbar —
gemüthlich treu festhaltend, die öffentliche Meinung dagegen
mit dem bewegten Staatsleben laut rauschend dahin fluthet,
hält man beide für grundverschiedene Dinge. Man wittert
Romantik, das heißt Reaction, hinter der Liebe, welche
Einer für die Volkssitte hegt, nimmt dagegen die Ehrfurcht
vor der öffentlichen Meinung als ein Wahrzeichen aufge=
klärten fortschrittlichen Sinnes. Allein diese Meinung ist so
wenig rationell wie die Sitte, auch sie ist ein Stück Ro=
mantik, wenn gleich manchmal eine vorwärts schauende Ro=
mantik, welche Gegenwärtiges sich vorstellt und empfindet,
um träumend und dichtend sich die Zukunft aufzubauen.
Mit der öffentlichen Meinung kommt die Poesie in die Po=
litik — die Poesie des Volksgemüths.

Ja ich behaupte geradezu: die Politik des Ver=
standes muß sich erst zur Gefühlspolitik ver=
dunkeln und — verklären, um von der öffent=
lichen Meinung durchgreifend erfaßt zu werden.

Das dünkt wohl Manchem zu viel gesagt; ich erläutere
darum meinen Satz durch ein Beispiel.

III.

Lange bevor sich das deutsche Volk eine öffentliche Meinung über die schleswig-holsteinische Frage bildete, bestand
darüber ein gemeinsames Urtheil bei den staatswissenschaft-
lich geschulten Kennern. Etwa seit 1844 begannen größere
Blätter (vorab die „Weser-Zeitung" und die „Allgemeine
Zeitung") die Erbfolge in den Herzogthümern und den
drohenden Conflict des nationalen Interesses und des Rechts
in Leitartikeln nachdrücklicher zu besprechen. Aber diese
Artikel waren vornehm geschrieben, sie wandten sich an historisch und juristisch gebildete Leser und drangen nicht ins
große Publikum. Der Weg der öffentlichen Meinung geht
zwar bergab, aber dennoch langsam, namentlich am Anfange,
der Weg von den Aristokraten der Bildung zum gesammten
Volke, vom Prüfen und Erkennen zum Empfinden und
Meinen.

In Dänemark machte sich die Sache rascher als in
Deutschland, im deutschen Norden rascher als im deutschen
Süden. Das ist natürlich. Schon seit 1841 eiferte die
öffentliche Meinung der Dänen für die Idee jenes dänischen
Gesammtstaates, der die Herzogthümer auseinanderreißen
mußte, und fand in Presse und Reichstag die schärffte Aussprache. Die Opposition der bedrohten Schleswig-Holsteiner
wuchs in gleichem Maß und entzündete die Leidenschaft des
Volkes von der Elbe bis zur Königsau. Allein es fehlte

viel, daß auch die Leidenschaft des Volkes am Rhein und
an der Donau gleicherweise entzündet worden wäre. Der
Streit hatte noch nicht genug gemeinverständliche Fassung,
noch nicht die unmittelbare Aussprache ans Gemüth gewonnen,
und vom deutschen Norden war es in selbiger Zeit noch weit
zum deutschen Süden.

Kleine Thatsachen, von welchen die Staatengeschichte
keine Notiz nimmt, halfen diesen Weg verkürzen. Ich gedenke nur einer einzigen. Bei dem Würzburger Sängerfest
im August 1845 erschien unter den wettsingenden süddeutschen Liedertafeln auch ein Sängerchor aus Holstein. Er
sang ein neues Lied, das „Schleswig-Holstein-Lied,“ und
mußte es wieder und wieder singen; alles versammelte Volk
stimmte in den Rundreim ein, die andern Liedertafeln nahmen die neue Weise mit in ihre Heimathorte, und in ganz
Bayern sang und pfiff man bald auf allen Gassen: „Wanke
nicht, mein Vaterland!“ Ein kräftiges Lied, von Tausenden
angestimmt, während die Gläser voll edeln Frankenweines
mitklangen — das weckte weit besser die öffentliche Meinung
als alle staatsrechtlichen Deductionen. Hatte doch auch in
den Herzogthümern selber das nämliche Lied die Volksstimme
immer lauter wach gerufen, da man es ein Jahr früher auf
dem Sängerfeste zu Schleswig zum erstenmale sang.

Der „Offene Brief“ Christians VIII. vom 8. Juli 1846
brachte die Katastrophe. Hätte der König ganz dieselbe Erklärung in Form einer diplomatischen Note von seinem Minister abgeben lassen, die öffentliche Meinung wäre nicht so
aufgerüttelt worden, wie durch den offenen Brief. Solche
Correspondenz war neu, darum merkten sich die Leute desto

beſſer, was darin ſtand. Bald nachher faßte der deutſche
Germaniſtentag zu Frankfurt ſeine Beſchlüſſe zu Gunſten
der Herzogthümer. Auch dies war neu, daß die ernſthafteſten
Gelehrten vereint ſich in die Politik des Tages miſchten;
erſtaunt horchte man auf, die Theilnahme der Gebildeten
wuchs immer raſcher. Die Volksverſammlung von Neu-
münſter kam hinzu, damals gleichfalls ein fremdartiges
Phänomen; „Schleswig=Holſtein“ war bereits nicht mehr
blos ſtehender Leitartikel in einzelnen großen Tagesblättern,
auch die Lokalpreſſe populariſirte die Frage. Und wiederum
tönten Lieder darein: Geibels „Proteſtlied,“ ſeine „zwölf
Sonette“ und ähnliche Gedichte anderer Poeten. Sie machten
die Sache nicht klar, aber ſie machten warm für die Sache.
Tauſende redeten jetzt kräftigſt von der bedrohten deutſchen
Nordmark, ohne recht zu wiſſen, um was es ſich eigentlich
handle. Und dies iſt allemal ein Vorzeichen, daß ſich eine
öffentliche Meinung zu bilden beginnt. Credo ut intelligam
gilt vom politiſchen, wie vom religiöſen Volksglauben.

Das war die lyriſche Periode dieſer öffentlichen Meinung: im Frühjahr 1848 kam die dramatiſche. Mit gewaff-
neter Hand erhob ſich das Volk der Herzogthümer; Preußen,
Deutſchland zog zu Hülfe; der Streit der Diplomaten, Politiker und Juriſten war ein wirklicher Krieg geworden.
Jetzt war auch eine geſammtdeutſche öffentliche Meinung voll
und fertig. Gemüth und Phantaſie des Volkes hatten die an-
ſchauliche greifbare That gefunden, der trockene Rechtsſtreit
war zum leibhaften Drama verkörpert; jeder deutſche Mann
mußte mitfühlend theilnehmen, wenn er nicht mithandeln
konnte. Wer aus Rechtsſcrupeln für Dänemark geſprochen

hätte, den würde man gesteinigt haben. Aber wußten Jene,
welche dann die Steine erhoben, was der Rechtskern dieses
Gewaltsstreites sei? Unter Hunderten gewiß kaum Einer!
Also wäre die öffentliche Meinung blind dreingefahren?
Keineswegs. Sie sah und empfand die politische Sachlage
des Augenblicks, sie ahnte die Folgen; nur über Beginn
und Verlauf des staatsrechtlichen Conflictes konnte sie nicht
Rede stehen. Kurz und bündig sprach sie: „Ein fremder
Fürst will das verbriefte Recht eines deutschen Landes beugen,
das dulden wir nicht; deutsches Volksthum soll von däni-
schem zerstückt und aufgesogen werden, das dulden wir ebensowenig." Diese allgemeinsten zwei Sätze verstand Jedermann,
sie waren genug für die öffentliche Meinung; genauer und
eingehender gefaßt, hätten sie sich selbst wieder abgeschwächt.
Ihr dürft ein Volkslied nicht contrapunctiren, sonst erkennt
und singt es das Volk nicht mehr.

Man hat das Jahr 1848 das eigentliche Geburtsjahr
der schleswig-holsteinischen Frage genannt. Dies war es
nun gerade nicht. Allein die öffentliche Meinung Deutschlands über diese Frage gewann damals einen neuen freieren
Horizont. Man fand in dem Kampfrufe „für Schleswig-
Holstein" ein Symbol der deutschen Einigung, man erkannte
in der Durchführung des Kampfes einen Prüfstein der würdigen oder unwürdigen äußeren Politik Deutschlands. Darum
ging auch mit der Begeisterung für Schleswig-Holstein der
Enthusiasmus für die deutsche Flotte Hand in Hand. Das
Volksgefühl, welches sich thatkräftig erweisen wollte, griff
dabei oft zu höchst naiven Mitteln, die dem nüchternen
Praktiker ein Lächeln entlockten mußten. Die öffentliche

Meinung schwärmte wie ein Jüngling, um wie ein Kind
zu handeln: mit der Sammelbüchse gründet man keine deutsche
Seemacht, und mit donnernden Vereinsreden ließen sich die
diplomatischen Intriguen Englands und Rußlands nicht
kreuzen. Aber aus einem größeren Gesichtspunkt erschien
dieser drängende Gefühlssturm des Volkes doch nicht be=
lächelnswerth: zuerst muß sich dem Volke das Herz erweitern,
dann erweitert sich nachher auch das verständige Urtheil, der
prüfende Blick.

Die Jahre 1849 und 1850 brachten das traurige Ende
unserer glorreich begonnenen Waffengänge mit den Dänen.
Die öffentliche Meinung war enttäuscht; sie wurde ernüchtert
und schlummerte ein. Das einmüthige Glaubensbekenntniß
über Schleswig=Holstein wurde jetzt zerstückt von den zwie=
spältigen Parteien. Engherzig und eigensüchtig fragten die
äußersten Parteimänner nun nicht mehr nach dem nationalen
und Rechts=Gehalt jener Volkssache, sondern nach ihrem
Werthe für das augenblickliche eigene Parteiziel. So nannte
man im Lager jener radicalen Revolutionäre, welche 1849
das badische Land in Krieg und Aufruhr stürzten, die Be=
geisterung für Schleswig=Holsteins historisches Recht einen
„nationalen Dusel," und bald nachher verdammten preußische
Conservative dieselbe Begeisterung ihrerseits als revolutio=
nären „Schleswig=Holsteinismus." Kluge Leute zuckten die
Achseln über den früheren Rausch, und nur der verstandes=
klare und charakterfeste Patriot hielt treu an der alten
Fahne. Allein auch die besten Patrioten machen keine öffent=
liche Meinung, wenn ihnen die dramatische Wucht der Er=
eignisse nicht zu Hülfe kommt.

Dies geschah erst 1864 mit dem Tode Friedrichs VII. Jetzt galt es zu handeln, jetzt war Schleswig-Holstein auch für den Zuschauer wieder „in Scene gesetzt." Mit einem Schlage erwachte die alte Begeisterung aufs Neue, und man vernahm das — für kurze Zeit — ganz wahre Wort: daß fortan in Sachen Schleswig-Holsteins alle Partei unter den Deutschen aufhöre, daß nur eine öffentliche Meinung bestehe. Ich sprach damals einen Dichter, der sonst ein Grauen vor allen Urkunden hatte — Liebesbriefe etwa ausgenommen — und auch das jüngste und unantastbarste historische Recht nicht gelten ließ, wenn es seinem politischen Gefühlszuge widersprach. Er schwärmte für den Vertrag, welchen Christian I. im Jahre 1459 mit den Ständen von Schleswig und Holstein geschlossen; er redete vom „Zusammenbleiben ungetheilt" als vom heiligsten historischen Recht; er citirte Sätze der Urkunde in altniedersächsischer Sprache, als ob's Verse von Hafis oder Goethe seien. Man muß die Dichter besuchen, um Form und Farbe der öffentlichen Meinung am Individuum zu studieren.

Uebrigens hatte sich der allgemeine Standpunkt gegen früher nunmehr völlig umgekehrt. Von 1845 bis 1848 half Schleswig-Holstein den Gedanken der strafferen deutschen Einigung wecken; 1864 hingegen war es das seit dem italienischen Krieg immer dringender gewordene Streben nach dem deutschen Bundesstaate, dem Reich, welches die gebildete Masse für Schleswig-Holstein begeisterte. Das Mittel war Zweck; die muthmaßliche Folge war Herr geworden über die bewegende Ursache. Preußen benützte diesen Umschwung der öffentlichen Meinung mit großem Scharfblick. Es zer-

blieb den Knoten der Rechtsfrage mit dem Schwerte, es zer-
blieb zugleich das Recht, wofür es anscheinend stritt. Die
Erbfolge des Augustenburgischen Hauses wurde beseitigt und
die politische Selbständigkeit der verbundenen Herzogthümer
obendrein. Was tausend Rechtsdeductionen verlangt hatten,
das wurde nicht erfüllt; aber was im Liede gesungen war,
was die Gefühlspolitik der deutschen Volksstimme gefordert
hatte, das erfüllte sich. Das meerumschlungene Land blieb
„deutscher Sitte hohe Wacht;" ungetheilt blieb „die Doppel-
eiche unter einer Krone Dach," welches freilich unerwarteter
Weise die preußische war; das „Vaterland wankte nicht,"
alles wie es im Liede steht; der Dänentrotz war gebrochen,
die fremden Einspruchsgelüste beseitigt, dem deutschen Reiche,
der deutschen Seemacht eine neue Zukunft vorbereitet.
Zwar in den Herzogthümern vergaß man nicht sofort das
genaue Recht, um welches man eigentlich gekämpft, und
selbständige politische Charaktere im übrigen Deutschland
vergaßen es auch nicht; aber das allgemeine Ziel war erreicht, der nationalen Begeisterung ein Genüge gethan, und
also beruhigte sich auch die öffentliche Meinung. Sie schloß
ab mit ihrem „Schleswig-Holstein," weil die ungelöste
Rechtsfrage, unverständlich für die Meisten, mit dem Nord-
bunde, mit dem neuen Reiche abschloß, wofür man im
Herzen ein Verständniß fand.

IV.

Und nun wiederhole ich meinen Satz: „Die Politik
des Verstandes muß sich erst zur Gefühlspolitik verdunkeln

und — verklären, um von der öffentlichen Meinung durch=
greifend erfaßt zu werden." Er wird jetzt nicht mehr paradox
erscheinen.

Ich spreche da ein verspottetes und verpöntes Wort
gelassen aus — Gefühlspolitik! Viele bekreuzen sich heutzu=
tage vor diesem Worte; Andere bekreuzen sich nicht mehr,
weil sie meinen, es sei seit 1866 endgültig zum alten
Eisen geworfen und also unschädlich gemacht. Man könnte
dagegen erwidern, daß der politische Mann wie das Volk
doch immer die harmonische Totalität der Menschennatur
darstellen solle, wozu Gemüth und Phantasie ebenso gut
gehören wie Verstand und klarer Wille. Aber statt allge=
meiner psychologischer Säße möge wiederum ein Beispiel aus
unserer neuesten Geschichte reden.

Als den wahren Drachentödter der deutschen Gefühls=
politik nennt man den Fürsten Bismarck. Er soll die reine
Realpolitik an ihrer Statt auf den Thron erhoben haben,
die Staatskunst, welche nur auf Thatsachen fußt, mit That=
sachen rechnet, nicht mit Stimmungen, Gefühlen, Leiden=
schaften. Und wirklich ist er der große Realpolitiker; er
wurde es aber gutentheils deßhalb, weil er so trefflich mit
— der deutschen Gefühlspolitik zu rechnen wußte. Im Jahr
1866 galt es den Kampf um die Hegemonie Preußens oder
Oesterreichs in Deutschland. Der Kampf wurde freilich zu=
nächst nicht durch Gefühlspolitik entschieden, sondern durch
Bismarcks höchst thatsächliche Staatskunst und durch das
thatsächliche Uebergewicht der preußischen Kriegsmacht. Aber
indem Bismarck noch vor dem Beginn des Waffengangs
einen Neubau Deutschlands verhieß, ein deutsches Parla=

ment, verbündete er sich die nationale Gefühlspolitik der
öffentlichen Meinung. Wofür man im Gewirre des Vereins-
treibens oft planlos genug gearbeitet, was man in Volks-
und Festreden gefordert und in Versen und Prosa tausend-
fach dargestellt, was man im Sänger-, Schützen- und Turner-
Jubel hinausgesungen hatte, den Herzenswunsch des Volles
nach einem deutschen Reich, das solle erfüllt werden, eng
zunächst und einseilig, unerwartet und unerwünscht nach
Weg und Art, aber es solle erfüllt werden. Vielleicht verachtete Bismarck alle jene Aussprachen einer unklaren Begeisterung; aber er benützte sie. Als Realpolitiker machte
er sich die Gefühlspolitik der öffentlichen Meinung dienstbar.
Und sie ward ein sehr nützlicher Diener. Beim Friedensschlusse verletzte Bismarck das Gemüth des Volles in Hannover, Schleswig-Holstein, Hessen, Nassau, Frankfurt vielfach auf's Schneidendste, er kränkte das Volk in seinem Gewissen. Allein er führte eine öffentliche Meinung gegen die
andere in's Feld, Gefühlspolitik gegen Gefühlspolitik, er
beschwichtigte das particulare Volksgewissen, indem er das
nationale zufrieden stellte. Ueber dem Jahr 1870 lernte
man das Jahr 1866 vergessen — in Süddeutschland und
in den annectirten Ländern. Die Rechtsbedenken gegen den
preußischen Ländererwerb von 1866 waren nicht erledigt,
aber die öffentliche Meinung war auf neue Bahnen des versöhnten nationalen Gemeingefühls gelenkt worden durch den
gemeinsamen Krieg, durch das neue Reich, durch den Wiedergewinn von Elsaß-Lothringen. Die größere Gefühlspolitik
verschlang die kleinere.

Der Staatsmann soll verstandesscharf prüfen und planen

und mit Thatsachen rechnen, er soll nicht persönlichen Stimmungen und Herzensneigungen folgen; aber der Gefühlszug
des Volkes ist auch eine mächtige Thatsache, und indem der
Staatsmann demselben huldigt, beherrscht er das Volk und
mit dem Volke die Thatsachen. Subjectiv Realpolitiker sein,
objectiv Gefühlspolitiker: dies ist das Kennzeichen des epochemachenden Staatsmannes.

Wir Deutschen haben gegenwärtig zwei nationale
Fahnen: die schwarz-roth-goldene und die schwarz-
weiß-rothe. Die eine schließt die andere nicht aus, die
eine ersetzt nicht die andere; sie sollen brüderlich neben einander wehen, eine die andere ergänzend, das Doppelsymbol
des geeinigten Volkes; denn sie verhalten sich zu einander
wie die Gefühlspolitik der öffentlichen Meinung zur Realpolitik des Staatsmannes.

Schwarz-roth-gold sind nicht die historischen Reichsfarben,
sie sind obendrein heraldisch fehlerhaft geordnet; allein gerade in diesen Mängeln bekunden sie ihren modern volksthümlichen Ursprung. Seit den Befreiungskriegen waren
diese Farben das Symbol nicht des vergangenen, sondern
des künftigen Reiches, nach welchem die besten Männer des
Volkes sehnend trachteten, oft genug unklar über das Ziel,
unpraktisch in den Mitteln, idealistisch edel und idealistisch
verkehrt, wie eben die öffentliche Meinung zu sein pflegt.
Aber der Grundzug dieses Strebens war groß, ächt und
recht, und das deutsche Volksgewissen mahnte die Machthaber im Bilde jener Farben. In den zwanziger Jahren
waren sie verpönt als ein Abzeichen der Demagogie, in den
dreißiger Jahren von den französisirenden Jungdeutschen

verhöhnt als das Sinnbild romantisch-reactionärer Deutsch-
thümelei, nach dem Jahr 1848 verfolgt als das Banner der
Revolution; 1866 mißachtet als die Fahne einer unmächtigen
föderalistischen und großdeutschen Gesinnung. Das neue
schwarz-weiß-rothe Banner hingegen, heraldisch correct und
von der wirklichen Staatsmacht des Norbbundes entfaltet,
triumphirte wie die Realpolitik über die Gefühlspolitik. Es
war fürwahr das Symbol einer großen und neuen Thai-
sache: es verkündete die begonnene, die bereits halbvollendete
Schöpfung eines wirklichen Deutschen Reiches. Die arme
schwarz-roth-goldene Fahne hatte nur über Hoffnungen,
Wünschen und Träumen geflattert, sie wurde niemals von
der starken Hand einer vollgültigen Staatsgewalt erhoben,
nicht einmal im Frühling 1848.

Und dennoch hätten wir die schwarz-weiß-rothe Fahne
nicht bekommen, wenn nicht die schwarz-roth-goldene ein
halbes Jahrhundert lang vorangetragen worden wäre von
der öffentlichen Meinung, von der bahnbrechenden Gefühlspolitik des deutschen Volkes. Darum sollen wir beide Fahnen
neben einander in Ehren halten, und wenn uns der Aus-
länder fragt: warum wir denn zweierlei Nationalfarben
haben? so antworten wir ihm: weil der Idealismus und
der Realismus im deutschen Volke selbständiger entwickelt
ist, und nach harten Kämpfen sich eben deßhalb auch wieder
tiefer versöhnt hat, als bei andern Nationen.

V.

Die öffentliche Meinung gedeiht, gleich der Sitte, verschiedenartig je nach ihrem Standort. Im freien Staate

blüht sie mit Kraft und Maß, im despotischen verkümmert
sie, im anarchischen wird sie zur überwuchernden, erstickenden
Schlingpflanze. Wie viel besser wäre Frankreich gefahren,
wenn es 1870 und 1871 nicht gar zu viel öffentliche Mei=
nung gehabt hätte, eine überspannte und also eine halbver=
rückte obendrein! Ein solches Ueberwuchern der öffentlichen
Meinung bricht allemal hervor, wenn ein Volk lange Zeit
despotisch gebunden war und plötzlich gewaltsam seine Frei=
heit gewinnt. Je fester die Bindung gewesen und je über=
raschender die Befreiung, um so schrankenloser herrscht dann
die Gefühlspolitik der Volksstimme. Darum wirkten die
nämlichen „Errungenschaften" des Jahrs 1848 weit berau=
schender auf das österreichische Volk, als auf das preußische
oder süddeutsche. Und im Rausche geht es dem Volke wie
andern Leuten; es meint gewaltig viel und spricht unmäßig
laut und gebieterisch.

Also entscheidet nicht blos die Staatsform — zuständ=
lich gedacht — für die lebendigere Aussprache der öffent=
lichen Meinung, sondern mehr noch die Staatsentwicklung
im historischen Fluß.

Und selbst dieses doppelte politische Motiv macht es
nicht allein. Auch der sociale Volkscharakter ist maßgebend,
und er pflegt nach Stammes= und Landesart innerhalb des=
selben Staates sehr verschieden zu wirken. In Altbayern
z. B. spricht sich die öffentliche Meinung träger, dunkler,
wortkarger aus, als in bayerisch Franken oder der Rhein=
pfalz, obgleich diese Landstriche doch schon lange genug dem
gleichen Staatsverband angehören. Die Gründe sind socialer
Natur. Das altbayerische Bauernland ist noch lange nicht

von städtischer Cultur durchdrungen, die Volkssitten sind be=
harrend, das Volk lebt abgeschlossen, auf sich bezogen, und
hierzu kommt dann noch ein volksbeherrschender Einfluß,
welchen ich in einem kleinen Dialog darstellen will. Ende
Juli 1870 sprach sich die öffentliche Meinung gar mancher
niederbayerischen Dörfer entschieden dahin aus: daß die
Preußen zunächst von den Franzosen geschlagen werden
möchten. Einer meiner Freunde fragte einen Bauern, warum
er denn diesen christlichen Wunsch hege? „Weil wir alle
lutherisch werden müssen, wenn die Preußen gewinnen."
„Wer hat euch denn das gesagt?" „Der Herr Pfarrer."

Man sieht: Staatsform, Staatsregiment und Staats=
leben waren da noch unschuldig an der öffentlichen Meinung.

Den umgekehrten Zustand kann man in der Schweiz
beobachten. Die Schweizer haben einen sehr eigenartigen,
abgeschlossenen, oft starren socialen Charakter, sie hängen
zäh conservativ an ihren örtlichen und Familiensitten, und
nirgends auf deutschem Boden kann der sociale Forscher die
fliehenden Schatten des Mittelalters so greifbar haschen,
wie in der deutschen Schweiz. Denn die Schweizer sind
durch ihre politische Isolirung in demselben Maße social
conservativ geblieben, als sie politisch liberal wurden —
ein überraschendes Phänomen der Culturgeschichte, welches
sich jedoch ganz rationell erklären läßt. Nun findet man
aber selbst in den Urkantonen neben den stabilsten Sitten
eine sehr laute und regsame politische Volksstimme: der
Republikaner löst hier dem schweigsamen Alpenhirten die
Zunge, die Staatsform wirkte mächtiger als die Gesell=
schaftsform.

Es wäre lehrreich, den großen oder kleinen Puls, die laute oder leise Stimme der öffentlichen Meinung nach Gauen und Stämmen zu verfolgen. Man träfe dann überall auf politische und sociale Einflüsse, die sich unterstützen, oder auch kreuzen und aufheben, im buntesten Spiel. Und wer der Quelle dieser Gegenwirkungen nachginge, der käme zu den feinsten Quellenstudien des historischen Volkslebens. Zuletzt erhielte man gar eine Art Landkarte der öffentlichen Meinung, die sich freilich besser beschreiben als zeichnen und coloriren ließe.

Das genügt aber noch nicht. Auch innerhalb derselben örtlichen Volksgruppe entwickelt sich die öffentliche Meinung wiederum verschiedenartig, je nach den Gesellschaftsschichten, woraus sich diese Gruppe aufbaut.

Auf die Frage, in welchen Ständen die öffentliche Meinung sitze, gibt es kurzweg nur eine Antwort: in allen. Nun ist freilich alles Volk, buchstäblich genommen, niemals eines Sinnes, und wenn man auf solche Einmüthigkeit warten wollte, dann gäbe es überhaupt gar keine öffentliche Meinung. Auf volle Einmüthigkeit kommt es aber auch nicht an. Zwei Dinge entscheiden, um eine weit verbreitete Ansicht zur öffentlichen Meinung zu erheben.

Erstlich, sie muß in verschiedenen Gesellschaftsschichten und Parteikreisen zugleich Wurzel gefaßt haben. Je extremer die Gruppen, je gegnerischer die Parteien sind, welche sie in einer Frage vereinigt, um so näher kommt sie ihrem Ideal. Nicht blos viele Menschen, vielerlei Menschen müssen in ihrem Meinen zusammenstehen.

Zweitens aber muß die weitverbreitete Ansicht im Volke

selber fortgebildet, umgeformt, neugeboren werden, des
Charakters einer individuellen Aussprache entkleidet, nach
Analogie der Sitte.

Durch das eine unterscheidet sie sich von der Partei-
meinung, durch das andere von der Privatmeinung.

Jene erstgenannte Thatsache läßt sich aber niemals
mathematisch genau feststellen und jener Entwicklungsproceß
niemals mit naturwissenschaftlicher Schärfe nachweisen.
Darum gehört es ferner zum Wesen der öffentlichen Meinung, daß sie allezeit bestritten ist. Und doch ist diese
Meinung, welche wir niemals unwiderleglich messen, sondern
nur bestritten schätzen können, eine so höchst reale Macht!
Es geht eben bei der Psychologie des Volksgeistes wie bei
der Seelenkunde des individuellen Geistes. Wer etwa die
Gränzlinie von Phantasie und Gedächtniß mathematisch genau ziehen kann, der mag sich auch an der mathematischen
Gränzlinie der öffentlichen Meinung versuchen; wer die Gesetze der Gemüthsregungen gleich einem physikalischen Gesetze zu begründen weiß, dem vertrauen wir auch, daß er
das Gesetz der öffentlichen Meinung exact aufstelle. Unsere
unphilosophische Zeit plagt sich gern mit derlei volkswissen-
schaftlicher Quadratur des Zirkels. Es gab Jahrhunderte,
wo man den Sternen Temperament beilegte, und den Metallen und Edelsteinen moralische Eigenschaften. Wir lächeln
darüber. Unsere Nachkommen werden ihrerseits darüber
lächeln, daß wir die Bahnen des Volksgeistes in Zahlen
berechnen und die Volksmoral unter's Löthrohr bringen
wollen. Natur und Geist heischen grundverschiedene Methoden
der Erkenntniß. Das lehrt uns schon die öffentliche Meinung.

VI.

Wenn nun aber auch alle Stände mitarbeiten an der
öffentlichen Meinung, so geben dabei doch einzelne sociale
Schichten wechselnd den Ton an.

Heutzutage ist die Stadt weit mehr die Werkstätte solcher
Arbeit, als das Land, der Bauer weit träger im öffentlichen
Meinen, als der Bürger. Zu andern Zeiten war es anders:
im siebzehnten Jahrhundert waren die Fürstenhöfe, im zwölften
die Ritterburgen, im elften die Domstifter und Klöster maß-
gebender für die öffentliche Meinung, als das Bürgerhaus.
Denn jenes „Tonaugeben" ist das Ergebniß der gesammten
politischen und culturlichen Machtfülle einer Gesellschafts-
gruppe. Der Stand, in welchem jeweils die schöpferische
Kraft der Bildung gipfelt, hegt auch allemal den Stammsitz
der öffentlichen Meinung. Dies ist ein tröstlicher Gedanke.
Nur dürfen wir dabei nicht vergessen, daß immer auch die
tiefern Culturschichten mitarbeiten, daß eine große Idee
volkthümliches Gemeingut, und also auch — Mittelgut
geworden sein muß, bevor und indem sie Eigenthum der
öffentlichen Meinung wird. Die Aristokraten des Geistes
wirken da meist nur schwach und von fernher. Wenige
denken vor, Viele denken nach, die Meisten denken
gar nicht, und die Volksstimme ist die Summe dieser
drei Factoren. Ein flacher Journalist, der nachdenkt, ein
Kammerredner, der nachspricht, beherrscht darum die öffentliche Meinung unmittelbarer als das schöpferische Genie,
dessen originale Ideen erst trivial, erst durch das Nachdenken

von Tausenden verdünnt und aus der Verstandessprache in
die Sprache des Empfindens und Meinens übersetzt werden
müssen.

Das Bürgerthum, welches heutzutage den Ton der
öffentlichen Meinung angibt, ist aber aus sehr verschiedenartigen Elementen zusammengesetzt; kein anderer Stand ist
so vielgliederig. Welcher Sprung vom Kaufmann zum Gelehrten, vom Handwerker zum Offizier, vom Pfarrer zum
Schauspieler, vom Krämer zum Fabrikherrn! Und doch um-
schlingt sie allesammt dasselbe sociale Band des bürgerlichen
Geistes. In dieser Vielseitigkeit verjüngt sich fortwährend
die herrschende Macht des Bürgerthums und mit dieser
Macht deren Ausfluß, die öffentliche Meinung.

Oertlich betrachtet, ruht aber der Schwerpunkt des
bürgerlichen Lebens bald beim einen, bald bei dem andern
jener verschiedenen Berufe. In einer kleinen Haupt- und
Residenzstadt spielen die Beamten den höchsten Trumpf aus,
in einer Universitätsstadt die Professoren, in einer Handelsstadt die Kaufleute, in einem Badeorte die Gastwirthe, in
einem Industriebezirke die Fabrikanten, in einem Bauernlande
nach Umständen die großen Gutsbesitzer, die Pfarrer, die
Advocaten, die Schullehrer, die Handelsjuden; nur in der
ächten Großstadt herrscht keine Gruppe schlechthin, weil viele
herrschen. So soll es dann auch beim großen Staate,
beim Gesammtvolke, sein. Das heißt: die stimmführenden
Kreise individualisiren die öffentliche Meinung dergestalt, daß
sie unmerkbar zur Glaubes- und Partei-Ansicht übergeht;
wird aber das ganze Volksgemüth von großen Thatsachen
ergriffen, dann verschmelzen sich alle diese Einzelregungen

auch wieder urplötzlich zu desto lebensvollerem Gemeinbewußtsein.

Nur in allzu kleinen Staaten fehlt dieser ergänzende
Austausch: da herrscht blos die eine oder andere sociale
Gruppe, die Volksstimme wird einseitig, weil die Gesellschaft
einseitig, unvollständig ist; die Masse des Volkes bleibt in
ihren engen Interessen stecken und der politische Mann geht
mit seinem Antheil an einer größeren öffentlichen Meinung
— über die Gränze. Solche Staaten sind dann schon darum
lebensunfähig, weil sich in ihnen, selbst bei den freiesten
Institutionen, niemals eine ächte öffentliche Meinung auf
breiter socialer Grundlage entwickeln kann.

VII.

Auf kein Urtheil in der Welt beruft man sich leicht-
sinniger, als auf den Wahrspruch der öffentlichen Meinung.
Sagen drei Leute was wir gern hören, so klingt uns das
wie Volksstimme; sagen zwölf das Gegentheil, so ist es
bloße Parteianficht.

Namentlich verfallen Männer der Opposition und der
Minderheitsparteien gar leicht in diesen höchst menschlichen
Selbstbetrug. Sie übertreiben und generalisiren, weil sie die
Hülfe der öffentlichen Meinung um so sehnlicher wünschen,
je mehr sie ihnen entgeht, und fordern die Feder des Hu-
moristen heraus, indem sie überall „öffentliche Meinung"
hören.

Der Minister eines Kleinstaates hatte im Sommer 1848
Reichstruppen als Ruhestifter in's Ländchen gerufen. Ein

340

neu gewählter Abgeordneter fuhr Tags darauf drei Post=
stationen weit im Eilwagen zum Landtage. Kaum in die
Kammer eingetreten, interpellirte er sofort den Minister
wegen der Reichstruppen und schloß mit erhobener Stimme:
er habe gestern auf seiner „Reise" wahrgenommen, daß jene
Maßregel von der öffentlichen Meinung des Landes ver=
dammt werde. Der Minister entgegnete: daß der Opponent
nur drei Stationen weit gefahren, indeß das Land doch fünf
Poststationen lang und beinahe vier Stationen breit sei,
auch die öffentliche Meinung gewöhnlich nicht im Eilwagen
mitzufahren pflege. Die Kammer lachte und der Oppositions=
mann verstummte. Allein in tausend andern Fällen hat
man sich ganz ebenso leichtsinnig und mit Erfolg auf die
Volksstimme berufen und solchergestalt getäuscht und gesiegt
durch den Schatten eines Schattens. Denn selbst der Glaube
an eine gar nicht vorhandene öffentliche Meinung kann eine
reale Macht sein, wie im Krieg der Glaube an einen Sieg,
den man nirgends gewonnen hat. Das wissen die Franzosen
am besten; nur haben sie stets vergessen, daß jene reale
Macht nicht lange dauert.

Wenn nun die Opposition — gleichviel, ob conservativ
oder liberal — gar leicht dem Humor verfällt, indem sie
überall, wo es ihr taugt, öffentliche Meinung flüstern hört,
so verfallen die Machthaber nicht minder leicht in den tra=
gischen Irrthum nirgends oppositionelle öffentliche Meinung,
sondern überall nur widerbellende Parteistimmen zu ver=
nehmen. Die Geschichte jeder gelungenen Revolution giebt
uns den Beleg in großen weltbekannten Zügen. Am 24. Feb=
ruar 1848, als das aufständische Pariser Volk bereits

siegreich gegen die Tuilerien vordrang, hielt man in dem
Königsschloße die Sache noch für eine bloße Partei-Intrigue
des Exministers Thiers, und als nachgehends der König bereits die Feder ergriff, um seine eigene Abdankung zu
schreiben, fiel ihm noch die Königin um den Hals und rief:
„Sire, schreiben Sie nicht! Sie weichen vor einem Krawall!“
So nannte auch Metternich am Tage seines Sturzes, am
13. März, die Wiener Revolution noch einen bloßen Krawall;
aber der Führer der Bürger-Deputation entgegnete ihm:
„Durchlaucht, das ist kein Krawall, sondern eine Revolution,
an der alle Stände theilnehmen.“ Und man kann Dutzende
weiterer Beispiele anführen, wo sich ganz dieselben Schlag-
worte beiderseits wiederhollen.

Wer nach Herrschaft strebt, der sieht die öffentliche
Meinung durch's Vergrößerungsglas; wer die Herrschaft besitzt, der sieht sie durch eine Verkleinerungsbrille, oder er
sieht sie gar nicht.

Die öffentliche Meinung ist ein Resultat, das Ergebniß eines geistigen Processes im Volke, in welchem sich
oft die fremdartigsten Elemente verschmelzen. Dieser Proceß
kann sich ganz leise und langsam abspinnen, und er kann
mit jäher Gewalt zum Durchbruch kommen. Darum weissagt Einer heute ganz richtig Gang und Ziel einer kaum
aufkeimenden öffentlichen Meinung und morgen tritt demselben Beobachter eine andere öffentliche Meinung erst dann
überraschend gegenüber, wenn sie sich schon zu ihrer höchsten
Macht entfaltet hat. Den sicheren Entscheid über das, was
Volksstimme und was nur ein einzelner Factor derselben,
gewinnt man zumeist erst dann, wann es zu spät geworden,

das heißt, wann die betreffende Frage bereits der Geschichte
verfallen ist.

Das wäre nun ein schlechter Trost für den praktischen
Staatsmann: wartet er, bis die öffentliche Meinung sich
völlig geklärt hat, so gibt sie ihm blos schätzbares Material
zu einem historischen Rückblick; läßt er sich aber bestimmen
durch die gährende unfertige Meinung des Tages, so tappt
er in der Irre umher.

Dem Staatsmanne von Geist und Kraft bleibt aber
ein Drittes, Höheres übrig: nicht die Vergangenheit oder
Gegenwart, sondern die Zukunft der öffentlichen Meinung
muß er erfassen, er muß den Charakter des Volkes und
die Tragweite der Thatsachen im Voraus berechnen, er muß
daraus den Schluß ziehen, wie sich die öffentliche Meinung
ausreifen wird, wann auch seine Plane reifen werden; als
Prophet der öffentlichen Meinung muß er sich
zu ihrem Herrn machen.

So rechnete der Freiherr von Stein seit 1806 auf
eine öffentliche Meinung, die erst 1813 fest und fertig da-
stand. Sie folgte den Thatsachen; aber diese Thatsachen
vorzubereiten und ihre nothwendige Erfüllung aus der gegebenen äußeren Lage und dem Volkscharakter sicher voraus-
zusehen, das ist die Kunst des großen Staatsmannes, welcher
die öffentliche Meinung beherrscht, indem er ihr gehorcht,
welcher sie schafft, indem er sie weissagt.

Die Partei.

(Aus einem Vortrags-Cyklus im „Chemischen Laboratorium" zu München;
gesprochen am 12. Januar 1884.)

I.

„Partei" ist kein schönes Wort und doch ein goldenes
Wort, weil es so wahr und mahnend die Sache trifft.
Es bedeutet nämlich schlechthin einen Theil, einen Theil-
verband, im politischen Sinn einen Volkstheil; Fraction
den Theil eines Theils, das Bruchstück eines Stückes Volk.
Ein Theil ist nie das Ganze und eine Partei niemals das
Volk.

Eine „Volkspartei," die sich schlechthin dem Volke
gleichsetzte und alle andern Parteien als außerhalb des
Volks betrachtete, stünde darum im Widerstreit mit der
Logik der Sprache. Wäre sie das Volk, so wäre sie eben
nicht Partei. Allein solch eine „Volkspartei" meint auch
nicht quantitativ das ganze Volk, sondern vielmehr
qualitativ den besten und reinsten Kern des Volks in
sich zu beschließen, als Partei des „eigentlichen Volks"
in dem Sinne Rousseau's, der die untern Klassen wegen
ihrer Freiheit von Bildung und Besitz als dem Volksideal
am nächsten stehend bezeichnet, weshalb man denn seit der

ersten französischen Revolution den Ausdruck des eigentlichen
Volks in jenem Rousseau'schen Sinn zu nehmen pflegt.
Dieses eigentliche Volk ist dann freilich nur ein Abel nach
unten und man könnte die Volkspartei sogar einen aristokratischen Theilverband nennen, nur mit dem Unterschied,
daß er die Aristoi, die Besten, nicht oben, sondern unten
sucht.

Man sieht aus diesem Beispiel: sowie eine Richtung
sich als Partei erklärt und ordnet, beschränkt sie den Anspruch, Volksstimme zu sein auf das bescheidene Maß einer
Stimme aus dem Volk. Und wegen dieses treffenden und
mahnenden etymologischen Gehalts hat es das ursprünglich
fremde Wort „Partei" gar wohl verdient, daß es so gründlich in den deutschen Sprachschatz eingebürgert wurde, wie
etwa die gleich sinnvollen Wörter „Poesie" oder „Nation."

Wir müssen aber diesen „Volkstheil," die „Partei,"
politisch noch etwas näher bestimmen. Partei ist eine Gruppe
Gleichgesinnter, die sich ihres Gemeingeistes bewußt geworden, die sich einig weiß in irgend welchem Princip des
öffentlichen Lebens und sich austauscht und organisirt, um
zu prüfen, zu beurtheilen und zu beeinflussen, was irgend
in der Politik ihren leitenden Grundgedanken berührt.

Es fragt sich, ob ich da nicht zu viel sage? Die gemeine Rede ist freilich sehr freigebig mit dem Wort Partei,
und nennt z. B. die bloße Anhängerschaft irgend eines
Mannes dessen Partei, wenn solch ein Troß auch ebensowenig einen leitenden politischen Grundgedanken besäße, als
der Mann selber. Allein eine taube Nuß heißt auch eine
Nuß, obgleich doch der Kern gerade so nothwendig zur Nuß

gehört, wie die Schale. Der Kern der politischen Partei aber ist allezeit ein politisches Princip.

Dann forderte ich, daß sich die Partei ihres Gemein= geistes bewußt geworden. Gibt es nicht auch Parteien, welche sich weder organisirt haben, noch überhaupt ihrer Gemeinschaft bewußt sind, die aber doch als eine von ge= meinsamer politischer Anschauung durchdrungene Volksgruppe erscheinen? Solche Volksgruppen gibt es wohl, man nennt sie aber nicht Parteien, und mit Recht. Nicht einmal für schlummernde Parteien mögen sie gelten, denn den Schlum= mer haben sie wohl, aber nicht das Wesen der Partei. Schlummernde Parteien müssen schon einmal wach ge= wesen sein; sie haben ihr Gemeinbewußtsein bewahrt und nur ihre Thatkraft freiwillig oder gezwungen in Schlaf ge= legt; sie haben ihre Aufgabe verschoben, wissen aber recht gut, worin sie einig sind, wie sie organisirt waren und zur rechten Stunde sich wieder organisiren müssen.

Obgleich nun also die Partei Gemeinbewußtsein und Organisation als nothwendig voraussetzt, so weiß man doch bei keiner Partei statistisch genau anzugeben, wie viele Köpfe und wer alles dazu gehört. Wir sehen ja täglich die stärksten und thatkräftigsten Parteien in Besorgniß und Zweifel über die Stärke ihrer eigenen Mannschaft; man sucht nach Mitteln die Parteischaar zu schätzen, und findet kein sicheres; man sagt etwa: die Landtagswahlen werden es ausweisen, die Presse, die Vereine. Allein genauen Ausweis geben auch diese nicht. Wenn z. B. unsere großen Vereine die Kopf= zahl ihrer Mitglieder abbiten, so meinen sie doch keines= wegs, diese Summe sei gleich der Kopfzahl ihrer Partei;

sie halten diese für weit größer. Aber kein Mensch kann
sagen, wie groß. In unserer statistischen Zeit, wo man zu
politischen Zwecken alles zählt und tabellirt, ist in der That
noch Niemand auf den Einfall gekommen, eine so höchst
erwünschte Zifferntabelle der Parteien zu entwerfen. Das
hieße aber auch, Wasser in ein Sieb schöpfen.

Jedes Mitglied einer Partei muß sich als
solches wissen, aber die Partei weiß niemals genau, wer alles zu ihren Mitgliedern zählt. Die
Genossen sind sich des Gemeinsamen bewußt, allein die Ge-
nossenschaft kann nicht Buch führen über ihre sämmtlichen
Mitglieder.

Und doch soll die Partei organisirt sein? Allerdings.
Nur besteht dieser Organismus aus zwei Ringen, einem
engeren und weiteren, aus Leuten, welche Partei machen,
und aus solchen, welche blos Partei sind. Eine Partei
ist immer nur in einem Ausschuß vollständig organisirt, in
den Führern, den Vereinen, der Presse. Diese machen
die Partei. Sie ist wie ein Komet mit einem Kern und
einem langen verschwimmenden Schweif. Der Kern ist die
Hauptsache, und doch macht der Schweif erst den Kometen
fertig und unterscheidet ihn so klar von allen andern Sternen.
Ein französischer Astronom nannte den Kometen, durch dessen
Kern und Schweif andere feste Sterne hindurch schimmern,
ein „sichtbares Nichts," und doch bewegt dieses sichtbare
Nichts so mächtig die Einbildungskraft des Volks, und
Viele glauben, solch ein zahmer Komet könne auch einmal
plötzlich „im hellen Zorn durch den Weltraum segeln" und
den ganzen Planetenstaat in Brand stecken.

Noch zutreffender dürfte man den innern Ring der Partei mit einem kleinen, allezeit schlagfertigen Soldaten= corps vergleichen und den weitern Ring mit einem großen Landsturm. Nur stelle man sich diesen Landsturm für ge= wöhnliche Zeiten nicht allzu stürmisch vor. Er besteht aus Leuten, die ganz im Stillen den Parteihäuptern gleichgesinnt oder auch nur gesinnungsverwandt sind und sich wohl unter Freunden darüber aussprechen, vielleicht aber auch gar nicht. · Trifft es sich nun, daß ein der Partei günstiges politisches Ereigniß in demselben Zeitpunkt losplatzt, wo die Ueber= zeugung jener stillen und unbekannten Parteigenossen ihre höchste Spannkraft erreicht hat, dann ist für die Partei= häupter die rechte Stunde gekommen, den Landsturm auf= zubieten. Jetzt wird er Folge leisten! Zu ungeahnter Masse wird über Nacht die Schaar der offenen und thatenlustigen Parteigenossen aus dem Boden wachsen und weitergreifend selbst die widerstrebendsten, spröbesten Elemente mit sich verschmelzen. Nun erst kann man von der wahren Macht der Partei reden, die wie eine Springfluth urplötzlich durch alle Dämme bricht.

Solch ein Zusammentreffen der günstigsten Vorbedin= gungen, welches die ganze träge Masse der Partei mit einem Schlag in Fluß setzt, ereignet sich aber höchst selten. Dazu muß es von den Führern vorausgesehen, erkannt und ohne Besinnen ausgebeutet werden. Wir erlebten das merkwürdigste Beispiel des Gelingens im Frühjahr 1848. Die selbstbewußt handelnde liberale Partei in Deutschland war bis dahin nur ein kleines Häuflein gewesen, aber die liberalen Ideen waren in der träg zuschauenden Masse der

Parteifreunde lief eingedrungen und hoch gespannt. Trotzdem vermochte Keiner die innere und äußere Stärke dieser
stummen Freunde auch nur annähernd zu schätzen. Da brach
Blitz und Donner in Frankreich los. Die kleine Schaar
der organisirten liberalen Partei in Deutschland hatte in
der That vorgeahnt, daß ein Wetter heraufziehen müsse,
sie hatte sich verständigt und konnte den Augenblick ergreifen
und im ersten Schreck und Taumel das Losungswort weit-
tönend an den Landsturm ergehen lassen. Der Landsturm
wachte auf; über Nacht ward fast alles Volk liberal. Die
kleine Partei erschien jetzt plötzlich so riesengroß, daß sie
beinahe aufhörte, Partei zu sein, und daß man etliche Tage
lang glauben konnte, die Nation selber sei liberal geworden,
und es gebe folglich keine liberale Partei und überhaupt
keine Partei mehr. Denn zu den vielen Paradoxen des
Parteiwesens gehört auch dieser Satz: daß eine Partei umso-
mehr sich selber aufhebt, je größer und herrschgewaltiger sie
wird, ja daß sie auf dem Gipfel ihres Siegs und Glücks
sich als im Volk untergegangen erklären müßte. Allein
wie alles höchste Glück, so dauert auch dieses nur Minuten,
wenn es je einmal errungen worden wäre! Denn es liegt in
der Natur des Volksgeistes, daß er auch in der Einigung
sofort wieder das Individuelle sucht und neue Parteien
bildet. Weil es aber der höchste Triumph jeder Partei
wäre, sich selber zu vernichten im Volk, so ärgert es die
Parteien, wenn man ihnen sagt: Partei heiße auf deutsch
blos ein Volkstheil, und obgleich sie die Wahrheit des Be-
griffs und Worts zugestehen, wollen sie doch nicht daran
erinnert sein. Denn man sagt damit zugleich, daß sie ihrem

Ziele noch sehr fern stehen, ja es wohl niemals erreichen werden.

Aus dem Umstand, daß die Partei ihre sämmtlichen Genossen niemals genau kennt, obgleich jeder Einzelne sich als Mitglied der Partei wissen muß, und daß sie niemals als Ganzes, sondern immer nur in ihren Spitzen geschult und geordnet handelt, folgen die wichtigsten Charakterzüge des Parteiwesens. Kometenhaft taucht die Partei auf und verschwindet, wächst und nimmt ab, und die Führer selbst müssen das Steigen oder Fallen der Parteimacht oft durch Combination sich enträthseln. Todtgeglaubte Parteien leben im Stillen fort und tauchen plötzlich gerüstet und thatkräftig wieder auf, während andere noch eine große Rolle zu spielen glauben, wann sie längst schon matt und elend sind. Das Geheimniß vergrößert die Macht der Parteien und lähmt die Gegner, aber auch nicht minder oft die Parteien selber. Ja, eine Partei kann sich selbst über den Kopf wachsen, indem die schlummernde Masse der Genossen, einmal erweckt, die organisirte Schaar weit über ihre ursprünglichen Ziele hinausdrängt. Denn die innere Wucht jener Masse ist oft ebenso unberechenbar als ihr äußerer Umfang, und kein Führer weiß, welche neue Gedanken im Hintergrund seiner eigenen Partei verhüllt liegen.

Wäre nicht dieses flüssige unstäte Wesen, wäre nicht alle Parteimacht so unberechenbar und so schwer festzuhalten, so würden wir aus einem Parteidespotismus in den andern stürzen. Stärke und Schwäche ruhen hier auf gleichem Grunde.

Ohne jene schwankende Natur wären andererseits auch

die Parteien ihres Lebens niemals sicher vor der äußeren
Gewalt. Eine Regierung kann die Parteihäupter einsperren
und verbannen, die Vereine auflösen, die Parteipresse unterdrücken: die Partei greifen und vernichten kann sie solchergestalt nicht. Schlangenglatt entschlüpft dieselbe ihren Händen, weil sie auch ohne jene Organe doch in dem Bewußtsein der einzelnen Genossen fortbesteht. Der zerstörte innere
Ring ergänzt sich rasch wieder aus dem äußern, statt des
abgeschlagenen Hauptes wächst zur rechten Zeit wieder ein
neues.

Ich sagte oben: man kann nicht von Parteien reden,
deren Genossen nicht wenigstens je für sich der Gemeinschaft
bewußt geworden sind. In ihrer Organisation gehemmte
oder zeitweilig aufgelöste Parteien dagegen gibt es immerhin, und die zähe Lebensdauer der Parteien ruht nicht zum
kleinsten Maße darin, daß sie bei zerstörter Zucht und Leitung einen Winterschlaf halten können, woraus sie, wann
die Sonne höher steht, unversehens wieder erwachen.

II.

Für viele Leute ist die politische „Partei" noch immer
schlechthin ein anstößiges Ding, ja man kann sagen, das
Wort reinigt sich erst allmählig von allerlei schlimmem
Nebensinn, und es gehört politische Bildung dazu, um den
Begriff in seiner guten Bedeutung zu erfassen. Dem Schrift-
steller steht kein gangbares abgeleitetes Adjectiv von „Partei"
zu Gebot, welches nicht den Beischmack des Einseitigen und
Eigensüchtigen hätte, wie „parteiisch" und „parteilich." Er

muß neue Wörter bilden, etwa parteigemäß, parteigerecht
u. dergl., um überhaupt ein unverfängliches Beiwort jenes
Stammes zu gewinnen. Also schüttelt die gemeine Rede
noch immer den Kopf über die Partei.

Nun ist das Wort Partei freilich viel älter, als der
moderne Begriff politischer Parteien. Zu einer Zeit, da
sich der gemeine Mann noch blutwenig um den Staat küm-
merte, lernte er die „Parteien" vor Gericht kennen, und
das Elend der Parteiung in der Zeche, welche schließlich
die Advokaten gewannen; und wo der Richter eigennützig
mit der Partei ging, da sprach man von parteiisch und
parteilich. So erschien die Partei als das Zeichen des
Streites und Unfriedens und Parteiwesen als das Widerspiel der Gerechtigkeit. Das politische Leben muß den ver-
rufenen Begriff der Partei erst wieder adeln.

Allein dies geht nicht so geschwind. Denn war auch
hier die Partei zunächst nicht Ursache und Folge von Streit
und Unfrieden?

Man denke sich zurück in die Tage des patriarchalischen
Polizeistaats. Die große Masse des Volks hatte keinen Geschmack an Politik; es fiel den Leuten nicht ein, den Entwicklungsgang des Staats zu prüfen, zu beurtheilen oder
gar zu beeinflussen. Für solchen Einfluß gebrach es auch
an den Organen einer Volksvertretung, einer freien Presse
und eines anerkannten Vereinswesens. Die Regierung suchte
nicht entfernt die Stütze einer Partei; denn wer scheinbar
oder wirklich das ganze Volk in der Tasche hat, der wäre
ja thöricht, sich nach der Hülfe einer Theilgruppe umzusehen.
Der ächte polizeistaatliche Minister hätte es geradezu als

eine Beleidigung zurückweisen müssen, wenn ihm eine besondere Regierungspartei ihre Bundesgenossenschaft darge-
boten hätte. Denn alle unverdächtigen und patriotischen
Leute hielten ja selbstverständlich zur Regierung, das ganze
Volk, mit Ausnahme weniger verneinenden Elemente, die
ein solcher Minister ebensowenig als „eigentliches Volk"
gelten ließ, wie heutzulage der ächte Demokrat die conservativen Leute. Also war Partei damals gleichbedeutend mit
Opposition, Partei war Demagogie, Auflehnung gegen die
Obrigkeit. Wie Wolkenstreifen am blauen Himmel zogen
die schüchternen Vorboten des politischen Parteilebens herauf.
Man freute sich des schönen Wetters und ärgerte sich über
jene sturmverkündenden Schattengebilde.

Das radicale und liberale Parteiwesen war jedenfalls
früher ausgebildet als das conservative. Solange die Herrschaft unserer politischen Ideen nicht bedroht ist, halten wir
es in der Regel für überflüssig, uns als Partei zu organisiren. In gewöhnlichen friedlichen Zeiten, die denn doch
meist länger dauern, als die aufgeregten, ist darum die
conservative Partei am schwächsten organisirt, wenngleich
oder eben weil ihre Ideen am entschiedensten herrschen, und
viele Leute glauben darum noch immer, ein ächt conservativer Mann müsse alle Parteibildung verabscheuen. Es
ist fast sprüchwörtlich geworden, von kleinen, aber mächtigen Parteien zu reden; dieses „aber" ist nicht ganz logisch;
denn eben weil eine Partei klein ist, entfaltet sie in der
Regel die mächtigste organisatorische Triebkraft. Durch die
Mehrheit wird die Partei gar oft schwach, durch die Minder-
heit stark. Wer herrscht, der klagt darum so gern über das

Parteiwesen, welches er pries, solange er noch nach Herrschaft rang. Darf man sich darum wundern, daß das
Volksurtheil anfangs die Parteien schlechtweg als Unruhestifter verdächtigte, und daß für Viele der Fluch der Opposition noch immer auf jeglichem Parteitreiben ruht? In der
Thal, wo es Parteien gibt, da ist Kampf. Die große
Masse des Volks aber begehrt vor allen Dingen Ruhe im
Staat, friedliches Gedeihen, ungestörtes Erwerben und Genießen. Daß im Kampfe der Parteien das geistige Gut
eines entwickelteren Staatslebens zeitweilig wohl auch auf
Kosten des wirthschaftlichen Gedeihens errungen werden muß,
leuchtet nur Wenigen ein. Darum sieht der politische Philister in den Parteien zumeist nur unberufene Störenfriede.
Ja, es gibt in Deutschland noch immer viele Leute, die da
glauben, dem gediegenen Bürger stehe es übel an, sich offen
und thatkräftig zu irgend einer politischen Partei zu bekennen.

Erlebte man doch sogar auch schon Landtagspräsidenten,
welche die Sitzungen mit dem frommen Wunsch eröffneten:
es möge für diesmal die Kammer unzerspalten bleiben und
ohne alle Parteien. Die parteilose Zeit schwebte ohne Zweifel
wie ein verlorenes goldenes Zeitalter vor der Phantasie dieser
Männer. Allein wo der Einzelne selbständig denkt über den
Staat, da schweben die Parteien schon in der Luft, dem
Vordenker folgen die Nachdenker, den Meinungsgenossen die
Gegner. Parteien bleiben überhaupt nur unter zweierlei
Umständen gänzlich aus: entweder die Bürger denken überhaupt noch nicht selbständig über den Staat, oder man ver-
bietet ihnen, ihre Gedanken auszusprechen und denselben

Freunde und Bekenner zu werben. Das eine geschieht im
ganz unentwickelten, das andere im despotisch niedergedrückten
Staate.

Es ist darum auch verkehrt, wenn man die politischen
Parteien blos als ein nothwendiges Uebel will gelten lassen.
Sie sind ein nothwendiges Gut, daran freilich oft viel zu-
fälliges Uebel hängt. Der wahre Staatsmann schöpft aus
ihnen Volkskenntniß, das Volk Selbsterkenntniß, wenn auch
auf Irr= und Umwegen, und selbst eine mißleitete Theilnahme des Volks am Staatsleben ist immer besser als todter
Stumpfsinn.

III.

Wenn nun den Beiwörtern, die von der Partei ent-
nommen sind — „parteiisch" und „parteilich" — im Geist
unserer Sprache eine Makel anklebt, so sprechen die ent-
gegengesetzten Wörter, welche die Partei verneinen — „un-
parteiisch" und „parteilos" — ein Lob aus. Da man aber
dieses Lob im politischen Sinn so wenig schlechthin zugestehen
will als jenen Tadel, so redet man nicht von unparteiischen
Leuten, sondern von Leuten, die außer und über den
Parteien stehen.

Gelingt es dem genialen politischen Denker nicht, eine
eigene Partei zu bilden und zu beherrschen, so bleibt er
für sich allein. Die neuesten, eigensten und tiefsten Gedanken sind in der Regel noch nicht glatt und platt genug,
um Gemeingut einer Partei zu werden. Denn Parteien
setzen doch immer eine Masse voraus, und die Ideen der
Massen suchen breit getretene Wege. Ein schöpferischer Geist

wird vielleicht erſt nach ſeinem Tod Parteiführer. Der Parteizucht, die den einzelnen Genoſſen zwingt, in hundert Fällen ſein eigenes Urtheil für ſich zu behalten, damit in wenigen Hauptpunkten die Partei als geſchloſſene Einheit wirke, fügt ſich ein ſelbſtherrlicher Geiſt nicht. Von den Parteien ſcheel angeſehen, bewahren ſolche eigenſinnige Männer doch häufig die Parteien ſelbſt vor Erſtarrung. Denn ſo nothwendig Parteien ſind, ſo ſchädlich iſt es, wenn jeder politiſche Gedanke nur in der Schablone einer Partei Form und Wirkenskraft gewinnen kann. Die Parteien ſind überhaupt nicht produktiv; eine Genoſſenſchaft zeugt kein Kind, eine Genoſſenſchaft zeugt auch keinen Gedanken; aber Kinder und Gedanken können großgezogen werden durch eine Genoſſenſchaft.

Wer nun ſo ſelbſtändig iſt, daß er in keiner Partei ein Genügen findet und gleichſam eine kleinſte Partei für ſich bildet, der ſteht außer, nicht über den Parteien. Das letztere iſt ein ſtolzes und eben darum gar oft ein hohles Wort. Ueber die Parteien erhöbe ſich doch nur, wer allen im Volksgeiſt entwickelten Richtungen gleich gerecht wäre. Das kann man in zwiefacher Weiſe, entweder wie ein Philoſoph oder wie ein Hiſtoriker. Der Philoſoph abſtrahirt ſich die allgemeinen Grundgedanken aus dem per-ſönlichen, auf concrete Ziele gewandten Denken und Han-deln der Parteien, und kann aus der Vogelſchau der letzten Prinzipien das innere Recht auch der ſchroffſten Gegenſätze aufzeigen. Denn welche ehrliche Partei hätte nicht zuletzt einen wahren Grundgedanken, den auch der Gegner an-erkennt? Allein auf dieſem Standpunkt kommt man über die allgemeinsten Begriffe eben auch nicht hinaus, man gewinnt eine Weisheit, die vielleicht für's Lehrbuch oder den Katheder taugt, aber schon bei einem Zeitungsartikel oder einer Parlamentsrede als todte Phrase erscheinen würde.

Soll aber nicht wenigstens der Historiker mit gerechter Wage über den Parteien stehen und doch zugleich als ein politischer Kopf, der stets sein Auge fest auf concrete Thatsachen geheftet hält? Ganz gewiß. Aber er kann dies nur, sofern die Thatsachen bereits historisch geworden sind. Also paßte diese historische Parteilosigkeit nur auf gestern, nicht auf heute. Und dieses „Gestern" ist verzweifelt lange her; denn das „Heute" mißt sich in solchem Sinn nach Jahrhunderten. Der katholische Historiker glaubt nicht, daß sein protestantischer College über den Parteien stehe bei der Behandlung der Reformations-Geschichte, und umgekehrt. Denn Beide wissen, daß wir heute noch fortringen in der Parteiung des sechzehnten Jahrhunderts. Hat man nicht auch die Parteifrage der neuesten deutschen Politik in die Kaisergeschichte des Mittelalters getragen? Wenn ein Geschichtsforscher heute die Staatsweisheit Karls des Großen erörtert, so sieht man ihm gleich an der Nase an, ob er großdeutsch oder kleindeutsch gesinnt ist. Also ist uns nicht einmal das Mittelalter historisch, d. h. todt genug geworden, daß wir mit unserm modernen Parteigeiste so schlechthin über seinen Parteien stünden. Je entwickelter die Geschichtskunde und je lebendiger die Tagespolitik wurde, um so ferner rückten uns die Perioden, welche wir so parteilos objectiv betrachten zu können glauben, wie der Astronom seine unerreichbaren Sterne.

Ueber den Parteien der Gegenwart zu stehen mit histo=
rischer Gerechtigkeit scheint demnach unmöglich zu sein, und
mit philosophischer Gerechtigkeit praktisch unnütz.

Und trotzdem soll man es von jedem tiefern Kopf for=
dern, daß er über den Parteien stehe wie ein Philosoph
und wie ein Historiker. Der Widerspruch löst sich nämlich,
wenn ich noch ein Drittes hinzufüge, er soll zugleich in
den Parteien stehen wie ein Politiker. Jeder dieser drei
Standpunkte kann dann aber freilich nur relativ genommen
sein. Handelnd sollen und müssen wir Partei sein; im
stillen Nachdenken dagegen ziemt es sich, recht fleißig über
die Parteien aufzusteigen, die leitenden Grundideen jeglicher
Partei mit dem Geiste des Philosophen zu erforschen und
uns die Gegenwart, soweit es die Phantasie vermag, als
vergangen auszumalen, daß wir wenigstens annähernd den
objectiven historischen Blick für die Praxis unseres Partei=
lebens gewinnen. Dieser Versuch, über den Parteien zu
stehen, ist aber lediglich ein Akt politischer Selbsterziehung,
bedeutsam nur in seinem ideellen Resultat für unsre tiefere
und gerechtere Erkenntniß der Parteien.

So müßte also der ächte politische Mann zugleich in
und über den Parteien stehen? Gewiß, und sogar noch außer
den Parteien dazu. Denn wer blos in einer Partei steht,
ist unselbständig, beschränkt, fanatisch; er muß zugleich ein
Stückchen außer der Partei stehen, weil er eigene Gedanken
im Kopf hat, und muß sich selber schulen in dem Ideen=
kampf des versuchten Aufschwungs über die Parteien, und
aus der Ueberschau des Ganzen die Einzelrichtung gerecht
und gründlich kennen lernen.

356

Wer darum frischweg behauptet: er stehe außer den
Parteien, weil kein fremder Standpunkt seiner eigenen Weisheit genüge, der ist vielleicht ein Originalgenie, wahrscheinlicher aber ein Originalnarr; wer schlechthin über den Parteien stehen will, der ist vielleicht ein großer Philosoph,
wahrscheinlicher aber ein herzloser Bücher- und Stuben-
politiker, und wer durchaus nur in einer organisirten Partei
sich selber findet, der ist vielleicht ein gewaltiger Agitator,
wahrscheinlicher aber ein beschränkter Mensch.

Schlimmer als alle diese Einseitigkeiten ist jedoch der
Standpunkt des politischen Philisters. Er steht nicht in,
nicht außer und nicht über, sondern unter den Parteien,
und zwar in dem Sinne, wie man von einem Gegenstand sagt: er stehe unter der Kritik oder unter dem Strich.
Halten sich Männer des eigensten Geistes dem Parteileben
fern, weil sie ihre selbständigen Gedanken haben, so flieht
der politische Philister die Parteien, weil er überhaupt nicht
denken mag. Er begehrt durchweg seine Ruhe; er erwägt
vor Allem das Gefährliche an den Parteien, und weiß, daß
sie den Hausfrieden stören, nicht blos im Staat, sondern
auch in der Gesellschaft und Familie, daß beim Parteiwesen
die Gemüthlichkeit aufhört. Die Schlagwörter der Partei
sind ihm viel zu bestimmt; er meidet sie, weil er sich für
keinen Fall binden will, während der schöpferische Geist dieselben meidet, weil sie ihm neben seinen eigenen Gedanken
meist zu allgemein und unbestimmt sind. In Summa, der
politische Philister steht unter den Parteien, weil es ihm
an Muth und Charakter gebricht. Seinen Standpunkt theilen
die politischen Kinder, aber nur wegen mangelnder Bildung.

Es gibt nämlich eine große Masse Volks, die überhaupt noch gar nicht dazu kommt, über die bewegenden Principien des Staatslebens nachzudenken. Sie steht „unter“ den Parteien, weil sie im Grund auch noch unter dem „modernen Staate“ steht, weil ihre Bildung noch nicht zu demselben hinauf reicht. Die Mehrzahl der Kleinbauern, dazu viel tausend bildungsarme Männer städtischen Berufs, gehören hierher. Wenn ich sie politische Kinder nenne, so braucht das Niemand zu kränken: aus Kindern werden Leute. Zudem sind sie unschuldig und naiv wie Kinder in ihrer politischen Passivität, indeß sich der politische Philister aus Feigheit und Faulheit neutral unter den Parteien hält. Ja es ist sogar eine heilsame Nothwendigkeit, daß neben hochcultivirten Volksgruppen auch noch bildsamer Rohstoff im Volksleben vorhanden sei, und wie der Nationalökonom ein Gegengewicht der verschiedensten Formen des großen und kleinen Besitzes in einem größern Staat für ganz besonders wünschenswerth hält, so ist auch ein Gegengewicht der naiven Naturseite des Volks und der höheren und höchsten Geistesbildung wahrlich nicht vom Uebel.

IV.

Zweierlei Leuten gibt man jedoch gemeinhin nicht blos zu, daß sie über den Parteien stehen können, sondern man fordert sogar häufig, daß sie es sollen: dem Fürsten und seinen Ministern. Hier walten besondere Gründe.

Insofern der Fürst Staat und Volk in ihrer Einheit persönlich repräsentirt, und insofern er Gerechtigkeit übt

und das menschlich schönste Vorrecht seiner Macht, Gnade,
soll er außer und über den Parteien stehen; denn die Partei
ist nie das Volk. Insofern er dagegen regiert, und zwar
als selbständig denkender und gestaltender Staatskünstler,
wird er individuelle Grundsätze hegen, eine bestimmte politische Farbe bekennen, er wird einen Parteistandpunkt einnehmen. Er kann sich hiermit, wie jeder denkende Kopf,
außerhalb des Programms der großen organisirten Parteigruppen stellen und gleichsam eine Partei für sich bilden,
wie es alle wahrhaft genialen Geister auf dem Thron gethan. Denn welcher Parteimann war origineller und in
seiner Eigenart gewaltiger als etwa Friedrich II. im alten
Preußen, oder Napoleon I. in seinem Imperatorenreich,
oder Wilhelm von Oranien im englischen Verfassungsstaat?
Aber er wird sich nicht im baren Wortsinn über die Parteien stellen wollen, der Art, daß er jeglichem Parteistandpunkt halbige, von jedem, vertuschend und vermittelnd, ein
Stücklein annähme. Das kann nur die gedanken- und
thatenlose Mittelmäßigkeit, das könnte nur jener weiland
als Ideal geschilderte constitutionelle Fürst Hegels, der blos
das Tüpfelchen auf dem i, das ist eine in einen Punkt zu-
sammengezogene Null, wäre. Ein Fürst, der ein Mann,
wird als Vertreter der Majestät des Staats und Volks zwar
über den Parteien stehen, als handelnder Regent aber einen
Parteistandpunkt behaupten, und zwar seinen eigenen. Man
fragt ja doch überall nach der Politik eines solchen Fürsten,
nach seinen leitenden persönlichen Grundsätzen, die sich
nothwendig zu Parteigrundsätzen individualisiren, sowie sie
aus der blauen Luft allgemeinster Ideale auf den festen

Boden der zeitlich und örtlich gegebenen Bedürfniſſe nieder-
ſteigen.

Allein es iſt doch ein ganz ander Ding und Wort, die
Grundſätze einer Partei theilen oder einer organiſirten Partei
angehören, politiſche Farbe bekennen oder disciplinirter
Parteimann ſein, durch die freie eigene That mittelbar und
abſichtslos eine Partei fördern oder das unmittelbare Patronat
einer Partei führen, im Geiſt einer Partei regieren oder ſein
Regiment auf eine Partei ſtützen, ja wohl gar dienſtbar
werden der Partei. Der Fürſt ſoll nicht neutral ſein im Kampfe
der Parteien; denn zu ſolcher Neutralität verdammt ſein,
heißt zum Nichtsthun und Nichtsdenken verdammt ſein; er
ſoll ſeine perſönliche Politik haben, die man als ſolche
immerhin des Fürſten Parteipolitik nennen mag; aber er
ſoll niemals Parteimann werden, Parteigönner, niemals
Werkzeug oder Creatur der Partei.

Es muß dem Fürſten, eben weil er keiner Partei ver-
haftet oder verpflichtet ſein darf, leichter gemacht ſein, als
irgend einem andern Staatsbürger ſeine Grundſätze nach
der Erkenntniß der Geſchicke und Bedürfniſſe des Volks frei
zu wechſeln, und es liegt ganz beſonders in dem Weſen des
nicht verantwortlichen verfaſſungsmäßigen Erbfürſten, daß
ihm eine Umkehr in der Politik, die jedem Parteimann als
Abfall und Charakterloſigkeit angerechnet würde, als ſolche
nicht vorgeworfen werden darf. Der Parteimann kann in
die Lage kommen, ſeine perſönliche Ueberzeugung der Partei
zu opfern und gegen ſich ſelbſt untreu zu werden, um dem
Verdacht der Untreue an der Partei zu entgehen. Dies
darf der Fürſt niemals. Da es nicht menſchenmöglich iſt,

daß er als Einzelner immer denkt, wie alles Volk, so soll
er wenigstens denken, wie er selber in der möglichst objectiven Erkenntniß seines Volks; er soll Niemanden dienen,
als dieser seiner gewissenhaften Erkenntniß vom Volk, und
also wahrlich nicht einer Partei, die für ihn erkennt und
vordenkt.

Solchergestalt vermittelt sich der scheinbare Widerspruch,
daß der Fürst als repräsentirende Majestät über den Parteien,
als handelnder Souverän mitten in den Parteien stehen kann
und muß.

Anders bei den Ministern. Sie sind verantwortlich,
vorübergehend mit einem Amt betraut, nicht lebenslang die
Würde des Staats repräsentirend, sondern wesentlich
handelnde Personen, deren Wirksamkeit durch die Parteien
der Volksvertretung nicht minder bedingt ist, als durch die
Politik des Fürsten. Während der Fürst von allen Staats-
bürgern am leichtesten den Parteistandpunkt wechseln darf,
ohne daß es ihm zum Vorwurf gereicht, steht und fällt der
Minister mit seinem Programm, und die Volksstimme brand-
markt den Mann ganz besonders einmüthig, der die einmal
verfochtenen Grundsätze abschwört, um sein Portefeuille zu
behaupten. Und dennoch fordert dieselbe Volksstimme wiederum, daß der Minister über den Parteien stehe! Er soll
wohl gar aus der Partei hervorgehen, das parlamentarische
Haupt der siegreichen Partei, von seiner Partei getragen,
soll er sich am Ruder behaupten, und doch soll er über den
Parteien schweben! Welche Widersprüche!

Sie lösen sich ganz ähnlich wie beim Fürsten.

Mag die Partei den Minister auf seinen Sessel gehoben

haben: sowie er darauf sitzt, darf und soll er zwar noch
Farbe bekennen, aber nicht mehr Parteimann sein. Kein
Billiger wird es ihm verargen, wenn er moralischen Rückhalt bei der ihm wahlverwandten Partei sucht; bleibt er
aber der Partei dienstbar, verharrt er etwa in den Aus-
schüssen und Vereinen einer organisirten Partei, folgt er
der Partei, statt daß die Partei ihm folge oder lediglich in
selbständiger Freundschaft mit ihm gehe, so ist er eben Partei-
minister, nicht Staatsminister. Als Creatur der einzelnen
Partei wird der Minister gerade so sicher allen Respect verlieren, wie wenn er, charakterlos die Farbe wechselnd, mit
allen Parteien buhlt; denn im einen wie im andern Fall
ist er kein Mann, und das sollte doch ein Minister sein.

Dem reinen Parteimann läßt sich's nachsehen, daß er
ungerecht urtheilt über jede fremde Partei, und des guten
Glaubens lebt, seine Partei sei eben die ächte Volkspartei,
mit Vaterlandsliebe und Staatsklugheit vor allen Andern
begnadet. Dem Fürsten und seinen Ministern darf man
diese Einseitigkeit nicht nachsehen; denn sie sollen eben nicht
Parteimänner sein; sie sollen sich an jedem Morgen die
Wurzel des Worts „Partei" zu Gemüthe führen, welches
nur einen Theil des Volkes bedeutet, und in dem Maße,
als sie ihren eigenen Grundsätzen, ihrer Partei selbstherrlich
treu bleiben, sollen sie mit liebevoller Hingabe die Volksstimme auch in den Gegenparteien zu hören und zu würdigen suchen. Wem das nicht gelingt, der mag ein mächtiger Agitator, ein zu Zeiten höchst verdienter Patriot sein:
zum ächten Staatsminister ist er schwerlich berufen und zum
wahren Volksfürsten nicht geboren.

In der Partei stecken ist leicht; — vornehm sich den Parteien entrücken und seine eigenen Gedanken hegen, nicht schwer; — aber gerecht und vorurtheilsfrei über den Parteien zu stehen, während man zugleich seinen eigenen Parteistandpunkt behauptet und durchführt, das ist eine seltene Kunst, zu welcher zwar Viele berufen, aber Wenige auserwählt sind. Es gehört dies zu den höchsten Aufgaben jener Staatskunst, die man billig die schwerste aller Künste nennt, weil sie in gleich hohem Maße Bildung, Genie und Charakter fordert.

V.

Obgleich das moderne Deutschland eine reiche Fülle eigenthümlichster politischer Parteigebilde aufweisen kann, so gelang es doch in unserer Zeit noch niemals einer Partei, dauernd und im ganzen Vaterlande die Alleinherrschaft zu behaupten. Man mag wohl von vorherrschenden Parteiströmungen sprechen, nicht aber von einer herrschenden geschlossenen Partei, und der objective Beobachter hat bis jetzt noch keinen Grund, über Partei-Despotismus zu klagen, wenn auch jede unterliegende Partei diese Klage erhebt bis zu dem Augenblicke, wo sie wieder oben auf kommt. Weit mehr klagt man über die Zerfahrenheit und Ohnmacht der zahllosen sich gegenseitig aufhebenden Parteien.

Die Ursachen sind fast so vielgestaltig wie die Parteien selbst; ich will darum nur diejenigen erörtern, welche in der eigensten Natur unseres Parteiwesens liegen.

Vielleicht gibt es nirgend anderswo so viele Männer, die so selbständig oder so eigensinnig sind, daß sie nur in ihrem stillen Sinn Partei bekennen wollen, und wenn man sie angeht, ihren Parteistandpunkt auszusprechen, sich in sich zusammenzuziehen, wie die Sinnpflanze, wenn eine Mücke naht. Der Deutsche empfindet vor allen das Despotische, die persönliche Freiheit Beschränkende in der Parteizucht, während der Franzose zunächst die Schlagkraft der Parteizucht würdigt und festhält. Das hängt mit einem Grundunterschied des germanischen und romanischen Freiheitsideals überhaupt zusammen; wir fühlen uns frei, wenn uns Andere ungeschoren lassen; der Franzose fühlt sich frei, wenn er Andere scheeren kann. Einflußlos, aber auch unbeeinflußt, ganz heimlich für uns selbst Partei zu bilden, schmeichelt darum unserm Stolz viel mehr als Macht zu üben, eingeschnürt in die Disciplin einer Partei. Wo Jeder ein Original sein will, da gibt es keine große geschlossene Gemeinschaft, und nur wenn von außen ein Donnerwetter dreinschlägt, daß die Einzelnen im Augenblick sich selbst vergessen, ist es dem Mann, der auch dann noch allein Geistesgegenwart bewahrt, möglich, die andern herumzureißen, auf daß sie, wenn sie wieder zu sich kommen, ihre Köpfe gleichzeitig nach einem neuen Ziel gekehrt haben, und in einer Front Partei machen, und wissen selbst nicht wie.

Wenn aber der persönliche Sondergeist die Gliederung des deutschen Volkes in wenige große Parteien schon schwer aufkommen läßt, so widerstrebt zugleich die deutsche Ehrlichkeit den Bündnissen im Herzen geschiedener Parteien, die man „Coalitionen,“ „Compromisse“ nennt; denn in diesen Dingen spricht man noch immer am verständlichsten, wenn man undeutsch spricht. Schon manche mächtige Partei ist zu Grunde gegangen durch widernatürliche Compromisse.

So schwebt es wie ein Verhängniß über der Großdeutschen Partei, daß sie sich des Bundes mit gewissen Particularisten nicht entschlagen kann, welche weder groß noch deutsch denken, mit gewissen Ultramontanen, welche Alles nur nicht deutsch gesinnt sind.

Widernatürliche Compromisse tauchen am häufigsten in den parlamentarischen Kämpfen auf, wo ja überhaupt das Parteiwesen am besten geordnet und geschult erscheint. Die Rechte und die Linke streben ausnahmsweise einmal nach einem gemeinsamen Ziel, sie wollen etwa ein Ministerium stürzen. Die Gründe, aus welchen beide Parteien das Ministerium stürzen wollen, können so verschieden sein wie Tag und Nacht, und die Folgen, welche man von der Cabinetskrisis erwartet, nicht minder. Allein in der nächsten, äußeren Thatsache ist man doch einig; man will vor allen Dingen Beseitigung der alten Minister, das Weitere wird sich finden. Nun wird um Stimmen gemarktet, es werden Zugeständnisse herüber und hinüber gemacht — Zugeständnisse, die mit der schwebenden Cabinetsfrage oft nicht im mindesten Zusammenhang stehen. Der Bund ist geschlossen, und die also verdoppelte Partei wird in der einen Frage siegen. Die äußere Eintracht der Parteien ist dann aber allemal erkauft durch einen innern Zwiespalt, durch einen Zwiespalt der Politik und der Moral, und nur in seltenen Fällen mag der Handel als ein letzter Act der Nothwehr seine Entschuldigung finden. Und auch dann noch wird hier, wie überall in Gottes Weltordnung, die Sühne der verletzten Moral nicht ausbleiben, und beide Parteien werden meist schon unmittelbar nach dem Siege sich getäuscht sehen und

sich nur um so gründlicher wieder entzweien. Beide spielten
eben ein unredlich Spiel, indem Jeder meinte, er stecke zuletzt den verbündeten Gegner doch in den Sack, oder indem
die Einzelnen den Kern ihres Ziels und ihrer Grundsätze
für die bloße Thatsache des äußern Erfolgs opferten. Im
erstern Fall betrügt man den befreundeten Feind und wird
dem Compromiß innerlich untreu, den man im Wortlaute
hält; im andern Fall betrügt man sich selbst, treulos der
eigenen Ueberzeugung. Und zuletzt fragt es sich doch, ob
es nicht besser sei, zu unterliegen, weil man gewissenhaft,
als zu siegen, weil man gewissenlos ist.

Für den Argwohn, mit welchem das Volk die Compromisse gegnerischer Parteien auffaßt, legt der Sprachgebrauch ein sehr bestimmtes Zeugniß ab. Es gibt große
politische Fragen, die für unser ganzes nationales Dasein
entscheidend sind, und über welche jeder Patriot das ganze
Volk einig wissen möchte wie einen Mann, so z. B. die
Reformfrage der deutschen Gesammtverfassung, so namentlich
im gegenwärtigen Augenblick (Januar 1864!) die schleswig-
holsteinische Frage. Wir sagen darum: diese Angelegenheiten
stehen außer und über den Parteien; angesichts derselben
sind die Parteien verschwunden und nur das Volk ist noch
sichtbar; wir sagen nicht: alle Parteien haben sich hier verbündet, Compromisse geschlossen. Es erscheinen uns solche
Fragen zu heilig für den Compromiß, der doch zuletzt nur
um so giftigere Fehde zur Folge hat; darum verzichten wir
lieber auf die Macht der Parteien — denn gut disciplinirte
Theilgruppen des Volks, Parteien, sind allerdings oft mächtiger, als die undisciplinirte Gesammtmasse — als daß wir

solche höchste Existenzfragen durch innerlich unwahre Bünd-
nisse entweihen möchten. Hier gibt es nur zwei Wege: entweder allgemeine Uebereinstimmung über den Parteien oder
offener Kampf in den Parteien. Freilich ist es dem Volk
gerade so schwer, sich dauernd über den Parteien zu behaupten wie den Individuen. Im ersten Rausch der
Gefühlspolitik sind alle eines Sinnes; geht es aber an's
Handeln, dann kommen die Parteien ungerufen.

Für das bedenkliche der Parteicompromisse überhaupt
habe ich zu dem bereits angeführten noch einen weitern
Grund zu fügen. Er wirft zugleich ein helles Streiflicht
auf das innerste Wesen der politischen Partei. Die Gegner
verbünden sich im Compromiß, nicht um ein gemeinsames
Princip des öffentlichen Lebens zu verwirklichen, sondern
um irgend eine äußere Thatsache durchzusetzen, die Beide sehr
verschieden auffassen und auszubeuten gedenken, ja sie opfern
gegenseitig einen Theil ihrer Principien und verläugnen dieselben auf eine Weile, indem sie sich Zugeständnisse machen.

Damit verläugnen sie aber zugleich das Wesen der
Partei und sinken herab zur Faction. Denn der wahre
Adel einer Partei beruht doch darin, daß sie gewisse Grundsätze in ehrlicher Ueberzeugung als die allein richtigen erkennt, nach welchen das öffentliche Leben bemessen und entwickelt werden müsse. Auch die unsinnigste und gemeinschäd-
lichste Partei, wenn sie von solch einem ehrlichen Fanatismus
des Princips beseelt ist, verdient wenigstens, daß man sie
eine Partei nenne. Sowie sie aber ihre Grundsätze daran-
gibt, um eigennützig Vortheile vom Gegner zu erhandeln,
verdient sie diesen Namen nicht mehr — sie wird Faction.

Aristoteles sagt: in der wahren Monarchie sei die Wohlfahrt des Ganzen für den Herrscher maßgebend, in der Despotie dagegen sein Eigennutz. Gerade so unterscheidet sich die wahre Partei von der entarteten, von der Faction. Durch den Compromiß mit den Gegnern werden aber die Parteien alle-zeit factiös, und also schrickt nicht blos unsere Ehrlichkeit, sondern auch unser politischer Sinn im Erfassen des Partei-Ideals vor dem Versuch zurück die äußere Macht der zer-splitterten Parteien durch Compromisse zu steigern auf Kosten ihrer innern Reinheit.

Man kann mir aber einwerfen: ich habe bisher nur das Extreme eines Compromisses in's Auge gefaßt. Denken wir uns statt des widernatürlichen und innerlich unredlichen Bundes schroffer Gegner ein ehrliches Bündniß verwandter Parteien. Hier gibt es doch gemeinsame grundsätzliche Ziele des Strebens, denen man nur zufällige Meinungsunterschiede opfern müßte, hier wird kein Zwiespalt zwischen Politik und Moral stattfinden, und die Macht der vereinigten Partei kann dauernd eine zehnfache werden. Wenn nur jene poli-tisch verwandten Parteien nicht den ganz besondern Haken hätten, daß sie in ihren confessionellen, socialen, national-ökonomischen und landsmannschaftlichen Localtönen häufig so unverwandt wären wie Feuer und Wasser! Und gerade diese unterscheidenden Localtöne sind uns Deutschen ganz besonders lieb und theuer!

VI.

Rein politische Parteien sind in aller Welt selten, aber nirgends vielleicht seltener, als in Deutschland. Das nackte Staatsleben ist ja überhaupt nur eine Abstraction; in der Wirklichkeit erscheint es stets durchdrungen und mitbedingt von religiösen, socialen, wirthschaftlichen und vielen andern Culturelementen, die an sich gar nicht staatlich sind, die aber historisch wesentlich zusammenwirken, um der Verfassung und Regierung des Staats ihren eigenthümlichsten Charakter zu geben.

Diese unpolitischen Elemente überwuchern in unsern Parteien gar oft die politischen Grundsätze. Ein katholischer Conservativer und ein protestantischer Conservativer sind unter Umständen sehr geschiedene Leute; ein reactionärer Edelmann und ein reactionärer Bureaukrat nicht minder; ein Fabrikant, ein Gutsbesitzer und ein Arbeiter können alle drei liberal sein, aber ihr Liberalismus hat eine so ungleiche sociale und wirthschafts=politische Grundlage, daß in einem gegebenen Fall dem Arbeiter der Liberalismus des Grundbesitzers höchst reactionär, und dem Grundbesitzer der Liberalismus des Arbeiters höchst radical erscheint. Welche Rolle hat nicht schon die Gewerbefrage oder die Zollfrage in der Geschichte unserer politischen Parteien gespielt!

In alle Diesem kreuzen sich die maßgebenden Einflüsse derart von beiden Seiten, daß man oft gar nicht sagen kann, welches der ursprünglich bestimmende Einfluß sei. Fordert der Fabrikant die Gewerbefreiheit, weil er liberal ist, oder wurde er liberal, weil er die Gewerbefreiheit wünschte? Der religiöse Freidenker kann ebensogut durch demokratische Grundsätze zum Bruch mit dem Dogma wie durch den Bruch mit dem Dogma zur Demokratie ge=kommen sein.

So schattirt und erhöht denn auch die politische Partei-
farbe unsere religiöse, sociale, ja künstlerische und literarische
Gesinnung, und umgekehrt. Ja man wird diesen Einfluß
selbst da argwöhnen, wo er sich gar nicht findet. Der ächte
Radicale argwöhnt etwas Feudalismus selbst in den Liebes-
liedern eines hocharistokratischen Poeten. Aeußerliche Menschen mißtrauen der Person; tiefer blickende Köpfe untersuchen vielmehr die Sache mit Mißtrauen. Der correcte
Parteimann verachtet das treffliche Buch eines politischen
Gegners, auch wenn es gar keine Politik enthielte, aber er
ahnt vielleicht gar nicht, daß in einer poetischen, musikalischen, künstlerischen Richtung, die er für ganz unschuldig
hält, viel mehr politischer Gegenzug liege, als in jenem
Buche. Wir treiben Gespensterseherei angesichts der äußer-
lichsten Thatsachen der Partei und sind oft genug blind gegen
die tiefsten Wurzeln des Parteilebens.

Die Grundpfeiler der politischen Partei stehen vielmehr
im Boden der Gesellschaft als des Staates. Dies begreift oder ahnt man allerdings. Die Wahlgesetze unserer
Kammern, von Haus aus politischer Natur, sind überwiegend unter dem Einfluß socialer Parteitendenzen so geworden, wie sie sind. Fürchtete man sich nicht vor einer
socialen Aristokratie, so würden sie politisch weit folgerechter
angelegt sein.

Und welchen Einfluß übt nicht die örtliche Gliederung
des Volksthums in den ober-, mittel- und niederdeutschen
Gauen auf die vielfarbigste Zerspaltung unsers Parteiwesens!
Durch eine Reihe der bittersten Enttäuschungen mußten wir
erst lernen, daß Tendenz und Organismus der scheinbar

verwandtesten norddeutschen Parteien doch im Grunde ganz
andere sind, als der süddeutschen, und umgekehrt. Dieser
Individualismus der Parteien geht durchaus Hand in Hand
mit unserm Stammes-, Landes- und Gesellschafts-Indivi-
dualismus. Im Ringe ist der Eine zugleich Ursache und
Wirkung des Andern.

Der sichtbare Kern der politischen Parteien zeigt sich
in den Landtagen. Dort sammeln und schulen sich die Parteien, dort kann man sie schätzen und wägen, dort erhalten
sie auch zumeist ihre Namen. Vor der Wahl schärft sich die
Parteibildung um des Landtags willen, und nachher schärft
und ordnet der Landtag die Parteien. Solange wir blos
Landtage der deutschen Einzelstaaten besitzen, zerbröckeln
auch die deutschen Parteien, sie bleiben klein, kleinlich örtlich. Mit der ersehnten Wiederkehr eines deutschen Reichstags wird auch die politische Partei in Deutschland wieder
in großartigeren Gruppen sich aufbauen, wie wir dies bereits zur Zeit des Frankfurter Parlamentes erlebt haben.
Allein man täusche sich nicht: die politisch lokale Zersplitte-
rung des Parteiwesens wird dann wohl in Parteien größeren
Styls untergehen, aber das sociale und vorab das religiöse
Parteiinteresse wird trotzdem mächtig bleiben und nach wie
vor die politischen Gruppen mitbestimmen und wohl auch
zerreißen. Die sociale und religiöse Eigenart nach jeglicher
Richtung ist uns Deutschen zu tief in's Fleisch gewachsen,
sie gehört zu unserm nationalen Wesen. Sie kreuzt und
schwächt die Macht der Parteien, aber sie schwächt darum
noch nicht die Nation. Unsere Untugend, das Politische
immer wieder zugleich social und religiös zu erfassen, ist

· zugleich ein Vorzug des deutschen Geistes, denn sie quillt
aus unserm Tiefsinn, der im Staat eine Blüthe des ganzen
Volkslebens erblickt, und den geheimen Zusammenhang all
unserer geistigen und materiellen Cultur mit dem Staate
nicht blos ahnt, sondern auch in den Farbenstufen der politischen Parteien deutlich ausgesprochen wissen will.

VII.

Wenn Dem aber so ist, wenn unsere politischen Parteien sich gerade dadurch auszeichnen, daß sie nicht rein
politisch sind, und wenn' die bunte, fremdartige Mischung
unsers Parteiwesens überall aus den eigensten und wahrlich
nicht schlechtesten Zügen unsers Volksgeistes hervorwächst,
dann hat am Ende gar König Friedrich Wilhelm IV. von
Preußen Recht gehabt, der in seiner berühmten Thronrede
zur Eröffnung des Vereinigten Landtags 1847 sagte: Mei-
nungen zu repräsentiren, Schul- und Zeitmeinungen — im
Gegensatz zu den Interessen einzelner Stände — sei undeutsch. Das heißt doch mit andern Worten: undeutsch ist
es, politische Parteien zu bilden. Denn der Lebensodem
der Partei ist eben das Princip, geringschätziger gesprochen,
die Schul- und Zeitmeinung. Prüfen wir den königlichen
Ausspruch etwas genauer.

Zunächst scheint ihn die Terminologie unsers Parteiwesens zu bestätigen.

Wollen wir unsere Parteien charakterisiren und ordnen,
so sprechen wir französisch oder auch ein bischen englisch,
oder lateinisch und griechisch; das Deutsche langt nicht. Da

gibt es liberale, conservative, rabicale, revolutionäre, reactionäre, demokratische, aristokratische, legitimistische, absolu-
tistische, oppositionelle und ministerielle Parteien, Whigs
und Tories wohl gar auf deutschem Boden. Die Parteien
spalten sich in Fractionen, entarten zu Factionen, verbünden sich durch Compromisse und Coalitionen, verschmelzen
sich etwa auch in einer Fusion. Ja selbst wenn wir gut
deutsch zu reden glauben und unsere Parteien im Großen
als eine Rechte und eine Linke ordnen, haben wir das Bild
von den Franzosen geborgt, von ihrer „gesetzgebenden Versammlung" im Jahr 1791. Kurzum, das Parteiwörterbuch
ist fast ein reines Fremdwörterbuch und weckt eben nicht das
Vorurtheil, als ob unser Parteiwesen auf eigenem Boden
gewachsen sei.

Ohne Zweifel haben die Engländer und Franzosen das
neueste politische Parteiwesen früher und folgerechter durchgebildet, als wir, sie haben die Parteien vor uns gezählt,
geordnet und bei Namen genannt, schon aus dem Grunde,
weil sie die modern parlamentarischen Formen früher gewannen.
Auch können wir nicht läugnen, daß seit der Revolution
von 1789 der Anstoß zu den verschiedenen Hauptepochen
des deutschen Parteiwesens jedesmal von Frankreich ausgegangen ist. Ohne die ewigen Unruhestifter, die Franzosen,
hätten wir nicht die Hälfte unserer innern deutschen Parteikämpfe durchgemacht und wären unvergleichlich ärmer an
Parteigruppen. Ebenso gewiß haben wir durch die politische
Literatur der Engländer und Franzosen die Stufenreihe der
Parteigebilde zuerst schulmäßig bestimmen gelernt, und noch
vor zwanzig Jahren nahm man fast durchweg die Beispiele

von den Franzosen, wenn man zeigen wollte, was denn
eigentlich ein Legitimist oder ein Radicaler, ein Conserva=
tiver oder ein Liberaler für ein Mensch sei. Durch die
Schule sind uns jene Begriffe und Worte aus dem Ausland
vermittelt worden und in's naivere Volk überhaupt noch
äußerst sparsam eingedrungen. Die meisten deutschen Bauern
wissen bis zu dieser Stunde so wenig, was ein Legitimist
und dergleichen, als was Transcendentalphilosophie ist, sie
nehmen auch das eine Wort so wenig in den Mund wie
das andere.

Allein wenn wir nun auch die Parteien nach rechts
und links zuerst beim Ausland abstufen und bezeichnen
lernten, so ist damit doch keineswegs behauptet, daß wir
nicht unsere eigenen, unsere ächt deutschen Parteien hätten,
die, unabhängig von der Doctrin, aus der innersten Ge=
schichte unsers Staats= und Volkslebens erwachsen sind.
Man kann überhaupt nicht sagen: Parteien zu bilden ist
undeutsch, oder deutsch oder französisch oder englisch; Partei=
bildung ist vielmehr die nothwendige Folge moderner poli=
tischer Cultur, und findet sich original bei jedem Volk,
welches dieser Cultur in eigenthümlicher Weise theilhaftig
geworden.

Wenn wir aber unsere neuere Schule der Parteidoctrin
bei den Engländern und Franzosen machten, so hat anderer=
seits das ganze Europa seine erste große Vorschule modernen
Parteilebens bei der deutschen Nation gemacht. Und darum
haben wir ein Recht, die Partei sogar etwas ganz besonders
deutsches zu nennen. Jene erste Vorschule waren die Kämpfe
der Reformation.

Im Mittelalter hatte es Parteizwist zum Uebermaß
gegeben, nicht aber Parteien, welche von einem Prinzip
ausgehend, alle geistigen Lebenskreise durchdrangen und mit
diesem Prinzip sättigten. Welfen und Ghibellinen, Patricier
und Zünftler verfolgten freilich, aus der Vogelschau der
Geschichte betrachtet, schon allerlei Parteipolitik, allein der
ganze Zug des mittelalterlichen Geistes strebt doch vielmehr
zum Kampfe einzelner Personen und Genossenschaften wider
einander um vereinzelte Interessen und Einrichtungen, als
zu einer Parteibildung, welche auf die bewegenden Grundgedanken des gesammten Volks- und Staatslebens zielte,
und alle Volkskreise an sich heranzuziehen gesucht hätte.
Jenes entsprach dem Sondergeist und der socialen und privat-
rechtlichen Staatskunst des Mittelalters.

Die moderne Partei höchsten Styles stellt einen allgemeinen Grundsatz, allgemeine Ziele voran. Sie will Freiheit,
Gleichheit, Fortschritt, Concentration der nationalen Macht,
oder Pflege und Entwicklung des Bestehenden, Schutz des
nationalen Individualismus und dergleichen mehr. Das
sind also Prinzipien, in welchen sich die Partei einig weiß
und die sie dann anwendet, um die einzelnen Thatsachen
und Interessen darnach zu messen und zu modeln. Man
kann sagen, die moderne Partei construirt philosophisch
a priori, sie geht aus von der allgemeinen Idee, obgleich
sich's die wenigsten Parteiführer träumen lassen, daß sie
Philosophen wider Willen sind. Der Parteimann des Mittelalters dagegen begann bei der einzelnen Thatsache, er kämpfte
gegen ein einzelnes Vorrecht, welches ihm lästig schien,
gegen einen Stand, der ihn bedrückte, und kam dann bei-

läufig wohl auch zu Prinzipien. Schon die alten und
neuen Parteinamen bezeugen diesen fundamentalen Unterschied mittelalteriger und moderner Parteibildung. Denn
die modernen Namen sind fast durchweg von allgemeinen
Begriffen genommen, die alten von Ständen, Personen, Interessen, überhaupt von individuellen Thatsachen.

Der Umschlag erfolgte in der Reformation. Die Reformatoren forderten Freiheit, evangelische Freiheit; der
„freie Christenmensch,“ den Luther suchte, bezeichnete keinen
Stand mehr, sondern die Erfüllung eines Prinzips für die
ganze Christenheit. Die Fehde wider allerlei Mißbräuche der
Kirche war uralt, aber daß die Reformatoren von dieser
längst begonnenen Fehde zum durchgreifend prinzipiellen
Kampf gegen die Grundlagen des römischen Katholizismus
überhaupt auffliegen: dies eben charakterisirt ihre Thal als
reformatorisch, als eine erste That im Sinne der ächt modernen Partei.

Sie fragten nach den letzten Gründen der Kirchenver-
fassung, des Cultus, des Dogma's bei den Gegnern, und
suchten auf den Gründen, die ihnen selbst als letzte galten,
ein neues Bekenntniß prinzipiell aufzubauen. Sie zogen
das ganze Volk mit seinem Gewissen und seinem Urtheil
in diese Prinzipienkämpfe hinein und organisirten dergestalt
ein neues und durchgreifendes religiöses Parteiwesen. Mag man das billigen oder verdammen: es war
der erste ächt moderne Parteikampf.

Sie wollten freilich als letztes Resultat keine religiöse
Partei schaffen, sondern eine Confession, ein Bekenntniß.
Da man bei einer Gemeinde wissen muß, wer dazu gehört,

bei einem Bekenntniſſe, wer es bekennt, ſo ging man über
die flüſſige Natur der Partei hinaus und beurkundete dies
durch „Bekenntnißformeln;" demungeachtet blieb es Sprachgebrauch, von den Confeſſionen als von „Religionsparteien"
zu ſprechen.

Dieſer falſche Sprachgebrauch war prophetiſch, er wird
immer richtiger in unſern Tagen — „leider Gottes!" ſagen
die Einen, „Gottlob!" die Andern. Denn gegenwärtig bekennen ſich zahlloſe Gebildete zwar wohl noch zu einer
religiöſen Partei, aber der Gemeinde glauben ſie entbehren
zu können. Darum erzeugt unſere Zeit auch keine großen
neuen Kirchengenoſſenſchaften mehr: wer eine von ſeiner
Kirche abweichende Ueberzeugung hegt, der mag ſie als
Partei-Anſicht ausſprechen oder verſchweigen, die flüſſige
Form des Partei-Bekenntniſſes genügt ihm vollkommen.
Wozu alſo aus der Kirche treten und eine neue Kirche
gründen? Es gewährt ja unendlich größere Freiheit der
Action, wenn man die religiöſen Fragen als Parteifragen
behandelt und Kirchen und Unkirchen als Parteien. So
wäre es eine unverkennbare Tendenz unſerer Zeit, die religiöſen Bekenntniſſe in Parteien umzubilden. Die Sache
ahnt wohl Jeder, aber das Wort für die Sache iſt noch
ſelten ausgeſprochen worden.

Ganz umgekehrt verfuhr die Reformationszeit. Damals
begann man mit einer prinzipiellen Partei und aus der
Partei wurde eine Kirche.

Ich ſagte, durch die Reformation ſei Deutſchland den
Franzoſen lange vorangegangen im prinzipiellen Parteiweſen.
Es iſt bemerkenswerth, daß wir mit der Freiheit begannen,

und zwar mit der religiösen, während das neue Prinzip der französischen Revolution viel mehr ein sociales war — das Prinzip der Gleichheit — als ein politisches. In einer Revolution für die politische Freiheit hatten die Engländer schon hundert Jahre früher Bahn gebrochen, aber die Franzosen fügten die Gleichheit zur Freiheit. Sie kuppelten beide Prinzipien und gewannen solchergestalt ein neues, drittes.

Wie aber jede wahre Partei sofort das ganze Volksleben umfassen möchte, wie darum auch die politischen Parteien nur selten und auf kurze Frist rein politisch bleiben, so blieb auch unser frühester prinzipieller Parteikampf nicht rein kirchlich: mit der religiösen Parteiung verknüpfte sich alsbald die sociale, die nationale, die politische. Mochte Luther die Reiche dieser und jener Welt in der Partei trennen, während Calvin und Zwingli sie zu verbinden trachteten — gleichviel: der moderne Geist des Parteiwesens war in seiner universalistischen Tendenz erweckt, er mußte sich nothwendig aus dem religiösen auch auf das staatliche Volksleben fortpflanzen und die Kämpfe des Adels, die Münsterischen Unruhen und der Bauernkrieg gehören eben so gut zur Reformation und zur ersten deutschen Parteischule, wie der Kirchenstreit.

Allein jede Parteimacht währt nur kurze Zeit; denn je breiter die Partei sich auswächst, um so üppiger wächst auch der Keim der innern Spaltung. Auch jede Revolution, getragen von den Parteien, ist nur kurzlebig. Die Revolution läuft rasch, darum geht ihr auch rasch der Athem aus; die Reaction geht langsam, darum bleibt sie auch so lange bei gutem Athem.

Durch lange Zeit gab es nach den Sturmtagen des
sechzehnten Jahrhunderts keine Parteien mehr im öffentlichen
Leben Deutschlands, sondern nur noch Parteigezänk an den
Schreibtischen, auf den Kanzeln und Kathedern. Das Parteileben ward zurückgedrängt auf das gelehrte und literarische
Gebiet, verrehmt, verdächtigt, fast aus dem Volksbewußtsein
gerissen. Und so mußten wir im neunzehnten Jahrhundert
unser ursprünglichstes Eigenthum als etwas neues wieder
aus der Fremde herübernehmen: die moderne Partei.

VIII.

Das Volk wird in seinen Parteien fortgerissen durch
Charaktere, durch Männer, die ganze Männer sind; blos
kluge, verschlagene, gebildete, gelehrte Leute können sein
Herz nicht gewinnen. Ich sage sein Herz; denn die Gefühlspolitik ist des Volkes schwache Seite; der Verstandes-
politik widersteht es. Die Gefühlspolitik ist aber verrufen
bei unsern Doctrinären. Gut. Wer nur mit dem Verstande rechnet, der mag auf den Ruhm eines feinen Fechters
im Parteikriege, wohl auch auf den Namen eines ganz correcten Parteigenossen Anspruch machen, aber nur nicht auf
durchschlagende volksthümliche Macht. Wären — um noch
einmal an das erste Jahrhundert deutscher Parteischule zu
erinnern — wären der heiß leidenschaftliche Luther, der kalt
leidenschaftliche Calvin nicht so unwiderstehliche Gefühlspolitiker gewesen, sie hätten niemals die Massen so zauber-
gewaltig mit sich fortgerissen. Der Kern unserer heutigen
Gefühlspolitik liegt aber für das deutsche Volk nicht etwa,

wie bei den Franzosen, in den Ideen nationaler Ehrsucht,
oder des Herrschgelüstens, oder einer abstracten Freiheit, son-
dern in der Moral und dem Recht. Parteien, denen der
Zweck die Mittel heiligt, werden nimmermehr durchgreifenden
Anklang finden in der gesunden Gefühlspolitik des deutschen
Volks.

Hat deutscher Tiefsinn und deutsche Originalität unsere
politischen Parteien so äußerst vielfarbig, so inhaltreich ausgebildet und denselben die Charakterzüge unseres ganzen —
nicht blos politischen — Culturlebens eingewoben, so soll
jener Rechtssinn dieselben auch allezeit frei halten von dem
größten Fluch, mit welchem das Parteiwesen beladen sein
kann, von dem Fluche des Parteidespotismus.

Kraft jenes Rechtssinns, der das Maß und die in der
Sache gegründete Schranke ehrt, müssen und werden wir
erkennen, daß eine Partei niemals das Volksganze ist, daß
sie sich also auch niemals herausnehmen darf, im Namen des
Volks zu herrschen und Andersdenkende zu unterdrücken.
Wir werden erkennen, daß ein Jagen nach äußerem Erfolg
und eigennützigen Interessen auf Kosten der Parteigrundsätze
die Partei in sich selbst vernichtet und zur Faction herab-
würdigt, und daß der unredliche Compromiß mit gegnerischen
Parteien vielleicht einen augenblicklichen Machtzuwachs, dann
aber auch um so sicherer den raschen Verfall der Partei
herbeiführt — einen Sieg, bei welchem der Sieger verloren
ist. Die Selbsterkenntniß, welche eine Frucht jenes Rechtssinns, wird endlich allezeit die Parteien lehren, daß sie nur
eine flüssige, rein subjective Verbindung Gleichgesinnter sind,
die es unter sich zu dem Kern einer bestimmten Organisation

bringen können und sollen, die auch durch die Wucht moralischen Nachdrucks Einfluß üben sollen auf das öffentliche
Leben, anregen und fördern, mahnen und warnen, denen
es aber niemals zusteht, ihre ganz privatim eingesetzten Organe, ihre Führer und Ausschüsse so unter der Hand an
die Stelle der verfassungsmäßigen Gewalten des Staats zu
schieben. Das nennt man Parteidespotismus darum, weil
in solchem Fall das Recht und die Freiheit Aller geopfert
würde der Dictatur einer blosen Theilgruppe des Volks,
einer Partei.

Ich bezeichnete die Parteien als ein nothwendiges Gut
des Verfassungsstaats, an welchem manches zufällige Uebel
hängt. Der Rechtssinn des Volks, welcher die Parteien zur
Selbsterkenntniß ihrer Natur und dadurch zu Maß und
Schranke führt, kann auch dieses zufällige Uebel in Segen
verwandeln.

Verfassungskunde im Volkskatechismus.

(Aus einem Vortrags-Cyklus im „Chemischen Laboratorium" zu München; gesprochen am 1. März 1865.)

I.

Der ganze Inhalt meines heutigen Vortrags bewegt sich um zwei Sätze. Sie lauten: „Jede lebensfähige Staats=verfassung erwächst aus dem Gesammtbewußtsein des Volks," und: „Heute (wie zu allen Zeiten) weiß ein großer Theil des Volks nur sehr wenig von seiner eigenen Staatsver= fassung."

Sind beide Sätze richtig (und ich gedenke ihre Richtig= keit darzuthun), so werden sie uns mit logischer Nothwendig= keit zu einem dritten Satze zwingen: „Folglich hat es nie= mals eine lebensfähige Staatsverfassung gegeben." Diesen dritten Satz aber wird mir kein Mensch zugestehen. Man wird mir die Thatsachen der Geschichte entgegenhalten und nachforschen, ob in meinen beiden Vordersätzen nicht etwa ein trügerischer Doppelsinn versteckt liege, der uns auf einem formell richtigen Weg dann doch zu einer materiell falschen Schlußfolgerung geführt hat.

So ist es in der That. Der Doppelsinn steckt in den beiden

Worten: „Gesammtbewußtsein des Volks" und „das Volk weiß von seiner Staatsverfassung."

Ich habe jene zwei Sätze aber nicht gegeneinander gestellt, um Sie, auf Grund eines Doppelsinns, mit sophistischem Scheingefecht zu unterhalten, sondern lediglich um einen sehr naheliegenden Zweifel anzuregen, dessen Lösung uns zu einem tieferen Blick in die Psychologie des Volksgeistes führen soll. Denn aus dem Zweifel keimt die Erkenntniß, wenn auch oft auf einem ganz andern Punkt, als wo wir's erwarteten: darum soll ein wissenschaftlicher Kopf immer zweifeln, und wenn er keine Zweifel hat, dann soll er sich welche machen.

II.

Kein Blatt der Geschichte nennt den Mann, der die constitutionelle Monarchie erfunden hat. Man hätte ihm sonst gewiß schon längst ein Denkmal gesetzt. Allein Staatsformen ersinnt und schafft kein Einzelner, so wenig wie Sitten und Volkslieder; sie werden und erwachsen mit der Geschichte der Völker. Oder aus welches einzelnen Sterblichen Haupt wäre denn der Lehensstaat, oder die antike Republik, oder die orientalische Theokratie entsprungen? Verfassungsurkunden mag ein Einzelner schaffen — von Lykurg und Solon bis zu den Fürsten und Staatsmännern der Gegenwart. Verfassungsurkunden werden gegeben, die Verfassung wird. Die Verfassung als der ideelle Inhalt geht — speculativ betrachtet — der Verfassungsurkunde voran, in welcher sie nur Form gewinnt; juristisch wird

freilich die Verfassung erst vollendet, indem sie in der Urkunde gesetzkräftig wird, und historisch wird die Verfassung
allem Volke oft erst dann bewußt, wann sie in der Verfassungsurkunde, nur von der höheren politischen Bildung
erfaßt und formulirt, schon längst vorhanden war.

Der deutsche Sprachgebrauch nimmt drei Wörter häufig
im Gleichsinn: Staatsform, Verfassung und Verfassungsurkunde.

Man redet und schreibt meist unterschiedlos von republikanischer, monarchischer Verfassung oder Staatsform.
Allein man wird nicht von einer preußischen, bayerischen,
belgischen „Staatsform" sprechen, sondern gebraucht hier
das Wort „Verfassung," um die eigenthümliche Art zu bezeichnen, in welcher sich der theoretische Gattungsbegriff
der constitutionell-monarchischen Staatsform in den einzelnen
Ländern praktisch verwirklicht hat.

Darum liegt das Studium der Staatsformen der Schule
näher, das Studium der Verfassung der staatsmännischen
Praxis.

Bedenklicher als die Verwechslung von Staatsform und
Verfassung ist der Gleichgebrauch von „Verfassung" und
„Verfassungsurkunde."

Die gemeine Rede ist gar oft tiefsinnig, naiv, sym-
bolisch — aber nicht immer logisch. Wenn Einer von dem
Verleiher einer Verfassung spricht, von dem Eid auf die
Verfassung u. dgl., so bedient er sich einer Redefigur;
„Figuren" aber gehören in die Poetik und nicht in die
Staatslehre. Er setzt das Ganze figürlich für den Theil.
Würde eine „Verfassung" verliehen, so könnte man ja wohl

auch nach dem Erfinder der conſtitutionellen Monarchie for-
ſchen. Die Verfaſſung iſt aber nichts anderes als die
Summe aller Entwicklungen des öffentlichen
Rechts, welche das unterſcheidende Weſen eines
Staats in einer gegebenen Zeit bilden. Jene
Entwicklungen erhalten ihren bewußten und beſtimmten Ausdruck in den Geſetzen; dieſe die öffentlichen Rechtsverhältniſſe
ausſprechenden Geſetze, zu einem umfaſſenden Ganzen geordnet, bilden das Staatsgrundgeſetz, die Verfaſſungsurkunde.
Man kann ſich eine Verfaſſung ohne Verfaſſungsurkunde
denken, aber keine Verfaſſungsurkunde ohne Verfaſſung.
Der mittelalterige Staat brachte es nur zu zerſtückten Frag-
menten von „Verfaſſungsurkunden," und letzteres iſt in der
That ein modernes Wort und ein moderner Begriff; denn
obgleich uns Griechen und Römer bereits das klare Vorbild
gaben, ſo haben wir doch die Verfaſſungsurkunde, als die
zu einem umfaſſenden Ganzen geordnete Summe der
Grundgeſetze des Staats, zu einer politiſchen Bedeutung erhoben und in den Mittelpunkt des conſtitutionellen Syſtems
geſtellt, wie keine frühere Zeit.

Die Furcht vor dem „beſchriebenen Blatt Papier," vor
der in Geſetzesform gefeſtelen und fortzubildenden Verfaſſungsurkunde, iſt darum nichts anderes, als die Furcht vor dem
modernen Staat ſchlechthin.

Aber freilich ſoll der Inhalt dieſes beſchriebenen Blattes
nicht dem perſönlichen Geiſt eines Einzelnen entſprungen
ſein — das wäre Verfaſſungsmacherei, die ſo verwerflich
iſt, wie jede Geſetzmacherei überhaupt — ſondern geſchöpft
aus dem Geiſte des Volks. Ein Geſetz iſt vielleicht das

einzige wissenschaftlich =literarische Produkt, bei welchem per=
sönliche Originalität des Autors schlechthin ein Vorwurf
wäre. Und doch soll auch der Gesetzgeber, wie jeder be=
deutende Mann, ein schöpferischer Kopf sein; aber seine
gute Eigenart ruht in der Forscherkraft, mit welcher er das
eigenste Neue aus den historischen Entwicklungen des Volks
an's Licht zu ziehen und dann mit dem größten Selbstver=
zicht auf eigene Zuthat objectiv getreu darzustellen weiß.

Die Urkunde wird, ich wiederhole es, gegeben wie
jedes Gesetz; die Verfassung, als der Inhalt jener Urkunde,
muß geworden und erwachsen sein, wie der Inhalt jedes
ächten Gesetzes.

III.

Nur wer nichts ahnt von den Geheimnissen des Wer=
dens und Wachsens im Volksleben, kann darum fragen:
welches schlechthin die beste Verfassung sei, oder
sich plagen mit dem Luftbild einer allgemeinen Normalver=
fassung.

Die „beste Verfassung" ist der Stein der Weisen in
der Politik, den hier wie anderwärts nur noch die Thoren
suchen. Wenigstens hat es noch Zeit mit dieser absoluten
Normalverfassung, bis einmal die ganze Erde ein Universal=
staat geworden und das tausendjährige Reich gekommen ist.

Die Verfassung ist der Ausdruck der ganzen historisch=
politischen Entwicklung eines Volks, der Spiegel seiner Per=
sönlichkeit, die individuelle Aussprache seines geschichtlich
vorbedingten Rechtsbewußtseins, und eben darum nach Volks=
und Landesart verschieden. Die beste Verfassung ist alle=

zeit diejenige, welche der zeitlichen Gesittung eines Volks
am tiefsten entspricht und von ihm selbst als das reinste
Produkt seines Rechtsbewußtseins und als die sicherste Gewähr für seine politischen Bedürfnisse erkannt wird.

So war die absolute Monarchie der Renaissancezeit eine
beste Verfassung gegenüber dem damals absterbenden Feudalismus des Mittelalters, und kommenden Jahrhunderten wird
unsre verfassungsmäßige Monarchie oder Republik ebenso
wenig mehr ein wünschenswerthes Staatsideal dünken, als
uns die Verfassungen Roms und Griechenlands.

Der Kunstkenner lächelt, wenn Dilettanten darüber
streiten, ob der hellenische Tempel schöner sei, als der gothische Dom, oder ob Goethe ein größerer Dichter als Homer?
Dasselbe Lächeln ziemt dem Politiker, wenn er die Frage
erörtern hört: ob der antike Staat oder der Lehensstaat
oder der moderne der bessere sei? Die Blüthe einer jeden
dieser Staatsformen war und ist für ihre Zeit und ihr
Volk das Beste, und wenn sich Jedermann nur in seiner
Haut wohl fühlt, so ist es ihm gerade wohl genug.

Allein gibt es denn nicht doch gewisse höchste Güter
des öffentlichen Lebens, denen alle Völker und Zeiten zu-
streben, und die, zusammengefaßt, als der Idealgehalt der
besten Verfassung überhaupt erscheinen müssen?

Ganz gewiß! Entkleidet man aber diese Ziele der besondern zeitlichen und nationalen Formen ihrer Verwirklichung, so bleibt nichts übrig, als der allgemeinste Staats-
zweck in einer ganz verflüchtigten Abstraktion. Denn gerade
die hinweggenommenen Originalzüge, welche der einen Zeit
und Nation vortrefflich, der andern verkehrt stünden, gaben

der allgemeinen Staatsidee jene persönlich leibhafte Gestalt, die man Verfassung neunt.

Dabei wird keineswegs geläugnet, daß vom weltge= schichtlichen Standpunkt die national=individuelle, in der Verfassung gegebene Verwirklichung der Staatsidee trotz aller Rückschläge sich rastlos höher entfaltet. Der Spruch: „Es kommt nichts besseres nach," ist für den Cultur= historiker eine Ketzerei; andererseits ist ihm aber auch der Gedanke: es könne in menschlichen Dingen, und wenn auch nur auf dem geduldigen Papier, irgendwie das Beste con= cret ausgesprochen und vorgezeichnet werden, eine Chimäre.

IV.

Nach dem Vorgesagten sollte man meinen: nichts sei selbstverständlicher, als daß jeder Bürger, der dieses Namens werth, seines Landes Verfassung kenne und verstehe, ja wohl gar in der Verfassungsurkunde daheim sei, wie in Vaterunser und in den' zehn Geboten.

Allein wenn es schon viele Christen gibt, denen die zehn Gebote bedenklich entfallen sind, so gibt es noch un= endlich viel mehr Staatsbürger, die von der Verfassungs= urkunde gar nichts wissen und von der Verfassung kaum „einen Schein haben," wie man von Blinden sagt.

Man halte doch einmal in den kleinbürgerlichen und bäuerlichen Kreisen und auch höher hinauf Umfrage und sehe zu, wie viele Leute sich das Wesen der constitutio= nellen Monarchie klar denken, und wie viele klar, wenn auch ganz ungelehrt volksthümlich, von dieser unserer Staats=

form Rechenschaft geben können? So mancher Canbibat der
Jurisprudenz vermag das Ja nicht einmal im Examen, wie
will man's von dem Bauern forbern! Wenn eine neue
Landtagswahl ausgeschrieben wird, so müssen sich Tausende,
darunter auch sonst sehr gebildete Männer, erst unter der
Hand erkundigen, wie es mit dem Wahlverfahren gehalten
wird; sie haben das Wahlgesetz keineswegs im Kopf, und
wollte man sie über andere Hauptheile unserer Verfassung
auch nur ganz mild examiniren, so würden sie ganz gewiß
glänzend durchfallen.

Man frage aber gar einen Bauern ober Kleinbürger,
was er von den Majestäts- und Souveränetätsrechten des
Fürsten weiß, von der Ministerverantwortlichkeit, von der
Vollmacht des Landtags? Die große Mehrzahl der deutschen
Bauern nimmt das Wort „Staat" gar nicht in den Mund,
geschweige das Wort „Verfassung;" dies sind Fremdwörter
in der Volkssprache. Sie sind nicht in allen Gauen gleicherweise dem Volke fremd, aber doch in den meisten. Dagegen
spricht jeder Bauer vom Könige, vom Amtmann, von der
Regierung. Der Staat verkörpert sich ihm in Personen und
löst sich ihm auf in Einzelthatsachen und Handlungen. Er
sieht den Staat im Könige — das ist Renaissancestyl: wir
sehen den König im Staate; er erkennt allerlei politische
Privatrechte und Privatpflichten — das ist offenbares Mittelalter: die Erkenntniß des Staatsrechtes wäre modern.

Kann nun aber eine Verfassung, welche ein Theil des
Volkes gar nicht kennt, ein anderer mißversteht, eine Ver-
fassung, deren technische Ausdrücke Fremdwörter in der
Volkssprache sind und die nur von Wenigen gründlich ge-

kannt und verstanden wird — kann eine solche Verfassung
zugleich das Rechtsbewußtsein des ganzen Volks aussprechen?
Kann überhaupt eine Sache, von welcher ich nichts weiß,
eine Aussprache meines Bewußtseins genannt werden? Ganz
gewiß nicht!

V.

Allein wenn auch sehr viele einzelne Staatsbürger
nur eine höchst dunkle Anschauung von der Landesverfassung
besitzen, so kann dieselbe doch ganz klar im Bewußtsein des
Volkes stehn. Denn das Volk ist eben nicht die ato-
mistische Summe von so und so viel Köpfen, sondern ein
einiges Ganze, und hat seinen eigenen, ganz besonderen
Kopf. Der Einzelne ist niemals das Volk; 41 Millionen
Einzelner sind auch — beispielsweise — nicht das deutsche
Volk, sondern im Gegentheil, 41 Millionen, welche nicht
Einzelne, welche die organischen Glieder eines Ganzen sind.

Wie nun aber der Organismus unsers individuellen
Geistes in verschiedene Kräfte und Fähigkeiten sich gliedert,
so auch der Organismus des Volksgeistes.

Es gibt Schichten des Volks, welche bereits gelernt
haben, politische Entwicklungen vorwiegend im Denken, Forschen und Erkennen zu erfassen, andere, welche sich politische
Thatsachen mehr vorstellen, als denkend begreifen, noch
andere, welche zumeist mit dem Gefühl Politik treiben.
Alle zusammen aber, in einander und mit einander, nicht
neben einander, bilden erst den Gesammtgeist, das Gesammtbewußtsein des Volks.

Auch das Individuum, wenn es sich einer geistigen

Thatsache bewußt wird, erfaßt dieselbe meist erst ahnend und in der Vorstellung, um sie dann auch denkend klar zu begreifen. Was uns bedeutendes zum Bewußtsein kommt, das nehmen wir mit allen Organen unsers Geistes zumal auf; wir denken, empfinden, ahnen es, wir stellen es uns vor und bilden es uns ein und werden in dieser Totalität des Erfassens des Gegenstandes erst recht gewiß.

Ganz ähnlich verfährt das Volk, wenn es sich der großen Thatsachen und Bedürfnisse seines eigenen öffentlichen Lebens bewußt wird, nur mit dem Unterschied, daß hier ein Theil des Volks bereits zum Begreifen, ja zum wissenschaftlichen Erkennen vorgeschritten ist, während ein anderer nur ahnt und empfindet, oder den äußern Nutzen und das Zusagende der Thatsachen mit gesundem Mutterwitz erfaßt, ohne weiter nach dem Wie und Warum zu fragen.

Wie sich also das Individuum einer geistigen Thatsache mit den verschiedenen Organen seines Geistes verschiedenartig und doch einheitlich in seinem ganzen Geiste bewußt wird, so nimmt das Volk in seinen unterschiedenen Bildungsgruppen eine solche Thatsache sehr verschiedenartig auf. Wollte man warten, bis irgend eine Staatsinstitution von jeglichem Volkskreise klar begriffen und erkannt wäre, so käme man überhaupt zu gar keinem Staat. Denn bei jeder Staatsform und auf jeder weltgeschichtlichen Culturstufe sind es doch immer nur die Gebildetsten, die Vordenker, welchen das Staatsleben in seiner innern Nothwendigkeit vernünftig aufgeht; die Andern denken blos nach, oder sie denken überhaupt kaum und begnügen sich, das Rechte und Zweckmäßige

behaglich zu empfinden und festzuhalten. Sagt man darum:
eine Verfassung sei aus dem Bewußtsein des Volks erwachsen
und im Bewußtsein des Volks anerkannt, so heißt dies
nicht: ein jeder Staatsbürger kann ein Examen über die
Verfassung bestehen, sondern: die schöpferischen Geister haben
die historische Entwicklung des Staats mit so richtigem Blick
erfaßt und fortgeführt, daß das ganze Volk diese Verfassung
als das natürlichste und selbstverständlichste befriedigt hinnimmt und ihr als seinem eigenen Werk zustimmt.

Ja, man möchte in diesem Sinn fast sagen: je weniger
das naive Volk über eine Verfassung nachdenkt, desto gewisser ist sie dem allgemeinen Volksbewußtsein entsprungen.
Denn der gemeine Mann pflegt sein politisches Nachdenken
zunächst solchen Zuständen zuzuwenden, die ihn belästigen
und schädigen, während er das Gute hinnimmt, als müsse
es so sein. Kommt doch auch der Bauer in seiner Wirthschaft zuerst dadurch zu reiflicherem Nachdenken, daß er
Schaden abzuwehren, und erst lange nachher, daß er die
Produktivkraft seines Bodens positiv zu steigern sucht.

Nur ein kleiner Theil des Volks also erkennt und
durchdenkt die Verfassung; aber das ganze Volk soll leben
und sich daheim fühlen in der Verfassung, zufrieden mit
ihren Früchten. Sie spricht das Bewußtsein Weniger aus,
aber sie entspricht dem Bewußtsein des Ganzen. In diesem
Sinne kann man dann auch sagen: das ganze Volk hat
mitgearbeitet an der Verfassung; denn hätte sich der denkende
und erkennende Theil des Volks nicht im Einklang gewußt
mit den geahnten, empfundenen, vielleicht nur unklar ausgesprochenen Bedürfnissen aller Volkstheile, so würde er es

höchstens zu einer rasch wieder absterbenden Fehlgeburt,
nicht aber zu einer lebensfähigen Verfassung gebracht haben.

Das Schwierige bei dieser Vergleichung des mannichfach
gegliederten und doch einheitlichen Volksgeistes mit unserm
individuellen Geist liegt nur darin, daß wir unsern individuellen Geist zunächst als ein Ganzes erkennen und erst
durch Abstraction dazu kommen, ihn in seine verschiedene
Kräfte zu zerlegen, während wir umgekehrt beim Volke zunächst die Mannichfaltigkeit der Fähigkeiten und Kräfte gewahren und uns erst in tieferm Nachdenken zu dem Ge-
sammtbegriff des Volksgeistes aufzuschwingen vermögen.

Dies wird aber dadurch noch ganz besonders erschwert,
daß jene Vergleichung nur bis zu einer bestimmten Linie
paßt: denn alle jene Menschen, welche uns besondere Glie-
derungen im Volksorganismus darstellen, haben daneben doch
auch eine persönliche Existenz als Einzelne für sich, während
die einzelnen Kräfte unseres Geistes ja doch nicht für sich
persönlich existiren.

Die Psychologie des Menschengeistes ist darum eine uralte Wissenschaft; die Psychologie des Volksgeistes liegt noch
in den ersten Keimen ihrer Entwicklung.

Einem Menschen, dem über lauter Denken und Erkennen das Gemüth verschrumpft, die Einbildungskraft er-
lahmt, die naive Unmittelbarkeit des Lebens und Handelns vertrocknet, nennen wir einen Pedanten, einen Schul-
fuchs. Ist aber ein solcher Mann, der kein ganzer Mann,
schon widerwärtig genug, wie viel widerwärtiger müßte erst
ein Volk sein, welches keine naiven Gruppen, keine Gesell-
schaftsschicht der gebornen Gefühlspolitiker, keine Natur-

burfche des gefunden Mutterwitzes mehr in sich schlöffe,
sondern lauter wohlgeschulte, „intelligente" Staatsbürger,
die ihren Verfassungskatechismus perfect im Kopf hätten!
Wir haben schon an doctrinären Parteien genug; behüte
uns Gott vor einem doctrinären Volke.

Darum wird man den Nutzen und das Auszeichnende
einer thatsächlichen Kenntniß der wichtigsten Züge der Verfassung beim gemeinen Mann doch nicht bestreiten. Nur
mit dem Unterschied, daß der Gebildete sich vielmehr hinein
lesen und lernen kann, während der gemeine Mann sich
überwiegend hinein leben muß.

VI.

Oder wäre es nicht etwa an der Zeit, Staatslehre
und Verfassungskunde in den Volksschulen vorzutragen?
Will man etwa einen Katechismus des Staatsbürgers für
Kinder von zehn bis vierzehn Jahren schreiben und nach
Frage und Antwort auswendig lernen lassen?

Das Staatsleben ist die Sache mündiger Männer,
nicht der Kinder, und wenn religiöses und künstlerisches
Verständniß schon früh erwachen mag, so gehört das politische unter allen Umständen dem reifen Mann. Die Reli-
gionswahrheiten mögen tiefsinnigeren noch und dunkleren
Inhalts sein, als die politischen; dennoch prägen wir sie
bereits den Kindern, auch halbverstanden, ein, damit diese
gläubig festhalten und liebend üben können, auch was sie
vorderhand noch nicht begreifen. Das Dogma soll dem
Gläubigen unwandelbar sein und stehen bleiben, darum

läßt er sein Glaubensbekenntniß auch von Kindern aus=
wendig lernen, die es ganz gewiß noch nicht verstehen.
Ein Gesetz aber ist kein Dogma. Im theokratischen Staat
bringt man die Staatslehre in den Katechismus, im mensch=
lich verfassungsmäßigen Staate soll man's nicht.

Das Studium der Verfassung hat nur dann einen
Sinn, wenn es im Zusammenhang und mit eigener Kritik
betrieben wird. Ein einziger Bibelspruch, noch unverstanden
im treuen Kindesherzen bewahrt, kann Frucht tragen für's
Leben; allein was thut man mit einem Satz aus der Ver=
fassung? Darum läßt man die Kinder den religiösen Kate=
chismus lernen, um sie von vornherein zu behüten vor un=
reifem Räsonniren über ihre Religion; würde man ihnen
einen politischen Katechismus einprägen, so wäre das nur
eine Anleitung zum unreifen Räsonniren. Ja, man erzöge
sie nebenbei auch wohl gar zu Stillstand und Rückschritt.
Denn Jugendlehren haften bekanntlich am festesten, und bis
die Kinder gestandene Männer geworden, ist der politische
Katechismus ihrer Jugend doch höchst wahrscheinlich durch
einen vorgeschritteneren überwunden; sie aber bleiben am Ende
stehen bei ihrem ABC. Das wäre ja sehr bedenklich!

Selbst wer sich Politik und Staatslehre zur Lebens=
aufgabe erwählt, geht erst auf der Hochschule an diese
männlichen Wissenschaften. Und hier wird er bald inne
werden, daß ein redliches Erforschen und gründliches Er=
kennen des Staatslebens zu den schwersten Aufgaben der
Geistesarbeit zählt.

Nicht auf der Schulbank wird und kann das Volk seine
eigenen Staatseinrichtungen kennen lernen.

Es lernt sie im und am Landtage, in der öffentlichen Rechtspflege, in der freien Presse, in unsern am hellen Tag organisirten Parteien und Vereinen. Hier ist auch dem ungelehrten Mann eine Schule eröffnet, durch welche er sich einleben kann in eine praktische Verfassungskunde, die zwar oft genug lückenhaft bleiben und nicht zu den letzten Gründen hinabsteigen wird, die aber fest sitzt und gesund ist und reif, weil nicht weiter hergeholt, als der Mann aus dem Volke mit seinen geistigen Fühlhörnern selber reichen kann. Daß in diesem Sinne die Mehrzahl des deutschen Volks noch Vieles sich zu erarbeiten hat, unterliegt keinem Zweifel.

Die Schweizer sagen, ihre Bauern hätten es in solch praktischem Verfassungsstudium schon viel weiter gebracht, als die „Dütschen." Das mag sein; denn erstlich ist in der Schweiz Alles viel kleiner beisammen als in Deutschland; zweitens aber: wenn die Schweiz ihre Republik nicht hätte, was wäre dann die Schweiz? Sie ist kein nothwendig ab-geschlossenes Land und ist auch keine Nation, sie ist ein Staat. Der Schweizer muß seine drei Nationalitäten ver-gessen, um im Staate sich selber zu finden; der Deutsche muß dagegen leider Gottes nur allzuoft seine Staaten ver-gessen, um sich selber zu finden in der Nation. Und diese Nation ist so gar nicht umzubringen, daß sie zu Zeiten auch das unsinnigste Staatswesen ertragen konnte, welches man von Herzen gerne vergißt.

Uebrigens bedenke man auch, daß die Extreme — Demo-kratie und Absolutie — viel gemeinverständlicher sind, als die kunstreiche Staatsform des Maßes und der versöhnten Gegen-sätze, deren wir uns in unsern monarchischen Staaten er-

freuen. Nicht weil die conſtitutionelle Monarchie fremdländiſch
oder ein Schulprodukt wäre, ſondern weil ſie ſo reichen Inhalts und ſo gerecht im Maße, kommt ſie den bildungsärmeren Volkskreiſen nur langſam zum Verſtändniß. Mußten
doch ſelbſt die Gelehrten auf ſo manchem Holzweg ſich ver-
irren, bis ſie den Ständeſtaat gründlich vom conſtitutionellen
Staat unterſcheiden lernten, und die Scheinconſtitution nach
oben und unten von der ächten Conſtitution; bis ſie inne
wurden, daß nicht in einem Schaukelſyſtem der Staats-
gewalten noch in einer zuſammenhangsloſen Trennung der-
ſelben die Gewähr verfaſſungsmäßiger Freiheit liege!

Denn wie die Verfaſſung ſelber trotz aller beſchworenen
Staatsgrundgeſetze fortlaufend ſich ändert, ſo muß auch das
wiſſenſchaftliche Studium der Verfaſſung fortwährend nach-
lernen. Und nicht blos das wiſſenſchaftliche Studium, auch
die volksthümlich erlebte Kenntniß.

Eine jede Staatsform trägt ihre beſondere politiſche
Schule fürs Volk in ſich, ohne daß auch nur mit einer
Sylbe von einer ſolchen geredet wird. Wie die conſtitutionelle Monarchie höher ſteht, als die Abſolutie vergangener
Jahrhunderte, ſo bietet ſie auch in der Oeffentlichkeit der
wichtigſten Inſtitutionen dem Volk eine höhere Schule, in
welcher nicht gelehrt wird, aber in welcher man lernen kann.
Dieſe Schule wird ſpäter gewiß noch wachſen gleichen Schrittes
mit jenen höheren Staatsformen, die dereinſt noch kommen
werden. Allein das ganze Volk wird nie und nirgends
ſtaatsgelehrt werden, Mann für Mann reif für ein Examen
auch nur über die eigene Staatsform und Verfaſſung. Denn
mit der Bildung der untern Volkskreiſe wächst ja doch

auch die Bildung der Gebildeten, wird der Staat selbst in-
haltreicher, tiefer in seiner Idee und feiner in der Form.
Das Ganze rückt gleichmäßig vor, und mannichfache politische
Gesittungsschichten, mannichfache Stufen des politischen Bewußtseins werden allezeit bestehen.

Dazu kommt noch eins: zuletzt ist nämlich die „Verfassung" doch erst dann fertig, wann sie abgelebt und historisch geworden, und die volle wissenschaftliche Erkenntniß
erblüht erst, wann das rastlos weiter fluthende Volks- und
Staatsleben bereits zu einer neuen Staatsform übergegangen,
und die nun erst ganz erkannte und wissenschaftlich über-
wundene Verfassung auch thatsächlich überwunden ist.

Und dann fängt eben das neue Wetteifern und Ringen
in Erkennen, Vorstellen, Ahnen und Empfinden des neuen
Staatsideals wieder von vorne an.

VII.

Jede neue Staatsform kommt auf einem mehr oder
minder gewaltsamen Wege zum Durchbruch. Kriege und
Revolutionen zerstören nicht blos Staaten und zermalmen
Nationen, daß aus ihren Trümmern neue Staats- und
Volksgebilde aufwachsen, sondern auch die Staatsformen.
Welche Kämpfe waren nöthig, damit auf die antiken Formen
der mittelaltrige Lehensstaat, auf diesen die moderne Absolutie und dann wieder unser Verfassungsstaat folgen konnte!
Neue Staatsformen macht schon um deßwillen kein Einzelner,
weil sie eine völlig neue Epoche der gesammten Volkscultur
in sich schließen und vorbedingen.

Ich betone übrigens die Worte „neue Staatsform“ und „zum Durchbruch,“ damit man mir nicht einen Widerspruch gegen meine eigene Behauptung vorwerfe, daß die Verfassung in der Volkscultur erwachse, und zwar so stetig, daß man Niemand den Schöpfer einer Verfassung nennen könne. Denn wenn gleich Tod aus dem Leben und Leben aus dem Tod erwächst in geheimem und allmählichem Walten, so bezeichnen wir doch die Stunde des Durchbruchs, „da Tod und Leben rangen,“ als die Stunde der Geburt oder des Todes. Und so können wir auch von dem Geburtsjahrhundert einer Staatsform und vom Geburtstag einer Verfassung reden, als von dem Jahrhundert, in welchem jene zum Durchbruch, vom Tage, wo diese äußerlich in Kraft gekommen ist, obgleich beide in ihren Grundzügen längst dunkler oder klarer im Volksgeist lebten. Und wenn friedliche Männer des Denkens die Geburtsstunde vorbereiteten, so sind es doch meist Männer der Gewalt, oft Kriegshelden und Staatslenker in einer Person, die plötzlich dem Alten den Scheidebrief geben und den Rechtsbestand der neuen Formen verkünden.

Jede neue Staatsform hat ihre revolutionäre, vielbescholtene Jugendperiode. Denn gleichviel, ob die neuen Grundgesetze von den Fürsten einseitig auferlegt oder von einer constituirenden Versammlung nicht minder einseitig aufgestellt worden sind, so wird man den Ursprung doch immer revolutionär nennen, und die junge Form wird sich aus den Mängeln und Makeln dieses revolutionären Ursprungs herausringen müssen. Ueberdauert sie diesen Kampf, klärt und läutert sie sich und gewinnt friedlichen Bestand, so wird ihr weiterhin kein Vernünftiger den gewaltthätigen Ursprung nach-

tragen. Wer das wolle, der müßte alle Staatsformen verdammen.

Die Rechtfertigung findet sich nicht blos in der Geschichte,
sondern auch in der Logik. Eine ausgebildete Verfassung
ist zwar mit gesetzlichen Mitteln gerüstet sich selber fortzu-
bilden, weßhalb revolutionäre Neuerungen innerhalb derselben nackter und verdammlicher Verfassungsbruch sind. Sie
bietet aber doch keine gesetzlichen Mittel und Organe, sich
selber zu vernichten und etwas im Princip neues, eine ganz
neue Gattung, an ihre Stelle zu setzen. Denn dieses Neue
könnte ja nur durch neue verfassungsmäßige Organe geschaffen
werden, die aber ihrerseits durch die gesuchte neue Verfassung
schon gegeben sein müßten. Man drehte sich also in dem
logischen Zirkel: das Werkzeug womit man das Werk schaffen
will, in dem Werke selbst zu suchen.

Wenn also etwa die bayerische Verfassung von 1818
octroyirt wurde, unmittelbar nach einer Weltkatastrophe der
alten Staaten und Staatsformen, und für einen Staat, der
selber erst zu einem neuen territorialen Ganzen fest verbunden
werden mußte, so wird heutzutag niemand mehr dieser Verfassung ihr erstes einseitiges Zustandekommen aufrechnen; denn
ein gesetzgebender Körper im constitutionellen Sinn war ja damals überhaupt noch nicht vorhanden, und die alten zerfallenen
Organe der Gesetzgebung taugten nicht zu dem neuen Werk.

Solch ein gewaltsamer Ursprung verliert dann auch im
Volksbewußtsein gar rasch den Charakter einer aufgedrunge-
nen Gabe, und das neue Gesetz wird, lediglich nach seinem
Werth gewürdigt, die unangetastete Rechtsgrundlage, auf
welcher sich der Staat ruhig fortentwickelt.

Allein nicht immer liegt die Sache so klar und schlicht. Es gibt Revolutionen mit schwachem und starkem Arm, nämlich solche, deren Recht die alten Gewalten nur so lange nothgedrungen anerkennen, als das Gewitter am Himmel steht, und andere deren innere Nothwendigkeit zuletzt von Freund und Feind zugestanden wird, und deren Resultate Wurzel fassen für eine ganze Epoche.

Jene schwachen, rasch wieder gebändigten Revolutionen schaffen zwar keine neuen Staatsformen, dennoch sind sie für das Verfassungsleben gefährlicher als die große gründlich aufräumende Revolution. Sie verwirren das Rechtsbewußtsein, und zumeist jenes dunklere der unteren Volkskreise, während eine durchgreifende Umwälzung die alten Rechtsbegriffe auflöst, um für neue Raum zu schaffen.

Das Bestehende erschüttern ist für die Kraft der Völker oft weit unheilvoller, als das Bestehende vernichten. Die halb verhaltene, rasch wieder unterdrückte Revolution erzwingt sich vielleicht ganz zweckmäßige Verfassungsänderung, und beruft sich dabei auf das Nothrecht der allgemeinen Wohlfahrt und auf den Beifall der Volksstimme.

Nun kommen aber die alten Gewalten wieder obenauf, fegen jene Neuerungen hinweg und zwängen andere, vielleicht gleichfalls ganz zweckmäßige, an deren Stelle; sie berufen sich dabei nicht minder auf das Nothrecht der allgemeinen Wohlfahrt, auf den Beifall der Volksstimme, die sich mit der Macht gewendet hat, und auf ihr älteres, legitimes, nur durch das revolutionäre Zwischenspiel zeitweilig aufgehobenes Recht.

Dreht sich dann abermals der Wind, und zeigen die

Wettergläser wieder auf Gewitter und Erdbeben, so erklärt die Revolutionspartei: Nein! gerade jene Octropirungen sind blos ein Zwischenspiel der Reaktion gewesen, die wahre Verfassung hat seit den Bewegungstagen nur geruht, und muß ganz von selber und von Rechtswegen jetzt wieder in Kraft treten, ja das ältere und legitimere Recht ist, gegenüber den Octropirungen, nunmehr auf unserer Seite!

Und so geht der Streit weiter unter dem wechselnden Beifall der öffentlichen Meinung, das heißt diesmal der Meinung der jeweilig herrschenden Parteien. Ein Ausweg aus diesen kleinen Katastrophen ist dann nur möglich durch eine überwältigend große Katastrophe. Denn wo einmal der Boden der Gewalt betreten ist, da entscheidet zuletzt nur noch der Erfolg der größern Gewalt; und wer das Nothrecht der Revolution zugesteht, der darf auch das Nothrecht der Diktatur nicht bestreiten. Beides ist dieselbe That, nur von verschiedenen Händen vollführt, Beides ein Nothrecht mit Berufung auf die allgemeine Wohlfahrt und das Volk, Beides gleich weit entfernt von dem stätigen Gang gesetzmäßiger Entwicklung.

Das schlimmste aber bei dem geschilderten Wechselspiel zwischen revolutionär beschlossenem und diktatorisch befohlenem Recht und Gesetz bleibt · die endliche Verwirrung aller Rechtsbegriffe im Volksbewußtsein. Bei großen Katastrophen gewinnt das Gefühl, dann die Leidenschaft die Oberhand über klare Gedanken und gerecht abwägendes Urtheil. Das sehen wir in den Völkerschicksalen wie im Schicksal der Individuen. Jene Bildungsaristokratie, welche in den Tagen friedlich vorschreitender Staatsentwicklung das gesammte politische Volksbewußtsein wesentlich beeinflußte, tritt dann zurück; in allen Revolutionen herrscht die Politik der Leidenschaft, herrschen jene Volksschichten, welche zuerst mit dem Herzen und mit der Faust, und dann erst mit dem Kopf Staatskunst treiben. Braust diese Politik der Leidenschaft rasch, wenn auch noch so gewaltsam, vorüber, so kann sie wie ein erfrischender Gewittersturm die verdorbene Luft reinigen; bleibt sie aber mit verhaltener Macht auf längere Dauer stille stehen, so verrückt sie den natürlichen Schwerpunkt der Kräfte des Volksgeistes und verblendet und verdummt das Volk.

Darum ist, wie gesagt, ein ganz revolutionärer Schlag lange nicht so schlimm als eine halb revolutionäre Epoche.

Auf dem Papier und aus der Rückschau der Geschichte ist übrigens leicht zu scheiden zwischen historisch nothwendigen, mit durchgreifendem Erfolg gekrönten Revolutionen und zwischen halbwüchsigen, halbnothwendigen und halbgelungenen. Mitten im wirbelnden Strom der Ereignisse besitzt dagegen nur der seltenste hellsehende Genius und der große Charakter den Blick, das eine und andere mit Prophetengabe vorher zu erkennen.

Ich sagte oben: jede neue Staatsform komme auf einem gewaltsamen Weg zum Durchbruch. Hätte ich nicht auch sagen können: jede neue Verfassung? Das wäre handgreiflich falsch. Hier wird die Eingangs erwähnte Schattirung der so oft gleichbedeutend gebrauchten Wörter „Staatsform" und „Verfassung" praktisch. Staatsform ist die Gattung, Verfassung die Art. Aus der fundamental neuen Staatsform entwickeln sich fortschreitend Einzelverfassungen. Für ihre

Geburt bedarf es dann weiter nicht mehr des gewaltsamen Durchbruchs; Mittel und Wege sind im Staatsgrundgesetz nunmehr genau vorgezeichnet.

VIII.

Je reicher und harmonischer sich das Staatsleben gestaltete, um so vorsorglicher wurden wir in den Vorschriften über die Abzweigung einer neuen Einzelverfassung aus dem Stamm einer gegebenen Staatsform. Es genügte uns nicht, daß beim Staatsgrundgesetz wie bei jedem Gesetz alle Faktoren der gesetzgebenden Gewalt, Fürst, Ministerium und Landtag, einmüthig zusammenwirken müssen um irgend eine Neuerung aufzustellen. Man suchte auch noch andere Bürgschaften, allerlei besondere „Gewähr der Verfassung," die man bei keinem andern Gesetze nöthig fand.

Man läßt den Fürsten, die Prinzen des Hauses Treue dem Staatsgrundgesetz schwören, dann die Staatsdiener in ihrem Diensteid, ja die Staatsbürger überhaupt im Bürgereid. Das ganze System der Ministerverantwortlichkeit vor den Kammern zielt außerdem in seinem Hauptstück auf eine besondere Schutzwehr wider groben und feinen Bruch des Staatsgrundgesetzes. Und neben diesen Schutzmaßregeln im Innern entwickelt sich mehr und mehr der Gedanke einer völkerrechtlichen Gewähr der Einzelverfassungen. So haben die deutschen Bundesstaaten das Recht einen besondern Schutz ihrer Verfassung beim Bunde nachzusuchen, pflegen den Bundestag aber mit diesem Rechte nicht zu belästigen.

Je entschiedener sich die großen europäischen Cultur-

Staaten als eine in Gesittung und Recht verbrüderte Staaten-
familie auffassen, je klarer man einsieht, daß die revolutionäre Erschütterung eines Großstaats in allen andern Reichen
verderblich nachdröhnt, um so lebendiger wird das Interesse
Aller: Willkür und Verfassungsbruch im einzelnen Staat zunächst durch die Mittel der Ueberzeugung und des moralischen Drucks zu verhüten. Der Nachbar erkennt sich in gewissem Sinn mithaftbar für die Verfassungstreue des Nachbars.
Mag dieser Gedanke eigennützig ausgebeutet werden von einer
Politik, welche das Schild der Nichtintervention aushängt,
um desto schlauer für sich allein ihre lange Nase in alle
fremden Händel zu stecken, im Grunde bleibt er doch be-
rechtigt und zukunftreich, und deutet prophetisch auf ein
europäisches Schiedsgericht als höchstes Forum für die innern
und äußern Zwiste der Völker und Staaten.

Wir besitzen aber noch eine Gewähr der Verfassung
über alle politischen Eide, die man im Sturm des Aufruhrs
so leicht umschwört, und über allen moralischen Schutz der
Nachbarn, welche doch zum öftern auch vor der eigenen Thür
zu kehren haben. Diese Gewähr liegt in dem Zauber, welchen
das Wort „Verfassungstreue" zu unserer Zeit für alles Volk
gewonnen hat. Ich meine „alles Volk" wörtlich, vom Fürsten
bis herab zum bildungslosen gemeinen Mann.

Kaum gibt es in unserer heutigen politischen Sprache
ein mißtönenderes Wort als „Verfassungsbruch," kaum ein
so allgemein wohlklingendes als „Verfassungstreue." Männer
die den Inhalt der bestehenden Verfassung aus innerster Ueberzeugung befehden, würden doch jeden Gedanken an Verfassungsbruch als eine sittliche Schmach zurückweisen. Mancher

Machthaber mag dem constitutionellen System im Herzen ab-
hold sein, und zeichnet sich dennoch aus durch Verfassungstreue im Geist dieses Systems, nicht aus politischen, sondern
aus sittlichen Beweggründen, um Mannesehre und Mannes-
wortes willen. Mancher Minister, den ein kleines Loch in
der Verfassung aus großer Noth erlösen würde, hütet sich
wohl, dieses kleine Loch zu reißen, aus Gewissensscheu, das
heißt gebannt vom Volksgewissen und von dem eigenen.

Tausende, die das Wesen der Verfassung nur dämmernd
ahnen, ohne es zu kennen, und den Segen der Verfassung
nur vermuthen, ohne ihn zu sehen, würden sich empören
wider einen Verfassungsbruch. Sie würden sich für die Verfassung todtschlagen lassen, und wissen doch gar nicht genau
was eigentlich die Verfassung ist. Das geheimnißvolle Wort
„Verfassung" ist ihnen wie ein Evangelium, an welches man
glaubt, auf welches man schwört, auch ohne es zu verstehen.

Der Grundsatz, daß in der Politik der Zweck die Mittel
heilige, hat neuerdings (1862!) so zahlreiche und beredte Bekenner gefunden und leider auch bei einem ansehnlichen Theil
des deutschen Volks. Dennoch möchte man ihn nur nach Außen
anwenden, nicht im innern Heiligthum des eigenen Staats.
Nachbarliche Staatsgebilde mit gewaltthätiger Hand zertrüm-
mern zu Gunsten der eigenen oder auch der gesammten nationalen Machtfülle, das däucht Vielen wohl eine frische mann-
hafte Politik. Aber denselben Grundsatz der Gewalt zum
guten Zweck auf das eigene Haus, auf die eigene doch auch
vielleicht etwas windschiefe Verfassung anwenden, das wäre
ihnen Schmach und Frevel.

Nur ein äußerster Absolutismus und ein äußerster Radi-

calismus mag jetzt noch laut von Verfassungsbruch — natürlich auch zum besten Zwecke — reden. Wer sonst auch etwa
auf Gewalttat am Staatsgrundgesetze sinnt, der sagt es
wenigstens nicht, und bricht, wenn es angeht, die Verfassung
unter dem Deckmantel redlichster Verfassungstreue. Wenn
irgendwo, so hat sich in der Ehre der Verfassungstreue und
der Schmach des Verfassungsbruchs die öffentliche Meinung
über sich selbst erhoben, das heißt, sie ist hier nicht blos
die Meinung der herrschenden Parteien, sondern schlechthin
die Volksstimme.

Es kreuzen sich verschiedene Gründe für diese Thatsache,
entsprechend den vorhin besprochenen verschiedenen Kategorien
des Volksgeistes und der Volksbildung.

Der gebildete Mann weiß, daß die Verfassung, ausgesprochen und gefestet im Grundgesetz, zugleich die Aussprache
unserer hart erkämpften nationalen Gesittung, unserer nationalen Ehre ist und eine Bürgschaft, daß wir nicht in alte
Barbarei zurückfallen. Nicht unpassend nennt man darum
die Verfassung ein Kleinod des Volks und die Verfassungsurkunde den Schrein, der dieses Kleinod sicher bewahrt.

Der Halbgebildete sieht dann in der Verfassung schlechthin blos den Hort der Freiheit und des Rechts, und glaubt
oft sie berge noch viel mehr Freiheit als man eigentlich zu
sehen bekomme. Ja es gibt einen Aberglauben an die Verfassung als sei sie ein Kleinod, welches alle Krankheiten heile,
wie die mittelalterlichen Naturphilosophen den wirklichen Edelsteinen solche Heilkraft andichteten. Kein Wunder daß man
den Schatz treu bewahren will.

Andere verkennen diesen geschichtlichen und praktischen

Werth der Verfassung gleichfalls nicht, sehen aber auch die
Mängel des Menschenwerks ein, welches, trotz aller Dauer,
die man ihm in rechtskräftig gefesteter und beschworener Form
zu geben sucht, doch erst in stets lebendiger Fortbildung
seine eigenste Aufgabe erfüllen kann. Allein sie wissen dann
auch um so klarer welch ungeheures Gewicht auf der Art
dieser Fortbildung ruht. Sie wissen, daß der kühnste Fortschritt im Staatsgrundgesetz, durch Gewaltthat und Gesetzes-
bruch erzwungen, zunächst auf's tiefste den Staat erschüttert
und das Rechtsbewußtsein verwirrt; sie kennen jenen traurigen Ring von Revolutionen und Reactionen, der sich um
den ersten Verfassungsbruch schlingt; sie wissen wie unendlich
schwer ein sterbliches Auge von vornherein unterscheiden mag,
welches ein unvermeidlich nothwendiger Bruch des Rechts sei
und welches ein willkürlicher.

Darum soll die Verfassung, solange nicht alle Stricke
reißen, auf dem Wege, den sie selber vorgezeichnet und durch
die ganze gesetzgebende Gewalt weiter gebildet werden, und
nichts ist der Staatsklugheit solcher Männer verhaßter als
ein ungetreues Verlassen dieses Wegs. Eine leiblich gute,
thatsächlich gültige Verfassung dünkt ihnen besser als das
glänzendste Ideal, welches wie ein Meteor leuchtend und
zündend durch den Frieden unseres Staatslebens schießt.

Allen guten Bürgern aber, mögen sie gebildet sein oder
bildungsarm, ist ein dritter Grund der Verfassungstreue
gemeinsam, und er ist es auch der den gedachten schützenden
Zauber, stärker als alle Eide, über unsere Grundgesetze breitet.
Sie erkennen oder ahnen daß in der Verfassung gleichsam
der Staat sich selber treu geworden ist, und halten es darum

schlechthln für eine Gewissens= und Ehrenpflicht, daß der
Staatsbürger nun auch der Verfassung Treue halte. Das
moralische Motiv ist auch hier das mächtigste, das mehr
empfundene als gedachte, auch unser Cultus der Verfassungs=
treue ist ein Stück der vielgeschmähten Gefühlspolitik.

Die alte, deutsche, ritterliche Treue ist nicht verloren,
sie hat nur diese neue Form angenommen und hat in dieser
wahrlich so gut ihre Romantik wie in der alten. Nicht blos
um der verbrieften Rechte, sondern auch um der Pflichten
und um· des Dankes willen, ist das Volk verfassungstreu
aus sittlichem Gefühl. Wie im Einzelleben unser Herz schmerz=
voll leiden und vertrocknen würde, wenn wir nicht e i n e
Menschenseele oder nicht mindestens einen Hund fänden, dem
wir in uneigennütziger Treue zugethan, so bedarf auch das
Herz des Volks eines Gegenstands für seine Treue. Es hat
die alte Treue für seinen Fürsten nicht verloren, aber der
wahre Volksfürst ist selber der verfassungstreue Fürst; die
dritte Größe, welche Fürst und Volk verbindet, welche den
Fürsten erst zum Fürsten und das Volk erst zum Volke
macht, ist der Staat, und Fürst und Volk sind sich selbst
und einander getreu in ihrer Treue am Staat, in ihrer
Verfassungstreue. Nicht das eigennützige Hangen an Rechten
und Freiheiten, noch die staatskluge Würdigung des gesetz=
mäßig stätigen Gangs des öffentlichen Lebens, ist es, was
die Verfassungstreue so heilig werden ließ im Volksbewußt=
sein, sondern die ganz richtige Ahnung daß es· sich hier um
den festen Kern des sittlichen Geistes im Staat handle, daß
das ganze Volk vom Fürsten bis zum Bettelmann ein Zeug=
niß seines politischen Gewissens und seiner politischen Ehre

ablegen müſſe in der Treue für die Verfaſſung. Wie darum
die Parteien ſich auch kreuzen, in dieſem einen Stück wenig-
ſtens will Jeder von Jedem die gleiche Farbe bekannt wiſſen.

IX.

Nun aber komme ich wieder auf meinen erſten Satz
zurück und ſage: „Jede lebensfähige Verfaſſung erwächſt
aus dem Geſammtbewußtſein des Volks," und füge dann
hinzu: Das Wiſſen von der Verfaſſung iſt freilich im Volke
ſehr verſchieden abgeſtuft, nach Maßgabe der organiſchen
Gliederung des Volksgeiſtes. Viele wiſſen von der Verfaſſung
nur inſofern ſie ihre Segnungen empfinden und ſchätzen,
Viele lernen die Verfaſſung nur kennen, indem ſie ſich in
ihre Inſtitutionen einleben, Viele ſind der Verfaſſung treu
nicht aus Staatsweisheit, oder weil ihnen die Lehren der
Geſchichte vor Augen ſtehen, ſondern lediglich weil ſie meinen,
ein rechter Mann müſſe doch im Gemeinleben eben ſo gut
treu und redlich ſein wie im Privatleben.

Ich gehe dann aber weiter und füge hinzu: Das Wiſſen
von der Verfaſſung iſt allerdings ein ſehr verſchiedenartiges;
dennoch aber muß ſich das Volk auch einheitlich und gleich-
heitlich ſeiner Verfaſſung bewußt werden.

Dieſe Einheit aber ſpricht ſich nicht darin aus daß der
gemeine Mann Staatswiſſenſchaft lerne bei den Gebildeten,
ſondern umgekehrt, daß auch der Gebildeſte fortwährend jenes
naive Heimathsgefühl in der Staatsverfaſſung und jene un-
reflectirte Staatsmoral lernen und in ſich bewahren ſolle,
die den gemeinen Mann auszeichnet.

Denn es mag Einer schlecht bestehen können in einem
Examen über die Staatsverfassung und kann doch im eben
bezeichneten Sinn ein vortrefflicher, verfassungstreuer Staats=
bürger sein. Wer dagegen andererseits alle Staatsweisheit
mit Löffeln gegessen hätte, und vermöchte sich nicht freudig
und unmittelbar einzuleben in die Verfassung, und ihr schlecht=
weg um des reinen Gewissens willen Treue zu halten wie
der gemeine Mann, der wäre doch ein schlechter Bürger bei
all seinem Wissen.

Selig sind die da geistlich arm sind, heißt es im Evan=
gelium. Das gilt auch von der Politik. Gerade die liefste
Staatsweisheit wird sich fortwährend erfrischen und verjüngen
an der naiven Gefühlspolitik und der kindlichen Gewissenstreue
des bildungsärmeren Volks, und indem sie diese erforscht und
in sich aufnimmt, kommt sie zuletzt zu einem höchsten Ziel
politischen Erkennens und politischer That, nämlich zu einer
Verfassung und Regierung in welcher sich das gesammte Volks=
bewußtsein am treuesten spiegelt und wiedererkennt.

Der Dilettant auf dem Landtage.

(1864 und 1871.)

I.

Jede Zeit hat ihre besondere Gespensterfurcht. Bald
witterte man überall Hexen, bald Demagogen, bald Jesuiten,
bald Freimaurer; — heutzutage wittert man überall Dilettanten. Beim Handwerk sind die Zünfte aufgehoben, dafür
zünftelt es um so stärker in den geistigen Berufen, und
wenn Einer forscht, schreibt, lehrt, dichtet, malt, musicirt,
so fordert man ihm vor allen Dingen den Gewerbschein ab,
fragt, wo er seine Sache schulgerecht erlernt habe und ob
er nicht gar ein Autodidakt sei, ob er auch professionsmäßig
Brod verdiene mit seinen Geistesgaben, ganz besonders jedoch, ob er nicht verschiedene Gebiete zugleich berühre und
sich also des Gewerbsübergriffes schuldig mache?

Diese Gespensterfurcht vor dilettantischer Geistesarbeit
hat nun freilich auch ihre Ausnahmen, und darunter eine
sehr merkwürdige. Zu jeglicher Kunst und Wissenschaft läßt
man blos noch den strengen Fachmann und Spezialisten
gelten, nur in einer der schwierigsten Künste, in der Staatskunst, mag Jedermann frischweg mitarbeiten, wofern er nur
durch die gehörige Stimmenzahl zum Volksvertreter gewählt

worden ist. Ja man rühmt es sogar, wenn recht viele
Leute, die durchaus keine gelernten Politiker sind, plötzlich
auf ein paar Jahre Politik treiben. Macht ein Bierbrauer
Verse, so rümpft alle Welt die Nase, findet es aber ganz
vortrefflich, wenn er Gesetze machen hilft. Und doch hat
der Bierbrauer die Gesetzeskunst so wenig schulgerecht erlernt,
wie die Verskunst.

Dies ist scheinbar ein seltsamer Widerspruch, der in
zwiefacher Weise zu genauerer Untersuchung reizt. Man könnte
ihn nämlich für ein allgemein culturgeschichtliches Kapitel
verwerthen, welches den Titel bekäme: „Die Zunft in den
geistigen Berufen," — oder aber für ein politisches Kapitel
mit der Ueberschrift: „Die innere Berufung des Volksvertreters." Ich wähle hier das letztere. Legen wir
einmal den Maßstab von Schule und Dilettantismus an die
Arbeit unserer Abgeordneten. Vielleicht fällt dadurch einiges
Licht auf ein Thema, welches Vielen sehr klar scheint und
doch noch sehr dunkel ist, auf das Thema von Natur und
Wesen des Volksvertreters überhaupt.

II.

Bei der Wahlcandidatur zum Landtage oder Reichstage
fragen die tonangebenden Parteiführer, die Wahlherren, zunächst nicht sowohl nach den politischen Kenntnissen, als nach
dem politischen Bekenntniß ihres Erkorenen. Und je schwan-
kender die Erkenntniß, um so mauerfester ist häufig das
Bekenntniß — hier wie anderswo.

Man stutzt, wenn allzuviele politisch studirte Leute in

die Kammer kommen: man fürchtet da, französisch gesprochen, ein doctrinäres Parlament, auf deutsch eine Professoren=kammer. Würden überwiegend praktische Fachmänner der Amtsstube gewählt, so gäbe es eine Beamten = und Advokaten=kammer, und die wäre noch bedenklicher. Käme aber gar ein Dutzend Journalisten aus der Urne, so drohte das aller=schlimmste: eine Literatenkammer. Werden dagegen Oeco=nomen, Bauern, Gastwirthe, Kaufleute, Krämer, Fabri=kanten, Handwerker in rechter Ueberzahl gewählt, so gilt dies als das gute Vorzeichen einer praktischen und unab=hängigen Volksvertretung. Denn das gangbare Vorurtheil hält den Professor für unpraktisch, den Beamten für ab=hängig, den Literaten für einen zerfahrenen Menschen; sie müßten denn das Gegentheil erwiesen haben. „Wir sehen,“ so ruft man, „mehr auf Selbständigkeit des Urtheils, als auf reiches, gründliches Wissen!“ Allein wie kann ein Ur=theil selbständig sein, welches nicht auf gründlichstem Wissen ruht? Die äußere Freiheit von fremdem Einfluß mag sich ein eigensinniger Halbwisser wahren; die innere Unabhängig=keit, welche doch allein aus dem steten, planmäßigen Er=forschen der Dinge quillt, gebricht ihm ganz bestimmt.

Diese Vordersätze klingen bedenklich, und sie ziehen uns auf schiefer Ebene in einen wahren Abgrund noch weit be=denklicherer Schlüsse. Fahren wir aber vorerst einmal unver=zagt hinunter, vielleicht kommen wir dann doch hinterher lebendig wieder herauf.

Die ganze überreiche Welt des Staatslebens erfüllt den Wirkenskreis unserer Parlamente. Da regnet es Fragen des Staats=, Völker= und Kirchenrechts, Probleme der Volks=

wirthschaft, finanzpolitische Nüsse, Alternativen des Militär-
wesens, Räthsel der Culturpolizei und Gott weiß was sonst
noch Alles. Einem rechten Zunftmanne der Geistesarbeit
müssen doch — ganz heimlich — die Haare zu Berg stehen
über die dilettantische Vielhuerei, wie sie jedem Abgeordneten
nach dem bunten Wechsel der Tagesordnung zufällt, und im
Grunde dem studierten kaum minder, als dem unstudierten;
denn in allen den Dingen zugleich weiß am Ende kein Einziger fachmännisch Bescheid.

Gleicht unser Landtagswesen nicht aufs Haar dem Jour-
nalismus? Auch der Journalist hat, ähnlich dem Abgeordneten, seine Vollmacht von den Volkskreisen, die ihm an-
hängen, nicht von der Schule, wie die gelehrten Zünftler,
oder kraft eines Examens und laut Dekret, wie die bureaukratischen Zunftleute. Mitarbeitend, prüfend, anordnend
greift er in alle möglichen Wissensgebiete, obgleich er doch
so wenig überall Fachmann sein kann, wie der Abgeordnete
in allen Kammerfragen. Der Gelehrte schlägt darum ein
Kreuz vor dem Journalisten. Allein der Journalist schreibt
doch blos und regt günstigsten Falls entscheidende Dinge an;
der Abgeordnete hingegen spricht und entscheidet. Also wäre
er wegen dieser tiefer greifenden Befugniß wohl gar ein
potenzirter Literat und schlimmer als ein Literat?

Und obendrein gewinnt er das Recht, in politischen
Dingen als ein Meister mitzuthun, so ganz plötzlich! Ein
guter Katholik glaubt, daß der Priester durch den Akt der
Weihe zu einer inneren Erleuchtung komme, welche ihn zwar
nicht stracks gelehrter macht, als er Tags vorher gewesen,
dennoch aber das theologische Wissen des gelehrtesten Laien

aufwiege. So müßte am Ende gar auch der Abgeordnete durch den Wahlakt mit aller politischen Weisheit angehaucht werden, selbst wenn er vorher nur die Leitung des Pflugs statt der Staatsleitung studiert hätte.

Nun ließe sich's ertragen, daß unsere Abgeordneten in ihrer Mehrzahl Dilettanten der Staatskunst sind, wenn diese Thatsache blos zufällig oder vorübergehend wäre. Aber das ist sie ganz und gar nicht. Sie wurzelt vielmehr unlösbar im constitutionellen Prinzip und wird immer schärfer zu Tag treten, je folgerechter sich dieses Prinzip verwirklicht. Also hätten wir die Aussicht auf immer mehr Landtags-Dilettanten? Ohne Zweifel, und zwar aus zwiefachem Grunde. Die parlamentarische Aufgabe erweitert und vertieft sich von Jahrzehnt zu Jahrzehnt. Kammern, welche nach altem Schnitt blos zum Steuerbewilligen oder als machtloser Beirath der Krone berufen wurden, halten es leicht; ein modernes Parlament hingegen, als vollgültiger Faktor der gesetzgebenden Gewalt, greift immer selbständiger, schöpferischer in die schwierigsten Aufgaben des Staates. Je mächtiger die Volksvertretungen werden, um so fachmännischer wird ihre Aufgabe, um so bedenklicher wirkt folglich der Dilettantismus. Am ungefährlichsten sind die Dilettanten in den Einzel-Landtagen der deutschen Kleinstaaten, gefährlicher im neuen Reichstage, am gefährlichsten waren sie im deutschen Parlament von 1848, weil dasselbe die größte Vollmacht besaß. Denken wir uns aber das Ideal der Fortschrittsmänner in Zukunft verwirklicht, denken wir uns den vollendeten Parlamentarismus, welcher das letzte Wort nur noch formell der Krone ließe, um es thatsächlich den Volksvertretern zu

geben, dann würde die Dilettanten-Gefahr erst durchweg
ihren Höhepunkt erreichen. Also bekenne man frei: mit der
erweiterten Aufgabe und Vollmacht des Landtags bringt
gleichmäßig verdoppelten Schrittes der Dilettantismus in den
Ständesaal.

So spricht der Zünfter, wenn er ehrlich und
folgerecht zu sprechen wagt.

Zugleich aber steigert sich jener Dilettantismus mit der
freieren Wahlform, welche doch nur dann ganz frei genannt
werden kann, wenn sie Männern aus jeglicher Volksschicht
den parlamentarischen Weg eröffnet. Je weiter man die
Wählbarkeit ausdehnt, um so breiter werden die Dilettanten
in die Kammer fluthen.

Bismarck setzte die Diätenlosigkeit als „Correctiv“ neben
das allgemeine Wahlrecht, gewiß zumeist darum, weil der
gewiegte Staatsmann ein Grauen empfand vor der dilettantischen Vielthuerei unberufener Abgeordneter. „Correctiv“
wäre demnach in diesem Sinne zu verdeutschen mit: Schutz-
wall gegen Dilettanten-Gefahr. Ob dasselbe aber auch den
rechten Schutz gewährt? Bei der Diätenlosigkeit, diesem denkbar höchsten Census, ist offenbar vorausgesetzt, daß Reichthum eine Bürgschaft für politische Bildung und Unabhängigkeit sei. Allein in Deutschland sind die reichen Leute durchaus nicht schlechthin die gebildetsten, und folglich kraft ihrer
Sachkenntniß unabhängigsten. Es ist vielmehr ein aus-
zeichnender und äußerst glücklicher Charakterzug der deutschen
Gesellschaft, daß bei uns der höchste Bildungsreichthum überwiegend in einem Mittelstande zu suchen ist, der keineswegs
durch höchsten Geldreichthum glänzt. Und so hat man in

der Absicht, die Unberufenen vom Reichstage durch Diäten-
Entziehung fern zu halten, gerade eine Hauptgruppe der
Berufensten ausgeschlossen.

Uebrigens sollte man meinen, schon der gesunde Menschen=
verstand des Volkes werde verhüten, daß ganz kenntnißlose
Leute in den Landtag oder gar in den Reichstag kommen.
Ausnahmen abgerechnet, geht es in Deutschland doch nicht
zu, wie in der aristophanischen Komödie, wo Demosthenes
den Wursthändler als zu Staatsgeschäften besonders berufen
preist, weil derselbe gar nichts gelernt hat, außer Wurst=
füllsel in Därme zu stopfen. Allein solche Wursthändler
wären nicht einmal die schlimmsten Dilettanten: der studierte
Halbwisser ist der schlimmste; denn er pfuscht weil ärger ins
Zeug, als ein ganz ungebildeter Mann, welcher weiß, daß
er nichts weiß. Und den Halbwisser vom wirklich Kenntniß=
reichen zu unterscheiden, das vermag der gesunde Menschen=
verstand des Volkes nur sehr selten.

Strömt aber nicht politisches Wissen immer reichlicher·
in alle Gesellschaftskreise, wird alles Volk im wachsenden
Gemeinleben nicht täglich reifer für die Candidatenliste?
Gewiß! Die politische Bildung verbreitet sich über alle
Volksschichten, aber sie vertieft sich nur bei Einzelnen.
Und hierin eben liegt die steigende Gefahr. Denn durch so
allgemeine aber oberflächliche Kenntniß des politischen Lebens
wächst der Trieb, in dieses Leben selbstthätig einzugreifen,
ohne daß die Befähigung gleichermaßen zunähme. Man
könnte vielleicht eine Art von malthusischem Gesetz aufstellen:
der Reiz zur politischen That wächst in geometrischer Pro=
gression, die Fähigkeit nur in arithmetischer. Und da hätten

wir dann eine prächtige Formel, mit welcher sich das ge=
suchte X des Dilettantismus finden ließe, wie in einem
Rechenexempel.

Ich meine, so muß abermals der Zünftler sprechen,
wenn er ehrlich und folgerecht zu sprechen wagt.

Im Geiste dieses Zünftlers erschienen uns oben die
meisten Abgeordneten wie. potenzirte, d. h. verschlimmerte
Literaten. Mag man nun aber auch dem Literaten vor=
werfen, daß er lehren wolle, ohne recht ausgelernt zu haben,
und in allerlei Kunst und Wissen herumtasten, ohne ein
Ganzes voll zu erfassen, so macht er diese Thätigkeit doch
wenigstens zu seinem Lebensberuf und bei gesunder Geistes=
Constitution wird er lehrend lernen und zuletzt dennoch ein
Stück festen Bodens finden, welches er sein eigen nennt.
Das Gleiche kann man von den Dilettanten des Landtags
keineswegs rühmen. Gibt es gleich Männer, die Jahrzehnte
lang immer wieder gewählt werden und so die beste Zeit
ihres Lebens dem parlamentarischen Berufe widmen, so bilden
diese Stammgäste des Ständesaales doch nur eine kleine
Minderzahl; die meisten ihrer Collegen sind bloße Zug= und
Strichvögel. Kein Mensch bezeichnet auch den Beruf eines
Abgeordneten als Lebensberuf. Gerade darin liegt aber
eines der schärfsten Kennzeichen des Dilettantismus; denn
man braucht kein engbrüstiger Zünftler zu sein und nicht
nach Lehrbrief und Broderwerb zu fragen und wird doch
bekennen müssen, daß eben das Festhalten eines Berufs als
Lebensaufgabe den Fachmann sehr bestimmt vom Lieb=
haber scheidet.

III.

Nun läßt Jemand alle diese Argumente des Zünftlers
gelten, faßt aber die Frage von einer andern Seite und
entgegnet: Nicht auf den einzelnen Abgeordneten kommt es
an, sondern auf den Landtag als Ganzes! Einzelne Mitglieder mögen immerhin Dilettanten sein; allein der Landtag ist ein Mann von Fach. Er wird Sachkundige in die
Ausschüsse wählen, damit sie den Unkundigen vordenken;
was ein Mann nicht weiß, das weiß der andere, allerlei
Kenntniß und Urtheil ergänzt sich, hundert einseitige Geister
durchdringen sich zum vielseitigen Gesammtgeiste, und nicht
auf das einzelne Wort muß man sehen, sondern auf die
Debatte. Wie sich die Presse zum Zeitungsartikel verhält,
so der Landtag zu dem Abgeordneten und seiner Rede. Derselbe Professor oder Beamte, welcher hinter jedem Zeitungsartikel dilettantisches Gerede wittert (ausgenommen er selber
hätte ihn geschrieben), wagt doch nicht, die „Presse" als
solche des Dilettantismus zu bezüchtigen. Ebensowenig wagt
man's, den Landtag einen Dilettanten zu nennen oder gar
den ganzen Gedanken der Volksvertretung einen Herbergs-
vater der Dilettantenwirthschaft.

Diese Rechtfertigung, welche den Abgeordneten preisgibt,
um die Kammer zu retten, beseitigt zwar einen Theil des
Bedenkens, keineswegs aber das ganze.

Der Zünftler kann mit Fug Folgendes entgegnen:

Die fachgerechte Vorarbeit im Ausschusse mag zu einem
richtigen Beschluß der Kammer führen; allein auch der tüch-
tigste Ausschußbericht hindert keinen Abgeordneten, in der

öffentlichen Sitzung so dilettantisch wie möglich in's Zeug zu
fahren. Er hat ein volles Recht dazu; denn er soll lediglich
nach seinem Wissen und Gewissen sprechen, und man wird
doch nicht statt der alten Ständebänke den Landtag nach
Schulbänken gliedern wollen. „Laut Ausweis der stenographischen Protokolle" wird dann auch das Recht kenntniß-
los zu reden, fleißig genug geübt. Gar mancher Abgeordnete
schwiege von Herzen gern, aber um seiner Wähler willen,
die ihn eben nicht für's Schweigen gewählt haben, muß er
zu Zeiten das Wort ergreifen, wo er oft die Sache noch
keineswegs ergriffen hat.

Uebrigens sind die Kammerdebatten doch auch nicht
blos durch ihr Endresultat wichtig: sie sollen zugleich in
ihrem ganzen Gang eine politische Schule des Volkes sein.
Die Presse trägt das Wort des Abgeordneten in jedes Dorf,
damit das Volk Staatsweisheit lerne und heimisch werde in
allen Winkeln des Staatsgebäudes. Dieser pädagogische
Nebenberuf der Parlamente wiegt schwer: indem der Landtag das politische Bewußtsein des Volkes darstellt, soll er
zugleich ein höheres politisches Bewußtsein in allem Volke
weden. Volk und Landtag tragen einander wechselsweise,
und der Einfluß, den das Wort der Rednerbühne auf den
Volksgeist übt, ist oft wichtiger, als der Beschluß, welcher
zuletzt zu Protokoll kommt. Der minder Gebildete aber,
d. h. die ungeheure Mehrheit des Volkes, faßt nur selten
die Debatte als Ganzes, er hört nur selten die Stimme der
Kammer: er hört vereinzelte Redner und holt sich bei ihnen
Lehre und Exempel. Und diese Einzelnen sind nun unglücklicherweise großentheils Dilettanten, Männer, die oft gerade

um so feuriger und blendender reden, je weniger sie geschulte Politiker sind! Denn die erfahrungsgrauen Geheimeräthe und die katheberfesten Staatsgelehrten führen selten das zündende Wort. Ist es nicht höchst bedenklich, daß das Volk so viel lieber den kecken Naturburschen der Rednerbühne sein Ohr leiht, als den trockenen Fachmeistern? Zudem beklagen sich die gründlichsten Redner, daß ihre Vorträge in den Kammerberichten der Localpresse, d. h. der Presse des „eigentlichen Volkes," meist nur knapp und arm wiedergegeben werden, während das leidenschaftliche Donnergepolter der Kreuz- und Strafprediger der Tribüne voll und laut durch die kleinen Blätter dröhnt. Hat Einer mit dem langen Athem biederer Ausführlichkeit den ganzen Ernst der Lage und Frage erfaßt, dann ruhen sich die Reporter aus und schreiben drei Zeilen gedrängter Inhaltsangabe; erregt dagegen ein Anderer fortwährende „Heiterkeit," so knarren alle Federn am Journalistentisch. Und doch kann diese Heiterkeit ebensowohl durch objektiven Witz wie durch subjective Dummheit erweckt werden. Die Dilettanten der Presse scheinen da fast unter Einer Decke zu stecken mit den Landtagsdilettanten, und zuletzt erhält das arme, nach Staatsweisheit hungernde Volk überall nur eine dilettantische Wassersuppe.

Uebrigens ist es auch nicht blos das Volk, welches in den Kammern auf den einzelnen Redner blickt: die Abgeordneten selber würden sich dafür bedanken, wenn sie so ganz in der „Kammer" aufgehen und ihre Reden in der „Debatte" versinken sollten.

Kurz und gut, hier zählt, wie überall wo etwas

Rechtes geschieht, vorab der Mann und durch den Mann
erst die Körperschaft; diese Männer aber sind zum großen
Theil politische Dilettanten.

IV.

Ich habe bisher den „Zünftler in den geistigen Berufen"
sprechen und einen Dritten seine Einwürfe gegen dessen Gedanken erheben lassen. Man erwartet nun wohl noch ein
Wort, welches diese einseitig gegnerischen Ansichten vermittelt
und ausgleicht, man erwartet dasselbe vielleicht in der Aussprache meiner eigenen Ueberzeugung zu hören.

Ich schlage folgendes Thema zu einer Novelle vor:

Ein geistvoller Mann, hochgebildet, ja ein gelehrter
Historiker obendrein, wird zum Abgeordneten gewählt. Voll
heiligen Eifers betritt er den Ständesaal; die Parteigenossen
ehren ihn, wie man den bedeutenden Mann ehren soll: sie
wenden ihm gewichtige Arbeiten zu. Er forscht, prüft, entwirft seine Berichte, durchdenkt seinen Vortrag mit aller
Macht eines rührigen, geschulten Geistes. Allein je gründlicher er sich vertieft in seine Aufgabe, um so tiefer wird er
sich seiner ungenügenden Kenntnisse bewußt. Mit dem red-
lichen Fleiße wächst die Seelenpein des armen Mannes,
und er verwünscht die Stunde, wo er das Mandat angenommen. Mitten in der glänzendsten Rede, die er an einem
parlamentarischen Haupt-Schlachttage über einen Posten des
Militärbudgets hält, packt ihn plötzlich dieses Bewußtsein
seines Ungenügens mit solcher Macht, daß er in dem Augenblicke stecken bleibt, wo alle Hörer an seinem Munde

hängen. Er sucht den Faden wieder zu finden, verwirrt sich nun aber vollständig und verläßt die Rednerbühne. Man glaubt, er sei unwohl geworden, man bringt Zucker= wasser, man umdrängt ihn theilnahmvoll; allein er erklärt, seine Nerven seien fest, sein Puls ruhig, ja er sei recht mit klarem Bewußtsein stecken geblieben; denn auf der Höhe seiner rednerischen Beweisführung habe er auf's schärfste erkannt, daß er zwar im alten Heerbann, im ritterlichen Lehensheere und bei den Landsknechten ziemlich guten Be= scheid wisse, aber um so schlechteren im heutigen Soldaten= wesen, daß er ein unfähiger Volksvertreter, daß sie Alle miteinander nicht viel besser seien, und ihre ganze Debatte eine große politische Pfuscherei. Darum lege er denn auch hiermit sein Mandat nieder.

Freunde und Gegner glauben nach diesem peinlichen Auftritt, der Mann habe den Verstand verloren. Und doch war gerade das Gegentheil der Fall: weil er so ganz klaren und ehrlichen Verstandes sich selbst erkannte, erschien er den Andern als ein Narr, die — seiner Meinung nach — aller= dings insofern den Verstand nicht verloren hatten, als sie gar noch nicht zum rechten Verstande gekommen waren.

Vorher hatte der Mann seine fixe Idee; seit jener Katastrophe hatte die fixe Idee den Mann. Plötzlich aus dem ungründlichen, unbefriedigenden praktischen Wirken her= ausgetreten, versenkt er sich in gründliches Grübeln, welches aber noch unbefriedigender ist. Wohin er blickt, gewahrt er Dilettanten und wittert zuletzt sogar bei Pertz und Böhmer einen Anflug von Dilettantismus. Die ganze Welt wird ihm haltlos und ihm schwindelt darüber so sehr, daß er in

Tiefsinn verfällt und seine arme Frau peinigt, weil sie ihm
als eine Dilettantin des Hauses, der Ehe, der Liebe, der
Treue erscheint, sein kleines Kind, weil es schon im Spielen,
Essen und Trinken bedenklich zu dilettantischen Uebergriffen
neigt.

In diesen schlimmen Tagen begegnet ihm ein alter
Freund, der Arzt eines Irrenhauses, und ladet ihn ein,
seine Anstalt doch einmal zu besuchen und genau zu betrachten, sie biete schätzbares Material zur Dilettantenfrage.
Der selbstquälerische Mann entschließt sich schwer dazu; denn
er hält gerade diesen Arzt für einen besonders argen Dilettanten, weil die Seelenheilkunde unter allen medizinischen
Fächern doch ohne Zweifel das am meisten Dilettantische sei.
Allein wer den Teufel bannen will, der muß ihm in's Gesicht sehen; also unternimmt er zuletzt mannhaft den Besuch.

Der Arzt führt den Dilettantenjäger durch alle Räume
seiner Anstalt. Da sieht sich derselbe von Leuten umringt,
die allesammt die festesten, ausschließendsten Meister ihres
Faches sind; der Eine ist König, zwar nur mit einer Krone
von Goldpapier, aber er ist nichts als König, er herrscht
und repräsentirt den ganzen Tag; der Andere ist Rothschild,
und wenn er auch keinen Kreuzer in der Tasche hat, so
fliegen ihm doch die Millionen durch den Kopf ohne Unterlaß, und wer allen Staaten Geld leihen muß, der hat nur
Zeit und Athem für Finanzgeschäfte; der Dritte grübelt und
predigt die neue und letzte Weltreligion, er würde die beiden
armen Tröpfe bemitleiden, welche mit Scepter und Börse
regieren wollen, wenn er sie überhaupt sähe, allein er ist
nur Prophet, nur Messias, er hat kein Auge für Anderes.

Und so geht es weiter durch die bunte Reihe: ein Jeglicher ist Spezialist und Virtuos in seiner besondern Narrheit. Hier zweifelt Niemand an sich selbst und seinem Beruf, und ob die Andern an ihm zweifeln, das ist ihnen Allen völlig einerlei.

Bei dem Anblick dieser schlechthin in sich stehenden, schlechthin selbstgewissen Spezialisten wird es unserm Helden zu Muthe, wie einem Seefahrer (oder richtiger einem Dilettanten des Seefahrens), der, von ruhelosem Wogengeschaukel umringt, endlich wieder einmal einen festen Punkt, ein Stück Land erspäht. Schon beim Ausruhen des Auges mildert sich die Seekrankheit.

Der Arzt aber erzählt ihm, daß jener Unglückliche, welcher sich jetzt einen König dünkt, in gesunden Tagen ein eifriger Dilettant des Violinspiels gewesen, obgleich er eigentlich Kaufmann sei. Jetzt rühre er keine Geige mehr an. „Könnte ich ihn nur dazu bringen, wieder einmal etliche Striche auf der Geige zu machen!“ fuhr der Arzt fort, „es wäre der erste Lichtstrahl beginnender Genesung, er würde sich den König aus dem Kopf geigen. Hundertmal habe ich's erlebt, daß die Rückkehr zu allerlei Liebhabereien und Nebengeschäften die glückliche Krisis verkündet. Denn der gesunde Mensch ist keine einseitige Arbeitsmaschine, er ist eine harmonische Totalität verschiedenartigster Kräfte, er muß sich in allerlei Uebung versuchen, obgleich er nicht in jeglicher Meister werden kann. Aber schon der Versuch bezeugt die innere Gesundheit, das Streben nach der sich selbst ergänzenden Harmonie. Die Umkehr von der fixen Idee zur harmonischen Totalität kann in mannichfacher Weise geschehn. Nehmen Sie diese drei Kranken: den König, den Rothschild und den Religionsgründer. Sie kommen täglich zusammen, aber Keiner tauscht sich aus mit dem Andern, Jeder spricht und denkt in sich hinein. Wenn sie eines Tages auf den Einfall kämen, parlamentarisch mit einander zu verhandeln, sich gegenseitig zu berathen, wenn der Rothschild die Dogmen des Messias prüfte und der König über die Finanzpläne, der Messias über die Politik seines Genossen redete: sie würden wohl anfangs wunderlich genug diseutiren, aber sie wären auf dem Wege der Besserung."

Man läßt sonst wiedergenesende Irre unter sich Theater spielen, um die Heilung zu fördern, sollte man sie nicht vielleicht auch ein bischen Landtag spielen lassen? Die Frage lag dem ehemaligen Abgeordneten auf der Zunge; allein er sprach sie nicht aus; denn was er heute gesehen und gehört, riß ihn zu neuen, immer tieferen, ernsteren und doch erhebenden Gedanken fort; es war ihm, als begreife er jetzt erst die Natur des Menschen und des Volkes. Der Landtag kam ihm wie ein Bild des Lebens vor, und im Leben wie im Landtag ahnte er auf einmal die gesunde vermittelnde Kraft auch der Liebhaberarbeit; denn wenn derlei Arbeit auch halbe Arbeit ist: ein Jeder sollte sie dennoch üben; verbunden mit dem Fachberufe macht sie uns doch erst zu ganzen Menschen. Man fragt heutzulage so gar zu viel, was wir in einem Stücke können und so gar wenig, was wir in allen Stücken sind als Gesammtnatur, als harmonische Persönlichkeit!

Unser „freiresignirter" Abgeordneter war seiner Zeit so gediegen geschult worden, zuerst auf dem Gymnasium von

den Philologen, dann auf der Universität von den Historikern, daß er bisher geglaubt hatte, man könne Wissen nur
erlernen, nun ahnte er zum erstenmale, daß man Wissen
auch erleben kann, selbst wenn man's unter Narren erlebte!

Augenblicklich legte er den Maßstab seiner neuen Gedanken von der harmonischen Persönlichkeit und dem erlebten
Wissen kritisch prüfend an seine fixe Idee vom Dilettantismus der Volksvertreter. Er hatte bisher immer nur gefragt, was ein Volksvertreter wissen solle, jetzt schien ihm
die Frage viel wichtiger, was eigentlich ein Volksvertreter
sei? Allein je gründlicher er nun das Wort, die Idee und
die thatsächliche Verwirklichung der Volksvertretung untersuchte, um so wunderlicher schlug sein ganzer Standpunkt
in's vollkommene Gegentheil um. Bis dahin hatte er sich
selbst und seine sämmtlichen Landtags-Collegen für Erz-Dilet-
tanten gehalten: jetzt kam er sich nebst Jenen gar nicht mehr
dilettantisch vor. Dagegen dünkten ihm all unsere Wahlgesetze, unsere sämmtlichen für das Landtagswesen grund-
legenden Verfassungsparagraphen wie ein ungeheurer Dilettantismus. Er war da wie eine geladene Mine, er mußte
explodiren, er mußte sich im vollen Ergusse aussprechen, aber
nicht gegen den Irrenarzt — beinahe wäre er rückfällig geworden und hätte gedacht, was versteht so ein Doctor vom
Staatsrecht! sondern gegen einen wirklichen Staatsmann.

Zum Glück war sein Oheim Minister außer Dienst,
also erfahren in der Sache, als Minister; genügend objectiv
in der Sehweite seines Standpunktes, weil außer Dienst,
und geneigt, ihn geduldig anzuhören, als zärtlicher Oheim.

Bei nächster Gelegenheit hielt ihm der Neffe folgenden

Vortrag, dem der alte Praktiker anfangs ohne jede Zwischen-
rede folgte, weil er in dem Gedankengang ein gutes Symptom
fand von der zurückkehrenden Vernunft des Neffen.

V.

„Beim Volksvertreter soll man nicht fragen, was er
weiß, sondern was er ist. Denn er soll keine Wissenschaft
vertreten, sondern das Volk, auch soll er zunächst kein
Staatsmann sein, sondern ein Volksmann. Abgeordnete
können Staatsmänner werden, aber sie sind es nicht.

Nun ist aber das Wort „Volksmann" jammervoll ab-
genützt, das heißt ein Wort, wobei man sich im Laufe der
Zeit so vielerlei gedacht hat, daß man zuletzt gar nichts
mehr dabei denkt oder im besten Falle etwas Verkehrtes.
Abgenützte Worte muß man auf ihren ursprünglichen Begriff
zurückführen, dann werden sie wieder neu. Ein Mann des
Volkes wäre dann, wer des Volkes gute Art wie in einem
verjüngenden Spiegelbilde darstellt, in einem Bilde, welches
veredelt, indem es verkleinert und dabei doch getreu bleibt.
Und wenn dann die Wähler sagten: dieser Mann sind wir,
so wäre er der rechte Mann. Er wäre eben ein Meister
der volksthümlichen Persönlichkeit und aus solchen Meistern
entwickeln sich unter Umständen „öffentliche Charaktere."

Allein der „Mann des Volkes" bezeichnet dann doch
eine große Gattung mit mannichfachen Arten, so mannichfach
wie das Volk selbst in seinen großen Gruppen. Wir haben
ein naives und ein gebildetes Volk im Volke. Setzen wir
als äußerste Contraste einen ächten Kleinbauer und einen

Mann der höchsten Geistesarbeit: Beide können Volksmänner
sein, aber wie verschieden sehen sie aus! Der Volksmann
im Bauernkittel gibt nur den Charakter seines Standes in
enger landschaftlicher Begränzung und sein politisches Verständniß reicht wohl kaum über die Gemeinde und den Gau,
welchem er entstammt. Umgekehrt wird der hochgebildete
Mann weittragende Resultate der nationalen Bildung in sich
verkörpern, ja er gibt wohl noch mehr: seine Persönlichkeit
trägt zugleich ein internationales Gepräge, sie manifestirt
die Ideen, Ideale und Formen der gebildeten Welt. Bei
ihm steckt vielleicht obendrein der Staatsmann im Volksmanne, während jener andere, in seiner Art gleich ächte
Volksmann, kaum ahnt, was der Staat eigentlich ist und
will. Bei all diesem schroffen Gegensatze sind Beide als
Volksmänner darin gleichartig, daß Jeglicher in seinem
Wesen sein Stück Volk charaktervoll zur Aussprache bringt.
Keiner aber kann naiv gestellt und bewußt gebildet zu gleicher
Zeit sein. Da gibt es also doch auch einen Spezialismus
des Seins und Lebens und der erlebten Gesittungsresultate,
aber einen Spezialismus ganz anderer Art als bei den
Wissenschaften.

Der bloße Charakter des Volksmannes genügt jedoch
noch nicht für die innere Berufung zum Abgeordneten. Dieser
muß auch ein erlebtes Wissen besitzen. Der Volksvertreter
soll das Volk kennen, nicht aus Büchern und Akten, sondern
aus dem Leben. Quellenforscher der Volkskunde braucht er nicht
zu sein, sondern vielmehr selbst eine Quelle für den Forscher.
Vor allem kenne er jene Geheimnisse des Volkes, welche nicht
statistisch faßbar, welche gar nicht in die Akten zu bringen

sind. Wenn er einen Novellisten entzückt und einen Bureaukraten ärgert mit seiner erlebten Volkskunde, dann ist er
der rechte Mann. Mancher Bauer thut's da dem Gelehrten
zuvor; vielleicht kann er nur wenig bieten, aber dies Wenige
ist ganz sein eigen. Die Bauern sind eben auch Spezialisten.

Uebrigens erwächst dem Abgeordneten durch seinen Eid-
schwur, stets das Wohl des ganzen Volkes im Auge zu
halten, stillschweigend die Pflicht, daß er seine vielleicht nur
ganz spezialistisch erlebte Volkskenntniß zur allgemeinen er-
weitere. Er soll sortan mit dem ganzen Volke leben. Das
gilt dem naiven Volksmanne so gut wie dem gebildeten.

In Italien haben die Deputirten freie Fahrt auf allen
Eisenbahnen. Einzelne Stimmen forderten dieses Vorrecht
auch für die deutschen Reichstagsmänner als kleinen Ersatz
der Diäten. Ich finde den Vorschlag vortrefflich, nicht vom
Standpunkte der Diätenfrage, sondern weil man dem Volksvertreter alle Mittel bieten soll, auf's breiteste und freieste
mit dem Volk zu leben und seine Zustände an Ort und
Stelle zu beobachten. Kleinmeister werden einwenden, daß
die Freikarte dann doch zu gar mancher lustigen und nützlichen Fahrt gebraucht werden dürfte, bei welcher der In-
haber an nichts weniger als an's Volksstudium denkt. Ganz
gewiß! wir sind allzumal Menschen. Aber gerade deßhalb
wird selbst die freie Vergnügungsfahrt dem Volksvertreter
die Frage in's Gedächtniß rufen, was ihn und die Kammer
eigentlich vor dem Vorwurfe des Dilettantismus rette? Und
auf seiner Freikarte wird er als ungedruckte Antwort lesen:
die erlebte Volkskenntniß.

Der ganze Landtag wird mobil werden, an Ferientagen

wird man Abgeordneten in den hintersten Winkeln des Landes begegnen, wo man sonst kaum jemals einen gefunden hat. Und ich sehe im Geiste, wie man die Häupter des Parlaments, obgleich ihre Freikarte für alle Wagenklassen gilt, am sichersten in der dritten Klasse finden wird, weil sie da schon unterwegs das Volk am besten kennen lernen. In der ersten Klasse dagegen werden höchstens noch kranke und gebrechliche Volksvertreter Platz nehmen oder solche, die nach ihrer letzten Abstimmung nicht gerne von den Leuten gesehen sein wollen.

In einem Hauptstück blieben die meisten Abgeordneten übrigens doch immer Dilettanten. Sie sind (Fachmänner dieses Zeichens ausgenommen) keine gründlich vorgebildeten Juristen und Verwaltungsleute, sie kennen die Technik des Staates nur lückenhaft oder obenhin. Da bleibt dann gar nichts übrig, als daß sich der Einzelne bemüht, im Gang der Verhandlungen so viel Staatskunst zu erlernen, als er kann. Kein Mensch kommt immer und überall über den Dilettanten hinaus und wenn er sich auch in den engsten Beruf einspinnen wollte.

Hierüber möge der unstudierte Abgeordnete nur gleich einmal bei den gründlichst studierten Beamten nachfragen. Auch diese sind Dilettanten, nur auf einer andern Seite. Der ungelehrte Volksvertreter ist zuerst ein Kenner des Volks und sucht sich nachträglich, so gut es eben gehen will, in die politische Fachkenntniß einzuschießen. Der Beamte ist zuerst theoretisch und technisch geschult und ringt hinterdrein nicht minder mühevoll nach erlebter Kenntniß der Volkszustände. Und ach! das wird ihm oft so schwer am Schreib-

tisch! Wo also der Eine Fachmann, da ist der Andere
Dilettant und umgelehrt. Jener geht durch's Leben zur
Schule und Dieser durch die Schule zum Leben.

Es war einmal ein König, der setzte aus seinem Privat-
sädel einen Preis aus für denjenigen Beamten oder Candidaten des Staatsdienstes, der die Volkszustände irgend eines
Bezirks am gründlichsten beschriebe. Einer seiner Minister
fand diese Preisaufgabe sehr bedenklich und erklärte dem
Könige, daß nur die schlechten Beamten (die Dilettanten)
sich mit solchen Studien befaßten. Der König aber ließ sich
nicht beirren, und der Erfolg gab ihm recht. Denn ein
wenig bekannter junger Mann gewann den Preis und that
sich, einmal erkannt, binnen kurzem im Amte so hervor, daß
er nach vierzehn Jahren selber schon um ein Haar Minister
geworden wäre; der Minister aber war inzwischen längst gefallen, und zwar etwas unangenehm. Das ist eine lehr-
reiche und wahre Geschichte."

VI.

So sprach der ehemalige Abgeordnete zu seinem staatsmännischen Oheim, und dieser hörte ihm mit Behagen zu.
Schien es doch, daß die Gespensterseherei des Dilettantismus
vollends von dem armen Neffen gewichen sei.

Um ihm aber noch ein wenig auf den Zahn zu fühlen,
fragte er denselben, halb im Tone des Scherzes, halb des
Ernstes, ob er nach dieser inneren Umlehr nun nicht wieder
als Wahlcandidat auftreten wolle? „Der Zeitpunkt ist
günstig," so meinte der Oheim. „Eine Neuwahl steht be-

vor. Die Freunde, welche bei deiner Flucht von der Tribüne anfangs glaubten, du habest den Verstand verloren,
erkennen jetzt vielmehr, daß du einer Zeitidee, dem welt-
bewegenden Spezialismus, dein Mandat heroisch zum Opfer
gebracht. So würde ein Pietist den Pietisten imponiren,
wenn er sich, obgleich der bravste Mann, doch für die sünd-
haftleste Creatur und darum für unwerth irgend welchen
Amtes erklärte, welches sittliche Kraft und reinen Wandel
voraus setzt. Man bewundert deine tolle Entsagung, wie
man im Mittelalter die entsagenden Reclusen und Wald-
brüder bewunderte. Da aber die moderne Gesellschaft ebenso
gewiß aus Rand und Band ginge, wenn sie aus lauter
reinen Spezialisten bestünde, wie die mittelalterliche, wenn
sie aus lauter Waldbrüdern bestanden hätte, so wird man
auch rühmen, daß du jetzt doch wieder einen gewissen Dilettantismus gelten lässest. Denn wer es in dieser argen
Welt zu etwas bringen will, der muß zuerst engherzig im
Glauben und hinterdrein weitherzig in den Werken sein."

Der Neffe bat den Oheim, seinen Spott nicht zu weit
zu treiben und erklärte dann: „Bei der Wahl entscheidet
vor Allem die Partei. Ich habe mich als unzuverlässigen
Parteigenossen gezeigt, da ich mich von meinen Scrupeln
über die innere Berufung des Volksvertreters in einem
Augenblicke überwältigen ließ, wo ich nur daran hätte denken
sollen, das Gewicht meiner Gründe für die Partei geltend
zu machen. Und also bin ich für immer unmöglich.

Aber wäre dies auch nicht, so würde ich doch niemals
wieder ein Mandat annehmen. Denn ist gleich meine Dilet-
tantenfurcht in Betreff der Abgeordneten zerronnen, so er-

scheinen mir dafür nunmehr unsere sämmtlichen Wahlgesetze
besto biletu...tischer. Dieselben Gründe, welche mir den
Volksvertreter retten, sind vernichtend für die Form der
Zusammensetzung unserer Kammern.

Das Volk sollte eigentlich in seiner Gesammtheit parlamentarisch mitwirken an der Uebung der gesetzgebenden Gewalt, die universitas populi an der Gewalt circa univer-
salia, wie Grotius bedeutsam sagt. Da ein solches Parlament
aber den Staatsbau zum babylonischen Thurmbau machen
würde, so wählen wir eine Vertretung. Sie kann einzig
und allein nur den Sinn haben, das Volk im getreu
verkleinerten Auszuge darzustellen. Ich berufe mich auf
Mirabeau. Er vergleicht die wahre Volksvertretung mit
einer Landkarte, welche jede Hauptform der Bodenfläche in
der entsprechend proportionirten Verkleinerung wiedergibt.
So sollen im Landtage nicht blos alle Elemente des Volkes
überhaupt, sondern auch in einer dem Urbilde gleichen Proportion vorhanden sein. Vielleicht dürfte ein anderes Gleichniß noch anschaulicher sprechen als Mirabeau's Bild von der
Landkarte. Ein Bildhauer, der eine verkleinerte Statuette
der menschlichen Gestalt meißelt, hat nicht blos Auge, Nase,
Mund und Arme und Beine vollständig wiederzugeben, sondern auch im entsprechenden Ebenmaße, und wenn er die
Arme doppelt so lang macht, wie die Beine und den Mund
von einem Ohr zum andern, so repräsentirt das Bild eher
einen Affen als einen Menschen. Hat eine Volksvertretung,
in welcher auf je drei Bürger und Bauern ein Advokat
kommt, nicht etwa auch ein Gesicht, dessen Mund von einem
Ohr zum andern geht?

Nur wenn alle soziale Hauptgruppen des Volkes in richtig verkleinerter Proportion vertreten sind, ist das Volk vertreten, und nur dann auch ist die innere Berufung aller der so verschiedenartig gebildeten und befähigten Abgeordneten gerechtfertigt. Aber nach der sozialen Proportion der Kammer-Gruppen fragt heutzutage kein Mensch. Höchstens bemerkt man's als ein seltsames Resultat der Parteikämpfe, wenn etwa im bayrischen Landtag die Pfarrer derart vorherrschen, daß er fast wie ein halbes Concil aussieht, oder wenn in manchen kleinstaatlichen Landtagen die jugendlichen Accessisten und Referendare, welche man früher gar nicht auf den Abgeordnetenbänken gesehen, zeitweilig in einer Weise überwucherten, als ob das ganze Volk in den letzten Jahren das Staatsexamen bestanden hätte. Dagegen forscht Jedermann bei kaum halb bekannten Wahlen schon mit gieriger Hast nach einer Statistik der Parteien im künftigen Landtage. Und dabei begehrt Keiner, daß alle Parteien nach gerechter Proportion zur Geltung kommen, sondern ein Jeglicher wünscht, daß seine Partei ganz ausschließend das Feld behaupte. Wer denkt noch daran, daß der Landtag eine „Volksvertretung" sein solle? Er soll blos ein Werkzeug sein, die Pläne der eigenen Partei verfassungsmäßig durchzusetzen."

„Ist denn aber," fiel der Oheim ein, „die Aufgabe des Landtags nicht vorab eine politische? Und spricht sich die politische Ueberzeugung der Volksmehrheit nicht aus in dem Willen der herrschenden Partei?"

„Die politischen Parteien," entgegnete der Neffe, „sind flüssig und wechselnd. Sie kommen und gehen, steigen und

fallen rasch mit den wechselnden Ereignissen; eine schwebende
Parteifrage, welche heute die Wahl entschied, kann in einem
halben Jahre bedeutungslos geworden, die Parteigruppirung
bis dahin völlig verschoben sein. Das Wahlmandat aber
dauert viel länger. Soll die Volksvertretung blos die jeweilige Herrschaft der politischen Parteien darstellen, so müßte
man die Wahlperioden ebenso wandelbar machen, wie die
Parteien selbst sind, das heißt, nach jeder entscheidenden
neuen Thatsache, welche die Partei-Combinationen ändert,
müßten auch Neuwahlen eintreten. Dies führte jedoch nur
zu Willkür und Verwirrung. Es gibt aber fundamentale
Partei-Prinzipien, welche dauerhafter sind als die Einzel-
parteien. Diese Prinzipien, diese dauernden Wurzeln der
Parteibildung ruhen in den sozialen Gruppen des Volkes,
und so kann man von einer naiven und bewußten Macht
des Beharrens, der Bewegung, des reformatorischen und
revolutionären Fortschrittes reden, von Urmächten der Partei-
Prinzipien, welche sich dauernd in der Gesellschaft verkörpern.
Diese Mächte, diese sozialen Gruppen aber lassen sich statistisch
gar wohl erfassen und einem Wahlgesetz zu Grunde legen,
denn sie sind Gruppen der Arbeit, des Berufes und Besitzes,
womit sich dann die minder greifbaren Unterschiede der Gesittung und Bildung im Großen und Ganzen von selber
verbinden."

Der Oheim schlug ein Kreuz. „Da kämen wir ja zu
ständischen Wahlen!"

„Dein Schrecken schreckt mich nicht!" rief der Neffe.
„Kein vernünftiger Mensch denkt daran, die alten politisch
privilegirten Stände wiederherzustellen. Aber, wenn man

sich gleich fürchtet, auch nur das Wort „Stand" auszu=
sprechen, so gibt es doch nichtsdestoweniger moderne Stände,
das heißt eben jene sozialen Gruppen des Volkes, welche
durch die verschiedenen Stufen der Arbeit, des Besitzes und
der Bildung bedingt sind. In diesen individualisirt sich das
Volk, und wenn sie nach richtig verjüngtem Maßstabe im
Landtage erscheinen, dann haben wir die wahre Vertretung
des Volksganzen."

Der alte Staatsmann bemerkte kopfschüttelnd: „Diese
Proportion könnte doch nur nach der Kopfzahl der einzelnen
Gruppen ausgerechnet werden. Da aber die Aermeren und
Ungebildeteren thatsächlich in der Mehrzahl sind, so würden
die politisch rathlosesten und unselbständigsten Leute im Land=
tag herrschen, und das wäre dann doch der allerschlimmste
Dilettantismus."

„Man soll die Stimmen wägen und nicht zählen!" rief
der Neffe. „So machten's die Römer mit den Centuriat=
Comitien nach ihrer Art, so das Mittelalter mit seinen
Ständen in seiner Weise. Für unsere neuen Arbeits= und
Bildungsstände müssen auch wir einen neuen Modus suchen.
Da eröffnet sich freilich noch eine ganze Welt von ungelösten
Fragen. Aber die Wenigsten nur achten's der Mühe werth,
ordentlich über dieses brennende Problem zu sinnen, und
man zerhaut lieber den Knoten durch das allgemein gleich=
heitliche Stimmrecht."

Der unermüdliche Opponent erwiderte: „Du opferst die
praktische Politik einem Idol der abstracten Gerechtigkeit.
Gibt es denn nicht auch leider recht starke Volksgruppen, die
noch gar nicht reif sind für's Parlament? Sollen wir einer

unwissenden Bauernmasse, die sich von fanatischen Pfaffen
gängeln läßt, einer verblendeten Arbeiterschaar, welche wühlen-
den Demagogen folgt, sollen wir diesen Leuten blos darum,
mit Aufgebot alles Scharfsinnes, zahlreiche Plätze im Landtag sichern, weil sie wirklich ein charakteristisches Element
des Volksganzen bilden?"

— „Ganz gewiß! sofern wir das Volk wirklich vertreten
sehen wollen in der Volksvertretung. Dabei können freilich
sehr unbequeme Elemente in den Landtag kommen; aber
ganz unschätzbar wird es trotzdem sein, wenn die Regierung
und die Parteiführer fortwährend gezwungen sind, das Volk
zu fassen, wie es ist und nicht wie sie wünschen oder sich
einbilden, daß es sein möchte. Und wären die Bauern so
verstockt und die Arbeiter so durchwühlt, daß man sie im
Landtage fürchten müßte, ja daß sie überhaupt noch nicht
reif erschienen für die thätige Theilnahme an unserm hoch-
feinen Staatsleben, dann müßte eben die Regierung sammt
den gebildeteren Parteien die energischsten Mittel ergreifen,
um jene Volksgruppen so zu bilden, daß sie reif würden
für den Staat und frei vom Einflusse nichtsnutziger Demagogen. Da hätten wir freilich zunächst viele Unterlassungs-
sünden vergangener Zeiten gut zu machen, aber unsere Kinder
würden's uns danken. Eine Parteivertretung, wie sie gegenwärtig herrscht, verlockt zur steten Selbsttäuschung über das
Volk; eine vollständige und richtig proportionirte Volksvertretung dagegen zwingt zur Volkserkenntniß, und
diese ist die Mutter einer wahrhaft praktischen Politik. Beide
Theile werden dabei vom Dilettantismus errettet: die Abgeordneten, weil sie darstellen, was sie sind, und die Regieren-

ben, weil sie neben dem erlernten Amtsberufe auch das
Studium des Volkes erleben."

Der Oheim fragte, bis wann sich etwa diese glückseligen
Zustände erfüllen sollten? und der Neffe antwortete: „Bis
Anno siebenzig!" und setzte erläuternd hinzu: „Wenn wir in
unserer Jugend etwas ganz Verschollenes bezeichnen wollten,
sagten wir: das war Anno elf; und wenn wir etwas unab=
sehbar Künftiges voraussagten, so sagten wir: das wird ge=
schehen Anno siebenzig — ad calendas graecas. Dieses
volksthümliche Wort ist zur ächten Prophezeiung geworden.
Eine erlehnte, aber in unabsehbare Ferne geschobene natio=
nale Zukunft hat sich uns Deutschen urplötzlich erfüll Anno
siebenzig. So wird auch für jene sozial=politische Cardinal=
frage einmal ein Anno siebenzig kommen."

Der Oheim wünschte aber doch vor diesem etwas dunkeln
Termin noch genauer zu hören, wie sich der Neffe die rich=
tige Proportion der Volks=Elemente wenigstens in seinen
Gedanken aufbaue?

Dieser aber entgegnete: „Wir leben seit der ersten fran=
zösischen Revolution in einer neuen Welt, und Alles, was
sich im modernen Staat und der modernen Gesellschaft seit=
dem auf den Trümmern des Mittelalters in wunderbar
raschem Wachsthum neu erhoben hat, ist erst der Anfang
eines Anfangs. Und inmitten dieser unreifen, gährenden
Anfangs=Gebilde gilt es mir, der ich kein Staatenlenker
bin, vor Allem, beobachtend die Diagnose zu stellen. Hier
bin ich wieder Spezialist, ein Mann der getheilten Arbeit.
Auf den großen Universitäten haben wir Aerzte — zumeist
Anatomen — welche als bloße Diagnostiker practiciren.

Man ruft fie zum Confilium in fchweren Fällen. Sie unter-
fuchen blos Natur und Sitz der Krankheit, aber fie ver-
fchreiben kein Recept. Und die tüchtigften Heilkünftler anderer-
feits wiffen die Meifterfchaft in der Befchränkung, wie fie
jene Collegen gewinnen, gerade am höchften zu fchätzen und
auszunützen. Leider folgt man bei unfern politifchen und
fozialen Krifen nur felten diefem Mufter. Wer flugs Recepte
fchreibt, die der Schule oder Partei behagen, der gilt für
einen eminenten Geift, aber wer feinen ganzen Scharffinn
auf die objective Diagnofe befchränkt, den beachtet man felten
und fchätzt ihn noch feltener, weil er jeder Partei unange-
nehme Thatfachen enthüllt. Und um nun die Angft vor
dem Dilettantismus zunächft bei mir felber dauernd zu
bannen, werde ich nie wieder ein Landtags-Mandat fuchen
oder annehmen, fondern nach meinen befcheidenen Gaben
lediglich in der Diagnofe des Staates und der Gefellfchaft
Beiden zum Dienfte befliffen fein."

Hier kam das Gefpräch zu Ende, wenn auch nicht zum
Schluß.

Im Stillen aber hatten die zwei Männer jetzt ihre
Rollen getaufcht. Der Landtagsdilettant hielt nun den prak-
tifchen Staatsmann für einen Dilettanten, und diefer den
neugeborenen Spezialiften, der nur das allernächfte Praktifche
wollte, für einen ganz unpraktifchen Doctrinär.

Vielleicht hatten Beide gleicherweife recht und unrecht.

Die Leiden der kleinen Minister.

(1865 und 1872.)

I.

Vor hundert Jahren war der Fürst absolut; — heute
ist seine Gewalt eine verfassungsmäßig beschränkte. Darum
meinen Viele, der Fürst sei es, welcher im modernen Staat
die schwerste Einbuße an Macht und Ansehen erlitten habe.
Das ist aber nicht der Fall: die schwerste Einbuße traf
den Minister. Die Fürsten regieren jetzt zwar etwas
weniger als zu unserer Großväter Zeit; allein dafür ist es
ihnen auch leichter gemacht, gut zu regieren; ein Minister
aber ist selten mehr so mächtig, so einsam hochgestellt wie
weiland seine Amtsvorgänger und demungeachtet ist es heutzutage viel schwerer Minister zu sein.

Ja ich glaube, wenn die constitutionelle Form dereinst
einmal zerbröckelt, um nach ewigem Gesetz einer bessern Platz
zu machen, so wird der Bruch beim Minister erfolgen. Man
wird noch Fürsten finden, welche constitutionell regieren,
Landtage, welche constitutionell verhandeln können, aber
keinen rechten Minister dazu. Der Minister ist die schwache
Stelle im Organismus, die pars minoris resistentiae, wie

die Aerzte jagen, und in dieser pars lauert der Tod bei den Menschen, wie bei den politischen Systemen.

Ist denn aber nicht gerade jetzt der mächtigste Mann in ganz Deutschland ein Minister? Hat nicht Fürst Bismarck, der Minister, den deutschen Bund über'n Haufen geworfen und das neue Reich geschaffen, ja eine neue Rangordnung für die Reiche Europas? lauscht man nicht seinen Worten in Beifall, Widerspruch, Freude, Jubel, Aerger, Zorn, Furcht und Hoffnung wie einem Orakel?

Gewiß! Allein kein Mensch wird eben auch Bismarck das schulgerechte Beispiel eines constitutionellen Ministers nennen. Er versinnbildet uns keine Gattung, denn er ist eine Gattung für sich, — er ist vor allen Dingen Bismarck. Und damit er dies werden konnte, bedurfte es eines ganz außerordentlichen Zusammentreffens von Vorbedingungen, wie sie sich in hundert Jahren nicht wieder verketten. So mag er wohl ein Mann seiner eigenen Kraft und seiner Zeit heißen, aber ein Mann seines Amtes ist er gewiß nicht. Ich meine, Bismarck hat sich den Minister gemacht, wie er ihn brauchte, aber der Minister hat nicht ihn gemacht. Er stieg empor und steht als Dictator des Portefeuilles. Wer das Königthum schildern will, der nimmt sich nicht Cäsar zum Muster, und wer von den „Leiden der kleinen Minister" spricht, der denkt nicht an Bismarck, welcher seine besonderen Leiden für sich haben mag. Suum cuique.

Vor zwanzig Jahren hätte man einen solchen Minister, weder erwartet noch für möglich gehalten nach der constitutionellen Schablone. Ob und inwieweit der Reichskanzler diese Schablone zersprengen wird, das mag die Zukunft lehren:

ich sehe hier von allen persönlichen Ausnahmen und von
allem Zukünftigen ab und halte mich nur an die Regel und
an die Gegenwart, an solche Minister, welche man erwartet
und für möglich hält, an die Minister vom Normalmaß. Ich
blicke überhaupt zunächst nicht auf die Meister der äußeren
Politik in den großen Reichen, sondern auf die Lenker der
häuslichen Politik in den kleineren Staaten. Jemehr die
Staaten das Mittelmaß haben, um so normaler sind zumeist
die Minister.

Die Leiden dieser Normal=Minister aber laufen mir in
zwei Thatsachen zusammen, die ich als Fragen formuliren will:

„Warum imponirt die Ministerwürde den Leuten heut=
zutage nicht mehr halb so stark, wie in der absoluten Zeit?"
— und —

„warum ist es so schwer als tadellos correcter und doch
zugleich bedeutender, schöpferischer Minister zu walten?"

Die erste Frage streift scheinbar nur die Oberfläche und
doch greift sie tief, denn sie greift in die dunkle Machtsphäre
der öffentlichen Meinung. Die zweite klingt, nach dem strengen
Wortsinn, fast wie ein logischer Widerspruch, und doch wurzeln
gerade die ärgsten Leiden des Ministers darin, daß sie an=
gesichts der Thatsachen nur allzu logisch ist.

II.

„Der kann's noch zum Minister bringen" — pflegte
man sonst von einem gescheiten Jungen zu sagen, welchem
man das Höchste zutraute. Dat Justinianus honores: jeder
Student der Rechte trägt ein kleines Zukunfts=Portefeuille

in der Collegienmappe: „der Minister" bezeichnete sprüchwörtlich das letzte Ziel des Ehrgeizes für Jeden, der nicht
etwa als Prinz geboren war, oder unter die Soldaten ging
um Feldmarschall zu werden.

Nun hat aber der Glanz der staatsdienstlichen Laufbahn
überhaupt schon bedeutend abgenommen; wir sind viel staat-
lichere, staatsbegeistertere Leute als unsere Väter, Macht
und Ansehen des Staates ist gewachsen, aber der Ehrgeiz
nach Staatsämtern sank in gleichem Maße. Der Zauber
des „Anstellungsdekretes" und der „Beförderungen" verblich
gar bedeutend, und wenn sich Einer dann doch etwas Rechtes
wünschen dürfte, so möchte er vielleicht lieber Rothschild oder
Krupp, Humboldt oder Cornelius werden, als Minister.
Selbst innerhalb des engeren Rings des bureaukratischen
Ehrgeizes ist der Ministerposten nicht gar so verlockend mehr
wie vordem. Einem jungen Rechtspraktikanten, der gestern
sein zweites Examen ruhmvoll bestanden hat, erscheint eine
gütige Fee im Traume und bietet ihm die Wahl zwischen
sämmtlichen höchsten Staatsämtern. Er ist ein kluger Junge,
darum greift er nicht nach dem Minister=Portefeuille, sondern
bittet vielmehr, als Präsident des obersten Gerichtshofes oder
der Oberrechnungskammer morgen aufwachen und also fortan
in „Muße mit Würde" leben zu dürfen. Wäre er von Adel,
so hätte er sich vielleicht auch einen schönen Gesandtschafts-
posten ausgesucht, die leider immer seltener werden.

Zur höchsten Würde eines Amtes gehört, daß es für
die allermeisten Menschen schlechthin unerreichbar ist; so denkt,
so empfindet das Volk. Der Philosoph freilich lacht über
diesen Satz, aber die öffentliche Meinung philosophirt nicht.

Als neben dem einen Fürsten noch der eine Minister stand,
da war der Minister selber noch hoch gefürstet, ein kleiner
Erdengott neben dem größeren, der Mond neben der Sonne.
Nur ein Cavalier aus gutem Hause konnte überhaupt daran
denken, Minister zu werden, in tausend Fällen wurde er's
aber doch nicht. Das war zu der Zeit, wo man noch wirkliche Zöpfe trug.

Wenn einer jener einsam hochgestellten alten Minister
aus dem Grabe wieder erstünde, er würde staunen über die
große Menge von Collegen, welche er bekommen hat! Die
Zahl der Fürsten ist seit sechzig Jahren immer kleiner geworden, die Zahl der Minister immer größer. Kleine Länder,
in welchen der Fürst unter Beihülfe etwa eines Regierungs-
directors sein eigener Minister war, haben jetzt einen, wohl
gar mehrere ordentliche Minister. In den größeren Staaten
vervielfältigte man die Zahl der Ministerien nach dem be-
lobten Grundsatze der Arbeitstheilung, und so gibt es jetzt
Minister des Aeußern, des Innern, des Cultus, des Unterrichts, des Krieges, der Justiz, der Finanzen, des Handels,
der Landwirthschaft, der öffentlichen Arbeiten, der Marine,
der Colonien u. s. f. Die meisten dieser Aemter hatten vor
hundert Jahren bescheidnere Titel, sofern sie überhaupt
existirten. Es ist aber an sich kein Ministerluxus, wenn
sich die Zahl der höchsten Behörden im größeren constitutionellen Staate gemehrt hat gegenüber dem absoluten Staate.
(Obgleich nicht zu läugnen ist, daß die Großstaatssucht manches Kleinstaates auch in Luxusministern Erhebliches leistete.)
Seien wir gerecht. Die vertiefte und geregeltere Leitung
des Staatsorganismus heischt mehr selbständig leitende Per-

sönlichkeiten, und je schärfer die Verantwortung des Ministers, um so weniger kann Ein Mann dieselbe für die verschieden= sten Geschäftszweige so in Bausch und Bogen durchführen. Mit der Vielheit der Minister=Excellenzen verblich dann aber natürlich auch ein gut Theil jenes Nimbus, der früher das Haupt der einsam hoch oben thronenden einzelnen Excellenz umgab. Der Grund ist etwas gar zu menschlich; doch eben darum entspricht er so ganz der kindlichen Naivetät der öffent= lichen Meinung. Vor Einem Gott und Einem Teufel hat man auch mehr Respect als vor vielen Göttern und Teufeln.

Es war vor vierzig Jahren. Der „dirigirende Haus= und Staatsminister," der einzige Minister meines Vater= ländchens war gestorben: da mußte die ganze Staatsdiener= schaft wochenlang einen Flor um den linken Arm tragen. Wie ein halbgefürsteter Mann hatte der allmächtige Minister neben dem wirklichen Fürsten gestanden.

Der moderne Minister steigt geschwind und fällt oft noch geschwinder. Es gibt heutzutage mehr Minister als vor hundert Jahren, aber noch viel mehr gewesene Minister, — „Alt=Minister," würden die Schweizer sagen — lebendige Zeugen ministerieller Wandelbarkeit. Die lebenslänglichen Minister sind äußerst selten, und die Sterblichkeitsziffer der Minister ist vielleicht die günstigste unter allen Ständen, nicht weil die Constitution des Staates der Constitution der Minister so zuträglich wäre, sondern weil sie ihrer Amtsdauer so ge= fährlich ist. Wenn man vier Jahre für die Durchschnitts= dauer eines modernen Ministerpostens setzt, so ist die Ziffer eher zu hoch als zu niedrig gegriffen. In der vormärzlichen Zeit erzählte man von ein= bis zweitägigen österreichischen

Provinzial-Landtagen, als einem die Regierung des Kaisers Franz charakterisirenden Staatscuriosum; in der nachmärzlichen Zeit dagegen ging die Sage von einem einstündigen bayerischen Minister, und Ministerien, deren Lebensdauer nur nach Monaten zählte, gab es ja seit 1848 schon gar viele. Jedenfalls hat die stätig lange Dauer der Landtage in demselben Maße zugenommen, als die Stätigkeit der Portefeuilles abnahm. Dem ewigen Landtag entspricht der Eintags-Minister. Es gibt Staaten, in welchen die „Ministerkrisis" der regelmäßige Zustand ist, ein gesichertes Ministerium die Ausnahme.

Möglichst lange und ununterbrochen Minister zu sein, wohl gar durch ein ganzes Menschenalter wie Herzberg und Metternich, das gereichte früher zum besondern staatsmännischen Ruhme. Heutzutage wäre ein solcher Ruhm von vornherein etwas verdächtig. Denn da ein rechter constitutioneller Minister mit seinen Grundsätzen stehen und fallen soll, die leitenden politischen Grundsätze aber bei Fürst und Volk dermalen äußerst geschwind zu wechseln pflegen, so glaubt man von einem allzu langlebigen Minister gar leicht, daß sein einzig leitender Grundsatz nur der gewesen sei, um jeden Preis Minister zu bleiben.

Die kürzere Dauer der Ministerien zeigt also an, daß man dieses hohe Amt heute feiner, idealer und selbstloser auffaßt, und während es sonst ein leuchtendes Ziel des Ehrgeizes war, kann die Annahme desselben dem unabhängigen Manne jetzt oft genug als ein Opfer erscheinen, welches er dem Gemeinwohle bringt. Als das erste deutsche Reichsministerium von 1848 in Folge des Parlamentsbeschlusses

über den Malmöer Waffenstillstand abgetreten wär, und keine
neuen Minister zur Vollziehung jenes Beschlusses sich finden
wollten, sprach der Abgeordnete Eisenmann die mannhaften
Worte: „Es steht dem Reichsverweser frei, aus der Reihe
der Mehrheit einen Jeden zum Minister zu nehmen, sei es
auch nur auf sechs Stunden, um den Beschluß auszuführen;
und ich erwarte es von der Vaterlandsliebe eines jeden Mit-
gliedes, daß er fern von aller persönlichen Eitelkeit sich dazu
hergebe und sollte er auch nur als eine Schreibmaschine erscheinen. Ich wenigstens bin dazu bereit." Es erregte damals viele Heiterkeit, daß der treffliche Mann im Feuereifer
sich selbst anbot als Schlachtopfer für ein sechsstündiges Ministerium. Allein in dem komischen Extrem liegt hier doch eine
ernste Wahrheit geborgen. Der Minister des constitutionellen
Fürsten ist größer geworden als der Minister des absoluten
in dem Opfer der Selbstentsagung und in den Pflichten und
Lasten, die ihm auferlegt wurden, nicht in den Rechten und
der Macht. Die Masse aber hat allezeit blinderen Respekt
vor den Leuten, welchen große Rechte als vor jenen, welchen
große Pflichten zugetheilt sind.

Der Minister ist der oberste Beamte; trotzdem sitzt er
unsicherer auf seinem Sessel als die ihm untergebenen Staatsdiener; denn er kann von oben und unten her gestürzt werden,
durch die Ungnade des Fürsten, wie durch die Opposition der
Kammer. Den andern Beamten droht die Ungnade doch gewöhnlich nur von einer Seite. Ein Minister alten Styls
kam wohl auch mitunter zu jähem Fall und es sind in der
absoluten Periode verungnadete Minister geköpft worden,
eingesperrt, in Schanden fortgejagt, was heutzutage in nor-

malen Friedenszeiten wohl kaum mehr zu befürchten steht.
Dies war dann aber ein tragisches Geschick, dessen Knoten
meist geheimnißvoll sich geschlungen hatte, dessen letzter Schlag
oft ganz ungeahnt zermalmend über den Schuldigen oder Unschuldigen hereinbrach, und wenn der Minister auch ein Leute-
schinder gewesen, und das Volk aufathmete, daß es ihn los-
geworden, so kam es doch vor Staunen über den Sturz des
mächtigen Mannes zunächst nicht zur kleinlichen Schadenfreude.
Den constitutionellen Minister dagegen sieht man ganz all-
mählich schwanken und wackeln, berechnet öffentlich wie lange
und wodurch er sich noch halten könne und macht ihm zum Voraus den Proceß in der Zeitung, schwarz auf weiß; man verfolgt
die Sache wie einen spannenden Neuigkeitsstoff, nicht wie
eine dämonisch aufwachsende Tragödie, und wenn der Mann
zuletzt dann wirklich fällt, so wird er ja auch nicht geköpft,
sondern er wird Gesandter oder Regierungspräsident, und
das Publikum ist auch nicht erschüttert, sondern es räsonnirt,
spottet, ärgert sich oder lacht schadenfroh, je nach Umständen.
Der Fall eines Ministers hat das Imposante verloren, wie
die Ministerwürde selbst.

Selten werden die Schwächen und Fehlgriffe eines Beamten öffentlich gerügt; nur der oberste Beamte, der constitutionelle Minister sieht jede Blöße, die er sich gab, sofort
vor die Oeffentlichkeit gezogen, und kein Mensch hat sich so
ununterbrochen zu rechtfertigen und zu vertheidigen, wie ein
Minister. Das ist nothwendig und soll so sein, aber an-
genehm ist es gerade nicht und ehrfurchtgebietend ebensowenig.

In der alten heimlichen Zeit faßte man den Minister
zunächst unter dem Gesichtspunkte seiner Macht und seines

Glückes; in unsern öffentlichen Tagen dagegen unter dem
Gesichtspunkte seines Talentes und Charakters. Kein gebildeter Mann wird zweifeln, daß der letztere Gesichtspunkt
der innerlich würdigere und höhere sei. Die stäte kritische
Beleuchtung macht hundert gewöhnliche Minister bei der Masse
klein, um eine bedeutende Persönlichkeit auf diesem Posten
dem bildungsscharfen Auge desto größer erscheinen zu lassen.
Der seltene ächte Minister gewinnt persönlich bei dieser Kritik,
die Autorität der Ministergattung verliert. Und trotz aller
demokratischen Ideen bleibt das Volk doch immer autoritäts-
süchtig und autoritätsbedürftig und mißt, gleich den Frauen, den
Mann vielmehr nach dem Amte als das Amt nach dem Manne.

„Minister" ist ein demüthig stolzes Wort; es bedeutet
einen Diener schlechtweg. Als die rechtsgelehrten Kanzler
den absoluten Fürsten lästig wurden in ihrer wissenschaftlichen Ueberlegenheit und Selbständigkeit und andererseits
nicht mehr vornehm genug erschienen in ihrer meist bürgerlichen Herkunft, setzte man adelige Minister an ihre Stelle.
Der Minister ward als Cavalier Staatsmann, wie der Kanzler
als Gelehrter. Und wenn die Ministerialität — vornehmer
Herrendienst — im Mittelalter eine Quelle des niederen
Adels gewesen war, dann brauchte sich der Edelmann, welcher
großen Herrn im höchsten Amte diente, im siebzehnten und
achtzehnten Jahrhundert auch des Diener-Namens — Minister
— nicht zu schämen.

Nun diente aber dieser alte Minister einem Herrn,
dem Fürsten, der moderne Minister dagegen soll zwei Herren
dienen, dem Fürsten und dem Volke, und an diesen Doppel-
dienst erinnert ihn der neue Name „Staatsminister." Der

alte Minister warb um den Dank seines fürstlichen Gebieters,
und Herrengunst zu gewinnen ist schwer; der moderne Minister
wirbt aber auch um den Dank der öffentlichen Meinung,
und Volksgunst zu gewinnen ist noch schwerer; beiderlei Gunst
aber mit einander zu verbinden, das ist das allerschwerste.
Und doch soll's jeder rechte „Staatsminister."

Sind die Minister tüchtig, so rechnet man's dem Fürsten
zu gut, daß er so treffliche Minister berufen hat und ertragen kann, sind sie schlecht, so rechnet man's ihnen selber
an. Staatsrechtlich ist · der constitutionelle Minister verantwortlich für den Fürsten, in der öffentlichen Meinung wird
der Minister aber gar oft auch da zum Sündenbock für des
Fürsten Thun und Lassen, wo es sich um gar keine staats-
rechtliche Verantwortung handelt. Es ist unendlich leichter,
ein populärer Fürst zu sein als ein populärer Minister.

Den Fürsten, auch wenn man ihn noch nicht gesehen
hat, kennt man doch von Angesicht, weil man sein gut ge-
schmeicheltes Bildniß an allen Wänden findet; dagegen erkennen wir wohl Minister, ohne ihnen persönlich vorgestellt
zu sein, beim ersten Anblick, weil wir der ungeschmeichelten
Karikatur ihres Gesichtes zum öftern schon im „Kladderadatsch"
begegnet sind.

Wenn ein Minister aus Ueberzeugungstreue zurücktritt,
so ist dies gewiß höchst ehrenwerth. Es bleibt ihm alsdann
nur zweierlei übrig: entweder er begibt sich in den Schmoll-
winkel des Privatlebens, oder er widmet dem Staate auch
fortan seine Dienste, nun aber nicht mehr auf dem obersten
Posten. Das Letztere ist gewiß das Bitterste und aber auch
das Ehrenwertheste. Allein wie Viele begreifen den Ruhm,

der unter Umständen für einen Minister darin liegt, daß er
es nicht verschmäht, rückwärts zu avanciren? Und wenn er
nun vollends nebenbei auch um des Brodes willen zu einer
geringeren Stelle zurückgehen, ja wohl gar unter einem Nach=
folger dienen müßte, der sein Gegner gewesen, der ihn ge=
stürzt hat? Das gereicht ihm nicht zur Schande, aber dem
Ministeramte hilft es auch nicht zum besondern Glanze. Wird
ein schlechter Pfarrer auf eine Strafpfarrei versetzt, so heißt
es, der Mann hat nichts getaugt; kommt dagegen der beste
gefallene Minister auf einen Strafgesandtschaftsposten, so
spricht der Philister: da sieht man doch, wie lustig die
Ministerlaufbahn ist.

Die Minister der absoluten Zeit waren Vertrauens=
männer des Fürsten, häufig sogar dessen Günstlinge. Sie
hatten, wie man anmuthig zu sagen pflegte: „das Ohr des
gnädigen Herren," waren ganze oder halbe Hofleute, ritten
mit dem Fürsten spazieren, gingen mit ihm auf die Jagd
und saßen an der großen Tafel. Der Goldschein des Hofes,
vor welchem der Unterthan damals noch so großen Respekt
hatte, umleuchtete auch den Minister. Wenn ein Fürst den
Minister persönlich nicht mehr leiden konnte, so verabschiedete
er ihn; so lange also der Minister wirklich fest saß, konnte
man doch wenigstens annehmen, daß er die Gnade des Fürsten
mitgenieße und austheilen helfe.

Das ist jetzt häufig ganz anders. Nur wenige Minister
sind noch rechte Hofleute, auch wenn sie von Adel wären;
sie können oft nicht einmal ordentlich reiten und waidgerecht
einen Rehbock schießen, genießen auch keineswegs überall den
täglichen Umgang des Fürsten. Der constitutionelle Minister

hat Manieren und Ideen des Bureaus, wohl gar parlamentarische Manieren angenommen; und wäre er auch eines
Oberſthofmeiſters Sohn und in der Pagerie erzogen, ſo paßte
er doch nicht recht in die Hofluft. Miniſter, welche zugleich
ächte Hofleute und vollends Günſtlinge des Fürſten, ſind
heutzutage eine große Rarität. Statt den Miniſter in ſein
privates und perſönliches Vertrauen zu ziehen, geht der Fürſt
demſelben umgekehrt wohl gar aus dem Wege. Er ſchätzt
ihn, ehrt ihn, hält ihn vielleicht für unentbehrlich, aber er
liebt ihn nicht. Denn wenn der Fürſt einen Mann ins
Miniſterium beruft, ſo iſt damit doch keineswegs geſagt, daß
dieſer nun gerade der Mann ſeiner freieſten Wahl, ſeines
eigenſten politiſchen und perſönlichen Geſchmackes ſei. Durch
eine Combination der Verhältniſſe wurde es geboten, daß
der Fürſt aus ſehr wenigen möglichen Candidaten eben dieſen
Mann wählte. Eine gebotene Wahl iſt aber immer eine
ärgerliche Wahl, vorab für einen regierenden Herren. Der
bloße Anblick ſeines Miniſters erinnert ihn daran, daß er
den herrſchenden Parteien, der politiſchen Lage, der öffentlichen Meinung oder wie man's ſonſt nennen will, Zuge-
ſtändniſſe habe machen müſſen. Kein Wunder, wenn er dieſen
Anblick nicht öfter ſucht, als es nothwendig iſt. Der conſtitutionelle Miniſter iſt nicht bloß verantwortlich, ſondern auch
unbequem nach oben und unten, der Sündenbock des Syſtems
nach beiden Seiten: denn dem Fürſten ſowohl wie dem
Parlamente zeigt er die Schranken ihrer Gewalt.

Hierzu kommt noch etwas Anderes, wodurch gar häufig
der Miniſter dem Fürſten läſtig wird. Je reifer und reicher
ſich das Staatsleben innerlich entwickelte, um ſo mehr ent-

fagungsvolle Arbeit wird von dem Regenten geforbert. Der
conflitutionelle Fürft muß weit fleißiger fein als fein abfo-
luter Vorfahr. Ungeachtet diefer wie ein irdifcher Herrgott
über feinen Unterthanen waltete, fo fand er doch für taufend
perfönliche Paffionen breite Zeit; dem verfaffungsmäßigen
Fürften ward fie fparfamer zugemeffen, und die Ferien der
Könige werden immer kürzer, gleich den Schulferien. Nun
kommt der Minifter als ein unangenehmer Mahner mit regel-
mäßigen, pedantifchen, bureautratifchen Arbeiten und harrt
und drängt auf Entfcheid und Entfchluß. Kein Wunder,
daß der Fürft dem Minifter aus dem Wege geht, nicht darum,
weil er Arbeit bringt, fondern weil diefe Arbeit gleichförmig
zwingend, weil fie ftrenges Tagewerk ift und keine Rei-
gungsarbeit. Die alten Fürften, welche arbeiteten was fie
wollten, nahmen ihre Minifter mit, felbft wenn fie Ver-
gnügungsreifen machten; die modernen Fürften, welche daneben auch arbeiten, was fie müffen, machen manchmal Ver-
gnügungsreifen, um ihre Minifter los zu werden.

Ich fagte, gar felten ift ein Minifter heutzutage Freund
und Günftling des Fürften; ich füge hinzu: wenn der Ver-
traute eines Fürften Minifter wird, fo erkaltet höchft wahr-
fcheinlich die Freundfchaft. Zwar Friedrich Wilhelm IV.
von Preußen hatte kurze Zeit einen Minifter, deffen Freund
er gewefen und geblieben ift, den Herrn v. Radowitz. Und
unmittelbar nachdem er ihn als Minifter hatte entlaffen müffen,
fchrieb er ihm den berühmten Brief, welcher dem Freunde
die unwandelbare ewige Treue des Freundes und den Schmerz
über den nothwendigen Schritt des Königs in wärmften
Worten ausfprach. Zu diefem rührenden Vorgange werden

sich aber wenige Seitenstücke in dem Leben moderner Staatslenker auffinden lassen. Und vielleicht konnte auch hier alles
doch nur darum so geschehen, weil Friedrich Wilhelm zu
vollen Herzens Mensch war, als daß er in voller Thatkraft
König hätte sein können.

Wer persönlich den Fürsten beeinflussen will, der kann
es heutzutage in der Regel weit besser, wenn er ein Hof-
cavalier ist, oder im Kabinette des Fürsten arbeitet, oder
irgendwie in freiem persönlichem Verkehr mit demselben steht,
als wenn er Minister wäre. Das war früher anders. Die
Zeit der dienend herrschenden „Günstlinge" ist vorüber, aber
die Zeit der wechselnden „Einflüsse" keineswegs. Mit dem
Günstling des durchlauchtigen Herren konnte der Minister
vielleicht sich verständigen, verbünden; er kannte und hatte
hier seinen Mann; so gab es früher eine Kabinetsregierung
durch den Minister; die kennt man im constitutionellen
Staate nicht mehr oder sollte sie wenigstens laut der Verfassung nicht mehr kennen. Dafür gibt es jetzt Kabinets-
einflüsse neben und über den Ministern, persönliche Einflüsse, die kein Gesetz fassen und beschränken kann, die aber
den Ministern ihr Amt oft saurer machen als der wider-
borstigste Landtag.

Der Minister des absoluten Staates konnte so über-
mächtig werden, daß er die Eifersucht seines fürstlichen Herrn
erregte. Ludwig XIV. wollte keinen Premierminister, weil
ihm die Herrschergewalt, welche Richelieu und Mazarin vordem geübt hatten, zu deutlich vor Augen stand. Also selbst
dieser unumschränkteste Selbstherrscher fürchtete sich zunächst
vor den Ministern. Und nicht mit Unrecht. Denn Richelieu

hatte Alles gegen sich gehabt; der König konnte ihn nicht leiden, der Hof wühlte gegen ihn, in den Parlamenten wie in der Bureaukratie sah er seine Feinde: dennoch stand er als ein Diktator über Allen, lediglich auf eigenen Füßen, der absolute Minister im absoluten Staate.

Es gibt auch heutzutage noch mächtige Minister, aber absolute Minister gibt es nicht mehr. So kann ein moderner Fürst wohl oft genug eifersüchtig werden auf die verfassungs= mäßige Vollmacht, welche dem verantwortlichen Ministerium verliehen ist, aber selten auf die Person des Ministers. Diese Eifersucht gilt dann im letzten Grunde doch immer viel mehr jenem bureaukratischen Geschäftsgange, mit welchem der Mi= nister dem Fürsten lästig fällt, und der Controle des Land= tags, die der Minister respektiren und dem Fürsten oft zur unangenehmsten Stunde deutlich machen muß. Sie ist eine Eifersucht auf die Gliederung der Gewalten im constitutio= nellen Staate. Bei einem Minister wie Richelieu regierte der Diener den Herrn, und also wurde der Herr eifersüchtig auf den Diener; der constitutionelle Minister dagegen sagt dem Herren nur, wo seinem Regiment die negative Schranke des Gesetzes gesteckt ist, und also wird der Fürst blos eifersüchtig darauf, daß sein Diener ihm derlei Meinung sagen kann und soll. Jene alte Eifersucht zeugte für die größere Macht des Ministers, jene moderne bekundet die schwierigere Pflicht desselben bei viel geringerer Macht.

III.

Indem ich nun bisher untersuchte, „warum ein Minister heutzutage den Leuten nicht halb so stark mehr imponirt als

in der absoluten Zeit," bin ich unvermerkt auch schon in
die tiefere zweite Frage hinein gerathen, „warum es
jetzt so viel schwerer geworden, als ein guter
und vollends als ein bedeutender schöpferischer
Minister zu walten?" Meine Hauptgründe für den Er-
weis dieser größeren Schwierigkeit habe ich mir jedoch bis
hierher aufgespart und will sie jetzt erwägen und vortragen.

Der Minister thut nichts Wichtiges für sich allein.
Als Diener seines Herrn und in dessen Namen handelnd,
bedarf er zunächst der Uebereinstimmung mit dem Fürsten.
Da müssen also zwei Köpfe eines Sinnes werden, und das
kann in zwiefacher Weise geschehen.

Entweder hat der Fürst die schöpferischen Ideen, und
der Minister übernimmt dieselben blos zur Durcharbeitung
und Ausführung. Oder der Minister ist der eigentliche politische Kopf, er gibt den Ton an und entwirft die Pläne,
welche er auch ausführt; der Fürst aber adoptirt dieselben
und leiht ihnen den Nachdruck seiner Würde und Macht.
Im einen Falle ist der Fürst sein eigener Minister, und der
Minister ein bloser Bureauchef, kein Staatsmann; im andern
beherrscht der Minister den Fürsten, welcher dann ein bloser
Figurant wäre. Nur darf sich der Minister diese Herrschaft
äußerlich nicht merken lassen. Beides aber kann recht und
gut sein, je nach den Persönlichkeiten.

Nur ein dritter Fall, der jene zwei verbände, taugt
nichts. Denn wollten Fürst und Minister gleicherweise aktiv,
schöpferisch und original auftreten, so würden sie trotz aller
Gesinnungsgemeinschaft alsbald hart aneinanderstoßen, und
der Minister würde sich beugen oder abtreten müssen. Denn

er kann dem Fürsten nicht Concurrenz machen; er kann nur schlechtweg dienen oder dienend herrschen, darum heißt er eben Minister.

Daß der Minister vor allem die Stimme seines Herrn gewinnen muß, ist nun gerade nichts Besonderes und kommt auch nicht blos im Verfassungsstaate vor, sondern in jeder Staatsform, wo es irgend eine Art von Ministern gibt.

Dagegen erwächst dem constitutionellen Minister eine neue und größere Schwierigkeit durch seine Stellung zum Landtage.

Hat er sich mit dem Fürsten zurechtgesetzt, so muß er sich auch mit dem Landtage zurechtsetzen und zwar in zwiefacher Weise: er muß den Landtag mitarbeiten lassen an seinen Entwürfen, und er muß sich vor dem Landtage verantworten über seine Handlungen. Man spricht immer nur von dieser Controle, wenn man der Leiden des constitutionellen Ministers gedenkt. Einem schwachen Minister mag diese Controle lästiger sein als jene Mitarbeit; ein starker Minister dagegen, ich meine ein selbständiger und schöpferischer Geist, wird sich durch die Vorkritik, durch die Mitarbeit am Entwurfe, weit mehr eingeschnürt fühlen, als durch die Nachkritik der Verantwortung für das Geschehene.

Einsam, aus sich und mit sich allein, zeugt der Geist neue Gedanken und Thaten; Stoff sammeln, Gegebenes ordnen und anwenden, Begonnenes fortführen mag man leicht in ergänzender Mitarbeit. Der schaffende Mann geht verschlossene Pfade, der arbeitende sucht Arbeitsgenossen.

Man klagt über den Mangel an großen Staatsmännern. Unsere Zeit besitzt aber doch das Zeug zu denselben nicht

minder als eine andere und sie hat es bewiesen. Allein wir
besitzen eine Staatsform, welche dem Einzelnen wehrt, eine
große Schlechtigkeit auf eigene Faust am Staate zu begehen,
und eben darum aber auch auf eigene Faust ein wahrhaftiger
Held der guten Staatskunst zu werden.

Der ächte Staatsmann ist ein Mann der Idee und der
That. Wer Gedanken im Kopfe hat und Nerv im Arme,
der spricht wenig und handelt. Ganz besonders ungern aber
wird er über das sprechen, was er thun will, und am aller-
ungernsten gar verhandeln über sein Handeln. Ein constitutioneller Minister soll aber durchs Schreiben zum Reden,
durchs Reden zum Thun, durchs Verhandeln zum Handeln
kommen. Geduld ist das erste Erforderniß zum constitutionellen Minister, schlaghafte Energie zum großen Staatsmann.
Eines schließt psychologisch das andere aus. In Zeiten der
Noth, wo man dem Minister die Geduldsproben allseitiger
Verhandlung gerne erläßt, wo man ihm von oben und unten
williger ein Vertrauensvotum gibt, ist es darum am ersten
möglich, daß auch ein Minister den Ruhm eines schöpferischen
Genies gewinne. Der Freiherr v. Stein würde unter allen
Umständen ein außergewöhnlicher Mensch gewesen sein, aber
nur im Kampfe und Drange des nationalen Unglücks und
der Erhebung ward er als Minister zugleich ein großer Staatsmann. Für einen Minister in Friedenszeiten war er viel
zu hart und starr.

Zum berufenen Minister gehört eine so gar seltene Ver-
einigung von Eigenschaften! Man sollte also den seltenen
Candidaten des Portefeuilles ohne weitere Rücksicht nehmen,
wo man ihn findet. Hierzu hat der Fürst verfassungsmäßig

das Recht, er darf zum Minister machen, wen er will, und
braucht durchaus nicht nach dessen bisherigem Beruf, nach
Amts- und Altersrang zu fragen. Aber dieses Recht gilt
meist nur auf dem Papier. Auf guten alten Adel sieht man
zwar selten mehr, dagegen wird bureaukratisches Vollblut um
so dringender gefordert. Nicht aber die „amtliche Laufbahn"
führt zum rechten Minister, sondern das persönliche Genie,
welches sich neben und über der Laufbahn aufschwingt. Ein
Künstler-Genie ohne Amt läßt man wohl allenfalls in seinem
einsamen Fluge gelten, aber beileibe kein Staatskünstler-
Genie mit dem höchsten Amte. Lasen wir doch in der Zeitung,
daß man einem ergrauten Minister vorwarf, er habe seinerzeit
das Gymnasium mit der dritten Note absolvirt, wie könne
er nun Minister sein wollen! Da wundert man sich dann
noch, wenn manchmal monatelang im ganzen Lande Minister
gesucht und keine gefunden werden. Sonst steigert die Selten-
heit den Preis. Bei solch vergeblichem Suchen aber tritt das
Gegentheil ein. Je länger man Minister sucht, um so wohlfeiler werden sie. Denn Jedermann weiß, daß man zunächst
nur in den Kreisen sucht, wo nichts zu finden ist; aber wo
etwas zu finden wäre — bei bedeutenden, unabhängigen
Männern außer aller bureaukratischen und aristokratischen
Linie, da wagt man nicht zu suchen.

Doch zurück zum Thema!

Analysiren wir die Arbeitsleiden eines schöpferischen constitutionellen Ministers noch etwas genauer. Er ist, wie jede
auf Produktivität angelegte Natur, ein Stück von einem
Künstler. Denken wir uns einen staatskünstlerischen Plan,
der ihm eigen gehört, der seine ganze Seele erfüllt. Er hegt

ihn mit dem Feuer, mit der Liebe des Künstlers für sein
Kunstwerk. Allein obgleich er ihn in stiller Seele empfangen
und ausgetragen, wird er doch gerne ein fremdes sachkun-
diges Urtheil darüber hören, sei es von seinen nächsten Beamten, oder von berufenen Leuten, die nicht Beamte sind.
Kein Mensch hat alle Weisheit für sich allein mit Löffeln
gegessen, und auch der originellste, selbstgewisseste Kopf schärft
seine Gedanken an fremdem Denken. Ein anderes aber ist
es beim Schaffen Kritik aufsuchen, oder beim Schaffen Kritik
aufsuchen müssen.   .

Der Plan ist gereist. Er kommt nun vor den Fürsten,
wohl auch vor den Staatsrath. Vielleicht setzt es jetzt bereits
heftige Debatten. Allein mit Wenigen, bei denen doch meist
vorweg ein verwandter Standpunkt vermuthet werden darf,
debattirt sich's leicht. Fällt die Sache gleich hier, so kann
man ohnedies nicht sowohl von Arbeitsleiden reden, als von
vereitelter Arbeit. Ein langes Hin = und Herzerren, Aendern
und Ausfliden wird in diesem Stadium selten zu befürchten
sein; viel eher ein rasches Todtstimmen und Todtschweigen,
als ein schleichendes Todtreden. Gesetzt auch, der Fürst oder
sein Staatsrath erhöbe Widerspruch, so wird das doch nicht
persönliche oder Parteiopposition sein, sondern ein sachliches
Bedenken. Und dann hat es für den Vater einer neuen
Idee immerhin großen Reiz, zum erstenmale und einmal
alle Gründe für dieselbe ins Feld zu führen und die ganze
Dialektik seiner Vertheidigung zu entwickeln. Aber mit dem
einenmale ist's genug! Zweimal und sechsmal dieselben
Gründe in eine andere Form zu gießen, ist trivialen Köpfen
eine Lust, tieferen und thatkräftigen Denkern aber eine Last,

und je öfter sie ihre Gedanken wiederholt darlegen müssen, um so matter und trockener werden sie's thun. Denn der feurige Geist strebt inzwischen schon zu weiteren Folgegedanken.

Nehmen wir nun an, der Minister habe den Fürsten und den Staatsrath für seinen Entwurf gewonnen und bringe denselben vor den Landtag. Hiermit beginnt dann für ihn erst recht das eben bezeichnete Kreislaufen. Das bereits gründlich verfochtene Werk muß zunächst zweimal weiter verfochten werden, nämlich im Ausschusse und in der öffentlichen Sitzung der zweiten Kammer, und dann vermuthlich noch zweimal in der ersten Kammer. Allein auch daran ist es nicht genug. Der Plan steht vor der Oeffentlichkeit, also gilt es auch die öffentliche Meinung für denselben zu gewinnen. Dazu bedarf man der Presse. Ein recht rühriger und geistvoller Minister aber schreibt seine wichtigsten Leitartikel selbst, wenigstens in einer solchen politischen Herzenssache, wie wir sie hier voraussetzen, oder er inspirirt sie so genau und individuell, als ob er sie selbst geschrieben hätte. Also immer der nämliche Gedankenkreis in veränderter Form!

Welch eine Seelenpein sechsmal das gleiche Korn zu dreschen, welches doch nothwendig zuletzt Stroh wird! Ich könnte es dem Manne nicht verargen, wenn ihm schon bei der vierten oder fünften Apologie der Humor ankäme, sein Werk zur Abwechslung auch einmal mit recht witzigen Gegengründen selber anzugreifen. Doch ein Minister darf kein Humorist sein.

Allein wird er denn nicht auch in der Debatte des Landtages und der Presse manches Neue lernen, neue Gesichtspunkte gewinnen, Selbstkritik finden in der mitarbeitenden

fremden Kritik? Ohne Zweifel wird ihm manche gute Lehre gegeben werden, nur ist leider der Augenblick, wo Jemand mit
einem Plane vor die Oeffentlichkeit tritt, um denselben zur
Annahme zu empfehlen, der ungünstigste für's Lernen. Auch
pflegen Männer, die zu jeder Zeit bereit sind, Neues und
Frembes anzunehmen, zwar wohl große Gelehrte, aber selten
große Staatskünstler zu sein. Das minder Vollkommene
rasch und ganz durchzusetzen, wird dem Manne der That
besser dünken, als über den besten hinterbrein eingestickten
Zusätzen den einheitlichen Guß zu verlieren und den rechten
Augenblick zu verpassen. Die parlamentarische Debatte bietet
fast immer lehrreichen Stoff für die Abgeordneten, dann für
die nachträglich ausführenden Beamten, für die Professoren
des Staatsrechtes, für das Volk und für alle Welt; ob aber
wohl gerade d e r Minister, welchen die Debatte trifft, jemals
sonderlich viel davon gelernt hat — —?

Ich setze nun voraus, daß die Sache den besten Gang
nimmt. Die Mehrheit für den Plan des Ministers scheint
gesichert und es handelt sich nur um einzelne Abänderungen.
Ja ich nehme den allergünstigsten Fall: die Haupteinwürfe
kommen von wohlwollenden und ebenbürtigen Gegnern, von
welchen sich auch ein Minister ohne Verdruß soll widerlegen
und belehren lassen. Dazwischen kommen dann aber ohne
Zweifel auch Redner, von denen kein Mensch etwas lernt,
und die halten meist die längsten Reden. Solche un-
fähige Salbader widerlegen und immer widerlegen müssen,
ist für einen feinen Kopf oft qualvoller, als von berufenen
Gegnern widerlegt zu werden. Und wenn sie der Minister
auch nicht widerlegte, so muß er sie doch hören, und hört

er das Gerede nicht, so muß er's wenigstens hinterdrein lesen; denn die stenographischen Protokolle sind unerbittlich. Wie viel glücklicher ist der Künstler und Schriftsteller, welcher gar keine Kritik zu lesen braucht, und also fröhlich immer weiter schaffen kann!

Dazu gesellt sich noch etwas Anderes.

Der Minister hat gerade so viel Redefreiheit wie der Abgeordnete, aber der Abgeordnete hat unendlich viel größere Freiheit der Redeform. Nicht kraft des Gesetzes, wohl aber kraft der Sitte. Der Abgeordnete darf den Minister mit allen Finten des Witzes, mit allen Seitensprüngen des Humors angreifen; die gleiche Waffe schickt sich nicht für den Minister, er soll nicht witzig sein, sondern allezeit voll Würde und Höflichkeit, und eine feine Ironie vom Ministertische gilt für anstößiger als ein grober Spaß von den Abgeordneten-Bänken. Ein Minister, dem man scharfe Epigramme erlaubt, der die Waffe des Humors schwingen darf, ohne daß sie auf sein Haupt zurückfällt, ist von vornherein schon mehr als ein bloßer Minister.

Der Abgeordnete packt wohl auch einmal den Minister persönlich; doch wehe diesem, wenn er nun seinerseits auch mit Persönlichkeiten blenken wollte! Er soll sich streng an die Sache halten, er soll maßvoll, ruhig, stillos, objektiv reden, was doch häufig wirkungslos reden heißt; den Gegnern aber sind alle Tonarten subjektivster Stylistik bequem, ja man rühmt ihre Rednergabe, wenn sie die höchsten Intonationen und grellsten Modulationen anschlagen. Der Minister soll vornehm reden, wie eine Denkschrift, wie ein Protokoll, wie ein Buch; die Andern sprechen wie's ihnen aus dem Herzen

quillt, mitunter auch im Vollston, wie ihnen der Schnabel
gewachsen ist: So hat der vielgequälte Mann überall ver-
drießliche Arbeit; wie sollte er also sein Werk mit jener
hellen Freudigkeit durchführen können, die man sonst so gern
jedem schaffenden Geiste gönnt? Es ergeht ihm wie den Bau-
meistern: indeß der Bau aufsteigt, noch ein räthselhafter
Rumpf, kritelt jeder Vorübergehende daran und zeigt, wie
er's besser gemacht haben würde; steht das Haus aber schön
vollendet, sind alle Räthsel gelöst, dann schweigt auch die
Kritik, wo sie doch eben erst anfangen sollte zu sprechen.
Und doch hat's der Baumeister noch besser wie die Minister;
denn die ihm so dreinreden, haben wenigstens kein Recht zu
ändern und müssen's bei den Worten bewenden lassen, sie
dürfen ihm wohl die Freude am Werk verderben, nicht aber
das Werk selber.

Im constitutionellen System gibt es Sicherheitsventile an
allen Ecken. Der Landtag schützt den Minister vor der Willkür
des Fürsten, und der Fürst schützt den Minister vor der
Willkür des Landtags; nur vor der lähmenden Wirkung,
welche in der doppelten Mitarbeit von Fürst und Landtag
auf jedem genialen Werke eines Ministers ruhet, schützt ihn
kein Mensch. Darum sind eben auch die genialen Minister
so selten: ein unabhängiger Mann voll eigener Ideen und
energischen Charakters wird sich nicht zum Portefeuille drängen,
und übernimmt er dasselbe aus opferfreudigem Pflichtbewußt-
sein, so wird er wahrscheinlich zu allernächst seine Genialität
zum Opfer bringen, das heißt für sich behalten müssen.

Zwei Krankheitsformen zeigen sich nicht selten bei Ministern in Folge jenes ungelösten Gegensatzes von Schaffens-

drang und Schaffensschranke. Entweder der Mann wird ent-
sagend, verbittert, kleinmüthig und kleinmeisterlich und reibt
seine Kräfte freudlos im gewöhnlichen Geschäftsbetriebe auf,
welchen ein minder bedeutender Kopf viel besser besorgen
könnte; — oder er wird ein Gewaltsminister, der mit dem
Landtage troßt, statt in Geduld mit ihm zu arbeiten, und
wenn er die Opposition nicht mehr beugen kann, zuletzt
wohl gar die Verfassung beugt, um schließlich in jenem Strome
zu fahren und zu scheitern, der seiner gewaltthätigen Natur
das freieste Fahrwasser bietet, nämlich in dem Strome der
Revolution.

Also sollte ein genialer und vom kräftigsten Selbstgefühle
erfüllter Mann wohl gar nicht Minister werden? Das behaupte ich nicht. Nur soll er als constitutioneller Minister
in Friedenszeiten nicht genial sein wollen, und die Stärke
seines Willens hauptsächlich dahin wenden, den Eigenwillen
zu beugen und persönlichem Ruhme stolz zu entsagen.

Am allerbequemsten sitzt ohne Zweifel die Mittelstellung
eines Ministers der praktisch tüchtigen, ausdauernd geduldigen
und ehrlichen Mittelmäßigkeit, die nichts Unrechtes und Verkehrtes thut, aber auch nichts Großes und Eigenstes zu thun
begehrt. Gar oft bezeichnet der allgemeine Ruf dieses oder
jenes parlamentarische Licht als den Minister der Zukunft.
Derlei vorbestimmte Kandidaten des Portefeuilles sind meist
die gewandten Führer einer an sich unbedeutenden Mittel-
partei. Eben weil sie keine durchschlagende und eigenartige
Politik verfolgen, wie die Führer der Rechten und Linken,
vermögen sie bald nach rechts, bald nach links den Ausschlag
zu geben ohne Untreue gegen ihre Ueberzeugung. Sie sind

allezeit „möglich", während es das Loos eines schöpferischen
Kopfes ist, daß er zum öftern auch sehr „unmöglich" wird.
Sie haben die Geduld, dutzendfache Mitarbeit zu ertragen,
weil ihnen die Schaffensbegeistrung eigenster Ideen fehlt,
ja ihre ganze Partei ist im Grunde nur ein Resultat der
Mitarbeit der andern Parteien. Sie sammeln, vergleichen,
wägen ab, vermitteln und machen im Landtag die gründ=
lichsten Ausschußreferate, sie werden späterhin auch als Minister
sehr gründliche Denkschriften ad majestatem schreiben. Sie
können Meister in jener kleinen Politik werden, welche ein
gut gehendes Staatswesen weiterhin treu und redlich im
gleichen guten Gange hält. Aber Meister jener großen Politik,
welche kühnen Muthes neue und bessere Wege sucht, werden
sie gewiß nicht. Sie können ausgezeichnete Kammerpräsidenten
abgeben, tüchtige Diplomaten, treffliche Verwaltungschefs,
aber zu großen Staatsmännern, zu Ministern im stolzeren
Sinn fehlt ihnen denn doch alles Zeug.

IV.

Der allgemeine Satz, daß die doppelte Mitarbeit des
Fürsten und des Landtags lähmend auf dem schöpferischen
Geiste eines Ministers lasten müsse, gewinnt jedoch nicht
überall in gleichem Maße Geltung. Die verschiednen Stufen
des Verfassungsstaates, die verschiednen ministeriellen Gebiete
bedingen mancherlei Ausnahme und Unterschied.

Es gab eine Zeit, wo man den Eiertanz der kleinen
Minister als einen wahren Triumph modernen Staatswesens
pries. Das war in den Jünglingstagen des deutschen Ver=

faffungsftaates, in jener vormärzlichen Epoche, als die füd=
weftdeutschen Mittel= und Kleinstaaten versuchsweise confti=
tutionell regiert wurden, derweil die beiden deutschen Groß=
mächte noch ablehnend und abwartend zur Seite standen.
Wer damals Kammer=Reden bewundern wollte, die man
Thaten nannte, und Minister beobachten, die so ganz correct,
daß sie niemals recht zur That kamen, der ging nach Karls=
ruhe, Stuttgart oder München. Der Staat galt für muster=
haft, welcher regiert wurde, ohne daß man sagen konnte,
wer eigentlich regierte, der Minister für meisterhaft, welcher
gleich verantwortlich nach oben wie nach unten, moralisch
und politisch gleich abhängig nach beiden Seiten leitete und
diente, hart und weich war, allein schuf und mit Andern
arbeitete, den Ton angab und in fremden Ton einstimmte
— Alles in einem Athem. Man sah darin das wahre Ge=
heimniß des Constitutionalismus. Und wenn die guten neuen
Minister auch nicht mehr von der alten Autorität des Amtes
umstrahlt wurden, so genossen sie doch den Ruhm, durch
so geheimnißvolle Kunst bald oben bald unten zu schweben
und dennoch in der Verfassungstreue immer obenauf zu sein.
Der Constitutionalismus jener Zeit bot den Reiz, in der
Idee vollendet zu erscheinen und doch ewig unvollendet in
der Praxis. Gerade dieser Widerspruch war fesselnd — wie
jedes Schulideal im Kampfe mit dem Leben. Und wir machten
Schule in jener Zeit: die Nation lernte das neue Ver=
faffungsrecht. Aber solche Schule taugt nur für Friedens=
zeiten.

Die achtundvierziger Märzstürme kamen; sie brachten uns
die Märzminister, neue Männer, aber keine neue Minister=

gattung. Man hielt an dem vormärzlichen Ideal des constitutionellen Ministers fest, nur sollte es vollendet werden,
eine „Wahrheit", wie weiland die Charte durch die Juli-
revolution. Die Märzminister gingen an dieser Wahrheit
zu Grunde. Damals ward viel von „edeln" Ministern geredet und hinterher über diese „Edeln" gespottet, welche
nichts zu Stande gebracht und, wie die verbitterte Opposition
meinte, die Volkssache verkauft und verrathen hätten. In
der That stund damals mancher wahrhaft edle Mann an
der Spitze und fiel, weil er als ganz correcter Minister nach
allen Seiten zumal blickte und mit gebundenen Füßen laufen
wollte.

Wir leben in einer neuen Zeit. Man schätzt die Staaten
nicht mehr nach dem feingegliederten, folgerechten Aufbau
ihrer Verfassung, man fragt kaum noch nach dem individuellen
Glück und Behagen der Bürger: man wägt die Staaten nach
ihrer Macht. Auch die Ministerien, auch die Minister werden
nach ihrer Macht gewogen. Es gibt Staaten mit wirklichen
und Staaten mit bloßen Titular=Ministern. Die erstgenannten, die großen, selbständigen Nationalstaaten entfalten ihre eigenste Macht in der äußeren Politik: Staat
gegen Staat. Darum besitzen sie auch zwei Ministerien,
welche noch ganze Minister ertragen können: des Krieges und
des Aeußern. Wir leben in Militärstaaten, während der
reine Constitutionalismus eigentlich den Civil= und Friedens=
staat voraussetzt. Hierin liegt ein Widerspruch, der sich vielfach verfolgen ließe; er offenbart sich unter anderm auch
darin, daß die Heerverwaltung sich möglichst auf eigene Füße
stellt und von parlamentarischer „Mitarbeit" wenig wissen

will. Die Civilisten, welche sonst alles kennen und können,
verstehen vom Soldatenwesen ganz allein nichts, und die
Disciplin des Heeres darf nicht parlamentarisch gelockert
werden. Kraft dieser zwei Sprüche bleibt der großstaatliche
Kriegsminister Herr im eigenen Hause.

Aehnlich der Vorstand des äußeren Amtes. Der Verkehr
von Staat zu Staat, von Macht zu Macht setzt häufig das
Geheimniß voraus, noch häufiger persönliche Schlagfertigkeit,
augenblicklichen Entscheid. Da kann man nicht vorher zwei
Kammern befragen. Also wird zuerst gehandelt und hinterdrein kommt die vollendete Thatsache vor den Landtag,
welcher nach Umständen sogar „Indemnität" ertheilen wird.
Indemnität ist ein wohltönendes Wort für ministerielle Ohren;
denn es spricht die persönliche Macht des Erfolges aus,
welche auf dem Rechte des Erfolges gründet. Aber man
hüte sich vor dem Irrthum, als ob der Erfolg allein Anspruch auf Indemnität verleihe. Erfolge, welche uns ein
Anderer vorwegnimmt, während wir sie doch selber hätten
gewinnen oder wenigstens mitgewinnen können, nehmen wir
übel: wir verzeihen nur den Erfolg, welcher uns selbst nicht
erreichbar gewesen wäre. Mit andern Worten: nur der un-
ersetzliche Minister kann auf Indemnität kraft des Erfolges
rechnen.

Das klingt fast wie Macchiavell. Allein wenn Macchiavell
heute sein berühmtes Buch zu schreiben hätte, so würde er's
überhaupt vielleicht nicht „vom Fürsten", sondern „vom
Minister" betiteln. Mit den historischen Beispielen, die er
so trefflich zu verwerthen weiß, könnte er dann gleich bei
seinem Landsmanne Cavour anfangen.

Die unersetzlichen Minister, die Männer ihrer eigenen Thaten und der Indemnität des Erfolgs sind heute nur noch denkbar im Ministerium des Aeußern eines Großstaates. Sie können dort sogar nach Innen selbstschaffend eingreifen, sofern und solange ihre Drohung, das äußere Amt niederzulegen, wenn man ihnen nicht überall willfährt, unwiderstehliche Kraft besitzt. Doch dies gehört nicht in das Kapitel von den Leiden der kleinen, sondern von den Freuden der großen Minister.

Als die Unterordnung der deutschen Mittel= und Kleinstaaten unter ein Gesammtreich noch nicht durch die unwiderstehliche Wucht der Ereignisse geboten war, sondern nur erst als wünschenswerth erörtert wurde, sagte man den Kleinen zum Troste, es handle sich dabei ja blos um das Aufgeben der diplomatischen und militärischen Selbständigkeit. Hiermit würden ja die selbständigen Fürsten nicht mediatisirt. Das ist ganz richtig. Aber die selbständigen Minister wurden mediatisirt.

Nun ist aber den Einzelstaaten im deutschen Reich eine herrliche Aufgabe näher gelegt als je zuvor, eine Aufgabe, welche die segensreichsten Ziele in sich schließt. Der Bürde der großen Politik und des autonomen Heerwesens ledig, können sie sich um so gründlicher in die Pflege der heimischen Volks= und Landescultur vertiefen, rastlos wetteifernd, wer in Kunst und Wissenschaft, Industrie und Gewerbe, Verkehr und Landbau das Eigenste und Höchste leisten werde, je nach des Volkes und Landes Art und Bedürfniß.

Also wüchse dann den Ministerien der innern Verwaltung an Schaffenskraft und Ansehen gedoppelt wieder zu, was

die Ministerien des Aeußern und des Krieges verloren
hätten?

Doch nicht ganz! Denn gerade auf dem Gebiete der
Culturpflege erwartet den Minister des Innern die aller-
größte Concurrenz. Die Culturpolitik ist durchaus nicht
mehr Monopol der obersten Behörden wie in der bureaukratischen Zeit; je mehr die eigentlich politische Aufgabe der
kleinen Landtage zusammengeschrumpft ist, um so thätiger werden
auch diese hier eingreifen wollen. Der mächtigste Mitarbeiter
des Ministers in solchen Dingen ist dann aber auch vorab
der Fürst selber. So gut Karl August von Weimar in den
schlechtesten Zeiten des alten römischen Reichs groß werden
und zu einem nationalen Fürstencharakter emporwachsen konnte,
ebensogut und noch viel leichter vermögen dies auch die
Einzelfürsten in den ruhmvollen Tagen des neuen deutschen
Reiches. Freilich hat sich unsre gesammte Geistesarbeit seit
hundert Jahren viel mehr auf eigene Füße gestellt und bedarf also des fürstlichen Patronates weniger; dafür hat sich
aber auch das Gebiet solcher Culturpflege weit hinaus über
die bloße Kunst und Wissenschaft ausgewachsen, es ragt zugleich in das neue Land unserer wirthschaftlichen und sozialen
Interessen. Und jenes alte Mäcenatenthum, welches sehr
bequemerweise die schaffenden Meister nur durch Geld, Ehren
und Titel förderte, verfängt freilich heutzutage auch nicht
mehr viel. Geld und persönliche Ehren sind zwar angenehme
Dinge, aber der rechte Mann schlägt es höher an, wenn
der Fürst zunächst nicht ihn selbst, sondern das Heiligthum
seiner Arbeit ehrt — durch redliches Mitarbeiten. Also soll
z. B. der fürstliche Kunst-Mäcen vorab des eifrigsten und

vielseitigsten Studiums der Kunst sich befleißen, dann ehrt er die Künstler in der Kunst. Und ähnlich auf andern Gebieten. Das heißt: die hervorragendste Culturpflege setzt zugleich die hervorragendste Selbstthätigkeit des Fürsten voraus.

Da wird der Fürst aber auch — ohne allen Verstoß gegen die Verfassung — in diesen Dingen zuletzt sein eigener Minister. Was bleibt nun dann dem wirklichen Minister übrig, der hier jedoch genau genommen, gar nicht mehr der wirkliche Minister wäre? Auch auf diesem Gebiete, wo persönliche Liebhaberei und Neigung am liebsten sich geltend macht, verbleibt ihm zunächst das mitarbeitende Dienen, entsagungsvoller wohl gar noch als angesichts seiner Mitarbeit im Landtage und beim Reiche. Der kleine Minister muß der größte Meister im Dienen sein, der große Minister im Herrschen. Allein selbst der große Minister des Großstaates herrscht doch auch oft genug nur dienend, und auch der kleine behält, wenn er klug ist, immer noch etliche Fäden der Herrschaft in der Hand.

In vergangenen Zeiten machte das Amt den Mann; in unsern Tagen wird selbst ein kleiner Minister erst durch den Mann gemacht. Aber es dürfte noch schwerer sein, den Mann für den kleinen als für den großen Minister zu finden.

Dies lehrt ein Blick in die Leidensgeschichte der kleinen Minister.

www.ingramcontent.com/pod-product-compliance
Lightning Source LLC
Chambersburg PA
CBHW031810270326
41932CB00008B/372